AF198411

# Perfect Storm

**Gemeinsam. Im Netz. Für Gerechtigkeit.**

Dirk Reinhardt

# Perfect Storm

Gemeinsam. Im Netz. Für Gerechtigkeit.

Ernst Klett Sprachen
Stuttgart

1. Auflage     1  6 5 4 3 2  |  2027  26  25  24  23

*Registrierte Lehrkräfte finden ein Glossar mit für Schüler:innen schwierigen Begriffen zum kostenlosen Download unter:* www.klett-sprachen.de/perfect-storm

*Finden Sie unser komplettes Programm und viele weitere Infos zum Unterricht unter:* www.klett-sprachen.de/deutschmalanders

Annotationen und Nachwort: Barbara Sum
Redaktion: Katrin Wilhelm
Layoutkonzeption: Sandra Vrabec
Gestaltung und Satz: Joachim Schrimm, ETYPO, Friolzheim
Umschlaggestaltung: Sabine Kaufmann
Titelbild: Alamy, Boscorelli
Druck und Bindung: Salzland Druck, Staßfurt

Printed in Germany
ISBN 978-3-12-666926-9

**PEFC zertifiziert**
Dieses Produkt stammt aus nachhaltig bewirtschafteten Wäldern und kontrollierten Quellen.

www.pefc.de

PEFC/04-31-2251

Falls alles so verläuft, wie ich es geplant habe, wird heute in einer Woche, am 30. August des Jahres 2020, die Welt für einen winzigen Moment den Atem anhalten. Es werden, auf verschiedenen Kontinenten und doch ganz eng verbunden, Dinge geschehen, die auf den ersten Blick nichts miteinander zu tun haben. Nur wer sie genauer betrachtet, wird erkennen, dass sie in Wahrheit zu ein und derselben Geschichte gehören.

Hoch oben in den Bergen, an einem Ort, der so geheim bleiben muss, dass er nicht einmal hier verraten werden darf, werden sechs junge Leute zusammentreffen. Sie werden etwas getan haben, das ungesetzlich war und dennoch richtig. Sie werden sich vor der Öffentlichkeit verstecken müssen und vielleicht nie wieder in ihre Heimatländer zurückkehren.

Auf einem Friedhof in San Francisco wird eine Frau namens Rosanna St. Patrick am Grab ihres Sohnes stehen und einen Kranz zurechtrücken, der darauf liegt. Sie wird die Schleife des Kranzes sorgfältig ausbreiten, dann wird sie sich auf die Bank vor dem Grab setzen und eine Weile dortbleiben. Auf der Schleife werden die Buchstaben »LFF« stehen.

In den Regenwäldern Kolumbiens und in den Straßen von Bogotá werden dunkel gekleidete Männer nach einem Mädchen mit dem Namen Luisa suchen, die ihren Freunden auch als »Arrow« bekannt ist. Die Männer sind es gewohnt, jeden zu finden und zu bestrafen, den sie suchen. Aber dieses Mädchen werden sie nicht finden.

Am Brandenburger Tor in Berlin werden die Schüler eines Gymnasiums, das nach einem bedeutenden Physiker benannt ist, für die Freilassung eines kleinen, blassen Mitschülers demonstrieren. Sie werden sein Foto in die Höhe halten und viele von ihnen werden versuchen zu vergessen, wie oft sie über ihn und seine Eigenarten früher gespottet haben.

In einem Dorf im Osten des Kongo werden die Arbeiter aus den umliegenden Bergwerken auf einem Fußballfeld zusammenkommen, auf dem vor einigen Wochen noch sechs Särge standen. Sie werden den Namen »Bouba« rufen und sich zum ersten Mal

5

nach langer Zeit wieder Hoffnung auf eine bessere Zukunft machen.

Durch die Straßen von Tokio wird eine Gruppe von Mädchen mit gefärbten Haaren, kurzen Röcken und kniehohen Stiefeln laufen und die Passanten mit lauten Rufen zur Seite scheuchen. Sie werden grell geschminkt sein und bunte T-Shirts tragen, auf denen die Augen der Meerjungfrauenprinzessin Shirahoshi zu sehen sind.

An einer Stelle, von der aus man den schönsten Teil jener australischen Bucht überblicken kann, die Byron Bay heißt, wird ein Junge im Rollstuhl, der jede Woche dort gesessen und auf die Wellen geblickt hat, nicht mehr sitzen. Die Menschen am Strand werden ihn vermissen, wenn sie zu der Stelle hinaufblicken. Der Junge wird nie wieder dort sitzen.

In Seattle und in Houston werden Hundertschaften der Polizei die Konzernzentralen zweier Unternehmen, die zu den größten der Welt gehören, durchsuchen. Sie werden Festplatten und Aktenordner mit belastendem Material sicherstellen und führende Mitarbeiter der Konzerne vor den Augen der Weltpresse in Handschellen abführen.

Ein ungewöhnlich junger Mitarbeiter des amerikanischen Geheimdienstes namens Jacob O'Connor, dem eine große Karriere bevorstand und dessen Aufgabe in den letzten Monaten vor allem darin bestand, meine Freunde und mich zu fangen, wird diesen Tag nicht mehr erleben.

All das wird geschehen, falls mein Plan gelingt, und darüber hinaus sicher noch einiges mehr, das ich nicht vorhersehen kann. Zum Glück kann man nie alles vorhersehen, auch ich nicht, obwohl ich wahrscheinlich der Erste war, der alle Zusammenhänge dieser merkwürdigen Geschichte erfahren und durchschaut hat. Jetzt wird es nicht mehr lange dauern, bis auch die Welt davon erfährt.

Wenn es vorüber ist, werden bestimmt einige versuchen, einen Helden aus mir zu machen. Andere werden mich zum Verräter stempeln. Natürlich ist beides falsch, ich bin weder das eine noch das andere. Ich bin nur jemand, der in eine Geschichte hineingeraten ist, die eigentlich zu groß für ihn war, und dann versucht hat, mit seinen Mitteln das Beste daraus zu machen.

Ob das, was ich getan habe und in den nächsten Tagen noch tun werde, das Richtige ist, weiß ich nicht. Vielleicht wird man es erst in einigen Jahren beurteilen können. Ich weiß nur eins: Wir tun das, was wir tun, nicht, weil wir einen Plan von unserem Leben hätten. Wir tun es, weil wir einfach nicht anders können.

Cincinnatus

## Montag, 24. August 2020
## San Antonio, USA

Als es klopft, ist Jacob erst seit wenigen Minuten im Büro. Wie jeden Morgen hat er zuerst seine Jacke an den Haken neben der Tür gehängt und dann seinen Platz am Schreibtisch eingenommen, um den Rechner zu starten. Während des Hochfahrens hat er das Schild auf seinem Tisch mit der Aufschrift »National Security Agency*, Unit S32 (Tailored Access Operations**), Special Investigator*** Jacob O'Connor« von einigen Staubkörnern befreit, die sich während des Wochenendes darauf abgelagert hatten. Jetzt kann er es kaum abwarten, mit seiner Arbeit zu beginnen, denn die Aufgabe, mit der er seit einigen Monaten betraut ist, ist vielleicht die wichtigste seines Lebens.

Verärgert über die frühe Störung blickt er auf, macht aber sofort ein freundlicheres Gesicht, als er sieht, wie Mr Laughton in den Raum tritt. Er mag ihn zwar nicht besonders und im Grunde hält er auch nicht viel von ihm, aber Laughton leitet die Abteilung, für die er arbeitet. Er fällt alle wichtigen Entscheidungen, auch über die Zukunft der Mitarbeiter. Da ist es angebracht, sich freundlich zu zeigen.

»Schenken Sie mir ein paar Minuten Ihrer Zeit, Jacob?«, sagt Laughton, nachdem er die Tür geschlossen hat. Es klingt wie eine Frage, aber in Wahrheit ist es eine Anweisung.

»Natürlich, Sir«, erwidert Jacob. »Wann immer Sie wollen.«

»Ich möchte mich nach dem Fortgang Ihrer Arbeit erkundigen. Ich hoffe, Sie liegen im Zeitplan?«

»Absolut. Ich stelle gerade das Dossier**** zusammen und überarbeite noch einmal die Beschreibung der Zielpersonen.«

»Gut, gut. Sie haben in den letzten Monaten großartige Arbeit geleistet, Jacob«, sagt Laughton. »Wirklich großartige Arbeit.«

---

* (Abk. NSA): Auslandsgeheimdienst der USA, der für die Überwachung der elektronischen Kommunikation weltweit zuständig ist.
** (Abk. TAO): Abteilung der NSA; zuständig für Cyberspionage und Cyberangriffe.
*** (Engl.) Sonderermittler:in.
**** Sammlung von verschiedenen Dokumenten zu einem Thema.

Es gehört zu seinen Angewohnheiten, die zentralen Begriffe eines Satzes noch einmal zu wiederholen, um ihnen besonderen Nachdruck zu verleihen. Jacob dreht sich zu ihm um. Laughton ist ans Fenster getreten, hat die Hände hinter dem Rücken verschränkt und blickt hinaus. In der Ferne ist die Skyline von San Antonio zu sehen, der Tower of the Americas liegt im hellen Licht der Morgensonne.

»Wissen Sie«, fährt Laughton fort, »es war durchaus ein Risiko, einen derart jungen und, wenn ich das so sagen darf, unerfahrenen Mitarbeiter mit einem so brisanten Fall zu betrauen. Ich habe das gegen erhebliche interne Widerstände durchsetzen müssen, und wenn die Sache schiefgeht, wird es ernste Konsequenzen für mich haben.« Er wendet sich um und nickt bestätigend. »Sehr ernste Konsequenzen.«

»Danke, Sir. Ich weiß Ihr Vertrauen zu schätzen.«

Laughton winkt ab. »Lassen Sie sich doch, wenn Sie aus Ihrem kleinen Urlaub nächste Woche zurück sind, einmal in der Personalabteilung blicken. Der Antrag auf Erhöhung Ihrer Bezüge, den ich dort gestellt habe, sollte dann bewilligt sein.«

»Oh! Damit hatte ich noch gar nicht …«

»Nein, nein!« Laughton hebt die Hand, um Jacob zum Schweigen zu bringen. »Sie wissen, ich habe einen bestimmten Ruf. Ich bin dafür bekannt, dass ich gute Arbeit belohne. Auf der anderen Seite wird mangelhafte Arbeit von mir – lassen Sie es mich so ausdrücken – schmerzhaft bestraft. Ich glaube, das sind zwei Dinge, die zusammengehören. Finden Sie nicht auch, Jacob?«

»Tja, ich denke«, Jacob zögert einen Moment, »ich denke, das kann man so sehen, Sir.«

Laughton nickt zufrieden. »Ich wusste, dass wir uns verstehen. Sie dürfen eine Sache nicht vergessen: Falls Sie die Aufgabe, mit der ich Sie betraut habe, mit der erforderlichen Sorgfalt zu Ende bringen – und ich zweifle nicht daran, dass Sie es tun werden –, stehen Ihnen innerhalb der NSA alle Möglichkeiten offen.« Er blickt Jacob vielsagend an. »Wirklich alle Möglichkeiten.«

Im Grunde ist das genau die Ansage, auf die Jacob seit Wochen wartet. Aber man muss vorsichtig sein. In diesen Mauern muss man immer vorsichtig sein.

»Es ist gut, dass Sie gekommen sind, Sir«, sagt er. »Ich hätte Sie sonst selbst aufgesucht. Um zu hören, wie es mit der Ergreifung der Zielpersonen steht.«

Laughton wendet den Kopf zur Seite. Er runzelt kurz die Stirn, seine Wangenknochen treten hervor. Dann sieht er wieder aus dem Fenster.

»Darüber müssen Sie sich keine Gedanken machen, Jacob. Das übernehmen, wie Sie wissen, speziell dafür geschulte Kräfte. Es ist alles in die Wege geleitet.«

»Daran zweifle ich nicht, Sir. Ich frage mich nur, ob es – na ja, wie soll ich sagen – ob es zu diplomatischen Verwicklungen kommen könnte.«

»Ah, darum geht es Ihnen!« Laughton nickt anerkennend. »Es ist gut, dass Sie über den engeren Horizont Ihrer Arbeit hinausdenken. Das wird, falls Sie in Zukunft einmal für höhere Positionen innerhalb dieser Einrichtung in Betracht gezogen werden, nicht von Nachteil für Sie sein.«

Laughton beugt sich vor und blickt interessiert auf den Parkplatz vor dem Gebäude hinunter, so als würde er dort jemanden beobachten.

»Sehen Sie«, fährt er dann fort, »bei der Kolumbianerin und dem Jungen aus Afrika wird es keine Probleme geben. In diesen Ländern nimmt man es nicht so genau. Ob dort ein Mensch mehr oder weniger verschwindet, fällt kaum ins Gewicht. Was den Deutschen, die Japanerin und den Australier betrifft, liegt der Fall ein wenig anders. Hier handelt es sich um verbündete Nationen, sodass wir mit einem gewissen Augenmaß vorgehen müssen. Andererseits: Der australische Geheimdienst arbeitet in den Five Eyes* eng mit uns zusammen und die Australier sind sicher daran interessiert, dass das so bleibt. Die Deutschen sind auf uns

---

* Verbündete Geheimdienste der USA, Kanadas, Australiens, Neuseelands und Großbritanniens.

angewiesen, denn ihr eigener Geheimdienst taugt bekanntlich nichts. Und die Japaner brauchen uns gegen China und Nordkorea. Also, wir werden die Sache schon geräuschlos über die Bühne bringen. Ich hoffe, damit ist Ihre Neugierde gestillt, Jacob.«

»Sicher. Voll und ganz, Sir.«

»Mir persönlich bereitet etwas anderes viel größere Sorgen.« Laughton dreht sich um und verschränkt die Arme statt hinter dem Rücken nun vor der Brust. »Dieser sogenannte Cincinnatus*, der so plötzlich aufgetaucht ist. Ich habe ein schlechtes Gefühl bei ihm, es ist nicht auszuschließen, dass er eine ernste Bedrohung für uns darstellt. Was schätzen Sie, Jacob: Wie lange brauchen Sie noch, um ihn zu identifizieren?«

Jacob deutet auf seinen Rechner. »Ich bin ihm auf der Spur. Er stammt mit ziemlicher Sicherheit aus San Francisco, genau wie Dylan St. Patrick, und hält sich vermutlich immer noch dort auf. Wir werden ihn bald haben, Sir. Es ist nur eine Frage der Zeit.«

»Zeit ist etwas, über das wir nicht im Überfluss verfügen, Jacob«, erwidert Laughton. »Sie müssen diesen Cincinnatus als Ihren Gegenspieler begreifen. Als Ihren Feind, verstehen Sie? Beißen Sie sich an ihm fest, lassen Sie nicht locker. Und halten Sie mich über jeden Ihrer Schritte auf dem Laufenden.«

Er schiebt die Hände in die Hosentaschen, löst sich von seinem Platz am Fenster und beginnt im Raum auf und ab zu gehen. Jacob beobachtet ihn aus den Augenwinkeln. Laughton wirkt plötzlich erregt, beinahe wütend, so als fühle er sich angegriffen.

»Schon als Sie mir zum ersten Mal vom Auftauchen dieser Person berichtet haben, war mir klar, dass es Probleme geben wird«, sagt er, bleibt für einen Moment stehen, setzt aber gleich darauf seinen Weg fort. »Allein dieser unerträgliche Hochmut, der in der Wahl seines Namens liegt! Sie wissen doch, wer der echte Cincinnatus war?«

»Natürlich, Sir. Ich habe mich informiert.«

---

* Lucius Quinctius Cincinnatus (519–430 v. Chr.): römischer Politiker; wurde vom Bauern zum Diktator ernannt und kehrte nach seiner Amtszeit freiwillig in sein einfaches Leben als Bauer zurück, was als besonders vorbildlich angesehen wurde.

»Er war ein Musterbeispiel für republikanische Tugenden, ein Beschützer seines Volkes.« Laughton deutet auf Jacobs Rechner. »Dieser hier ist das genaue Gegenteil. Er untergräbt die Sicherheit unseres Landes. Ich will ihn haben, Jacob. Und Sie werden ihn mir liefern.«

Laughton bleibt stehen, er ist außer Atem geraten. Jacob wendet sich von ihm ab und betrachtet das Schild auf seinem Tisch. Ja, das werde ich tun, denkt er. Ich werde ihm diesen Cincinnatus liefern. Ganz sicher werde ich das.

Inzwischen hat Laughton seine Brille abgenommen und putzt die Gläser. Als er sie wieder aufsetzt, hat er sich anscheinend beruhigt. »Aber es wird in den nächsten Tagen nicht nur um diesen Cincinnatus gehen«, sagt er. »Auch um die anderen. Sobald sie gefasst sind und hierhergebracht wurden, werden wir sie verhören. Wir müssen ihre Methoden analysieren, bis in die letzten Einzelheiten. Und wir müssen aus ihnen herausbekommen, wer ihre Hintermänner sind.«

»Ich bin mir nach wie vor nicht sicher, ob es diese Hintermänner überhaupt gibt, Sir.«

Laughton winkt ab. »Ich weiß, Jacob. Sie haben mir Ihre Ansichten dargelegt. Aber vertrauen Sie in diesem Punkt meiner Erfahrung: Es gibt diese Hintermänner. Es gibt sie immer.«

Jacob nickt höflich. Erfahrung, denkt er, ist die letzte Waffe der Alten. Bevor sie abtreten müssen.

»Werde ich bei den Verhören anwesend sein, Sir?«

»Aber ja. Und Sie werden sehen, dass ich recht habe. Es ist undenkbar, dass diese jungen Leute ihre Aktionen von sich aus begangen haben. Da steckt eine feindliche Macht mit erheblichen Ressourcen dahinter. Nun, wie auch immer: Unsere Verhörspezialisten werden es herausfinden. Es gibt niemanden, der ihnen etwas verschweigen kann.«

»Dann wird es mir ein Vergnügen sein, mich davon überzeugen zu lassen, dass ich unrecht hatte, Sir.«

Laughton lacht. »Sehen Sie, Jacob: Das ist die Flexibilität, die ich an Ihnen schätze.« Er blickt Jacob an, sein Gesichtsausdruck wechselt ins Dramatische. »Wir dürfen uns nichts vormachen: Unser Land ist von Feinden umgeben, die nur darauf warten, uns zu vernichten. Und wir – die TAO – sind die Speerspitze der Verteidigung. Ich sage Ihnen etwas, und es ist keine Schmeichelei, sondern nackte Realität: Sie allein sind mit Ihrer Arbeit mehr wert als ein milliardenteurer Kampfjet. Willkommen in der Gegenwart!«

»Ich glaube, an den Gedanken muss ich mich erst noch gewöhnen, Sir.«

»Tun Sie das. Aber lassen Sie sich nicht allzu viel Zeit damit.« Laughton grinst, dann winkt er ab. »Herrje, ich glaube, wir sind etwas vom Thema abgekommen. Aber diese Dinge hängen nun einmal alle zusammen.«

Er tritt ein zweites Mal zu Jacob an den Schreibtisch, beugt sich über ihn und betrachtet den Monitor. Das erste Dokument des geplanten Dossiers ist geöffnet, die Personenbeschreibung von Dylan St. Patrick.

Laughton seufzt und richtet sich auf. »Der Tod des Jungen tut mir noch immer sehr leid«, sagt er. »Glauben Sie nicht, dass mich solche Dinge kaltlassen, Jacob. Das tun sie auch nach über dreißig Berufsjahren nicht. Aber es ist so gekommen und wir können es nicht ändern. Im Dienst an unserem Land und im Kampf für die Freiheit müssen wir Opfer bringen, größere als normale Menschen. Wir müssen Dinge ertragen, von denen andere verschont bleiben. Aber wir sind nun einmal eine Elite, da dürfen wir vor Opfern und Schmerzen nicht zurückschrecken.«

Er bricht ab und blickt Jacob nachdenklich an. »Sie haben den Jungen doch persönlich kennengelernt?«

»Ja, Sir. Wir haben uns einmal getroffen. In San Francisco, in einem Café. Es ist alles dokumentiert, wie Sie wissen.«

»Als Sie mir davon berichtet haben, kam es mir so vor, als hätte der Junge Sie durchaus beeindruckt.«

»Na ja, ich kann es nicht leugnen. Wissen Sie, er war kein schlechter Mensch und …«

»Warten Sie!« Laughton legt ihm für einen Moment die Hand auf die Schulter, zieht sie aber sofort wieder zurück. »Entschuldigen

Sie, dass ich Sie unterbreche, aber ich muss Ihnen das sagen: Darauf kommt es nicht an. Es geht in unserem Job nicht darum, ob jemand ein guter oder ein schlechter Mensch ist. Das ist vollkommen unwichtig. Es geht einzig und allein um die Sache. Und die Sache, für die wir kämpfen, ist eine gute. Davon sind Sie doch überzeugt?«

»Selbstverständlich, Sir. Sonst wäre ich nicht hier.«

»Es mag ja sein, dass dieser Junge ehrenwerte Absichten hatte. Oder – was heißt schon ehrenwert? – jugendliche romantische Schwärmereien eben. Aber, wissen Sie, all diese selbst ernannten Menschenrechtsaktivisten und Kämpfer für die Freiheit im Netz sind am Ende doch nur naive Dummköpfe, die unseren Feinden in die Hände spielen und die Existenz der freien Welt aufs Spiel setzen. Das ist die traurige Wahrheit, mit der wir es zu tun haben. Die traurige Wahrheit!«

Laughton nimmt erneut seine Brille ab, um sie zu säubern. Jacob kennt diese Angewohnheit seines Chefs. Er tut es immer dann, wenn er ins Emotionale abgleitet, so als hätte er in solchen Situationen das Bedürfnis, sich mit klaren Gläsern einen besseren Durchblick zu verschaffen.

»Nun, lassen wir das«, sagt Laughton, als er die Brille wieder aufgesetzt hat. »Sprechen wir von etwas Erfreulicherem. Sie wirken erholt. Ich nehme an, Sie hatten ein schönes Wochenende?«

»Durchaus, Sir. Ich kann mich nicht beklagen.«

»Ist Ihre Freundin inzwischen bei Ihnen? Wie heißt sie noch?«

»Beverley Fletcher. Aber ich nenne sie Bev. Ja, sie ist vor ein paar Tagen bei mir eingezogen.«

Laughton nickt zufrieden. »Hat sie sich schon eingelebt hier in San Antonio?«

»Ach, nicht wirklich. Sie wissen ja, ich wohne draußen in China Grove. Es ist schön dort, aber für Bev ist alles noch ziemlich neu. Sie ist zum ersten Mal so weit von zu Hause weg, sie muss sich erst daran gewöhnen.«

»Was sagten Sie, woher sie stammt?«

»Oh, ich weiß nicht, ob ich das überhaupt schon erwähnt habe. Sie stammt aus Colorado, Sir.«

»Ah! Aus den Bergen?«

Jacob lacht. »Ja, ziemlich tief aus den Bergen sogar.«

»Ich bin sicher, Sie haben eine gute Wahl getroffen«, sagt Laughton. »Nur an eines müssen Sie unbedingt denken: Ihre Freundin – also, Beverley – darf zwar wissen, für welche Organisation Sie arbeiten, das lässt sich in einer Beziehung auf Dauer nicht verheimlichen. Aber über die Inhalte Ihrer Arbeit darf sie nichts erfahren. Das müssen Sie ihr klarmachen, damit muss sie sich abfinden.«

»Oh, das hat sie schon, Sir. Sie interessiert sich auch nicht besonders für Politik und solche Dinge.«

»Schön, das macht sie mir sympathisch. Es bleibt also bei unserer kleinen Verabredung am Samstagabend?«

Jacob nickt, aber innerlich stößt er einen Seufzer aus. Er hat schon seit einiger Zeit gemerkt, dass Laughton daran interessiert ist, ihn auch privat näher kennenzulernen. Bisher hat er alle Vorstöße in diese Richtung abwehren können, doch vor einigen Tagen hat Laughton das Gespräch so geschickt darauf gelenkt, dass ihm nichts anderes übrig blieb, als ihn und seine Frau zu sich zum Essen einzuladen, und zwar für den kommenden Samstag. Es wird ein fürchterliches Treffen sein, davon ist er überzeugt, aber jetzt steht die Verabredung. Es gibt kein Zurück.

»Ich freue mich sehr darauf, Sir. Und Bev freut sich auch, obwohl sie, ehrlich gesagt, etwas aufgeregt ist.«

»Oh, das muss sie nicht, Jacob. Das muss sie ganz und gar nicht. Meine Frau ist sehr umgänglich.« Laughton lächelt kurz, dann schiebt er seine Brille zurecht. »So, nun will ich Sie nicht länger von Ihrer Arbeit abhalten. Wir sehen uns, Jacob.«

Er geht wieder um den Schreibtisch herum und verlässt den Raum. Als die Tür ins Schloss fällt, atmet Jacob auf. Er spürt, dass ihm Schweißperlen auf die Stirn getreten sind. Die Gespräche mit Laughton sind anstrengend, er muss darauf achten, kein falsches Wort zu sagen. In diesen Räumen kann schon eine einzige unpassende Geste eine Karriere zerstören. Und das gilt umso mehr, wenn man derart unter Beobachtung steht, wie es bei ihm der Fall ist.

Seufzend wendet er sich dem Dossier zu, das auf seinem Rechner geöffnet ist. Viel hängt davon ab, dass er diese Arbeit zu jenem Erfolg führt, den er sich vorgenommen hat. Er darf sich nicht den kleinsten Fehler erlauben. Das hat er sich geschworen.

# Dossier

*Betrifft den Fall:*
LFF / Hoboken Industries / Liberty Bells Limited

*Zusammengestellt von:*
Jacob O'Connor

*Datum der Fertigstellung:*
28. August 2020

*Geheimhaltungsstufe:*
Oberste Priorität
Nur für Personen mit höchster Berechtigung
Betrifft die nationale Sicherheit

# Inhalt:

## I-1: Personenbeschreibung Dylan St. Patrick (erstellt mit SpyC 5.0, 15. Juni bis 3. Juli 2020)

*Name*: Dylan Francis St. Patrick
*Geboren*: 25. November 2003, San Francisco (USA)

### Lebenslauf

*Eltern*: Liam St. Patrick, Streifenpolizist beim San Francisco Police Department, entstammt einer irischen Einwandererfamilie; Rosanna St. Patrick, Erzieherin in einem Kindergarten
*Geschwister*: keine (seine Mutter hat nach Dylans Geburt zwei Fehlgeburten)
*Kindheit*: wächst auf im Mission District von San Francisco unter irischen, deutschen und mexikanischen Einwanderern, verlebt dort (nach Aussage der Mutter) eine glückliche Kindheit
*Ab 2013*: mehrfacher Umzug der Familie innerhalb von San Francisco (wohl aufgrund steigender Mieten im Zuge des Vordringens der »Dotcoms«* aus dem Silicon Valley**)
*2016*: Scheidung der Eltern, Dylan bleibt bei seiner Mutter
*2016 bis 2019*: sechs verschiedene Meldeadressen für Dylan und seine Mutter; sozialer Abstieg, zuletzt in das Brennpunktviertel Tenderloin
*Ab 2017*: polizeiliche Ermittlungen gegen Rosanna St. Patrick wegen verschiedener Delikte (auf Initiative von Dylans Vater)
*Ab Sommer 2019*: Dylan ist nur noch selten zu Hause und fast nie in der Schule; Aufenthaltsorte weitgehend unbekannt

---

* Zusammengesetzt aus „dot" (engl. Punkt) und „.com"; abfällige Bezeichnung für Internetkonzerne und ihre Angestellten.
** Tal südlich von San Francisco, in dem viele der bedeutendsten Internetkonzerne ansässig sind, unter anderem Apple, Google, Facebook, Intel, Adobe, Yahoo und Oracle.

**Online-Aktivitäten**

*Ab 2012*: erste Spuren Dylans im Netz, alterstypisch, keine besonderen Auffälligkeiten

*2016*: sprunghafter Anstieg seiner Aktivitäten, scheint sich nach der Trennung seiner Eltern ins Netz geflüchtet zu haben

*2017*: entwickelt besonderes Interesse für libertäre[*] Bewegungen wie die Cypherpunks[**]; besucht nächtelang Foren und Chatrooms der Szene, eignet sich umfangreiches Wissen über Verschlüsselungs- und Hackingtechniken an

*2018*: recherchiert über politische Aktivisten wie die Weathermen[***], Sacco und Vanzetti[****] sowie die Haymarket-Märtyrer[*****]; nennt den anarchistischen[******] Netzrebellen Jeremy Hammond[*******] und den um 1990 tätigen Hacker[********] Parmaster[********] als Vorbilder

*2019*: tritt unter dem Pseudonym »Most Wanted« (Schreibweise m0$tw4nt3d) der Gemeinde des Online-Computerspiels »Legends of Langloria« bei; gründet im Januar 2020 die Gilde[********] »Langloria Freedom Fighters«, die er seitdem als Gildenmeister anführt

---

[*] Extrem auf Freiheit bedacht.

[**] Aus „cipher" (engl. Chiffre) und „cyber"; 1992 gegründete Bewegung, um die Anonymität der Datenübertragung im Netz durch Verschlüsselungstechnik zu sichern.

[***] Linksradikale Untergrundorganisation, die in den 1960er- und 1970er-Jahren mehrere Anschläge in den USA beging.

[****] Ferdinando „Nicola" Sacco (1891–1927) und Bartolomeo Vanzetti (1888–1927): italienischstämmige Aktivisten, die sich für die Rechte der Arbeiter einsetzten; wurden 1927 in den USA wegen der nie bewiesenen Beteiligung an einem Raubmord hingerichtet.

[*****] (Haymarket Riot): anarchistische Gewerkschafter:innen, die wegen der angeblichen Beteiligung an einem Bombenattentat in Chicago zum Tode verurteilt und 1887 hingerichtet wurden.

[******] Die politische Idee einer Welt ohne Herrschaft und Gesetze, bei der Gewalt zur Durchsetzung dieses Ziels erlaubt ist.

[*******] Jeremy Hammond (*1985): US-amerikanischer Hacktivist, Mitglied der Gruppe LulzSec; wurde wegen Aktionen mehrfach angeklagt und verurteilt.

[********] Im Allgemeinen experimentelle Technikfreaks, im Speziellen Computerbegeisterte, die die Grenzen des Machbaren im IT-Bereich erforschen und für ihre Zwecke nutzen.

[********] US-amerikanischer Hacker, der 1989 bis 1991 in abenteuerlicher Weise vor dem Geheimdienst floh.

[********] Zusammenschluss von Menschen zur Durchsetzung gemeinsamer Interessen; urspr. schlossen sich Kaufleute im Mittelalter zu solchen Gilden zusammen.

## Persönlichkeitsprofil

Dylan wird von zwei grundlegenden Abneigungen beherrscht:
(1) gegen staatliche Autoritäten, repräsentiert durch seinen Vater
(Liam St. Patrick neigte zu Gewalt, seiner Frau wie auch Dylan
gegenüber. Nach dem Zerbrechen der Familie stellte er ihnen
nach, wobei er die Möglichkeiten seines Berufs nutzte. Die häufi-
gen Umzüge waren wohl auch eine Flucht vor ihm.)
(2) gegen die Dotcoms (Dylan ist der Meinung, dass sie ihn aus
dem Paradies seiner Kindheit vertrieben haben. Er sieht sie als
Feinde, die es zu bekämpfen gilt.)
Hier liegt seine Begeisterung für die libertären Bewegungen
begründet. Sie bekämpfen die staatliche Überwachung ebenso
wie die Konzerne aus dem Silicon Valley. Ihre Feindbilder sind
daher die gleichen wie jene, die Dylan entwickelt hat.
Das Pseudonym »Most Wanted« ist nicht zufällig gewählt. Auf
der Flucht vor seinem Vater und den Dotcoms scheint Dylan eine
Art Verfolgungswahn entwickelt zu haben. Er sieht sich als Gejag-
ter, als Meistgesuchter.

## Einschätzung der Zielperson

*Stärken*: überdurchschnittliche Intelligenz, charismatische* 
Persönlichkeit, ausgeprägte Kenntnisse politischer und gesell-
schaftlicher Zusammenhänge
*Schwächen*: übersteigerte Risikobereitschaft, ideologische** Ver-
bohrtheit, Tendenz zu naivem*** Weltverbesserungsglauben
*Empfohlene Vorgehensweisen*:
(1) Dylans Vertrauen lässt sich gewinnen, indem man seine politischen Überzeugungen teilt und ihm das Gefühl gibt, man könne
ihm beim Erreichen seiner Ziele nützlich sein. Dabei muss man
auf Augenhöhe mit ihm diskutieren, sonst erkennt er die Täu-
schung und antwortet darauf mit einer Gegentäuschung. Angesichts seiner Intelligenz liegt darin eine erhebliche Gefahr.

---

* Mit besonders starker, gewinnender Ausstrahlung.
** Einer Weltanschauung anhängend.
*** Leichtgläubig.

(2) Bietet sich die Gelegenheit zu einer riskanten Aktion, kann Dylan kaum widerstehen. In solchen Situationen neigt er dazu, sogar die Vorsichtsmaßregeln zu missachten, die er sich über Jahre hinweg angeeignet hat. Diese Risikobereitschaft kann ausgenutzt werden.

(3) Dylans wichtigste Bezugsperson in der Offline-Welt ist nach wie vor seine Mutter. Auch sie ist stark auf ihn fixiert. Da weitere Bezugspersonen schwer zu identifizieren sind, erscheint es erfolgversprechend, den Kontakt zu Dylan über sie zu suchen.

## I-2: Personenbeschreibung Luisa Sánchez (erstellt mit SpyC 5.0, 28. Juli bis 7. August 2020)

*Name*: Luisa Sánchez Calderón
*Geboren*: 18. Februar 2004, nahe Toribio (Kolumbien)

**Lebenslauf**
*Vater*: José Sánchez Obregor, Sohn eines Kaffeebauern aus den
kolumbianischen Anden; schließt sich, als sein älterer Bruder von
Soldaten getötet wird, 1993 im Alter von 13 Jahren der Guerillabe-
wegung FARC* an
*Mutter*: María Calderón Vegas, aus großbürgerlichen Verhältnissen; studiert Politikwissenschaften in Bogotá, radikalisiert sich in
der Studentenbewegung**, geht 2002 mit 20 Jahren ebenfalls zur
FARC, beginnt eine Affäre mit José Sánchez
*Geschwister*: vermutlich keine
*Kindheit*: wird in einem Dschungelcamp der FARC geboren; weil
sie nach den Gesetzen der Rebellen dort nicht bleiben darf, gibt
ihre Mutter sie zu den Großeltern nach Bogotá, wo sie in wohl-
habenden Verhältnissen aufwächst
*2010*: Einschulung im Colegio Internacional de Bogotá (englisch-
sprachige Privatschule, teuerste Schule der Stadt); soll auf diese
Weise wohl dem Einfluss der Mutter entzogen werden
*2012*: reagiert zum letzten Mal auf einen Brief ihrer Mutter, weitere Schreiben beantwortet sie nicht mehr
*2013*: Tod des Vaters bei einer Offensive der FARC; keine Informationen darüber, wie sehr diese Nachricht sie trifft
*2015*: Bekanntwerden ihrer Herkunft auf dem Colegio Internacional; wird zur Außenseiterin, die meisten anderen Schüler
behandeln sie von da an mit Verachtung

---

* Abkürzung für Fuerzas Armadas Revolucionarias de Colombia (span.): Revolutionäre
Streitkräfte Kolumbiens; Aufständische, die sich 1964 bis 2016 im bewaffneten Kampf mit der
Regierung befanden.
** (Auch: 68er-Bewegung): Protestbewegung, ausgehend von Studierenden, gegen die
damalige Gesellschaft.

- *2016/17*: Friedensvertrag der Regierung mit der FARC; die Rebellen geben ihre Waffen ab und kommen in Umerziehungslager
- *2018*: Luisa besucht ihre Mutter im Lager, heftige Auseinandersetzungen darüber mit ihren Großeltern
- *2019*: plant, ihre Großeltern zu verlassen und zu ihrer Mutter zu ziehen, kommt von der Idee aber wieder ab

**Online-Aktivitäten**

- *2016*: beginnt Freundschaften im Netz zu knüpfen, wählt ihre Kontakte bevorzugt in anderen Ländern
- *2017*: zeigt starke Bewunderung für Edward Snowden[*]; sieht ihn als modernen Widerstandskämpfer – idealistisch wie ihre Mutter, aber ohne Gewalt anzuwenden
- *2018*: besucht erstmals die Foren von Hacktivisten[**], eignet sich in den folgenden Jahren deren Methoden an
- *2019*: ihre Mails zeigen, wie die Treffen mit ihrer Mutter sie aufgewühlt haben; wirkt zerrissen und orientierungslos
- *Ende 2019*: entdeckt »Legends of Langloria«; tritt schon bald den »Freedom Fighters« bei, wird unter ihrem Pseudonym »Arrow« (Schreibweise <--arrow-->) stellvertretende Gildenmeisterin

**Persönlichkeitsprofil**

Luisa ist geprägt von dem Wissen, dass ihre Mutter sie weggegeben hat, um den Kampf mit der FARC fortzuführen. Diese Kränkung bestimmt ihr Leben. Sie hasst ihre Mutter für das, was sie ihr angetan hat, und bewundert sie doch für ihren Mut und ihre Haltung. Als sie 2018 versucht, sich ihr anzunähern, führt das zu neuer Frustration (auch aufgrund des mit Alkohol und Drogen verbundenen Absturzes ihrer Mutter im Umerziehungslager). Luisa ist zwischen zwei Welten hin- und hergerissen:

---

[*] Edward Snowden (*1983): bekanntester Whistleblower der Geschichte, arbeitete 2006 bis 2009 für die CIA, dann als externer Mitarbeiter für die NSA; veröffentlichte 2013 fast zwei Millionen geheime NSA-Dokumente, die ungesetzliche Praktiken des Geheimdienstes belegten; floh zunächst nach Hongkong, dann nach Moskau, wo er bis heute im Exil lebt.
[**] Aktivist:innen, die die Methoden des Hacking nutzen, um auf ihre Anliegen aufmerksam zu machen.

(1) der geordneten, ihr spießig erscheinenden Welt der Großeltern (Materiell hat sie dort alles, was sie braucht, leidet aber unter der Ablehnung ihrer Mitschüler, auf die sie oft aggressiv reagiert.)
(2) der Welt ihrer Mutter (Gegenüber den Großeltern und den Mitschülern verteidigt sie sie, fühlt sich aber, sobald sie engeren Kontakt aufnimmt, von ihr abgestoßen.)
Rational ist Luisa der Welt ihrer Großeltern verbunden, emotional der Welt ihrer Mutter. Das zeigt auch ihr Pseudonym in der Welt von Langloria. Es beruht auf dem Namen, den ihre Mutter bei der FARC getragen hat: »La Flecha«, der Pfeil.

## Einschätzung der Zielperson
*Stärken*: gute Bildung, hohe Durchsetzungskraft (aufgrund der Kämpfe mit ihren Mitschülern), ausgeprägte Selbstständigkeit
*Schwächen*: Selbstzweifel (aufgrund der Ablehnung durch ihre Mutter), emotionale Labilität*, hohes Aggressionspotenzial
*Empfohlene Vorgehensweisen*:
(1) Rational ist Luisa schwer beizukommen, dazu ist sie zu klug und zu vorsichtig. Der zentrale Angriffspunkt, der sich bietet, ist ihre emotionale Verletztheit. Im Verhör sollte es nicht schwerfallen, sie mit einer geschickten Ansprache an diesem Punkt zu fassen. Es ist zu vermuten, dass sie dann in fast jede gewünschte Richtung gelenkt werden kann.
(2) Aus ihrem Umfeld sind ihre Großeltern wie auch ihre Mutter von Interesse. Ihre Großeltern fürchten nichts mehr, als sie zu verlieren. Um das zu verhindern, würden sie vermutlich fast alles tun. Ihre Mutter leidet unter Schuldgefühlen gegenüber Luisa und befindet sich seit dem Ende der FARC in einer Lebenskrise. Sie stellt mit Sicherheit ein lohnendes Ziel dar.

---

* Eigenschaft, leicht von außen / von anderen beeinflusst zu werden; schwach zu sein.

## I-3: Personenbeschreibung Felix Dorfmeister (erstellt mit SpyC 5.0, 30. Juli bis 5. August 2020)

*Name*: Felix Martin Dorfmeister
*Geboren*: 1. April 2005, Berlin (Deutschland)

**Lebenslauf**
*Eltern*: Thomas Dorfmeister und Katharina Dorfmeister, Lehrer an zwei Berliner Gymnasien; vermögend, leben in einer zweigeschossigen Eigentumswohnung in Berlin-Friedrichshain
*Geschwister*: zwei Schwestern, eine älter, eine jünger
*2009*: bei Felix wird das Asperger-Syndrom diagnostiziert (Form des Autismus, die sich darin äußert, dass es ihm schwerfällt, mit anderen zu kommunizieren, die Gefühle anderer wahrzunehmen und eigene Gefühle zum Ausdruck zu bringen)
*2011 bis 2017*: hat während der Grundschulzeit offenbar kaum Kontakte außerhalb der Familie
*2017*: kommt auf das Heinrich-Hertz-Gymnasium, wo er gezielt gefördert wird; hat in Mathematik, Naturwissenschaften, Geografie und Geschichte hervorragende Noten, während er sich mit Sprachen und künstlerischen Fächern schwerer tut
*2017 bis 2019*: gewinnt mehrere Jugend-Informatikpreise für das Schreiben komplexer Programme
*2018*: wird wegen seines ungewöhnlichen Verhaltens und seiner schmächtigen Statur von anderen Schülern zunehmend verspottet; aus seinem Nachnamen Dorfmeister wird das Schimpfwort »Dorftrottel« abgeleitet
*2019*: aufgrund der Vorfälle an der Schule und seiner weit überdurchschnittlichen Fähigkeiten erwägen seine Eltern, ihn auf eine Hochbegabtenschule zu schicken

**Online-Aktivitäten**
*2010*: erste Spuren im Netz, noch bevor er in die Schule kommt
*2013*: beginnt Webseiten über Astronomie zu besuchen, scheint fast den gesamten Sternenhimmel auswendig zu kennen

*2015*: entdeckt Foren, in denen er sich mit Experten über mathematische Probleme austauscht; wird dort trotz seines Alters mit großem Respekt behandelt
*2017*: erwähnt seine Fähigkeit, umfangreiche Programmcodes in kurzer Zeit zeichengetreu auswendig zu lernen
*2019*: begeistert sich für »Legends of Langloria«, weil ihm die fiktive Welt dort sehr logisch erscheint; erreicht als einer von wenigen Spielern das höchste Level (Level 100)
*Februar 2020*: tritt den »Langloria Freedom Fighters« bei, trägt das Pseudonym »Gödel«, das auf den Mathematiker Kurt Friedrich Gödel* zurückgeht, den er sehr verehrt

**Persönlichkeitsprofil**
Felix' Persönlichkeit ist nur vor dem Hintergrund seiner Erkrankung zu verstehen. Er selbst vermeidet den Begriff »Krankheit« für das Asperger-Syndrom, spricht stattdessen von »Besonderheiten« oder »Eigenheiten«. Seiner Ansicht nach ist er in manchen Bereichen unterlegen, in anderen überlegen.
Er leidet unter dem Spott von Teilen seiner Umgebung, vor allem unter seiner Unfähigkeit, dauerhafte Freundschaften zu schließen. Einerseits sehnt er sich danach, Freunde zu finden. Andererseits fühlt er sich, wenn er mit anderen zusammentrifft, rasch von ihnen gestört und strebt danach, in die Sicherheit seiner privaten Welt zurückzukehren. Dieses Dilemma quält ihn.
Die Entdeckung des Computers war eine Befreiung für ihn. Hier kommen seine Fähigkeiten stärker zum Tragen als seine Defizite. Vor allem die Logik der Programmiersprachen und die damit verbundenen Routinen entsprechen seiner Art des Denkens und geben ihm ein Gefühl der Sicherheit. Im Netz findet er Gleichgesinnte, die seine unkonventionellen Verhaltensweisen tolerieren. Möglicherweise besitzt der Computer für ihn eine größere Bedeutung als jedes menschliche Wesen, seine Familie eingeschlossen.

---

* Kurt Friedrich Gödel (1906-1978): österreichischer Mathematiker, Logiker und Philosoph.

**Einschätzung der Zielperson**

*Stärken*: ausgeprägte intellektuelle Fähigkeiten, brillante Programmierkenntnisse, unbedingte Ehrlichkeit (ist nicht dazu in der Lage, sich zu verstellen oder andere zu belügen)

*Schwächen*: Unselbstständigkeit (zumindest außerhalb der Welt des Computers), Beziehungsunfähigkeit, emotionale Verarmung

*Empfohlene Vorgehensweisen*:

(1) Eine Ansprache auf emotionaler Ebene ist bei Felix sinnlos, er kann nur auf rationalem Wege erreicht werden. Die beste Möglichkeit, ihn zu beeindrucken, ist, ihm eine originelle mathematische oder programmiertechnische Problemlösung aufzuzeigen. Allerdings kann man ihn auf diesem Gebiet kaum noch überraschen.

(2) Von seiner Persönlichkeitsstruktur her ist Felix ein unproblematisches Ziel. Aufgrund seiner Unfähigkeit, zu lügen und zu taktieren, ist es einfach, ihm Dinge zu entlocken. In einer Verhörsituation wäre er überfordert und würde die gewünschten Informationen innerhalb kurzer Zeit preisgeben.

(Es sei außerdem darauf hingewiesen, dass seine programmiertechnischen Fähigkeiten ihn für eine nachrichtendienstliche Tätigkeit geradezu prädestinieren* würden.)

---

* Absolut für etwas geeignet sein.

## I-4: Personenbeschreibung Boubacar N'Demba (erstellt mit SpyC 5.0, 29. Juli bis 7. August 2020)

*Name*: Boubacar (genannt »Bouba«) N'Demba
*Geboren*: 8. Juni 2004, Bunia (Demokratische Republik Kongo)

**Lebenslauf**
*Eltern*: Moses N'Demba und Aziza N'Demba von der Volksgruppe der Lendu, Ackerbauern im Nordosten des Kongo
*Geschwister*: eine Schwester und ein Bruder, beide älter
*Kindheit*: keine verlässlichen Informationen
*2015*: verlässt nach mehreren Missernten sein Heimatdorf und zieht mit seiner Familie in die Kleinstadt Numbi (Provinz Süd-Kivu), um von der Arbeit in den umliegenden Bergwerken zu leben
*2016*: folgt seinen älteren Geschwistern in die Coltanminen[*], erledigt Handlangertätigkeiten in den unterirdischen Schächten
*2017*: kriegerische Auseinandersetzungen in Süd-Kivu zwischen den Lendu und dem Hirtenvolk der Hema wie auch zwischen der Regierung und mehreren Rebellenorganisationen; alle versuchen die Kontrolle über die Minen zu gewinnen
*März 2018*: Überfall der Hema-Milizen auf Numbi, Boubacars Vater wird getötet, seine Mutter und seine Schwester vergewaltigt; seine Schwester stirbt an den Folgen, sein Bruder schließt sich den Lendu-Milizen an, um Rache zu nehmen
*Mai 2018*: Boubacar wird von seiner Mutter in das Nachbarland Uganda geschickt (wohl um ihn davon abzuhalten, dem Beispiel seines Bruders zu folgen)
*Juni 2018*: kommt in Kampala in der Familie eines entfernten Verwandten unter, scheint seitdem dort zu leben

---

[*] Hier wird der Rohstoff Coltan abgebaut, der beispielsweise in Smartphones Verwendung findet; befinden sich größtenteils in der Demokratischen Republik Kongo; häufig werden Kinder zum Abbau eingesetzt.

## Online-Aktivitäten

*Dezember 2018*: erste Spuren Boubacars im Netz über die Server des »HiveColab« (IT**-Zentrum, Hotspot der jungen Programmiererelite Kampalas); findet dort vermutlich Zugang über den ältesten Sohn der Familie, in der er lebt

*Mai 2019*: scheint sich in der Programmiererszene etabliert zu haben, erhält einen eigenen Arbeitsplatz im HiveColab

*Ab Sommer 2019*: besucht die Webseiten von Menschenrechtsorganisationen, die im Kongo aktiv sind, und die Blogs und Foren einschlägiger Aktivisten

*Oktober 2019*: bezeichnet Julian Assange***, Gründer der Enthüllungsplattform WikiLeaks****, in einem seiner Posts als Vorbild

*Winter 2019/20*: arbeitet seinen Aktivitätsprotokollen zufolge bis zu 20 Stunden am Tag, geht offenbar nicht zur Schule

*Februar 2020*: tritt den »Langloria Freedom Fighters« bei, da ihn der Name fasziniert; wählt das Pseudonym »Black Lumumba« (Schreibweise ▶BlackLumumba◀), wohl nach Patrice Lumumba*****, Freiheitskämpfer und erster Ministerpräsident des Kongo

## Persönlichkeitsprofil

Boubacar ist durch die Ereignisse geprägt, die zu seiner Flucht nach Uganda führten (Tod des Vaters und der Schwester, Vergewaltigung der Mutter). Wie sehr ihn das Erlebte belastet, ist nur zu erahnen. In einigen Posts deutet er an, dass er unter Schlaflosigkeit und Albträumen leidet. Vermutlich ist er erheblich traumatisiert und bräuchte therapeutische Behandlung.

---

* 2010 gegründetes Innovationszentrum in Kampala; wichtigster Standort der dortigen Start-Up-Szene.
** Informationstechnik.
*** Julian Assange (*1971): australischer Aktivist; kämpfte für die Informations- und Meinungsfreiheit im Netz, gründete 2006 die Enthüllungsplattform WikiLeaks, floh 2012 in die ecuadorianische Botschaft in London; seit 2019 in britischer Haft; über seine Auslieferung in die USA wird verhandelt; wegen der Veröffentlichung brisanter Akten jagt ihn die CIA.
**** Internetplattform zur Veröffentlichung geheimer Dokumente allgemeinen Interesses, basierend auf der Überzeugung, alle Informationen, die die Öffentlichkeit betreffen, sollten frei zugänglich sein.
***** Patrice Lumumba (1925–1961): kongolesischer Unabhängigkeitskämpfer und erster Ministerpräsident des Landes; 1961 ermordet, vermutlich auf Betreiben oder unter Beteiligung der CIA.

Alles, was er tut, geht auf seine Erlebnisse in Numbi zurück. Die Erinnerungen daran und die damit verbundenen Ängste dürften die wichtigste Triebfeder seines Handelns sein. Dabei schwankt er zwischen zwei Extremen:

(1) In seinem Wunsch nach Rache entwickelt er Gewaltfantasien, die vermutlich noch wesentlich ausgeprägter sind, als er es im Netz erkennen lässt.

(2) Er träumt davon, im HiveColab Programme zu schreiben, mit denen er die Verhältnisse im Kongo verbessern kann. Sein größter Wunsch ist, als Held zu seiner Mutter zurückzukehren.

Sein Pseudonym »Lumumba« verweist nicht nur auf den Politiker, sondern bedeutet auch »aufrührerische Massen«. Da Boubacars Aktivismus auf seelischen Verletzungen beruht, erscheint es angebracht, ihn als potenziell gefährlich einzustufen.

## Einschätzung der Zielperson

*Stärken*: manischer[*] Arbeitseifer, glaubt für eine gute Sache zu kämpfen, programmiertechnische Kreativität (überwiegend autodidaktisch[**] erworben)

*Schwächen*: labiler Gesundheitszustand, fehlende Schulbildung, prekäre[***] finanzielle Lage (lebt von der Hand in den Mund)

*Empfohlene Vorgehensweisen*:

(1) Boubacar dürfte am ehesten zu gewinnen sein, indem man sich als Aktivist für die Rechte der unterdrückten schwarzen Bevölkerungsgruppen ausgibt. Auch können seine schwache Gesundheit und seine Armut als Ansatzpunkte für Hilfsangebote genutzt werden. Allerdings ist dabei sensibel vorzugehen, sonst könnte er sich in seinem Stolz verletzt fühlen.

(2) Lohnend in seinem Umfeld dürfte ein Aktivist sein, der für die Organisation Human Rights Guardian arbeitet und im Netz unter dem Pseudonym »Adam Kongo« agiert. Boubacar legt Wert auf sein Urteil und vertraut ihm. Es wird empfohlen, diese Person bei einer Kontaktanbahnung zu Boubacar zu nutzen.

---

[*] Unkontrolliert übersteigert.
[**] Durch Selbstunterricht, das heißt ohne Lehrkraft erworben.
[***] Schwierig; problematisch.

## I-5: Personenbeschreibung Kyoko Abe (erstellt mit SpyC 5.0, 31. Juli bis 6. August 2020)

*Name*: Kyoko Abe (im Japanischen Abe Kyoko)
*Geboren*: 21. Oktober 2004, Tokio (Japan)

**Lebenslauf**

*Eltern*: Yoshihiro Abe, Vertriebsleiter eines großen Konzerns; Yuki Abe, führt den Haushalt der Familie; vermögende Verhältnisse

*Geschwister*: zwei ältere Brüder, die sich derzeit mit Stipendien an Universitäten im Ausland aufhalten

*Kindheit*: offenbar durch Leistungsdruck geprägt, soll eine ähnlich erfolgreiche Karriere wie ihre Brüder absolvieren

*Anfang 2018*: steht auf Fotos grell geschminkt und auffällig gekleidet mit anderen Mädchen in einer Einkaufsstraße, offenkundig um zu provozieren

*Juni 2018*: erleidet einen Zusammenbruch, liegt einige Wochen im Krankenhaus, kommt in eine Erholungseinrichtung

*Oktober 2018*: weigert sich nach dem Verlassen der Einrichtung, wieder zur Schule zu gehen; schließt sich in ihrem Zimmer ein und kündigt an, es nie mehr zu verlassen (dieser freiwillige Rückzug aus der Welt wird in Japan als »Hikikomori«[*] bezeichnet)

*Winter 2018/19*: beschäftigt sich mit dem Lesen von Mangas und mit ihrem Computer; droht, aus dem Fenster zu springen, falls jemand ihr Zimmer betreten sollte

*April 2019*: wird auf Initiative ihres Vaters durch einen nächtlichen Zugriff der Polizei aus ihrem Zimmer geholt

*Mai 2019*: kommt in eine Einrichtung für betreutes Wohnen (mit sieben weiteren Hikikomori-Mädchen), muss wieder zur Schule

---

[*] „Sich wegschließen"; Bezeichnung für meist junge Japaner:innen, die aufgrund von Versagensängsten den Kontakt zur Außenwelt abbrechen und sich in ihrem Zimmer einschließen.

## Online-Aktivitäten

*2012 bis 2017*: keine größeren Auffälligkeiten; besucht Foren für Manga-Fans, zeigt Interesse am Programmieren

*Anfang 2018*: findet Zugang zum Darknet\*, anscheinend über die Freundinnen, mit denen sie sich gleichzeitig auf Fotos zeigt

*November 2018*: schreibt etwa zu dieser Zeit ein Programm, das Rechner im Netz »crawlt«\*\* (auf Sicherheitslücken absucht), in ungesicherte Rechner eindringt und sie zu einem »Botnet«\*\*\* vereint; kann damit fremde Server angreifen

*Dezember 2018*: attackiert den Server ihrer ehemaligen Schule, legt ihn für mehrere Tage lahm, ersetzt die Porträts der Lehrer durch Bilder aus Grusel-Mangas

*Januar 2019*: greift die Webseiten von Geschäften an, in denen sie und ihre Freundinnen Hausverbot hatten

*Februar 2019*: versucht vergeblich, in die Server des Konzerns einzudringen, bei dem ihr Vater arbeitet; verschleiert ihre Urheberschaft an diesen Attacken (sie dürfte nur uns bekannt sein)

*Juni 2019*: darf in der Einrichtung für betreutes Wohnen einen Rechner benutzen, überschreitet die erlaubten zwei Stunden pro Tag durch heimliche nächtliche Aktivitäten

*März 2020*: tritt den »Langloria Freedom Fighters« bei, wählt nach einer Figur aus dem Manga »One Piece« das Pseudonym »Shirahoshi« (Schreibweise Shir@hoshi)

## Persönlichkeitsprofil

Kyoko ist von der Erfahrung geprägt, das schwarze Schaf der Familie zu sein und die Erwartungen ihrer Eltern enttäuscht zu haben. Sie leidet unter der Erkenntnis, dass ihre offenbar sehr ausgeprägten künstlerischen Talente, die sich im Zeichnen von Mangas und in ihrem extravaganten Äußeren ausdrücken, in der

---

\* Bestandteil des über Suchmaschinen nicht erreichbaren Deep Web; nutzt verschlüsselte Kanäle wie Tor, um die IP-Adressen der Nutzer:innen zu verschleiern; wird genutzt von Journalist:innen und Hacktivist:innen, aber auch von Kriminellen, Terrorist:innen und Radikalen.
\*\* Automatisiertes Absuchen von Webseiten und Servern nach Sicherheitslücken.
\*\*\* Abgeleitet von „robot"; Netzwerk von gehackten Zombierechnern; kann Hunderttausende von Rechnern umfassen und unter anderem für DDoS-Attacken genutzt werden.

japanischen Leistungsgesellschaft nicht gefragt sind. Auf diese für sie deprimierende Einsicht sind wohl ihr Zusammenbruch und ihre Flucht aus der Welt zurückzuführen.

Mit ihrem Botnet hat sie sich ein Instrument geschaffen, das es ihr erlaubt, Rache an der Welt zu nehmen und eine Art von Bedeutsamkeit zu erlangen. Dies hat vermutlich (zumindest vorübergehend) zur seelischen Stabilisierung beigetragen. Seit sie in der Einrichtung für betreutes Wohnen lebt, hat sich ihr Verhalten normalisiert. Allerdings deuten einige ihrer Aussagen im Netz darauf hin, dass sie nach wie vor ein erhebliches destruktives* Potenzial aufweist. In der Wohngemeinschaft verwendet sie große Energie darauf, ihre Spuren im Netz zu verwischen. Dadurch haben sich ihre Fähigkeiten als Hackerin nochmals deutlich verbessert.

**Einschätzung der Zielperson**
*Stärken*: Herrschaft über ein Botnet aus mehr als 100000 Rechnern, künstlerische Kreativität, manipulative** Energie
*Schwächen*: Hang zur Selbstverachtung, Minderwertigkeitsgefühle aufgrund ihrer familiären Erfahrungen, Affinität*** zu Fantasiewelten
*Empfohlene Vorgehensweisen*:
(1) Die Anknüpfung an ihre Manga-Leidenschaft erscheint erfolgversprechend. Nennt man die gleichen Lieblingsfiguren, für die auch sie sich begeistert, gewinnt man schnell ihre Sympathie. Dabei ist allerdings mit Fingerspitzengefühl vorzugehen, denn trotz ihres schulischen Versagens ist sie ausgesprochen intelligent.
(2) Zu ihren Eltern unterhält Kyoko keinen Kontakt mehr. Auch die Bewohnerinnen der Einrichtung sind nicht von großer Bedeutung für sie. Die wichtigsten Personen in ihrem Umfeld sind ihre Freundinnen (vor allem ein Mädchen namens Yumiko), die zum Teil ebenfalls eine labile Psyche aufweisen. Sie bieten daher vielfältige Anknüpfungspunkte für manipulative Maßnahmen.

---

* Zerstörerisch.
** Gezielt beeinflussend.
*** Eine besondere Neigung.

## I-6:   Personenbeschreibung Matthew Corgan
## (erstellt mit SpyC 5.0, 29. Juli bis 5. August 2020)

*Name*: Matthew (genannt »Matt«) Corgan
*Geboren*: 12. Januar 2005, Melbourne (Australien)

**Lebenslauf**
*Eltern*: Steve Corgan und Ivy Landsend, nicht verheiratet; studieren bei Matthews Geburt an der Universität Melbourne, der Vater Sport, die Mutter Ökologie
*Geschwister*: keine
*2008*: Eltern brechen ihr Studium ab und ziehen an die australische Ostküste nach Byron Bay (Zentrum einer alternativen, hippieähnlichen* Subkultur**), eröffnen dort eine Surfschule
*Ab 2008*: Matthew wächst mit dem Surfbrett und am Strand auf, erlebt offenbar eine unbeschwerte Kindheit
*2015 bis 2017*: gewinnt mehrere Nachwuchs-Surfturniere
*Juli 2018*: erleidet einen schweren Unfall, prallt gegen einen im Wasser verborgenen Felsen; wird gerettet, muss aber mehrere Operationen über sich ergehen lassen, bleibt querschnittsgelähmt
*Oktober 2018*: kehrt nach langer Behandlung nach Byron Bay zurück, sitzt seitdem im Rollstuhl
*Winter 2018/19*: vergebliche Versuche seiner Eltern, ihn am Leben in Byron Bay wie bisher teilnehmen zu lassen
*Frühling 2019*: drängt darauf, Byron Bay zu verlassen (entwickelt anscheinend eine Abneigung gegenüber dem Ort), seine Eltern lehnen mit Hinweis auf ihre berufliche Existenz ab
*Ab Sommer 2019*: zieht sich, von regelmäßigen Ausflügen an einen Platz über dem Strand abgesehen, an seinen Rechner zurück

---

\* Hippies nennt man die Mitglieder einer (Jugend-)Bewegung der 1960er-Jahre, die sich stark von den damals herrschenden Lebensvorstellungen abhob.
\*\* Eine Gruppe, die sich vom Rest der Gesellschaft abgrenzt.

## Online-Aktivitäten

*Bis 2018*: sporadische Spuren im Netz; ruft gelegentlich Streamingdienste und Surferseiten auf, bleibt aber nie lange

*Mai 2019*: besucht erstmals die Webseite 4chan (eine elektronische Pinnwand, auf der Texte und Bilder anonym gepostet und kommentiert werden können)

*August 2019*: entdeckt auf 4chan das Unterforum /b/, in dem sich die »/b/tards«* treffen (Anhänger einer radikal amoralischen** und nihilistischen*** Szene, die darauf abzielt, andere durch boshafte Späße, sogenannten »Lulz«, zu verletzen und zu zerstören); besucht das Forum bald exzessiv, vor allem in der Nacht

*Januar 2020*: wird Mitglied bei »Legends of Langloria«; ist anfangs als Einzelkämpfer tätig, spezialisiert sich darauf, Neulinge aus dem Hinterhalt zu töten

*März 2020*: schließt sich den »Langloria Freedom Fighters« an; wählt in Anspielung auf einen Comichelden, den er verehrt, das Pseudonym »Silver Surfer« (Schreibweise ~~Silver~~Surfer~~)

*April 2020*: will die Gilde, wie einer seiner Posts auf 4chan zeigt, von innen sabotieren**** (er hasst Leute, die an das Gute glauben), scheint die Absicht aber aufgegeben zu haben

## Persönlichkeitsprofil

Sein Unfall ist der entscheidende Einschnitt in Matthews Leben. Er trennt ihn von dem, was er sein »eigentliches Dasein« nennt. Byron Bay, früher der schönste, ist für ihn jetzt der schrecklichste Ort. Jeden Tag sieht er ein Paradies, aus dem er vertrieben wurde. Verbittert und zynisch***** hat er sich zurückgezogen, auch von seinen Eltern, deren Versuche, ihn sein bisheriges Leben fortführen zu lassen, er als verlogen empfindet.

---

* Nutzer:innen des Unterforums /b/ von 4chan; angelehnt an „retards" (Idioten); lieben Provokationen, auch in Form von Frauenverachtung, Homophobie und Rassismus.
** Nicht der geltenden Moral entsprechend.
*** Alle Überzeugungen, Normen und Werte ablehnend.
**** Etwas planmäßig zerstören.
***** Spöttisch; verletzend.

Das Surfen im Internet ist anfangs vermutlich nur ein Ersatz für das Surfen auf dem Meer. Erst mit der Entdeckung von 4chan wird es für Matthew zum Lebensinhalt. Er findet dort ein Ventil für seine Verzweiflung, kann genauso böse sein, wie es das Leben seiner Ansicht nach zu ihm ist, kann beleidigen und verletzen. Er entwickelt eine Meisterschaft darin, andere bloßzustellen. Offenbar verschafft ihm das eine gewisse Befriedigung.
Die Mails seiner Eltern zeigen, dass sie keinen Zugang mehr zu ihm finden. Er scheint sie oft in extremer Weise zu beschimpfen, was sie nicht verstehen, da sie glauben, ihm eine glückliche Kindheit geschenkt und alles in ihrer Macht Stehende für ihn getan zu haben. (Von außen betrachtet erscheint es offensichtlich, dass er in Byron Bay keine Zukunft hat.)

**Einschätzung der Zielperson**
*Stärken:* satirischer* Witz und Schlagfertigkeit, erkennt zuverlässig die Schwächen anderer, hohes Detailwissen über versteckte Bereiche des Netzes
*Schwächen:* Mobilitätseinschränkung, Zynismus und Menschenverachtung, geringe Meinung von sich selbst
*Empfohlene Vorgehensweisen:*
(1) Matthew ist am ehesten durch brutale Ehrlichkeit zu beeindrucken. Er hasst Heuchelei und Schwäche. Die Kontaktaufnahme zu ihm sollte von höchster Klarheit sein, denn auch er lässt es an Deutlichkeit nicht fehlen. Entwickelt er ausnahmsweise Sympathien für jemanden, zeigt er dies nicht, sondern versucht es hinter besonders ausgeprägten Beleidigungen zu verbergen.
(2) Seine Mobilitätseinschränkung lässt sich ausnutzen. Er hält sich meistens in seinem Zimmer auf. Gelegentlich begibt er sich an einen Ort (28°38′44″ S, 153°37′53″ O), von dem aus er den Tallow Beach überblicken kann, einen Strand, den er früher zum Surfen und Schwimmen genutzt hat.

---

* Humorvoll Kritik an etwas üben.

## I-7:  Quest* der Langloria Freedom Fighters (aus den »Romantic Tales« der »Hall of Fame«, heruntergeladen am 24. Juli 2020)

Wie Vogelschnäbel ragen die Türme der Burg, die auf einem Felsen an der Biegung des Flusses steht, in den Himmel. Die Nacht ist hereingebrochen, über den Türmen verschwindet gerade die Silhouette des Mondes hinter blassen Wolken. Aus dem Tor der Burg tritt der Raubritter Most Wanted *(Level 88, narbengesichtig, gelbe Rüstung, Schwert der Bestrafung)*. Das Klirren seines Kettenhemdes ist zu hören, als er in den Sattel des Pferdes Meldor steigt, das ihn mit stampfenden Hufen bereits auf der Zugbrücke erwartet. Er schnalzt mit der Zunge und reitet den steinigen Pfad zum Fluss hinab. Dann folgt er der alten Handelsstraße, die sich an seinem Ufer entlangzieht.

Nach einigen Meilen taucht zu seiner Linken der Wald Gaderoth auf. Er verlässt die Straße und reitet in den Wald hinein, über einen schmalen, von Wurzeln durchzogenen Weg, der sich unter den Bäumen hindurchwindet. Vereinzelte Laternen, die an den Ästen hängen, spenden etwas Licht, aus dem Unterholz dringen klagende Stimmen. Schließlich mündet der Weg auf eine Lichtung: Die Stadt der Waldelfen taucht zwischen den Bäumen auf. In der Mitte erhebt sich auf einer frei stehenden Eiche der Palast der Königin, die übrigen Mitglieder des Volkes leben in Baumhäusern an den Rändern der Lichtung.

Aus einem der Häuser klettert – so schnell, dass man ihr mit den Augen kaum zu folgen vermag – eine Gestalt herab. Es ist die Waldelfe Arrow *(Level 83, scharfäugig, grünes Wams, Bogen der Genauigkeit)*, die schon ungeduldig zu warten scheint. Leichtfüßig läuft sie auf Most Wanted zu und springt mit einem Satz hinter ihm auf den Rücken des Pferdes. Zur Begrüßung tätschelt sie die Flanke des Tieres, es hebt den Kopf und schnaubt.

---

* Ursprünglich die Heldenreise in der Sage um König Artus, im Computerspiel Begriff für eine besonders gefährliche Mission.

Gemeinsam setzen sie den Weg fort, reiten am Palast der Königin vorüber und erreichen auf der anderen Seite der Lichtung einen Pfad, der sie aus dem Wald hinausführt. Auf schwankenden Stegen durchqueren sie die stinkenden Totholzsümpfe des Tieflandes und erreichen jenseits davon schon bald das mächtige Zentralmassiv von Langloria. Über die Straßen der Zwerge, die zu den Eisenminen führen, reiten sie hinauf, immer weiter empor, bis sie über einen winzigen Gebirgspfad, hoch oben im ewigen Eis, zu einer verschneiten Hütte kommen.

Arrow springt ab, läuft über den Schnee, fast ohne ihn zu berühren, und klopft an die Tür der Hütte, aus deren Schornstein dünne Rauchfahnen steigen. Gleich darauf tritt der Feuermagier Gödel *(Level 100, spitzohrig, rotes Gewand, Zauberstab der Verwandlung)* zu ihnen heraus. Nachdem er sie mit einer etwas steif wirkenden Verbeugung begrüßt hat, verschließt er die Hütte mit mehreren Schlüsseln.

Zu dritt überqueren sie den vereisten Pass, der gleich oberhalb der Hütte verläuft. Während Most Wanted und Arrow auf der anderen Seite des Gebirges hinabreiten, schwebt Gödel, von einem inneren Licht erhellt, hoch aufgerichtet wie eine Statue neben ihnen über dem Boden. Es dauert lange, bis der Schnee und die Kälte endlich hinter ihnen liegen. Dann erreichen sie am Fuß der Berge ein sanft gewelltes Hügelland und jenseits davon eine steinige Ebene. Sie ist völlig kahl und von Spalten und Abgründen durchzogen, aus denen übel riechende Dämpfe quellen.

Meldor scheut, er wittert die Schrecken, die dort lauern. Erst als Arrow abspringt und vorausgeht, wagt er sich weiter. Vor einem der Abgründe bleiben sie stehen, Arrow greift nach einem Stein und wirft ihn hinab. Zunächst kommt nur ein Brodeln aus der Tiefe, dann erheben sich braun-gelbe Rauchschwaden, in deren Schutz nach einer Weile der Untote Black Lumumba *(Level 74, runzelhäutig, schwarzer Umhang, Keule der Verwesung)* zu ihnen heraufsteigt. Er nickt ihnen zur Begrüßung zu und scheint dann sofort wieder mit der Nacht zu verschmelzen.

Sie beeilen sich, die Ebene der Untoten zu verlassen, überqueren einen Höhenzug und erklimmen einen weiteren. Kaum stehen sie auf der Kuppe, ziehen sich die Wolken, die bisher den Himmel bedeckt haben, zurück und vor ihnen liegt – in seiner ganzen Schönheit – das Tal des Mondes. Die Bäche aus den Quellen der umliegenden Hügel laufen hier zusammen, sprudeln über Steine und Wurzeln und sammeln sich am Grund des Tales in Teichen, die das Mondlicht wie Spiegel zurückwerfen.

Einige Zeit bewundern die vier den Anblick, dann steigen sie in das Tal hinunter. Als sie den ersten der Teiche erreichen, stößt Most Wanted einen lang gezogenen Pfiff aus. In der Tiefe sehen sie eine Bewegung, gleich darauf erscheint an der Oberfläche die Wassernixe Shirahoshi *(Level 92, langhaarig, blaues Schuppenkleid, Dreizack des Untergangs)*. Sie lächelt ihnen zu, taucht aber sofort wieder auf den Grund hinab. Die vier anderen ziehen den Bach entlang, der die Teiche verbindet, sodass sie sich ihnen anschließen kann. Immer wieder sehen sie ihren schmalen Körper neben sich durch das Wasser gleiten.

Viele Zuflüsse speisen den allmählich anschwellenden Bach, bis er breit wie ein Fluss dahinströmt. Die Straße, die sie benutzen, führt über eine hölzerne Brücke auf die andere Seite des Flusses. Sie reiten hinüber und genau dort, in der Mitte der Brücke, wartet auf sie der Schurke Silver Surfer *(Level 77, hakennasig, grauer Mantel, Giftarsenal der Peinigung)*. Als sie sich nähern, springt er auf, bleibt aber in gebückter Haltung stehen, das Gesicht unter der Kapuze seines Mantels verborgen. Nur in dem Moment, als Shirahoshi in der Tiefe die Brücke passiert, schiebt er die Kapuze zurück und wirft einen sehnsüchtigen Blick zu ihr hinunter.

Dann wendet er sich ab und läuft hinter den anderen her, mit seltsam humpelnden Sprüngen, keuchend und kichernd zugleich. Jetzt sind sie komplett, die »Langloria Freedom Fighters«, und nähern sich ihrem Ziel, den Tropfsteinhöhlen von Elgoran. Denn irgendwo dort, in den Tiefen der Höhlen, soll es versteckt sein, das legendäre Buch der Artefakte, in dem all die wertvollen

Gegenstände verzeichnet sind, die sich in Langloria verbergen, und ebenso die Wege, die zu ihnen führen.

Als sie den Eingang der Höhlen erreichen, ist es bereits nach Mitternacht. Most Wanted sattelt Meldor ab und befiehlt ihm, sich ein Versteck in der Nähe zu suchen. Dann ziehen sie ihre Waffen und dringen in die Höhlen ein. Vorsichtig, Schritt für Schritt, einer hinter dem anderen, folgen sie einem Gang, der in die Tiefe führt. Als sich dann die erste der unterirdischen Hallen vor ihnen öffnet, verschlägt es ihnen regelrecht den Atem. Die Höhlen sind traumhaft schön, von Kristallen in den Wänden beleuchtet, mit einem warmen Licht, das von den Tropfsteinen wie auch den Teichen, die sich unter ihnen gebildet haben, tausendfach zurückgeworfen wird.

Es bleibt ihnen jedoch nur wenig Zeit, das Wunder zu bestaunen, denn wie sie es erwartet haben, werden sie schon bald für ihr Eindringen zur Rechenschaft gezogen. Eine Armee aus Ratten und Spinnen, die in der Einsamkeit der Höhlen zu überdimensionaler Größe herangewachsen sind, greift sie an. Die sechs schwärmen aus, um ihre Feinde zu verwirren. Most Wanted springt in eine Nische in der Höhlenwand, die ihn von drei Seiten schützt. In der Linken hält er seinen Schild, in der Rechten sein Schwert, mit dem er einen Hieb nach dem anderen austeilt. Arrow klettert die Wand hinauf, zu einem Felsvorsprung, von dem sie die Höhle überblicken kann. Bald ist die Luft erfüllt vom Sirren ihrer Pfeile. Gödel schwebt in der Mitte der Höhle, hoch über dem Boden. Sein Zauberstab glüht tiefrot und sendet tödliche Feuerbälle aus. Black Lumumba verschwindet, erscheint aber wie ein Geist immer wieder an einer neuen Stelle und erschlägt einen Gegner nach dem anderen mit seiner Keule. Shirahoshi taucht in einen der Teiche und attackiert die Angreifer mit ihrem Dreizack oder zerrt sie ins Wasser und ertränkt sie. Silver Surfer schleicht, kichernd und kaum beachtet, durch das Getümmel und tötet die Feinde mit seinen vergifteten Dolchen aus dem Hinterhalt.

Es ist ein langer und aufreibender Kampf, bis die letzten Ratten und Spinnen erlegt sind. Erschöpft kommen die sechs in der Mitte der Höhle zusammen. Arrow und Silver Surfer sind verletzt, Arrow durch das Gift einer Spinne, Silver Surfer durch den Biss einer Ratte. Gödel und Shirahoshi kümmern sich um sie.

Als sie weiter vordringen, merken sie schnell, dass die Schönheit der Höhlen nur von ihrer Gefährlichkeit übertroffen wird. Überall gibt es versteckte Fallen, und je tiefer sie kommen, umso tödlicher werden ihre Gegner. An der Decke hocken libellenartige Insekten von erstaunlicher Größe, die sich auf sie stürzen, sobald sie sie erblicken. Arrow verschickt einen Pfeilhagel nach dem anderen, um die Luft von ihnen zu säubern.

Aus versteckten, sich plötzlich öffnenden Türen in den Wänden steigen skelettähnliche Wesen und verströmen eine Kälte, die jedes Leben zu vernichten droht. Herkömmliche Waffen vermögen ihnen nichts anzuhaben. Der Einzige, der ihnen etwas entgegensetzen kann, ist Black Lumumba, denn wie diese Wesen entstammt auch er dem Schattenreich der Toten.

In den Teichen lauern Kraken, die an die Oberfläche schießen, mit Tentakeln nach den Eindringlingen schlagen und sich gleich darauf wieder in den Schutz der Tiefe zurückziehen. Shirahoshi taucht ihnen nach und folgt ihnen bis in ihre Behausungen, wo sie sie mit ihrem Dreizack erlegt.

Durch Spalten im Boden wuchern Schlingpflanzen und wachsen zu netzartigen Gebilden heran, die alles Lebendige in ihrer Umgebung einhüllen und ersticken. Silver Surfer ist es, der sie, gebückt und humpelnd durch die Höhlen schleichend, mit seinen vergifteten Dolchen durchschneidet.

Die gefährlichsten Feinde, denen sie begegnen, sind die Wächter der Höhlen, deren einziger Lebenszweck darin besteht, Eindringlinge zu töten. Most Wanted übernimmt es, sie zu bekämpfen, denn sein Schild ist als einziger stark genug, ihnen zu widerstehen, und nur sein Schwert durchdringt ihre Rüstungen.

Jede neue Höhle, deren Eingang sie erreichen, ist durch Türen versperrt, die sich erst öffnen, sobald die in sie eingemeißelten Rätsel gelöst sind. Gödel stellt sich dieser Aufgabe und scheint, während er tief versunken über den Rätseln brütet, den Kampf, der um ihn herum tobt, fast zu vergessen.

Nach mehreren Stunden schließlich erreichen sie, müde und am Ende ihrer Kräfte, die letzte und tiefste der Höhlen von Elgoran. Hier warten keine Gegner mehr auf sie. Nur in der Mitte der Höhle steht, unter besonders tief herabhängenden, von den Kristallen hell beleuchteten Tropfsteinen, ein Sockel. Darauf liegt ein Buch.

Vorsichtig nähern sie sich. Ihre Gesichter sind schmutzig, ihre Arme vom Blut verschmiert, ihre Gewänder zerrissen. Feierlich bilden sie einen Kreis um das Buch und fassen sich an den Händen. Ihre Aufgabe ist erfüllt.

*Und so sei kundgetan und bekanntgemacht,*
*dass es den*
*»Langloria Freedom Fighters«*
*als bisher einziger Gilde gelungen ist,*
*die Tropfsteinhöhlen von Elgoran zu durchwandern*
*und das legendenumwobene*
*»Buch der Artefakte«*
*nach heldenhaftem Kampf*
*in ihren Besitz zu bringen.*

*(Gezeichnet.*
*Langloria Hall of Fame, 4. April 2020)*

## I-8:   Chatprotokolle der Zielpersonen (heruntergeladen aus dem Chatroom am 3. August 2020)

### 6. April

**<--arrow-->**: Habt ihr gesehen, dass die Langloria-Leute unseren Kampf in die Hall of Fame aufgenommen haben?

**~~Silver~~Surfer~~**: Ja, aber sie haben die Hälfte weggelassen. Bei denen klingt es, als wäre es ein besserer Abendspaziergang gewesen. Ich meine: Wie lang hat das Ganze gedauert?

**Gödel**: Nach Betreten der Höhlen 4 Stunden und 38 Minuten.

**~~Silver~~Surfer~~**: Siehst du! Mit ein bisschen gutem Willen hätten sie ein ganzes Buch darüber schreiben können.

**m0$tw4nt3d**: Sei froh, dass sie uns überhaupt aufgenommen haben. Die meisten Gilden schaffen es nie in die Hall of Fame.

**Shir@hoshi**: Ich habe schon mindestens dreimal von der Nacht geträumt.

**<--arrow-->**: Ich hatte manchmal echt Angst um dich, Shira. Du warst immer alleine da unten mit diesen Krakentypen. Ich hätte nicht mit dir tauschen wollen.

**Shir@hoshi**: Ach, das sind Feiglinge. Die fühlen sich nur wohl, wenn sie aus dem Hinterhalt angreifen können. Wenn einer sie verfolgt, kriegen sie Panik. Übrigens: Ich würde auch nicht mit euch tauschen. Die Unterwasserwelt ist wunderschön.

**~~Silver~~Surfer~~**: Ja, toll! Wird wahrscheinlich nur getoppt von Blacks pissgelb-kackbraunen Untoten-Löchern.

**▶BlackLumumba◀**: Du weißt nicht, wovon du redest, Surfer. Glaub mir: Du hast absolut keine Ahnung.

**<--arrow-->**: Ich für meinen Teil fand Gödel am schärfsten. Wie er die Rätsel gelöst hat, ohne sich von dem Gemetzel, das wir um ihn herum veranstaltet haben, ablenken zu lassen. Das hatte was.

**m0$tw4nt3d**: Stimmt, das war vielleicht der Schlüssel zum Sieg. Sag mal, Gödel: Level 100 ist ganz schön beeindruckend. Wie lange hast du gebraucht, so weit zu kommen?

**Gödel**: Etwas mehr als 478 Stunden.

**Shir@hoshi**: Woher weißt du das so genau?

**Gödel**: Ich zähle alles, was sich in meinem Leben abspielt.

**~~Silver~~Surfer~~**: Kann es sein, dass du ein bisschen neben der Spur bist? So – irgendwie strange?

**Gödel**: Neben der Spur? Nein, im Gegenteil. Strange? Ja, vielleicht. Ein bisschen mehr als andere.

**▶BlackLumumba◀**: Wisst ihr, was mir aufgefallen ist, als ich gestern Abend noch mal die Beschreibung unseres Kampfes in der Hall of Fame gelesen habe?

**~~Silver~~Surfer~~**: Nein, aber du erzählst es uns bestimmt gleich. Auch wenn's keiner hören will.

**▶BlackLumumba◀**: Ich finde, wir ergänzen uns ziemlich gut. So als hätte einer von Anfang an die Gilde geplant. Obwohl wir in Wahrheit ganz zufällig zusammengekommen sind.

**Shir@hoshi**: Wie meinst du das?

**▶BlackLumumba◀**: Na, unten in den Höhlen hätte keiner von uns fehlen dürfen. Nur du konntest im Wasser aufräumen und nur Arrow in der Luft. Nur Gödel konnte die Türen öffnen und Wanted als Einziger die Wächter besiegen. Surfer – na ja …

**~~Silver~~Surfer~~**: Was heißt hier na ja? Ohne mich hätten die Schlingpflanzen euch in eure Bits und Bytes zerlegt.

**▶BlackLumumba◀**: Na gut, von mir aus. Und – bei aller Bescheidenheit – wenn ich als Untoter die Skelette nicht erledigt hätte, ständet ihr heute alle vereist in irgendeiner Ecke.

**<--arrow-->**: Ist nicht ganz falsch, was du sagst. Die Zusammensetzung unserer Gilde ist wirklich okay. Ich finde, wir sollten so bleiben und keine Neuen mehr aufnehmen. Kannst du die Gilde irgendwie abschließen, Wanted?

**m0$tw4nt3d**: Sollte kein Problem sein. Hey, ich bin der Gildenmeister, ich kann alles. Außerdem schlage ich vor, dass wir uns ab jetzt immer zu einer festen Zeit hier im Chatroom treffen. Zum Beispiel so wie heute.

**<--arrow-->**: Im Prinzip keine üble Idee. Nur – wo wohnt ihr eigentlich? Ich meine: Wie spät ist es jetzt bei euch?

**m0$tw4nt3d**: Bei mir ist es 11 Uhr vormittags. Perfekte Zeit.

**<--arrow-->**: Gilt für mich auch. Hier ist es 2 Uhr nachmittags. Voll die Mittagshitze. Da kann man nur schlafen oder chatten.

**~~Silver~~Surfer~~**: Sitzt du nackt in der Sonne? Mach doch mal die Webcam an.

**<--arrow-->**: Hey Surferboy, ich hab dich im Visier! Es könnte sein, dass ich dir – ganz aus Versehen natürlich – bei unserer nächsten Quest mal ein paar rostige Pfeile in deinen Schurkenarsch schieße. Wie würde dir das gefallen?

**~~Silver~~Surfer~~**: Großartig! Das würde der Sache die richtige Würze geben.

**Gödel**: Bei mir ist es 8 Uhr abends. Und 2 Minuten und 40 Sekunden, um genau zu sein. Um die Zeit sitze ich sowieso immer am Rechner.

**▶BlackLumumba◀**: Dann sind wir nicht weit auseinander. Hier ist es zwei Stunden später. Passt ganz gut bei mir.

**Shir@hoshi**: Melde Dunkelheit. 4 Uhr nachts.

**<--arrow-->**: Shit, das war's dann wohl. Müssen wir uns anscheinend doch eine andere Zeit überlegen.

**Shir@hoshi**: Nein, wieso? Ich bin eigentlich immer im Nachtmodus. Sonst wäre ich ja jetzt nicht hier. Um die Zeit werde ich normalerweise erst so richtig wach.

**m0$tw4nt3d**: Kann sein, aber auf Dauer …

**Shir@hoshi**: Ist schon okay, macht euch keinen Kopf deswegen. Die Zeit ist wie gemacht für mich.

**m0$tw4nt3d**: Wenn du meinst. Und du, Surfer?

**~~Silver~~Surfer~~**: 5 Uhr morgens.

**<--arrow-->**: Treffer! Das hatte ich gehofft.

**~~Silver~~Surfer~~**: War klar, Pfeilgift. Aber freu dich nicht zu früh. Ob Tag oder Nacht, spielt bei mir keine Rolle, mir geht's immer gleich beschissen.

**m0$tw4nt3d**: Soll heißen?

5

**~~Silver~~Surfer~~**: Soll heißen, wie die Dinge liegen, sind wir anscheinend über unseren guten alten Planeten verstreut. Also egal, welche Zeit wir nehmen, irgendeinen von uns erwischt es immer in der Nacht oder am Morgen. Ich opfere mich.

**<--arrow-->**: Edler Schurke! Wie kann ich dir danken?

10

**~~Silver~~Surfer~~**: Schalt beim Duschen die Webcam ein.

**m0$tw4nt3d**: Gut, dann ist es entschieden. Wir treffen uns immer um diese Zeit zum Chat.

**Shir@hoshi**: Sag mal, Wanted: Wie steht's eigentlich mit dir? 11 Uhr vormittags. Musst du nicht zur Schule oder so?

15

**m0$tw4nt3d**: Die ist geschlossen, wegen Corona. Aber ich krieg das eh nicht so regelmäßig hin. Hab zu viel zu tun, weißt du.

**Shir@hoshi**: Was denn?

**m0$tw4nt3d**: Verrate ich demnächst. Jetzt muss ich los, was erledigen. Morgen hab ich mehr Zeit. Bis dann!

20

## 7. April

**▶BlackLumumba◀**: Wie wäre es, wenn jeder von uns was über sich erzählt? Wir machen bestimmt noch ein paar Quests zusammen. Da fände ich's nicht übel, was über euch zu wissen.

**~~Silver~~Surfer~~**: Wozu denn? Lenkt nur ab.

25

**<--arrow-->**: Was soll da ablenken? Da lenkt gar nichts ab. Außerdem haben wir den Chatroom extra gegründet, um ungestört zu sein. Hier sind wir sicher, keiner liest mit. Auch keine Typen, die uns in Langloria an den Kragen wollen. Wir können reden, worüber wir Lust haben.

**Gödel**: Ich finde die Idee gut.

30

**Shir@hoshi**: Ich auch.

**~~Silver~~Surfer~~**: Ich nicht. Aber weil ich, wie ihr inzwischen gemerkt habt, ein netter Kerl bin und ein soziales Wesen habe, mache ich mit. Nur eines sage ich gleich: Meinen Namen verrate ich keinem. Vor allem Pfeilgift nicht!

**m0$tw4nt3d**: Den Namen sollte keiner nennen. Erstens ist er unwichtig und zweitens lebt es sich im Netz anonym immer am besten, egal mit wem du es zu tun hast. Du weißt nie, wer gerade hinter dir her ist. Außerdem: Wer anonym ist, hat weniger Hemmungen, die Wahrheit zu sagen.

**~~Silver~~Surfer~~**: Wohl wahr, Gildenmeister. Meine Vermutung, dass du nicht völlig verblödet bist, scheint sich zu bestätigen. Dann fang doch einfach mal an.

**m0$tw4nt3d**: Von mir aus. Und womit?

**▶BlackLumumba◀**: Was du eben erzählen willst.

**m0$tw4nt3d**: Na gut, also – ich bin aus San Francisco.

**~~Silver~~Surfer~~**: Heiliger Mark, Sillycon Valley! Dir ist hoffentlich klar, dass es nirgendwo mehr Arschlöcher gibt als bei euch, oder?

**m0$tw4nt3d**: Möglich. Aber es gibt auch nirgendwo mehr Checker als hier. Wenn du Silicon Valley das Tal der Arschlöcher nennst, stimme ich dir zu. Aber San Francisco ist nicht das Valley. San Francisco ist die Stadt der Rebellen.

**Gödel**: Homebrew Computer Club*.

**m0$tw4nt3d**: Zum Beispiel. Höre ich mehr?

**<--arrow-->**: Electronic Frontier Foundation**.

**m0$tw4nt3d**: Ja. Vor allem haben sich die Cypherpunks hier gegründet. Gut, es war nicht direkt in San Francisco, eher drüben in Oakland. Aber das ist fast dasselbe.

**Shir@hoshi**: Und da bist du dabei?

---

* 1975 in Menlo Park bei San Francisco gegründete erste organisierte Hackervereinigung.
** 1990 in San Francisco gegründete Bürgerrechtsorganisation zur Wahrung der „elektronischen Menschenrechte".

**m0$tw4nt3d**: Kann man so sagen. Na ja, es ist ja kein Verein, in dem man Mitglied wird oder so. Einfach nur eine Szene, in der man sich rumtreibt.

**~~Silver~~Surfer~~**: Du gehörst also zu den bemitleidenswerten Träumern, die immer noch glauben, dass gegen Big Money[*] was zu machen ist, ja? Vergiss es und wach auf. Die Schlacht ist geschlagen, die Dotcoms haben gewonnen.

**m0$tw4nt3d**: Wer gewonnen hat, kannst du nie sagen, Surfer. Unser verehrter Planet dreht sich weiter und hat garantiert noch eine Menge Überraschungen für uns auf Lager. Hier in San Francisco ist der Kampf jedenfalls noch in vollem Gang.

**<--arrow-->**: Was heißt das: Kampf? Wer kämpft gegen wen?

**m0$tw4nt3d**: Na, die Dotcoms haben die Stadt erobert. Nicht mit Kanonen, aber mit Geld, wie es ihre Art ist. Die Mieten sind so stark gestiegen, dass normale Leute sie sich nicht mehr leisten können. Also werden sie vor die Tür gesetzt. An ihrer Stelle ziehen die Dotcoms ein. Wo früher Kneipen waren, sind jetzt edle Restaurants. Aus dem Kiosk an der Ecke wird ein Designershop, aus dem Klamottenladen eine Boutique. Die ganze Stadt wird zu einem Reichengetto, sie verliert ihre Seele. Aber wir nehmen das nicht einfach hin.

**▶BlackLumumba◀**: Was tut ihr dagegen?

**m0$tw4nt3d**: Alles, was erlaubt ist. Und einiges, was nicht erlaubt ist.

**<--arrow-->**: Zum Beispiel?

**m0$tw4nt3d**: Wir bringen den Leuten bei, wie sie sich gegen Zwangsräumungen wehren können. Wir organisieren Boykottaktionen gegen Läden oder Typen, die wir nicht haben wollen. Keine Angst: Uns gehen die Ideen nicht aus.

**~~Silver~~Surfer~~**: Luxusschlitten abfackeln?

**m0$tw4nt3d**: Himmel, nein. Niemals! 😌

5

10

15

20

25

30

---

[*]  Abwertende Bezeichnung für den Kapitalismus (Wirtschafts- und Gesellschaftsform); im Speziellen gebraucht für die großen Internetkonzerne, vor allem Apple, Amazon, Facebook, Google und Microsoft.

**Shir@hoshi**: Ehrlich gesagt, ich glaube, das bringt alles nichts. Die Dotcoms kannst du nicht irl* treffen, sondern nur im Netz. Das ist die einzige Sprache, die sie verstehen.

**m0$tw4nt3d**: Die einzige Sprache, die sie verstehen, ist Geld. Sie behaupten zwar gerne, ihr Ziel sei, die Welt zu verbessern, aber das ist Heuchelei. Und zwar aus zwei Gründen. Erstens wollen sie in Wahrheit nur eine Sache verbessern, und das ist ihr ganz persönlicher Geldbeutel.

▶**BlackLumumba**◀: Und zweitens?

**m0$tw4nt3d**: Ist es ein Fehler zu glauben, man könnte die Welt auf technischem Weg verbessern und bräuchte sich dabei um die Menschen nicht zu kümmern. Im Prinzip verachten die Dotcoms andere Leute. Jedenfalls die, die sich mit dem Computer nicht so gut auskennen wie sie. Wer so denkt, kann die Welt nicht verbessern.

▶**BlackLumumba**◀: thx bro in <3**

**Gödel**: Was du da schreibst, ist auch der Grund, warum unsere Gilde »Freedom Fighters« heißt, oder?

**m0$tw4nt3d**: Kann sein. Ja, schätze, du hast recht.

<--**arrow**-->: Stellt sich nur die Frage, wen wir in Langloria befreien sollen.

~~**Silver**~~**Surfer**~~: Mich zum Beispiel.

<--**arrow**-->: Ja, bei dir gibt es eine Menge zu befreien. Da bin ich mir sicher.

**Shir@hoshi**: Und dein Pseudonym, Wanted? Was bedeutet das? Warum ausgerechnet »Most Wanted«?

**m0$tw4nt3d**: Ach, das hat damit zu tun, dass ich schon immer Ärger mit den Cops hatte. Vor allem, weil mein Vater einer von ihnen ist. Unser Verhältnis ist – vorsichtig ausgedrückt – etwas angespannt.

~~**Silver**~~**Surfer**~~: Warum sagst du nicht, dass du ihn hasst?

---

* (engl.) In real life.
** (engl.) Thanks, brother in heart.

**m0$tw4nt3d**: Weil man das nicht mal eben so sagt. Egal, jedenfalls fühle ich mich, als wäre an jeder zweiten Ecke der Stadt mein Steckbrief angeschlagen. Deshalb das Pseudonym, wenn ihr versteht, was ich meine. Und damit jetzt genug. Mehr gibt es über mich nicht zu sagen. 5

**~~Silver~~Surfer~~**: Dann halte ich fest, dass du eine ziemlich missratene Mischung aus Psycho und Weltverbesserer bist.

**<--arrow-->**: Und ich halte fest, Surfer, dass du eine ziemlich missratene Mischung aus Clown und Bazille bist.

**~~Silver~~Surfer~~**: Hey Pfeilgift! Die Beleidigung war nicht übel, du 10 steigst in meiner Achtung. Aber wart's ab, du kommst auch noch dran. Ich schlage vor, dass jetzt erst mal Mister Level 100 sein Seelenleben entblößt – falls er so was hat.

**Gödel**: Ich bin im Rahmen meiner Möglichkeiten dazu bereit.

**~~Silver~~Surfer~~**: Das höre ich gerne. Ich habe mir nämlich eine 15 Aufgabe für dich überlegt. Du hast uns gestern weisgemacht, du würdest alles in deinem Leben zählen. Also: Wie viele Tage bist du schon auf der Welt?

**Gödel**: Moment. Fünftausend – vierhundert – fünfundachtzig.

**<--arrow-->**: Sagst du das jetzt nur so oder meinst du es ernst? 20

**Gödel**: Ich sage nie etwas einfach nur so.

**▶BlackLumumba◀**: Und du musst dafür nicht mal rechnen?

**Gödel**: Natürlich musste ich dafür rechnen.

**~~Silver~~Surfer~~**: Äh – wir sind doch hier live auf Sendung. Oder habe ich was nicht mitbekommen? 25

**Shir@hoshi**: Das ist echt beeindruckend, Gödel. Aber irgendwie auch beängstigend. Woher kommst du?

**~~Silver~~Surfer~~**: Wahrscheinlich aus Vulkanien[*].

**Gödel**: Nein. Aus Berlin.

---

[*] Ein Planet des Star-Trek-Universums; die von dort stammenden Vulkanier haben gelernt, ihre Emotionen komplett zu unterdrücken und zu kontrollieren.

**Shir@hoshi**: Und was treibst du da so?

**Gödel**: Bevor ich darauf im Einzelnen eingehe, möchte ich zum besseren Verständnis meiner Person vorausschicken, dass ich zu den Menschen zähle, die man Asperger-Autisten nennt.

**~~Silver~~Surfer~~**: Was heißt das? Sabberst du?

**Gödel**: Nein. Ich zeige keine äußeren Auffälligkeiten.

**<--arrow-->**: An der Schule, wo ich bin, ist auch ein Aspie. Also, ich meine – entschuldige, dass ich das so nenne, Gödel.

**Gödel**: Das ist in Ordnung.

**<--arrow-->**: Jedenfalls, da an der Schule, da habe ich – na ja – so ein paar kleine Probleme mit den anderen.

**~~Silver~~Surfer~~**: Ha! Das wundert mich nicht, Baby.

**<--arrow-->**: Ja, halt's Maul. Also, ich rede von Mobbing. Nur dieser Aspie – er heißt Ramón – hat dabei nie mitgemacht. Fast als Einziger.

**Gödel**: Mobbing entsteht, weil Menschen Herdentiere sind. Wir Aspies, wenn ich deine Abkürzung aufgreifen darf, sind keine Herdentiere. Deshalb sind wir zu Mobbing nicht fähig.

**<--arrow-->**: Weißt du, ich bin dem Typen eigentlich dankbar und habe immer gedacht, ich könnte mich ein bisschen mit ihm anfreunden. Aber das hat irgendwie nie geklappt.

**Gödel**: Das darfst du nicht persönlich nehmen. Wir tun uns mit Freundschaften schwer. Wenn uns jemand zu nahe kommt, finden wir es schnell verwirrend. Es ist kompliziert. Das hat nichts mit dir zu tun.

**Shir@hoshi**: Ich habe mal irgendwo gehört, dass ihr keine richtigen Gefühle habt. Stimmt das?

**Gödel**: Nein. Im Gegenteil: Ich habe sehr intensive Gefühle. Ich kann Trauer empfinden und Angst und Freude und Wut. Ich kann diese Gefühle nur nicht zum Ausdruck bringen. Und ich kann sie bei anderen nicht erkennen. Nicht an ihrem Gesicht, nicht an ihrer Stimme und nicht an dem, was sie sagen. Ich erwähnte es schon: Es ist kompliziert.

**Shir@hoshi**: Und – dass ihr immer alles, was gesagt wird, wörtlich nehmt, ist das auch nur ein Gerücht?

**Gödel**: Das entspricht weitgehend der Wahrheit. Wir gehen davon aus, dass andere das, was sie sagen, auch wirklich so meinen und keine Hintergedanken dabei haben. Deshalb verstehen wir auch keine Ironie. Ich möchte euch daher bitten, mir gegenüber darauf zu verzichten.

**~~Silver~~Surfer~~**: Ah! Das heißt, wenn ich jetzt sagen würde: »Wow, du bist ja ein toller Kerl, Gödel!«, dann würdest du glatt denken, ich meine das ernst, oder?

**Gödel**: Im Prinzip schon. Nur aufgrund der Erfahrungen, die ich bereits mit den Äußerungen anderer Menschen gesammelt und in meinem Gedächtnis abgespeichert habe, würde ich vermuten, dass du es nicht ernst meinst. Aber ich müsste erst darüber nachdenken.

**~~Silver~~Surfer~~**: Schön, also, um deine hochinteressanten Ausführungen in der gebotenen Kürze zusammenzufassen: Du bist ziemlich schräg, oder?

**Gödel**: Ich halte die Bezeichnung »schräg« für irreführend. Wir sind anders, ja. Wir haben auf manchen Gebieten Beeinträchtigungen. Aber auf manchen sind wir auch überlegen. Viele von uns haben zum Beispiel ein extrem gutes Gedächtnis oder gewisse Spezialbegabungen, die man bei den neurologisch Typischen in der Regel nicht findet.

**▶BlackLumumba◀**: Bei wem?

**Gödel**: Bei den neurologisch Typischen.

**~~Silver~~Surfer~~**: Meinst du damit etwa uns?

**Gödel**: Ich gehe derzeit mit einer recht hohen Wahrscheinlichkeit davon aus, dass ihr alle fünf zu dieser Kategorie zählt.

**<--arrow-->**: Ich mag dich, Gödel. Du bist echt cool.

**Gödel**: Danke, Arrow. Nach meinen bisherigen Beobachtungen glaube ich sagen zu können, dass ich dich auch mag.

**m0$tw4nt3d**: Hast du auch eine von diesen Spezialbegabungen? Außer, dass du immer alles mitzählst?

**Gödel**: In gewisser Weise schon. Ich verfüge über eine ungewöhnlich ausgeprägte Form der Wahrnehmung für Programmcodes. Ich brauche sie nur einmal zu lesen und kenne sie danach auswendig.

▶**BlackLumumba**◀: In welchem Umfang?

**Gödel**: Der Umfang spielt keine Rolle.

~~**Silver**~~**Surfer**~~: Noch mal für die Begriffsstutzigen unter uns: Du liest wie ein Idiot 20 Seiten Programmcode und kennst ihn nach einer Woche noch auswendig?

**Gödel**: Das ist richtig.

~~**Silver**~~**Surfer**~~: Was hast du gesagt: Wo kann man diese Krankheit kaufen?

**Gödel**: Man kann sie nicht kaufen. Man hat sie von Geburt an. Und es ist keine Krankheit.

**m0$tw4nt3d**: Und»Gödel«? Das ist doch nicht dein richtiger Name, oder?

**Gödel**: Leider nein. Mein Pseudonym verweist auf den österreichischen Mathematiker Kurt Friedrich Gödel. Ich habe seine Beweisführungen lange studiert. Sie sind von bestechender Schönheit.

~~**Silver**~~**Surfer**~~: Warum frage ich mich bei einem, der alles ernst meint, die ganze Zeit, ob er mich verarschen will?

▶**BlackLumumba**◀: Ich suche gerade im Netz nach diesem Gödel. Hier steht, dass er an Unterernährung gestorben ist. Er wog nur noch 30 Kilo. Er ist regelrecht verhungert.

**Gödel**: Das stimmt leider. Er hatte so große Angst davor, vergiftet zu werden, dass er einfach nichts mehr gegessen hat. Aber das ist in gewisser Weise bezeichnend. Viele Genies nehmen ein tragisches Ende.

~~**Silver**~~**Surfer**~~: Genau. Deshalb bin ich ja auch keins.

<--**arrow**-->: Keine Angst, Surferboy. Dich verdächtigt mit Sicherheit keiner, ein Genie zu sein.

~~**Silver**~~**Surfer**~~: Gott sei Dank. Und Amen!

### 8. April

**m0$tw4nt3d**: Melde Nebel über Frisco. Wer ist heute dran mit der Beichte?

**▶BlackLumumba◀**: Ich schlage Shira vor. Ich mag ihren Namen. Er klingt irgendwie schön.

**Shir@hoshi**: Gut, von mir aus. Was wollt ihr wissen?

**Gödel**: Um herauszufinden, wo du bist, muss man ja nur ermitteln, wo es jetzt 4 Uhr in der Nacht ist.

**Shir@hoshi**: Stimmt. In Tokio zum Beispiel.

**~~Silver~~Surfer~~**: Himmel, ein Schlitzauge! Uns bleibt auch gar nichts erspart.

**<--arrow-->**: Kannst du nicht ein einziges Mal aufhören mit deinem Scheiß? Du gehst mir tierisch auf die Nerven. Warte, bis du an der Reihe bist. Du kriegst deine Gemeinheiten hundertfach zurück.

**~~Silver~~Surfer~~**: Hoffentlich. Ich freue mich schon darauf. Was glaubst du, warum ich mich so ins Zeug lege?

**m0$tw4nt3d**: Okay, Shira, also Tokio. Ist das nicht so was wie die größte Stadt der Welt?

**Shir@hoshi**: Sagt man, ja. Die Stadt ist ein einziges Chaos. Normalerweise dürfte gar nichts funktionieren hier. Tut's dann aber doch irgendwie.

**▶BlackLumumba◀**: Und da wohnst du mittendrin?

**Shir@hoshi**: Ach, was heißt schon wohnen? Bin da aufgewachsen, ja. Aber ich lebe nicht mehr bei meinen Eltern, bin jetzt woanders. Ich hatte ein paar Probleme mit der Polizei.

**<--arrow-->**: Was hast du gemacht?

**Shir@hoshi**: Nichts Besonderes. Ich war eine Zeit lang nicht so gut drauf und hatte nichts Vernünftiges zu tun und – na ja, irgendwann hat die Polizei mich von zu Hause weggeholt.

**m0$tw4nt3d**: Dann kann es nicht ganz so harmlos gewesen sein.

**Shir@hoshi**: War es auch nicht. Ich hab so eine Art Crawler geschrieben, der das Netz nach Sicherheitslücken absucht, und dann noch ein Programm, das fremde Rechner kapert und zu meinen Zombies* macht. Das war's.

5 **m0$tw4nt3d**: Ein Botnet? Wie groß?

**Shir@hoshi**: Um die 100 000, schätze ich.

▶**BlackLumumba**◀: Äh – ich vermute, du bist gerade ein bisschen mit den Nullen durcheinandergekommen. Oder meintest du wirklich hunderttausend?

10 **Shir@hoshi**: Ja, meinte ich.

~~**Silver**~~**Surfer**~~: Heilige Scheiße! Am Ende ist mein Rechner auch dabei.

**Shir@hoshi**: Nein, deiner bestimmt nicht. Dann wäre mein Netz ja vergiftet.

15 ~~**Silver**~~**Surfer**~~: Hey Wassernixe! Für eine Reisfresserin bist du ganz schön schlagfertig.

**Gödel**: Die Zusammenstellung eines Botnet mit 100 000 Rechnern ist eine beachtliche programmiertechnische Leistung. Deine Programme müssen ausgezeichnet sein.

20 **Shir@hoshi**: Danke, Gödel. Ich glaube, sie sind ganz okay.

**m0$tw4nt3d**: Mit 100 000 Zombies kannst du fast alles lahmlegen, was du willst. Was hast du damit angestellt?

**Shir@hoshi**: Nehmt es mir nicht übel, aber das behalte ich lieber für mich. Bei den Sachen, die ich gemacht habe, hat nie einer rausge-
25 funden, dass ich dahinterstecke. Und das sollte auch so bleiben. Könnte sonst ziemlich teuer für mich werden.

<--**arrow**-->: Ich würd's wirklich gerne wissen, Shira. Aber ich kann auch verstehen, dass es dir zu heiß ist, darüber zu reden.

▶**BlackLumumba**◀: Und dein Name? Hat der auch was mit dem Bot-
30 net zu tun?

---

* Gehackter und ferngesteuerter Rechner, der zum Beispiel dazu genutzt werden kann, Spam-Mails zu verschicken oder an einer DDoS-Attacke teilzunehmen.

**Shir@hoshi**: Nein, überhaupt nicht. Ich habe ein Lieblingsmanga, es heißt »One Piece«. Shirahoshi ist eine Figur daraus. Sie ist die Meerjungfrauenprinzessin.

**~~Silver~~Surfer~~**: Och, wie süß. Wie sieht sie aus? Hat sie so große – ihr wisst schon, was ich meine.

**<--arrow-->**: Du bist ekelhaft.

**~~Silver~~Surfer~~**: Ach ja? Ich finde, du hast eine schmutzige Fantasie. Große Augen, wollte ich sagen.

**Shir@hoshi**: Es ist kein Manga von der Art, wie du vielleicht denkst, Surfer. Es ist sehr künstlerisch. Shirahoshi gilt darin als schönste Frau der Welt.

**~~Silver~~Surfer~~**: Dann weiß ich, warum du dich nach ihr benannt hast. Wahrscheinlich weil du selbst total hässlich bist.

**<--arrow-->**: Ignorier ihn einfach, Shira.

**Shir@hoshi**: Über mich gibt es sowieso nicht mehr viel zu sagen. Ich hatte eine üble Zeit und versuche gerade, wieder halbwegs mit mir und der Welt klarzukommen. Wenn ihr versteht, was ich meine.

**m0$tw4nt3d**: Würde mich nicht wundern, wenn das so ziemlich jeder hier verstehen kann.

**▶BlackLumumba◀**: Ich auf jeden Fall. Mir geht es ehrlich gesagt nicht viel anders als Shira.

**m0$tw4nt3d**: Gut, dann – wenn du willst, erzähl was über dich. Wenn ich mir dein Pseudonym ansehe, kommst du ja wohl irgendwo aus Afrika, oder?

**▶BlackLumumba◀**: Ah! Da hat sich wohl einer Gedanken gemacht, was?

**m0$tw4nt3d**: Tut mir leid. Gehört zu meinen Hobbys.

**▶BlackLumumba◀**: Ich bin aus dem Kongo. Aber jetzt lebe ich im Nachbarland, in Uganda. Die Geschichte ist ziemlich – wie hast du es genannt, Gödel? – kompliziert.

**m0$tw4nt3d**: np[*]. Hab Zeit.

---

[*] (engl.) No problem.

**<--arrow-->**: m2*

▶**BlackLumumba**◀: Also, im Kongo habe ich in einem kleinen Bergarbeiterstädtchen gelebt, es heißt Numbi. Meine Eltern haben da in den Minen gearbeitet. Meine Geschwister und ich auch, wir mussten mithelfen.

~~**Silver**~~**Surfer**~~: Hört sich nach einer glücklichen Kindheit an.

▶**BlackLumumba**◀: Numbi ist ein elendes Kaff. Nur Hütten, aus Brettern zusammengezimmert, oben im Gebirge. Eine einzige Straße führt hoch. Aber die ist nicht etwa geteert, es ist nur eine Schneise zwischen den Bäumen mit festgestampfter Erde. Wenn es regnet, kommt kein Auto durch und du bist von der Welt abgeschnitten. Es ist die Hölle. Aber es ist trotzdem auch meine Heimat, versteht ihr?

**m0$tw4nt3d**: Und die Arbeit in den Minen?

▶**BlackLumumba**◀: Ist hart und ziemlich gefährlich. Es gibt keine Maschinen oder so was. Du hast nur Hacke und Schaufel, um das Gestein loszuschlagen. Und in die engsten Schächte müssen die Kinder kriechen. Weil sie als Einzige reinpassen.

**Shir@hoshi**: Gibt es da nicht oft Unfälle?

▶**BlackLumumba**◀: Klar. Die Stollen sind ja kaum gesichert, ständig stürzt einer davon ein. Und dann liegst du da, wie lebendig begraben, in totaler Finsternis, und hoffst, dass irgendjemand dich ausgräbt, bevor du erstickst.

**Gödel**: Niemand sollte so leben müssen.

▶**BlackLumumba**◀: Ja, du hast recht. Aber die Minen sind nicht das Schlimmste. Das Schlimmste ist der Krieg. Der dauert schon Jahrzehnte. Vor ungefähr zwei Jahren ist Numbi überfallen worden, von Milizen** eines anderen Volkes. Sie haben meinen Vater getötet. Und andere Dinge gemacht. Meine Schwester hat es nicht überlebt. Mein Bruder ist in den Wald gegangen, zu unseren eigenen Milizen. Nur meine Mutter und ich waren noch übrig.

---

* (engl.) Me too.
** Streitkräfte.

**Shir@hoshi**: Ich weiß nicht, was ich sagen soll. ↓Ich weine mit dir, bro.↓

**m0$tw4nt3d**: rip*

**<--arrow-->**: 😞 <3

**▶BlackLumumba◀**: Meine Mutter hat mich nach Kampala geschickt, 5
zu so einer Art Onkel von mir. Zuerst war ich monatelang total fertig.
Dann habe ich, mehr aus Zufall, so ein paar Leute kennengelernt. Es
gibt eine Start-up-Szene hier. Nicht so groß wie im Valley und Geld
hat auch kaum einer, aber manche haben echt was drauf. Da bin ich
jetzt sozusagen dabei. 10

**m0$tw4nt3d**: Erzähl was darüber. Woran arbeitet ihr?

**▶BlackLumumba◀**: Ganz verschieden. Einer entwickelt eine App,
mit der sich Bauern über die Marktpreise informieren können, ein
anderer ein Programm, das Jobs an Tagelöhner vermittelt, wieder
andere Aufklärungsvideos über Verhütung oder Corona-Prävention. 15
Solche Sachen eben.

**<--arrow-->**: Klingt, als würdet ihr nicht nur davon reden, die Welt zu
verbessern. Sondern es auch tun.

**▶BlackLumumba◀**: Ach, stell es dir nicht zu positiv vor. Auch hier
gibt es viele, die in erster Linie vom großen Geld träumen. Und ich 20
fürchte, falls die Sache mal so richtig abgeht, sind das die, die sich
am Ende durchsetzen. Aber es gibt eben auch die anderen. Die nur
was für die Menschen tun wollen.

**m0$tw4nt3d**: Schätze, bevor Big Money kam, war es bei uns noch
ähnlich. Vielleicht kriegt ihr es ja besser hin. 25

**<--arrow-->**: Und »Black Lumumba«? Es gab mal diesen Unabhängigkeitskämpfer, der so früh gestorben ist, oder? Kam der nicht auch aus
dem Kongo?

**▶BlackLumumba◀**: Ja. Er ist mein Vorbild. Kennt ihr ihn?

**m0$tw4nt3d**: Klar kenne ich ihn. Unser verehrter Geheimdienst war 30
so freundlich, ihn umzubringen.

---

* (engl.) Rest in peace.

**<--arrow-->**: Meine Mutter hat mir von ihm erzählt. Er war auch so eine Art Freedom Fighter.

**▶BlackLumumba◀**: Das stimmt. Deshalb war mir auch, als ich gesehen habe, dass es in Langloria eine Gilde gibt, die so heißt, gleich klar, dass ich da mitmache.

**Shir@hoshi**: Klingt logisch. Nur: In Langloria kann man nicht für die Freiheit kämpfen, egal wie man sich nennt. Oder?

**m0$tw4nt3d**: Wie meinst du das?

**Shir@hoshi**: Na, wie ich es sage. Klar, man kann für Schätze kämpfen. Oder dafür, mehr Ruhmespunkte zu kriegen. Oder auf ein höheres Level zu kommen. Aber kann man auch für etwas Höheres kämpfen?

**Gödel**: Nein. Das kann man nicht.

**Shir@hoshi**: Woher bist du dir so sicher?

**Gödel**: Ich kenne den Programmcode, ich habe ihn dekompiliert*. Du kannst in Langloria nicht für etwas Höheres kämpfen. Du kämpfst immer nur für dich. Oder für deine Gilde. Aber nie für etwas anderes.

**Shir@hoshi**: Das ist irgendwie schade, findet ihr nicht?

**<--arrow-->**: Ja. Aber es muss ja nicht so bleiben.

## 9. April

**m0$tw4nt3d**: Wenn ich richtig mitgezählt habe, fehlen jetzt nur noch die Therapiesitzungen von Arrow und Surfer. Also: Freiwillige vor!

**<--arrow-->**: Surfer ist auf jeden Fall als Letzter dran. Damit wir ihn so richtig fertigmachen können.

**~~Silver~~Surfer~~**: Ich sehe schon, wie dir der Geifer aus den Mundwinkeln tropft, Baby. Nur bist du dann dummerweise noch vor mir an der Reihe. Also, raus mit der Sprache: Von wo verschießt du deine Pfeile?

---

* Rückübersetzen eines Maschinencodes in einen für Menschen lesbaren Programmcode.

**<--arrow-->**: Aus Kolumbien. Bogotá, um genau zu sein.

**▶BlackLumumba◀**: Dann haben wir was gemeinsam.

**<--arrow-->**: Was denn?

**▶BlackLumumba◀**: Ein Freund von mir hat mal erzählt, es gäbe nur zwei Länder auf der Welt, in denen noch länger Krieg ist als im Kongo: Afghanistan und eben Kolumbien.

**<--arrow-->**: Stimmt. Wir hatten fast 50 Jahre Krieg, zwischen der Regierung und der FARC. Aber jetzt ist es vorbei damit.

**~~Silver~~Surfer~~**: FARC? Ist das nicht diese Mörderbande aus den Bergen?

**<--arrow-->**: Ja. Und meine Eltern waren zufällig auch bei der »Mörderbande«, Schwachkopf.

**Shir@hoshi**: Das ist ein Witz, oder?

**<--arrow-->**: Nein, ist es nicht. Meine Eltern waren beide bei der FARC. Ich bin da geboren, in einem Camp, irgendwo ziemlich tief im Dschungel. Aber als Kind durfte ich nicht bleiben. Deshalb bin ich zu meinen Großeltern gekommen und die leben in Bogotá. Das ist alles.

**~~Silver~~Surfer~~**: Wie, das ist alles? Nur noch mal fürs Protokoll: Deine Eltern haben also Leute umgebracht?

**<--arrow-->**: Kann man so sagen.

**~~Silver~~Surfer~~**: Deine Mutter auch?

**<--arrow-->**: Meine Mutter war Scharfschützin bei der FARC. Sie hatte den Kampfnamen »La Flecha«.

**m0$tw4nt3d**: Der Pfeil. Dann hast du dich in Langloria nach ihr benannt, oder?

**~~Silver~~Surfer~~**: Ich fasse es nicht. Ich bin in einer Gilde mit einer Terroristin. Wahrscheinlich steht das Sondereinsatzkommando schon vor der Tür.

**<--arrow-->**: Erstens, ich bin keine Terroristin. Ich habe nie jemanden getötet. Und zweitens, meine Eltern waren auch keine Terroristen. Sie waren Kämpfer. Sie haben Soldaten getötet. Im Krieg.

**~~Silver~~Surfer~~**: Du willst sie also auch noch verteidigen?

**<--arrow-->**: Ja. Stell dir vor.

**Gödel**: Wer im Krieg Soldaten tötet, gilt nicht als Terrorist. Es ist nur völkerrechtlich umstritten, was genau als Krieg anzusehen ist.

**~~Silver~~Surfer~~**: Lass uns bloß mit deinem Völkerrechtsgequatsche in Ruhe. Die Sache ist auch so schon ernst genug.

**▶BlackLumumba◀**: Was machen deine Eltern jetzt, Arrow?

**<--arrow-->**: Mein Vater ist tot. Er ist gefallen. Aber es war nicht so wie bei dir. Ich habe ihn gar nicht gekannt.

**Shir@hoshi**: Und deine Mutter?

**<--arrow-->**: Ist in ein Umerziehungslager gekommen. Da sollten sie und die anderen aus ihrer Einheit auf ein normales Leben vorbereitet werden. Das kannten sie ja gar nicht mehr. Mussten sie alles neu lernen.

**~~Silver~~Surfer~~**: Wie? Man hat sie nicht mal eingekerkert?

**<--arrow-->**: Es war schlimmer als Kerker. Ich hab meine Mutter da besucht, sie war total fertig. Hatte das Gefühl, dass alles, was sie je gemacht hat, umsonst war. Und natürlich hat sie gemerkt, dass sie nie in der Lage sein wird, ein normales Leben zu führen. Nicht nach dem, was sie erlebt hat.

**Shir@hoshi**: Ist sie immer noch in diesem Lager?

**<--arrow-->**: Nein, das haben sie aufgelöst. Sie hat früher mal studiert und wollte eigentlich damit weitermachen. Aber das hat nicht geklappt. Jetzt lebt sie in einer anderen Stadt, in einem ziemlich üblen Viertel, und muss sich da verstecken. Es gibt in Kolumbien solche – wir nennen sie Todesschwadronen*. Die drohen, alle, die bei der FARC waren, umzubringen.

**m0$tw4nt3d**: Das heißt, du lebst noch immer bei deinen Großeltern?

---

* Autodefensas Unidas de Colombia (Vereinigte Bürgerwehren Columbiens), rechtsgerichtete paramilitärische Gruppierung zur Bekämpfung der FARC.

**<--arrow-->**: Ja, geht nicht anders. Ich meine: Ich sage ja nicht, dass das, was die FARC gemacht hat, gut war. Wahrscheinlich war es scheiße. Am Anfang wollten sie den Bauern helfen, die unterdrückt wurden, das war okay. Aber irgendwann haben sie ihre Ziele aus den Augen verloren, dann gab es nur noch Gewalt und am Ende wusste keiner mehr, wofür das Ganze gut sein soll.

**▶BlackLumumba◀**: Kommt mir bekannt vor. Bei uns ist es nicht viel anders.

**~~Silver~~Surfer~~**: Gut, dann fasse ich noch mal zusammen: Ich befinde mich in einer Gilde mit einem Irren, einer Terroristin, einem kriminellen Schlitzauge und einem Typen, der zu oft in irgendwelchen Minen verschüttet war. Eigentlich bin ich, abgesehen von unserem edlen Gildenmeister, der einzig Normale hier. Oder wie seht ihr das?

**<--arrow-->**: Ich weiß genau, was für ein Typ du bist.

**~~Silver~~Surfer~~**: Ach ja? Da bin ich aber gespannt.

**<--arrow-->**: Du bist irgend so ein verwöhntes Surfersöhnchen, das in seinem ganzen Leben noch nie ein einziges Problem gehabt hat. Deshalb schwafelst du ständig dummes Zeug und fällst anderen auf die Nerven.

**~~Silver~~Surfer~~**: Ja, das ist gar nicht so schlecht. Ich würde sagen, es kommt der Wahrheit ziemlich nah.

**Shir@hoshi**: Ich tippe auf Australien oder Neuseeland.

**~~Silver~~Surfer~~**: Byron Bay.

**Shir@hoshi**: Nie gehört.

**~~Silver~~Surfer~~**: Frag den Gildenmeister, Schatz. Der ist aus Kalifornien, der kennt es.

**m0$tw4nt3d**: Ja, unter Surfern weiß man, wo das ist. In Australien. An der Ostküste, glaube ich. Gilt als eins der schönsten Surfreviere der Welt. Vor allem die alternativen Typen sind da. Späthippies und so.

**~~Silver~~Surfer~~**: Korrekt, Euer Gnaden.

**▶BlackLumumba◀**: Und da lebst du?

**~~Silver~~Surfer~~**: Ich würde sagen, ich lebe da nicht, ich residiere da. Stellt euch den schönsten Flecken Erde vor, den eure kümmerliche Fantasie hergibt. Weit geschwungene, weiße Strände, meterhohe Wellen, traumhaftes Wetter, Regenwald bis fast zum Ufer, exotische Tiere, entspannte Leute …

**Shir@hoshi**: Und was machst du da den ganzen Tag?

**~~Silver~~Surfer~~**: Nichts. Wie jeder anständige Surfer. Ich bin braun gebrannt und hab Muskeln bis unter die Decke. Ich hänge am Strand und auf dem Wasser rum und lasse mich von meinen Eltern durchfüttern.

**<--arrow-->**: Wahrscheinlich irgendwelche reichen Schnösel, und du bist das verwöhnte Einzelkind.

**~~Silver~~Surfer~~**: Natürlich. Meine Eltern stinken vor Geld. Dazu sind sie ja schließlich auch da.

**<--arrow-->**: Und wenn es dunkel wird, hängst du dich vor deinen Rechner und hast die ganze Nacht aus Langeweile nichts Besseres zu tun, als Leute zu beleidigen.

**~~Silver~~Surfer~~**: Du hast es erfasst. Lulz eben.

**m0$tw4nt3d**: Lulz? Warte, jetzt wird es mir klar. Du bist einer von diesen 4chan-Typen.

**~~Silver~~Surfer~~**: Ich bekenne mich schuldig. 4chan ist mein bevorzugtes Nachtrevier. Ich bin ein /b/tard.

**<--arrow-->**: Zu denen gehörst du also. Hätte ich mir denken können. Ihr trollt* andere und macht sie fertig und geilt euch daran auf. Ihr seid widerlich.

**~~Silver~~Surfer~~**: Ich würde sagen, wir verstellen uns nicht. Wir heucheln nicht rum und lassen die ganze verlogene Zivilisationskacke weg. Eigentlich tun wir nur das, was alle anderen auch gerne tun würden, sich aber nicht trauen. Vielleicht ist es widerlich. Aber vor allem ist es ehrlich.

---

* Trollen; absichtliches Provozieren und Beleidigen anderer Internetnutzer:innen.

**Gödel**: Mit der Begründung, man sei ehrlich, kann man jedes unmoralische Verhalten rechtfertigen.

**m0$tw4nt3d**: Danke, Gödel. So etwas Ähnliches wollte ich auch gerade sagen, obwohl ich es nicht so geschliffen ausdrücken könnte wie du. Ich glaube, das ist nur eine feige Ausrede, Surfer, und du weißt das auch. Es sind schon Leute durch Cybermobbing gestorben. Ich sage nur Amanda Todd*.

**~~Silver~~Surfer~~**: Wer nichts vertragen kann, sollte nicht dahin gehen, wo es wehtut.

**m0$tw4nt3d**: Zweite feige Ausrede. Umkehrung von Opfer und Täter. Mit dem Argument kannst du jedes beliebige Verbrechen verharmlosen.

**▶BlackLumumba◀**: Ja. Auch das an meiner Familie. Und das willst du ja wohl nicht, oder?

**<--arrow-->**: Surfer ist sprachlos. Dass ich das noch erlebe!

**Shir@hoshi**: Hast du eigentlich was mit Anonymous** zu tun? Die stammen doch auch aus 4chan.

**~~Silver~~Surfer~~**: Nein, nicht wirklich. Die Typen von Anonymous nehmen mir alles zu ernst. Das ist verlogen.

**▶BlackLumumba◀**: Und du? Gibt es irgendwas, das du ernst nimmst?

**~~Silver~~Surfer~~**: Ja, früher habe ich das getan. Bis vor zwei Jahren ungefähr. Ich war ein sehr ernsthaftes Kind.

**<--arrow-->**: <spöttisches Gelächter>

**~~Silver~~Surfer~~**: Aber als ich älter geworden bin, habe ich gemerkt, dass es nichts bringt, Dinge ernst zu nehmen. Auf Dauer macht es dich fertig.

---

* Amanda Todd (1996-2012): 15-jährige kanadische Schülerin, die sich 2012 nach fortgesetztem Cybermobbing das Leben nahm.
** Anonymous: 2006 auf der Plattform 4chan entstandener Zusammenschluss von Hacktivisten; zuerst Spaßbewegung, später zunehmend politisch; radikales Eintreten für die Freiheit der Kommunikation und Datenübertragung; auch Aktionen gegen Russland im Ukraine-Krieg 2022.

**m0$tw4nt3d**: Und »Silver Surfer«? Damit ist die Comicfigur gemeint, oder?

**~~Silver~~Surfer~~**: Früher hatte ich selbst mal ein silbernes Surfbrett. Ich finde, das ist die einzige Form von Freiheit, die es gibt. Die Freiheit auf den Wellen, wenn alles andere keine Bedeutung mehr hat, nicht mal das Leben. Und die Freiheit, anonym im Netz unterwegs zu sein. Wenn man ehrlich ist, gibt es keine andere Form von Freiheit.

**▶BlackLumumba◀**: Doch, die gibt es, Surfer. Es gibt eine viel höhere Form von Freiheit. Du kannst dir gar nicht vorstellen, wie sehr es die gibt.

**I-9:** **Auszug aus einem Report von Human Rights Guardian (heruntergeladen aus dem Internet am 7. August 2020)**

## Musakales Traum

*11.04.2020 | 19:08 Uhr*
*Adam Kongo, Numbi*

Der elfjährige Musakale läuft die schlammige Straße hinauf, die zwischen den Bretterbuden von Numbi hindurchführt, einem Ort im Osten des Kongo mit vielleicht 8 000 Einwohnern, vielleicht auch 10 000, niemand weiß es genau. Immer wieder springt der Junge über den schmutzigen Bach, der ihm in der Mitte der Straße entgegenfließt. Er will uns die Stelle zeigen, an der gestern, am Karfreitag, sechs Menschen starben und Dutzende verletzt wurden.

Numbi ist eine Bergarbeitersiedlung in 2 500 Metern Höhe in der kongolesischen Provinz Süd-Kivu. Rund um den Ort, in Minen, die ohne größere Hilfsmittel einfach in die Wiesen gegraben wurden, wird Coltan abgebaut. Viele hier nennen es das »neue Gold«, denn ohne diesen Rohstoff würde kein Smartphone mehr funktionieren.

Musakale führt uns an ärmlichen Hütten vorbei, von denen einige während des letzten Sturms zusammengebrochen sind. Hier wohnen die Schürfer mit ihren Familien, auch Musakale lebt mit seinen Eltern und seinen drei Geschwistern in einer der Hütten. Jeden Morgen bei Sonnenaufgang zieht die Familie hinaus in die Minen, um dort zu graben. Die Arbeit ist gefährlich. Zwei seiner Freunde seien bereits in den Stollen gestorben, berichtet Musakale. Er erzählt davon, als wäre es nur ein Spiel gewesen, mit einem schlechten Ausgang.

Das Coltan, das sie fördern, ist wertvoll, aber die Schürfer dürfen nur einen kleinen Teil des Erlöses für sich behalten, der größere Teil geht an die Pächter der Minen. Die wiederum zahlen »Schutzgelder« an die Rebellen, welche die Region derzeit beherrschen. Die Rebellen finanzieren damit ihre Waffen und

erhalten so den Bürgerkrieg aufrecht, der den Osten des Kongo seit
Jahrzehnten erschüttert. Deshalb heißt das auf den ersten Blick so
harmlos wirkende Erz hier auch »Blut-Coltan«. Denn tatsächlich,
es klebt Blut daran, und zwar gleich auf zweifache Weise: erstens
das Blut der Schürfer, die in den Minen ihr Leben lassen, und zweitens das Blut der Opfer, die der Bürgerkrieg seit Jahren fordert.

Musakale weiß nicht viel von diesen Zusammenhängen. »Hier
ist es passiert«, sagt er, bleibt stehen und zeigt auf ein kleines Fußballfeld, das am oberen Rand des Ortes neben der Straße liegt.
Hier trifft er sich in der wenigen freien Zeit, die er hat, mit seinen
Freunden. Gestern kamen die Schürfer auf dem Feld zu einem
Demonstrationszug zusammen, um gegen die schlechten Arbeitsbedingungen und die kargen Löhne zu protestieren. Viele können
von ihrem Verdienst kaum leben. Und sie sind nicht versichert.
Bei einem Unfall oder einer Krankheit ist immer gleich die Existenz der gesamten Familie gefährdet.

Auch Musakale war mit seinen Eltern und seinen Geschwistern
auf der Demonstration. Er berichtet stolz davon. Und dann
erzählt er, aus welcher Richtung die Geländewagen der Rebellen
kamen. »Auf einmal war alles ganz still«, sagt er. Die Rebellen for-
derten die Demonstranten auf, den Platz zu verlassen. Als sie es
nicht taten, schossen sie in die Menge. Es gab sechs Todesopfer
und mehr als 40 Verletzte.

Wenn man in Europa oder in den USA wohnt, ist Numbi weit
entfernt. Die meisten Menschen dort haben den Namen vermutlich noch nie gehört. Sie wissen nicht, dass hier seit Jahrzehnten
– unbemerkt von der Weltöffentlichkeit – ein Krieg tobt. Und
auch nicht, wie das Coltan, das in ihren Smartphones und Autos
steckt, ans Tageslicht befördert wird. Vermutlich wollen sie es gar
nicht wissen. Es wäre nicht schön, bei jedem Anruf und jeder SMS
und jeder Fahrt mit dem Auto an solche Dinge erinnert zu werden. Denn man hat mit diesem Krieg ja nichts zu tun. Oder doch?
Durch die Globalisierung* ist die Welt sehr klein geworden.

---

* Vorgang, bei dem es weltweit in sehr vielen Bereichen (z.B. Wirtschaft, Politik, Gesellschaft,
Kultur) zu immer mehr Verflechtungen und auch Abhängigkeiten kommt.

Alles hängt mit allem zusammen. Und niemand hat mehr das Recht zu behaupten, man hätte mit Dingen, die in anderen Teilen der Welt passieren, nichts zu tun.

Musakale ist froh, dass niemand aus seiner Familie verletzt wurde. Er erzählt von der wilden, panischen Flucht, nachdem die ersten Schüsse gefallen waren. Er sagt, vom Fußballspielen sei er so schnell, dass die Kugeln ihn verfehlt hätten. Er zeigt uns, wie er mit seiner Familie geflohen ist. Er hätte den anderen den sichersten Weg gezeigt, berichtet er.

Auf dem Fußballfeld stehen jetzt sechs hölzerne Särge, Angehörige haben sich darum versammelt, einige singen. Musakale sagt, in der nächsten Woche sei die Beerdigung. Er hofft, dass er und seine Freunde das Fußballfeld dann bald wieder benutzen dürfen. Denn Fußball ist nicht nur seine Leidenschaft, nicht nur seine wichtigste Ablenkung von all den schlimmen Dingen, die ihn umgeben. Fußball ist auch seine Hoffnung. Wenn er groß ist, will er Profi werden. Am liebsten in England. Oder in Deutschland. Dann wird er seine Familie mitnehmen. Sie werden nie wieder in einer Mine arbeiten müssen.

Das ist Musakales Traum.

## I-10: Chatprotokolle der Zielpersonen (heruntergeladen aus dem Chatroom am 3. August 2020)

### 15. April

**<--arrow-->**: Wo ist eigentlich Black?

**Shir@hoshi**: Ja, ich vermisse ihn auch. Er war schon seit drei Tagen nicht mehr hier. Und er hat vorher nichts gesagt. Allmählich mache ich mir Sorgen.

**~~Silver~~Surfer~~**: Keine Angst. Der sitzt im Urwald und spielt auf seiner Buschtrommel.

**Shir@hoshi**: Ich fand es krass, was er erzählt hat. Es hat mich echt geschockt. Stellt euch vor, euch passieren solche Sachen, wie sie ihm passiert sind.

**m0$tw4nt3d**: Ehrlich, ich hab keine Ahnung, ob ich damit klarkommen würde. Vielleicht würde ich in einer geschlossenen Anstalt landen. Oder Amok laufen. Wenn er das wirklich so gut verpackt, wie es scheint, muss er wahnsinnig stark sein.

**<--arrow-->**: Ich schätze, wie du reagieren würdest, weißt du erst, wenn du selbst mal so was erlebt hast. Vorher kannst du nichts dazu sagen.

**Shir@hoshi**: Kann sein. Aber du hast doch irgendwie ein Gefühl, was das mit dir machen würde.

**<--arrow-->**: Weiß nicht. Wahrscheinlich wäre ich erst mal total fertig und dann – vorausgesetzt, ich würde die Zeit halbwegs überstehen – einfach nur noch wütend. Ja, das kann ich mir für mich am ehesten vorstellen. Ich wäre furchtbar wütend und hätte Rachegefühle.

**~~Silver~~Surfer~~**: Das kommt von deiner Mutter. Die hat dir ihr Scharfschützen-Gen vererbt.

**Gödel**: Ich würde nicht mehr leben.

**Shir@hoshi**: Wie meinst du das?

**Gödel**: Wie ich es sage.

**Shir@hoshi**: Ja, aber – warum würdest du nicht mehr leben?

**Gödel**: Weil es keine Ordnung mehr gäbe. Ohne Ordnung kann ich nicht leben. Ich brauche einfach gewisse Dinge, die jeden Tag gleich sind. Am besten sollte auch jeden Tag das Gleiche passieren. Wenn plötzlich die Menschen, denen ich vertraue, nicht mehr da sind und sich von einem Tag auf den anderen alles ändert – ich denke, das würde mich so verwirren, dass ich es nicht überleben könnte.

**m0$tw4nt3d**: Das klingt ganz schön hart. Jedenfalls gehörst du nicht zu den Typen, die versuchen, sich was vorzumachen.

**Gödel**: Nein. Dazu bin ich nicht fähig.

**Shir@hoshi**: Ich glaube, sterben würde ich nicht daran. Aber ich würde mich zurückziehen. Würde nichts mehr mit anderen Menschen zu tun haben wollen, nachdem sie mir so was angetan haben. Ich habe das schon mal gemacht, wahrscheinlich würde ich es wieder tun.

**~~Silver~~Surfer~~**: Wenn mir so etwas passieren würde, würde ich von da an mit ziemlicher Sicherheit nicht mehr surfen und nicht mehr trollen.

**<--arrow-->**: Ernsthaft?

**~~Silver~~Surfer~~**: Ernsthaftigkeit war doch gefordert.

**<--arrow-->**: Wow! Ein seltener Anflug von Selbsterkenntnis.

**~~Silver~~Surfer~~**: Ja, Pfeilgift, stell dir vor. Dazu bin ich in der Lage. Sogar mitten in der Nacht.

### 17. April

**▶BlackLumumba◀**: Hey, ich bin wieder da. Hab gesehen, dass ihr über mich gesprochen habt.

**Shir@hoshi**: Du warst auf einmal verschwunden, da haben wir uns natürlich Gedanken gemacht.

**▶BlackLumumba◀**: Ich weiß, ich hätte es vorher ankündigen sollen. Aber es ging alles so schnell, ich bin nicht mehr dazu gekommen. Musste für ein paar Tage weg. Und da, wo ich war, gibt's kein Netz. Keine Chance, mich zu melden.

**m0$tw4nt3d**: Was ist passiert?

**▶BlackLumumba◀**: Ziemlich viel auf einmal. Ich stehe immer noch so ein bisschen neben mir. Schätze, ich muss das erst mal verdauen.

**<--arrow-->**: Ich würd's trotzdem gerne hören.

**Shir@hoshi**: m2. Natürlich nur, wenn du willst.

**▶BlackLumumba◀**: Na schön, ich kann es versuchen. Aber nur unter der Bedingung, dass ich keine dummen Sprüche zu hören kriege. Das gilt besonders für dich, Surfer.

**~~Silver~~Surfer~~**: <silence>

**▶BlackLumumba◀**: Also, vor ein paar Tagen ging hier in Kampala auf einmal das Gerücht um, dass in Numbi, dem Ort, aus dem ich komme, was Übles passiert ist. Keiner wusste Genaues, nur dass es Tote gegeben hat. Ich hatte natürlich Angst um meine Mutter, die lebt ja noch da. Aber ich konnte sie nicht anrufen, sie hat kein Telefon. Also hab ich mich in den nächsten Bus gesetzt und bin hingefahren. Die Fahrt war ziemlich heftig, hat zwei Tage und zwei Nächte gedauert. Zum Glück ging es meiner Mutter gut.

**<--arrow-->**: Und die Toten? Ach, entschuldige, du hattest ja gesagt, du willst nicht unterbrochen werden.

**▶BlackLumumba◀**: Ist schon in Ordnung. Ich will nur kein dummes Zeug hören, das kann ich im Moment nicht vertragen. Ja, das mit den Toten stimmte leider. Die Bergarbeiter haben demonstriert, für höhere Löhne und dass die Minen besser gesichert werden. Aber die Rebellen, die die Minen beherrschen, haben auf sie geschossen. Einige sind gestorben und viele wurden verwundet. Meine Mutter war auch da, aber ihr ist nichts passiert. Trotzdem war sie natürlich geschockt.

**m0$tw4nt3d**: Sollte sie nicht besser aus Numbi weggehen? Warum zieht sie nicht zu dir nach Kampala?

▶**BlackLumumba◀**: Wäre bestimmt gut, aber sie will nicht. Wegen meinem Bruder. Der ist ja noch in der Gegend, bei den Milizen. Sie denkt, sie müsste ihn beschützen oder von diesen Leuten wegholen. Aber das schafft sie nicht. Ich bin hin und habe ihn getroffen. Hätte ihn fast nicht erkannt. Er hatte total grausame Augen, ich glaube, er stand unter Drogen. Die geben sie ihnen, damit ihnen das Töten leichter fällt. Es ist übel, das zu sagen, aber – ich fürchte, er ist verloren.

**<--arrow-->**: Meine Mutter war 15 Jahre bei der FARC. Glaub's mir, nach der Zeit bist du wirklich verloren. Aber dein Bruder ist doch noch gar nicht so lange dabei. Gib die Hoffnung nicht auf, Black. Er kann es schaffen.

▶**BlackLumumba◀**: Ja, vielleicht. Jedenfalls, ich hab noch jemanden getroffen in Numbi. Er war in der Stadt, um über die Proteste zu berichten, und hat die ganze Sache mitbekommen, sogar ein paar Fotos gemacht. Jetzt will er rausfinden, wer von den Rebellen das getan hat, und versuchen, sie zur Rechenschaft zu ziehen. Er arbeitet für eine Menschenrechtsorganisation, sie heißt Human Rights Guardian.

**m0$tw4nt3d**: Die kenne ich. Hab gehört, manche von denen leben ziemlich gefährlich.

▶**BlackLumumba◀**: Ja, das gilt für den hier auch. Er nennt sich Adam Kongo, ist natürlich nicht sein richtiger Name. Er sagt, er muss anonym bleiben, weil er bei gewissen Leuten auf der Todesliste steht. Wir haben uns lange unterhalten, er fand es spannend, was ich hier in Kampala mache, und will demnächst mal vorbeikommen, um es sich anzusehen. Er hat mir viele Sachen erzählt, die ich noch nicht wusste, und das hat mich echt getroffen. Fast genauso wie das mit meinem Bruder. Ich muss ständig darüber nachdenken.

**m0$tw4nt3d**: Lass mich raten. Ich hab den Verdacht, dass jetzt eine Menge Schweinereien ans Licht kommen.

**▶BlackLumumba◀**: Das ist noch harmlos ausgedrückt, es ist viel mehr als das. Das Ganze ist ein unglaublich brutales System. Wenn ich Adam richtig verstanden habe, läuft die Sache so: Die Rebellen versuchen so viele Minen wie möglich unter ihre Kontrolle zu bringen. Die Arbeiter, die da schuften, sind dann von ihnen abhängig. Sie bleiben arm, während die Rebellen die Bodenschätze mit Riesengewinn an Konzerne in Europa und in den USA verkaufen. Das Geld stecken sie in Waffen, mit denen sie ihren Krieg führen. Der richtet sich offiziell gegen die Regierung, aber in Wahrheit ist es nur ein Vorwand, denn wenn man sich die Typen näher ansieht, sind es gar keine Rebellen, sondern einfach nur Kriminelle. Und so geht es seit Jahren. Die Arbeiter verrecken in den Minen, und im Krieg werden Tausende von Unschuldigen geopfert. Auf der Gewinnerseite stehen nur wenige, aber die werden richtig fett. Erstens die Anführer der Rebellen und zweitens die Konzerne, mit denen sie Handel treiben. Adam hat mir zwei Namen genannt, sie heißen – Moment – Hoboken Industries und Liberty Bells Limited. Sie sollen beide in den USA sein. Kennst du sie, Wanted?

**m0$tw4nt3d**: Liberty Bells, das sagt mir was. Die sind ziemlich bekannt, sie müssten oben in Seattle sitzen. Hoboken – weiß nicht genau, irgendwo in Texas, glaube ich. Wenn du willst, kann ich versuchen, was über sie rauszufinden.

**▶BlackLumumba◀**: Ja, mach das. Du könntest mir ziemlich helfen damit.

**Shir@hoshi**: Wieso helfen? Was hast du vor?

**▶BlackLumumba◀**: Das weiß ich selbst noch nicht. Nur eins steht fest: Nach allem, was ich in den letzten Tagen gesehen und gehört habe, kann ich nicht einfach so weitermachen, als wäre nichts passiert. Nicht, nachdem ich meine Mutter und meinen Bruder gesehen und mit Adam gesprochen habe. Ich muss irgendwas unternehmen.

**~~Silver~~Surfer~~**: Unternehmen? Gegen Rebellen, die Leute einfach umnieten, wenn sie ihnen nicht passen? Und gegen Konzerne, die zig Milliarden Dollar im Rücken haben? Da weiß ich eine schnellere Methode, Blackie: Jag dir eine Kugel in den Kopf.

**Gödel**: Die Tropfsteinhöhlen von Elgoran galten auch als uneinnehmbar.

**~~Silver~~Surfer~~**: Ja, aber wir sind hier nicht in Langloria, Dödel. Hier wird mit echten Waffen geballert.

**Gödel**: Das ist mir bekannt. Aber manchmal ist es besser, ein Risiko einzugehen, als die Selbstachtung zu verlieren.

**▶BlackLumumba◀**: Du hast mich verstanden, Gödel. Ich denke, genau das ist es. Es geht nicht nur um die letzten Tage. Es geht um das, was meiner Familie passiert ist. Ich weiß, es ist fast unmöglich, dass ich etwas verändern kann. Aber ich muss es wenigstens versuchen, ich bin es mir schuldig. Seid nicht böse, wenn ich in Langloria ab jetzt vielleicht nicht mehr dabei bin. Aber es geht nicht anders. Ich hab keine Wahl.

## 18. April

**m0$tw4nt3d**: Sherlock Holmes meldet sich zur Stelle.

**Shir@hoshi**: Was soll das heißen?

**<--arrow-->**: Er hat Black doch versprochen, was über diese Firmen rauszufinden.

**Shir@hoshi**: Ach ja, stimmt, hatte ich vergessen. Und?

**m0$tw4nt3d**: Bin fündig geworden. Vor allem, was Hoboken angeht. Wie ich's vermutet hatte, sitzen sie in Texas. In Houston, um genau zu sein. Ist ein ziemlich dicker Fisch. Sie haben ungefähr 60 000 Mitarbeiter und einen Jahresumsatz von über 80 Milliarden Dollar. Damit gehören sie zu den 100 größten Unternehmen der Welt, falls es jemanden interessiert.

**Gödel**: Ja. Mich.

**m0$tw4nt3d**: Danke, Gödel. Sie machen ihr Geld mit Rohstoffen, die sie überall auf der Welt einkaufen, in ihren Fabriken verarbeiten und dann teuer weiterverkaufen. Damit verdienen sie ein Vermögen. Im Kongo kaufen sie vor allem ein Erz namens Coltan.

**▶BlackLumumba◀:** Das ist genau das Zeug, für das wir in Numbi in die Stollen gekrochen sind und unser Leben riskiert haben. Es wird in fast allen Minen da gefördert. Hunderte von Leuten sind dafür schon in der Erde geblieben.

**m0\$tw4nt3d:** Dann kommen wir der Sache ja näher. Also, passt auf. Aus diesem Coltan stellt Hoboken ein Metall namens Tantal* her. Kennt kein Schwein, benutzt aber jeder. Daraus werden nämlich sogenannte Tantal-Elektrolytkondensatoren gemacht. Wahrscheinlich das längste Wort, mit dem ich meine Tastatur jemals gequält habe. Das sind besonders kleine und starke Kondensatoren, die in jedem Mobiltelefon und jedem Auto stecken. Im Smartphone sind sie zum Beispiel für den Vibrationsalarm zuständig.

**▶BlackLumumba◀:** Ja, das hat Adam auch erzählt. Er meinte: Immer wenn irgendwo auf der Welt in irgendeiner Hosentasche ein Smartphone vibriert, kriecht gerade ein Junge durch einen Stollen in den Minen von Kivu, ihm knurrt der Magen und er weiß, dass er blutig geprügelt wird, wenn er heute nicht mehr die geforderte Menge an Erzen nach oben schafft.

**~~Silver~~Surfer~~:** Hey, dein Kumpel ist echt gut darin, anderen ein schlechtes Gewissen zu machen. Ich hoffe, er hat einen Waffenschein dafür.

**Shir@hoshi:** Ich finde, es ist eine üble Vorstellung.

**<--arrow-->:** Übel ist gut! Es ist eine Scheißvorstellung.

**Gödel:** Gibt es auch Smartphones, in denen kein Coltan steckt?

**m0\$tw4nt3d:** Nein, du brauchst das Zeug. Es gibt ein paar, die sozial und ökologisch korrekt hergestellt werden, also ohne die Umwelt zu versauen oder Arbeiter zu versklaven. Aber das ist nach allem, was man hört, ein Fake, die sind immer noch viel zu billig. Wenn man das ernsthaft machen würde, müsste so ein Teil zwischen 2 000 und 3 000 Dollar kosten.

---

\* Metall, welches aus dem abgebauten Coltan gewonnen wird; wird durch ein chemisches Verfahren von den anderen Metallen getrennt; Verwendung z.B. in Mobilfunkgeräten.

**Shir@hoshi**: Krass. Jetzt weiß ich auch, warum ich so ein Ding noch nie im Laden gesehen habe.

**Gödel**: Die Differenz zu der Summe, die man für ein normales Smartphone bezahlt, ist das Geld, das wir sparen, weil Umwelt und Arbeitskräfte in unserem Interesse ausgebeutet werden.

**m0$tw4nt3d**: Genau so ist es, Gödel. Deshalb ist vor ein paar Jahren – um wieder zu Hoboken zurückzukommen – auf Druck von Aktivisten in den USA ein Gesetz erlassen worden. Es heißt »Dodd-Frank-Act«. Danach müssen alle Firmen, die Rohstoffe aus Krisengebieten kaufen, beweisen, dass sie unter kontrollierten Bedingungen gefördert werden und ihr Verkauf nicht dazu dient, einen Krieg zu finanzieren.

**~~Silver~~Surfer~~**: Hey, Moment mal! Das hört sich nach einem sinnvollen Gesetz an. Da kann was nicht stimmen.

**▶BlackLumumba◀**: Hoboken muss sich also auch an das Gesetz halten?

**m0$tw4nt3d**: Klar. Gilt für alle Unternehmen hier.

**▶BlackLumumba◀**: Das heißt, sie dürfen aus den Minen von Numbi und überhaupt aus allen Minen, die von irgendwelchen Kriegsparteien kontrolliert werden, kein Coltan kaufen?

**m0$tw4nt3d**: So sieht's aus. Offiziell tun sie das auch nicht. Sie legen den Behörden jedes Jahr brav alle möglichen Bescheinigungen aus dem Kongo vor, wonach alle Rohstoffe, die sie da kaufen, aus staatlich kontrollierten Minen stammen. Und dagegen ist nichts einzuwenden.

**<--arrow-->**: Okay, Wanted, dann mal raus mit der Sprache: Wo ist der Haken?

**m0$tw4nt3d**: Der Haken ist, dass manche glauben, die Bescheinigungen wären gefälscht. Oder gekauft. Denn das Coltan aus den Minen, die die Rebellen kontrollieren, ist viel billiger als das aus den staatlichen Bergwerken. Weil sich keiner um die Umwelt oder das Leben der Arbeiter schert. Deshalb kann Hoboken damit viel höhere Gewinne machen. Nur sind es eben reine Behauptungen. Es konnte ihnen nie einer beweisen.

**▶BlackLumumba◀**: So was Ähnliches hat Adam auch gesagt. Er meinte, er weiß genau, dass Konzerne wie Hoboken das Coltan aus Numbi kaufen, obwohl sie es nicht dürfen. Er versucht seit Jahren, es zu beweisen, aber er hat es nie geschafft.

**Shir@hoshi**: Angenommen, man könnte es beweisen. Was würde dann passieren?

**m0$tw4nt3d**: Dann könnte man die Konzerne anklagen und vor Gericht bringen. Ein paar Köpfe würden bei denen rollen.

**~~Silver~~Surfer~~**: Ja, und bei uns auch. Sechs, um genau zu sein. Oder glaubt ihr, so ein Milliardenkonzern lässt sich von Typen wie uns ans Bein pinkeln?

**Shir@hoshi**: Ich meinte eigentlich eher: Was würde es den Leuten in Numbi bringen?

**m0$tw4nt3d**: Ehrlich gesagt – wahrscheinlich nichts.

**<--arrow-->**: Es sei denn, man kriegt es so hin, dass die Sache richtig groß wird. Sodass die ganze Welt davon erfährt. Sodass einfach keiner mehr wegsehen kann.

**~~Silver~~Surfer~~**: Nur gut, dass du nicht zu Übertreibungen neigst, Baby.

**Gödel**: Es ist besser, zu groß zu denken als zu klein.

**▶BlackLumumba◀**: Ich will gar nicht wissen, was es bringen kann und was nicht. Ich weiß nur eins: Da, wo ich herkomme, sterben Leute. Jeden Tag, völlig sinnlos. Und woanders gibt es welche, die Millionen daran verdienen. Und wieder woanders welche, die sich einen Dreck dafür interessieren. Ich will mir das nicht länger ansehen. Ich muss was dagegen tun.

**Shir@hoshi**: Aber wie? Wie willst du die Sache angehen?

**▶BlackLumumba◀**: Jedenfalls nehme ich kein Gewehr in die Hand. Hab schließlich gerade bei meinem Bruder gesehen, wohin das führt. Damit macht man alles nur schlimmer. Du weißt das auch, Arrow, oder?

**<--arrow-->**: Und wie ich das weiß. Lass bloß die Finger davon.

78

**▶BlackLumumba◀**: Zum Glück ist ein Gewehr ja auch gar nicht nötig. Es gibt eine viel bessere Waffe.

**~~Silver~~Surfer~~**: Und welche soll das sein, mein afrikanischer Bruder? Etwa deine geniale schwarze Birne?

**▶BlackLumumba◀**: Die auch, Surfer. Aber ich meine was anderes. Eine Waffe, die ich inzwischen ziemlich gut beherrsche. Meinen Rechner.

**m0$tw4nt3d**: Die Waffe des kleinen Mannes.

**▶BlackLumumba◀**: Ja. Wie für mich gemacht. Und, ich weiß, es ist ganz schön viel verlangt, aber: Ich würde mich freuen, wenn ihr dabei wärt.

### 19. April

**<--arrow-->**: Ich hab manchmal einen Traum. Und letzte Nacht hatte ich ihn wieder: Ich bin im Haus meiner Großeltern, es steht leuchtend weiß auf einem Hügel. Ich wache auf, weil ich Schüsse höre, unten aus dem Tal, wo meine Mutter in so einer Hütte lebt. Also laufe ich hin. In Wahrheit ist es weit entfernt, unser Haus von ihrer Hütte, aber in dem Traum sind nur ein paar Meter dazwischen. Meine Mutter liegt am Boden, die Typen, die sie jagen, haben sie erwischt. Ich hocke mich neben sie. Sie gibt mir zum Abschied einen Pfeil. Dann stirbt sie.

**Shir@hoshi**: Aber – in echt geht es ihr doch gut, oder?

**<--arrow-->**: Was heißt schon gut? Ich hab sie angerufen heute Morgen. Ihr ist jedenfalls nichts passiert.

**▶BlackLumumba◀**: Ich träume oft solche Sachen. Eigentlich fast jede Nacht. Meistens wache ich dann auf und kann nicht mehr schlafen. Ich gehe raus und laufe durch die Straßen. Bis es hell wird.

**<--arrow-->**: Ich will dabei sein, Black. Das wollte ich mit der Geschichte nur sagen. Bei dem, was du vorhast. Ich hab's letzte Nacht entschieden.

**▶BlackLumumba◀**: Ich hab mir schon gedacht, dass du mitmachen wirst. Und du auch, Wanted, oder?

**m0$tw4nt3d**: Danke, dass du so nett bist, mir die Entscheidung abzunehmen. Aber du hast recht. Nach allem, was du erzählt hast, und nach allem, was wir über Hoboken rausgefunden haben, gibt's nicht viel zu überlegen. Ich kann bei solchen Sachen nicht anders, das war schon immer so. Außerdem: Mir klebt inzwischen so viel Mist an den Füßen, dass es nicht groß auffällt, wenn noch ein paar Klumpen dazukommen.

**~~Silver~~Surfer~~**: An deiner Stelle wäre ich mir da nicht so sicher. Irgendwann bleibst du stecken, Golden Boy. Und es ist kein schönes Gefühl, nicht mehr von der Stelle zu kommen.

**<--arrow-->**: Dann sprichst du ja wohl aus Erfahrung.

**~~Silver~~Surfer~~**: Ja, stell dir vor, Pfeilgift. Jedenfalls bin ich kein Träumer, so wie du.

**Gödel**: Auch wenn es sich paradox\* anhören mag: Sie ist keine Träumerin, nur weil sie einen Traum hat. Black ist auch kein Träumer. Ich glaube, in gewisser Weise sind wir anderen größere Träumer als die beiden.

**~~Silver~~Surfer~~**: Wärest du in deiner unendlichen Weisheit vielleicht dazu bereit, dich auf das Niveau von uns Sterblichen herabzulassen? Mit anderen Worten: Drück dich gefälligst verständlich aus, Dödel!

**Gödel**: Ich habe unsere Situation und unsere Fähigkeiten analysiert. Ich halte Blacks Anliegen für berechtigt und sinnvoll. Und wir sind nicht chancenlos in dieser Auseinandersetzung. Ich schließe mich ihm an.

**▶BlackLumumba◀**: Danke, Gödel. Bei dir war ich mir ehrlich gesagt nicht sicher. Aber ich hatte es gehofft.

---

\* Widersprüchlich.

**Shir@hoshi**: Ich wollte sagen, dass ich nicht dabei bin. Und dass ich es besser fände, wenn du es auch lässt, Black. Ich meine: Warum willst du in der Vergangenheit rumwühlen? Das, was du jetzt in Kampala machst, hört sich doch gut an. Wieso konzentrierst du dich nicht darauf? Und wir anderen: Ich habe das Gefühl, dass wir genug Probleme haben. Jeder von uns. Warum sollen wir uns noch neue machen? 5

**~~Silver~~Surfer~~**: Endlich ein wahres Wort zwischen dem ganzen Gesabbere. Ich danke dir, Schlitzauge.

**Shir@hoshi**: Lies noch mal nach, Glubschauge. Ich habe geschrieben, dass ich es sagen *wollte*. Aber ich sage es nicht. 10

**~~Silver~~Surfer~~**: Wie? Was denn jetzt?

**Shir@hoshi**: Ich kann die anderen nicht einfach alleinelassen. Vor allem Black und Arrow nicht. Es wäre irgendwie feige.

**~~Silver~~Surfer~~**: Jetzt fängst du auch noch an zu sabbern. Ist außer mir eigentlich keinem hier klar, dass wir – mit dem Buch der 15 Artefakte und ein paar weiteren Quests, die wir aus dem Teil heraussuchen – bald die absoluten Könige von Langloria sein könnten?

**Gödel**: Nach meiner Einschätzung würden wir dafür noch etwa 80 Stunden gemeinsamer Zeit benötigen.

**~~Silver~~Surfer~~**: Wenn ich nur einen Funken Verstand habe, ist 20 es ja wohl klar, dass ich mich aus der Sache ausklinke.

**<--arrow-->**: Hast du aber nicht.

**~~Silver~~Surfer~~**: Eigentlich gibt es nur einen einzigen Gedanken, der mich dazu bewegen könnte mitzumachen.

**m0$tw4nt3d**: Und der wäre? 25

**~~Silver~~Surfer~~**: Ich stelle mir vor, was für ein Spaß es sein wird, euch bei eurem glorreichen Scheitern zuzusehen, wozu es zweifellos kommen wird. Die Show darf ich mir auf keinen Fall entgehen lassen.

**m0$tw4nt3d**: Das heißt, du bist dabei?

**~~Silver~~Surfer~~**: Ich werde die Rolle eines Beobachters und 30 Kommentators einnehmen.

**<--arrow-->**: Das gilt nicht. Entweder du arbeitest richtig mit oder du machst die Fliege.

**~~Silver~~Surfer~~**: Ich finde es traurig, dass Terroristen hier das Sagen haben. Aber gut, ich mache mit.

**m0$tw4nt3d**: Schön, dass wir das geklärt haben. Hätte auch schneller gehen können.

**▶BlackLumumba◀**: Danke, Surfer. Und Shira. Ehrlich gesagt, die letzten Tage waren ganz schön heftig. Manchmal war ich total froh, weil ich dachte, jetzt fange ich endlich an, das zu tun, was ich schon längst hätte tun sollen. Dann wieder komplett fertig, weil ich nicht wusste, wie ich mit der Sache alleine zurechtkommen soll. Jetzt, wo ich weiß, dass ihr dabei seid, bin ich voll erleichtert.

**~~Silver~~Surfer~~**: Ist ja gut, Blackie, steck das Taschentuch weg. Gildenmeister! Nächster Programmpunkt, bitte.

**m0$tw4nt3d**: Ich hätte da wirklich was. Ihr wisst, wenn wir uns mit Leuten wie Hoboken anlegen, gehen wir ein übles Risiko ein. Die machen Milliardengewinne, und sobald sie merken, dass die in Gefahr sind, gehen sie zur Not über Leichen. Also dürfen wir auf keinen Fall irgendeinen dummen Fehler machen, der dazu führt, dass wir enttarnt werden.

**<--arrow-->**: Soll heißen?

**m0$tw4nt3d**: Wie geht jeder von euch ins Netz?

**<--arrow-->**: Über Tor* natürlich.

**Shir@hoshi**: Schätze, jeder hier benutzt Tor. Oder nicht?

**Gödel**: Ich nicht immer.

**▶BlackLumumba◀**: Ich ehrlich gesagt auch nicht.

---

* Seit 2002 bestehendes Netzwerk zum anonymen Surfen im Internet.

**m0$tw4nt3d**: Gut, dann ist das das Erste, worauf wir von jetzt an achten müssen. Wenn wir den Leuten von Hoboken nicht gleich eine Eintrittskarte für unsere Rechner schenken wollen, muss jeder von uns Tor benutzen. Und zwar über Tails*. Kein anderes Betriebssystem mehr! Startet es von DVD, nicht vom Stick, und sorgt dafür, dass eure Rechner komplett leer sind. Installiert keine Plug-ins** und geht nie über Tor in euer E-Mail-Konto.

**<--arrow-->**: Hey Wanted, fahr mal runter, die Leute hier sind keine Anfänger. Das kriegt schon jeder hin.

**m0$tw4nt3d**: Ich wollte nur sichergehen, dass mir am Ende keiner vorwirft, ich hätte meine Aufsichtspflicht verletzt.

**~~Silver~~Surfer~~**: Aufsichtspflicht! Das Wort kennst du von deinem Vater, oder?

**Gödel**: Ich werde deine Ratschläge berücksichtigen.

**m0$tw4nt3d**: Gut, dann stellt sich die Frage, wie wir loslegen. Irgendwelche Vorschläge?

**<--arrow-->**: Wenn keiner was dagegen hat, übernehme ich den DNS-Request***, um den IP-Bereich**** von Hoboken rauszufinden. Ich hab ganz brauchbare Programme dafür.

**Shir@hoshi**: Sobald du die Adressbereiche hast, schick sie rüber. Ich lass meinen Crawler drüberlaufen, um nach Schwachstellen zu suchen.

**Gödel**: Ich verfüge über ein Programm, das offene Proxys***** findet. Manchmal erhält man so am leichtesten Zugang.

---

* Betriebssystem zur Wahrung der Privatsphäre und Anonymität der Nutzer:innen; basiert auf der Nutzung des Tor-Netzwerks.
** Softwarekomponenten, die eine bestehende Software erweitern, um mehr Funktionen zu ermöglichen.
*** Im „Domain Name System" (Abk. DNS) sind die Namen der Dienste im Internet festgelegt (beginnend mit www); ein DNS-Request ermittelt, welche IP-Adressen sich hinter den Domain-Namen verbergen.
**** Jeder Rechner im Netz erhält eine IP-Adresse (z.B. 217.34.84.92); große Unternehmen lassen sich ganze Bereiche reservieren, diese können mit Bereichsübersichten und mithilfe eines DNS-Request ermittelt werden.
***** Server, die bei einer Netzverbindung zwischengeschaltet werden, um die IP-Adresse zu verbergen; offene, also fehlerhafte Proxys sind ein bei Hackern beliebtes Angriffsziel.

**~~Silver~~Surfer~~**: Ihr seid ja alle verrückt. Ich habe es mit Wahnsinnigen zu tun! Ich sehe schon, wie sie uns über einem offenen Feuer grillen.

**m0$tw4nt3d**: Nicht, wenn jeder seine Spuren verwischt. DNS-Request, Crawler, Proxy-Finder – damit erregen wir noch kein Aufsehen. Das passiert zigtausendfach im Netz.

**Shir@hoshi**: Kann sein. Aber wie weit wollen wir gehen? Irgendwann haben wir eine Armee von Sicherheitsleuten am Hals.

**▶BlackLumumba◀**: Jeder kann doch aussteigen. Keiner muss dabeibleiben, wenn die Sache zu heiß wird.

**<--arrow-->**: Nein. Ich glaube, da machst du dir was vor. So wie ich uns kennengelernt habe – und da schließe ich sogar unser Surfersöhnchen ein –, steigt hier keiner aus. Nicht, nachdem wir einmal angefangen haben. In Langloria ist nie einer ausgestiegen, bevor wir am Ziel waren, und hier wird es auch keiner tun. Es gibt nur zwei Möglichkeiten: Entweder wir gewinnen – oder wir gehen unter. So ticken wir nun mal, schätze ich. Wenn wir nicht so ticken würden, wären wir gar nicht erst hier.

## Dienstag, 25. August 2020
## San Antonio, USA

Jacob schließt das Dossier, nachdem er, wie üblich am Ende des Tages, eine Sicherungskopie davon gezogen hat, und fährt seinen Rechner herunter. Während er sein Büro verschließt, grüßt er die Reinigungskräfte, die mit ihren Servicewagen an ihm vorbei über den Flur gehen. Aus alter Gewohnheit blickt er ihnen prüfend nach, aber keine der Personen wirkt verdächtig. Dann verlässt er das Gebäude.

Draußen, auf dem Weg zu seinem Auto, atmet er tief die warme Abendluft ein. Er fährt einen unscheinbaren Mittelklassewagen, wie die meisten hier. Nachdem er eingestiegen ist, legt er die Jacke auf den Beifahrersitz und verschließt sein Smartphone im Handschuhfach. Er fährt los und winkt den Sicherheitsleuten zu, die die Ausfahrt des Parkplatzes bewachen. Dann biegt er auf den West Military Drive ein, folgt ihm die kurze Strecke bis zur Kreuzung und lenkt seinen Wagen auf den Interstate 410, auf dem sich, wie meistens um diese Zeit, der Verkehr staut.

Als ihn die Strahlen der tief stehenden Sonne treffen, kneift er für einen Moment die Augen zusammen, klappt die Blende aber gar nicht erst herunter, denn er hat kaum zwei Meilen zu fahren. Dann tauchen auf der rechten Seite auch schon die Umrisse des Alamo Drafthouse Cinema auf. Für seine Zwecke gibt es keinen besseren Ort als diesen, er schätzt das Kino sehr. Nicht für sein Programm oder die Freundlichkeit der Mitarbeiter, es ist vor allem die Lage des Gebäudes, die ihn anzieht.

Nachdem er den Wagen abgestellt hat, lässt er seine Jacke und sein Smartphone zurück, streift seine Maske über und betritt das Kino. Sorgfältig studiert er die Liste der angebotenen Filme und ihre Laufzeiten, wählt einen davon aus und kauft eine Eintrittskarte. Er achtet darauf, dass der Kontrolleur die Karte abreißt, betritt den Kinosaal und setzt sich auf seinen Platz, den er, wie üblich, in unmittelbarer Nähe der Tür gewählt hat. Dann wartet er, bis es dunkel wird und die Werbung beginnt.

Inzwischen kennt er die Clips auswendig und weiß schon immer beim ersten Bild, um welches Produkt es sich handelt. Er bleibt regungslos sitzen, bis die Werbung vorbei ist und die letzten Lichter im Saal erlöschen. Als der Film beginnt, steht er leise auf, achtet darauf, dass die Sitzfläche seines Sessels beim Hochklappen kein unangenehmes Geräusch verursacht, und geht hinaus. Draußen wendet er sich in Richtung der Toiletten und verlässt das Kino durch den Notausgang auf der Hinterseite.

Mehrere Minuten läuft er, scheinbar ziellos, durch die Gegend, ohne sich umzudrehen. Dann bleibt er vor einem Schaufenster stehen, betrachtet die darin ausgestellten Produkte und beobachtet dabei insgeheim die Straße, die er entlanggekommen ist. Er geht in den Laden, zu dem das Schaufenster gehört, verlässt ihn aber wenig später auf der anderen Seite wieder, ohne etwas gekauft zu haben. Einige Straßen weiter erreicht er ein etwas heruntergekommenes Wohnviertel und betritt durch eine nur angelehnte Tür eines der Treppenhäuser. Auf dem Weg nach oben macht er einem Mann Platz, der ihm entgegenkommt.

»Danke«, knurrt der Mann und will sich an ihm vorbeidrängen, dann erkennt er ihn. »Oh, Steven! Sie sind es.«

»Hallo, Mr Hayward«, entgegnet Jacob. »Wie geht es Ihnen?«

»Nun ja, es heißt, man soll nicht klagen. Ich hoffe, Sie hatten einen guten Tag an der Uni?«

»Ja, das hatte ich, Mr Hayward. Absolut.«

»Tja, das freut mich. Man sieht sich, Steven.«

Jacob winkt Mr Hayward zum Abschied noch einmal zu und steigt weiter nach oben. Im fünften Stock schließt er eine der Türen auf und betritt ein kleines Ein-Zimmer-Apartment mit Bad, in dem nicht viel mehr steht als ein Tisch mit einem Stuhl davor und einem Rechner darauf sowie ein Kühlschrank. Vor einigen Monaten hat er das Zimmer angemietet, unter falschem Namen und mit falschen Papieren, als »Steven Pryor, Architekturstudent«.

Er holt eine Cola aus dem Kühlschrank, öffnet sie und setzt sich an den Rechner. Mr Hayward, der unter ihm wohnt, ist ein nützlicher Nachbar. Er gehört zu den rührend naiven Zeitgenossen, die es nicht für notwendig halten, das voreingestellte Passwort ihres WLAN-Anschlusses zu ändern. Schon am ersten Tag hat Jacob seinen Account gehackt und geht seitdem darüber ins Netz. Vor etwa zwei Monaten ist es ihm von hier aus gelungen, seinem Chef, Mr Laughton, einen Trojaner* auf dessen Rechner zu spielen, der einen verborgenen Audiorecorder installiert hat. Seitdem kann er über das Mikrofon von Laughtons Rechner alles mithören, was in dessen Büro gesprochen wird.

Jacob denkt an die Zeit vor einigen Monaten zurück. Der Entschluss, Laughton zu belauschen, ist langsam in ihm gereift. Es war keine spontane Idee, sondern wohldurchdacht. Er hat es getan, weil ihm sehr viel daran lag, in der NSA Karriere zu machen, und da ist es gut zu wissen, was jemand wie Laughton denkt. Das Risiko erscheint ihm vertretbar. Er kennt das Netz der NSA in- und auswendig und weiß genau, was er tun muss, um seine Spuren zu verwischen. Und sollte doch einer der Administratoren** den Audiorecorder entdecken und vielleicht sogar ermitteln, von wo die dort gespeicherten Protokolle abgerufen werden, nun, dann würde der arme Mr Hayward wohl ein paar ernsthafte Probleme bekommen.

Jacob grinst, dann lädt er die Audioprotokolle der letzten vierundzwanzig Stunden herunter. Er jagt sie durch ein Programm, das den Leerlauf herausschneidet und nur die Gespräche übrig lässt. Vieles spult er vor, weil es uninteressant klingt, aber an einer Stelle schnappt er plötzlich seinen Namen auf und spult wieder ein Stück zurück. Es ist zu hören, wie die Tür von Laughtons Büro geöffnet wird. Dann folgen Geräusche, als würden Papiere auf dem Schreibtisch abgelegt. Laughton bittet jemanden, sich zu setzen. Gleich darauf antwortet eine zweite Stimme, eine, die Jacob nicht kennt.

---

»Gefährlich war die Sache schon immer, Laughton«, sagt sie. »Aber jetzt ist Dynamit daraus geworden. Und zwar auch für uns beide. Ganz persönlich, verstehen Sie? Beim kleinsten Fehler fliegt uns der Laden um die Ohren.«

Jacob pfeift durch die Zähne und beugt sich vor, um mit einigen Korrekturen die Qualität der Aufnahme zu erhöhen. »Na, wer bist denn du?«, murmelt er. »Darfst meinen Chef einfach Laughton nennen?«

»Ich bin mir dessen bewusst, Mr Howard«, hört er Laughton antworten. »Glauben Sie mir: Wir haben die Tragweite der Angelegenheit von Anfang an erkannt.«

Jacob stößt ein heiseres Lachen aus. »Nummer Eins höchstpersönlich«, sagt er anerkennend. Mr Howard leitet die Niederlassung der NSA in San Antonio. Jacob hat ihn bisher noch nicht kennengelernt, aber natürlich von ihm gehört.

»Ich muss absolut sichergehen, dass Sie die Sache unter Kontrolle haben, Laughton«, fährt Howard fort. »Falls Sie zusätzliche Mittel brauchen, werden Sie sie bekommen. Aber halten Sie die Angelegenheit um Himmels willen unter der Decke. Und betrauen Sie Ihre besten Leute damit. Sie wissen, ich war nicht gerade begeistert, als Sie den jungen O'Connor ausgewählt haben.«

»Special Investigator O'Connor«, murmelt Jacob. »So viel Zeit muss sein, meine Herren.«

»Ich habe Ihnen meine Gründe dafür dargelegt, Mr Howard«, entgegnet Laughton. »Natürlich, noch vor zehn Jahren wäre das undenkbar gewesen. Aber die Zeiten haben sich geändert. Früher war Erfahrung das Entscheidende, heute sind technische Expertise, Schnelligkeit und Risikobereitschaft die Qualitäten, auf die es ankommt. Ich habe O'Connor nach bestem Wissen ausgewählt. Und ich denke, sagen zu dürfen, dass er sich bewährt hat.«

»Dem kann ich nicht widersprechen, Laughton«, sagt Howard. »Dennoch bereitet es mir Sorge, dass O'Connor aufgrund der Privilegien, mit denen Sie ihn ausgestattet haben, auf das gesamte Netzwerk der NSA Zugriff hat. Das scheint mir bei einem derart jungen Mann etwas zu viel des Vertrauensvorschusses zu sein.«

»Nicht nur auf das Netzwerk, Mr Howard«, wirft Jacob ein und nippt an seiner Cola. »Nicht nur auf das Netzwerk.«

»In dem Punkt kann ich Sie beruhigen«, antwortet Laughton. »Wir haben bei O'Connor alle erforderlichen Vorsichtsmaßnahmen getroffen. Seine Wohnung ist verwanzt, sein Auto getrackt, sein Mobiltelefon und sein Dienstcomputer wie auch sein Privatrechner werden rund um die Uhr überwacht. Im Lauf dieser Operation haben sich nicht die geringsten Verdachtsmomente ergeben. Sie können sicher sein, er ist sauber. Außerdem würde er nie etwas tun, das seinem Aufstieg schaden könnte.«

»An der Stelle muss ich Sie korrigieren, Mr Laughton«, sagt Jacob. »Er würde nie etwas tun, das seinem Aufstieg schaden könnte – und beweisbar wäre.«

»O'Connor identifiziert sich in hohem Grad mit der Organisation«, fährt Laughton fort. »Er hat sich mit vollem Engagement in den Fall gestürzt.«

»Da wiederum gebe ich Ihnen recht«, kommentiert Jacob.

»Nun gut, lassen wir das«, ist wieder Howards Stimme zu hören. »Wann werden die Zielpersonen hier sein?«

»Bald«, erwidert Laughton. »Wenn alles nach Plan läuft, wird der Junge aus Afrika, der nach O'Connors Erkenntnissen alles ans Laufen gebracht hat, noch heute von unseren Leuten festgenommen. Der Australier, die Japanerin und der Deutsche werden folgen.«

»Und die Kolumbianerin? Ich habe Ihnen schon gesagt, Laughton, dass ich sie aufgrund ihrer Herkunft für die potenziell Gefährlichste der Gruppe halte. Was ist mit ihr?«

»Sie ist noch flüchtig. Aber die Kolumbianer sind an ihr dran. Sie wird – wie Sie angeordnet haben – im Gegensatz zu den anderen nicht festgenommen, sondern beseitigt.«

»Und genau das, Laughton, muss mit höchster Diskretion erfolgen.« Es klingt, als würde Howard seinen Stuhl zurückschieben und aufstehen. »Außer uns beiden und den ausführenden Organen darf niemand davon erfahren. Je kleiner der Kreis bleibt, umso besser. Ich verlasse mich auf Sie.«

Das Gespräch endet, gleich darauf ist wieder das Geräusch der Tür zu hören. Jacob kappt die Verbindung zu Mr Haywards Account und schaltet den Rechner aus.

Er ist zufrieden mit dem, was er gehört hat. Laughton scheint nach wie vor von ihm und seinen Qualitäten überzeugt zu sein und sich an höchster Stelle für ihn einzusetzen. Dass er überwacht wird, ist ihm nicht neu, er weiß es seit Langem und hat sich darauf eingestellt. Und sein Trojaner scheint noch immer unentdeckt zu sein, das Gespräch zwischen Laughton und Howard beweist es.

Pfeifend steht er auf und verlässt die Wohnung, um – wie üblich auf einem anderen Weg, als er gekommen ist – zurück zum Kino zu gehen. Der Film, den er sich offiziell gerade anschaut, wird in zehn Minuten zu Ende sein. Etwa eine Viertelstunde nach dem Abspann sollte er wieder in seinem Wagen sitzen und den Parkplatz des Kinos verlassen, damit die Agenten, die sein Bewegungsbild kontrollieren, keinen Verdacht schöpfen.

Beverley wartet schon auf ihn.

## Dienstag, 25. August 2020
## Kampala, Uganda

Boubacar hebt den Kopf und reibt sich über die Augen. Wie jeden Tag sitzt er an dem kleinen, wackligen Tisch, den die Leute vom HiveColab ihm letztes Jahr eingerichtet haben, damit er an seinen Apps arbeiten kann. Rund um ihn, durch zerkratzte, von der Decke baumelnde Plexiglasscheiben getrennt, hocken noch zwei Dutzend andere, tief über ihre Rechner gebeugt, oft stundenlang, ohne ein einziges Mal von ihrer Arbeit aufzublicken.

Boubacar seufzt. In den letzten Monaten war der Abend für ihn immer die schönste Zeit des Tages. Dann konnte er mit seinen Freunden von den »Langloria Freedom Fighters« chatten, die er zwar noch nie gesehen hat, denen er sich aber dennoch näher fühlt als irgendjemandem sonst – seine Mutter ausgenommen. Doch seit dem Tod von Wanted ist alles anders. Und als dann vor einigen Tagen auch noch Arrow verschwand, seine Stellvertreterin, da haben sie beschlossen, dem Rat des mysteriösen Cincinnatus zu folgen und unterzutauchen. Seitdem gibt es keinen Chat mehr.

Boubacar klappt seinen Rechner zu. Untertauchen – das sagt sich so leicht. Nur wie? Und vor allem: wo? In Kampala darf er nicht bleiben, das steht fest, und in Numbi wäre es auch zu gefährlich für ihn. Aber außerhalb dieser Orte kennt er niemanden. Er hat drei Tage lang überlegt und weiß jetzt noch immer nicht, wohin er gehen soll. Gestern hat er Adam angerufen – seine letzte Hoffnung – und ihm seine Situation geschildert. Adam hat versprochen, sich die Sache zu überlegen und ihn heute zurückzurufen, etwa um diese Zeit.

Sein Blick fällt auf das vergilbte Foto, das auf dem Tisch steht. Es zeigt Patrice Lumumba, sein Vorbild, er hat es aus einer Zeitung ausgeschnitten. Neben seinem Smartphone und dem Rechner, die er beide vom HiveColab bekommen hat, und einigen Kleidungsstücken ist es sein einziger Besitz. Er zieht es aus dem Rahmen und betrachtet es kurz. Wohin auch immer sein Weg ihn führt, es soll ihn begleiten. Während er es in seine Tasche steckt, klingelt das Telefon.

»Hey Bouba«, hört er Adams Stimme. Sie ist leise und klingt verzerrt, die Verbindung ist schlecht. »Wo bist du?«

»Im Hive. Kann dich kaum verstehen.«

»Ja, ich weiß. Ich bin im Kongo, hier ist fast kein Netz. Warte, ich probier was aus.« Adam verstummt, anscheinend wechselt er den Standort. Als seine Stimme wieder zu hören ist, wirkt sie klarer, ist aber immer noch leise. »Wie ist es jetzt?«

»Besser.« Boubacar steht auf, verlässt den Raum und geht auf den Flur, wo ihn niemand hören kann. »Aber du musst lauter sprechen.«

»Okay. Pass auf, ich mach's kurz, bevor die Verbindung ganz weg ist. Ich hab mir die Sache überlegt. Und ich glaube, ich weiß, was du tun musst.«

»Lass hören.«

»Natürlich wäre es eine Möglichkeit, erst mal unterzutauchen. Und wir könnten dir dabei bestimmt auch helfen. Aber ich glaube, in deinem Fall wäre es der falsche Weg. Du solltest genau das Gegenteil tun. Du musst in die Offensive gehen.«

»Was meinst du damit?«

»Als ich darüber nachgedacht habe, fiel mir Snowden ein. Er wollte ja eigentlich anonym bleiben. Aber der Journalist, dem er sein Material gegeben hat, dieser Greenwald*, hat ihm geraten, an die Öffentlichkeit zu treten. Denn wenn die Welt ihn kennt, hat er gesagt, könnte der amerikanische Geheimdienst ihn nicht mehr einfach verschwinden lassen. Verstehst du?«

»Ich bin aber kein Typ wie Snowden, Adam. Ich bin nur der kleine Bouba.«

»Trotzdem ist es im Prinzip dasselbe. Die NSA ist verflucht gefährlich, Bouba. Mach dir nichts vor. Auch wenn du untertauchst und so vorsichtig bist, wie du kannst, haben die es immer drauf, dich zu finden. Und sobald sie es geschafft haben, war's das

---

\* Glenn Greenwald (*1967): US-amerikanischer Journalist, der Edward Snowden bei der Veröffentlichung seiner Enthüllungen half.

mit dir. Wenn wir aber mit der ganzen Sache an die Öffentlichkeit gehen, können sie dir nichts mehr tun. Weil jeder sofort wüsste, dass sie es gewesen sind. Vor der Öffentlichkeit haben diese Typen eine Scheißangst.«

»Ja, ich habe inzwischen auch eine Scheißangst, Adam. Wie soll das denn gehen: Öffentlichkeit? Ich kenne doch keinen!«

»Lass das unsere Sorge sein. Human Rights Guardian wird eine Pressekonferenz organisieren. Wir kennen viele Journalisten, wir wissen, wie so was läuft. Natürlich braucht es ein bisschen Zeit, es geht nicht von heute auf morgen. Bis dahin müssen wir dich verstecken. Und wir wissen auch schon, wo.«

»Erzähl!«

»Nicht am Telefon, Bouba. Das solltest du inzwischen wissen.«

»Gut, aber – wie soll die Sache laufen?«

»Nur zwei Leute werden wissen, wo dein Versteck ist. Der eine bin ich. Der andere ist ein Mitarbeiter von uns, der jetzt gerade in Kampala ist. Er wird dich hinbringen.«

»Wo kann ich ihn treffen?«

»Du bleibst im Hive. Geh nicht mehr nach draußen, hörst du? Bleib in dem Raum, wo die anderen sind. Da wird er hinkommen und dich abholen.«

»Wie erkenne ich ihn?«

»Er ist ein junger Kanadier. Ziemlich groß. Heißt Eric und hat lange Haare und einen Bart. Er fährt dich zu deinem Versteck. Ich komme nach, sobald es geht, dann besprechen wir alles. Ist das okay, Bouba? Kommst du damit klar?«

»Ich weiß nicht. Na ja, ich – ich denke, es ist besser als alles andere, was ich tun könnte.«

»Das ist es ganz sicher. Eins ist noch wichtig: Wenn unser Gespräch vorbei ist, musst du das Telefon ausschalten und die SIM-Karte rausholen. Und das muss auch so bleiben in der ganzen Zeit in deinem Versteck. Sie dürfen dich nicht orten.«

»Schon klar.«

»Es wird kein leichter Weg, Bouba. Aber du schaffst das schon. Viel Glück, Mann!«

»Mach's gut, Adam.«

Gleich darauf bricht die Verbindung ab. Als Boubacar das Telefon ausschaltet und die Karte entfernt, zittern seine Finger. Was Adam gesagt hat, hat ihn mitgenommen. Vor allem seine Aufforderung, das Hive nicht mehr zu verlassen. Das hört sich fast an, als würden vor der Tür schon ein paar finstere Gestalten auf ihn warten. Er beeilt sich, zu den anderen zurückzugehen.

Etwa eine halbe Stunde später erscheint Eric. Er ist leicht zu erkennen, allzu viele Weiße mit langen Haaren und Vollbart gibt es hier nicht. Boubacar begrüßt ihn kurz, dann drängt Eric auch schon zum Aufbruch.

»Wir müssen uns beeilen«, sagt er. »Angeblich sind amerikanische Agenten schon in der Stadt. Vielleicht ist es nur ein Gerücht, aber wir dürfen kein Risiko eingehen.«

Boubacar verabschiedet sich von den anderen. Er tut es so, wie er es jeden Tag tut, sie sollen denken, dass er morgen wie üblich wieder an seinem Platz sitzen wird. Dann verlässt er mit Eric das Gebäude, sie gehen durch eine Hintertür auf einen verwinkelten Innenhof. Eric führt ihn zu einem Wagen, der dort parkt, es ist ein altes, verbeultes japanisches Modell. Sie steigen ein und fahren los. Kaum haben sie den Innenhof verlassen und die erste Kreuzung erreicht, tauchen sie in das Verkehrsgewühl der Stadt ein.

»Wohin fahren wir?«, fragt Boubacar.

»Es gibt da eine kleine Wohnung außerhalb von Kampala, unten am Ufer des Victoriasees«, erklärt Eric. »Sie gehört dem Bekannten eines Bekannten eines Bekannten, du weißt schon. Im Moment steht sie leer. Da bringen wir dich unter.«

»Für wie lange?«

»Schwer zu sagen. Wir müssen die Pressekonferenz organisieren, das wird ein bisschen dauern. Aber keine Angst, du wirst dich nicht langweilen. Du bekommst ein Training, ich schätze, das wird Adam machen. Schließlich hast du noch nie vor Journalisten und vor Kameras gesessen. Außerdem müssen wir noch etwas Material zusammenstellen. Das braucht seine Zeit.«

Eric blickt in den Rückspiegel. Er tut es auffallend häufig, anscheinend will er sichergehen, dass ihnen niemand folgt. Trotzdem wirkt er souverän, so als würde er genau wissen, was zu tun ist, seine Stimme hat etwas Beruhigendes. Boubacar betrachtet ihn von der Seite, dann lehnt er sich zurück. Langsam lässt seine Anspannung nach.

»Was ihr da herausgefunden habt«, fährt Eric nach einer Weile fort, als sie die Stadt bereits hinter sich gelassen haben, »du und deine Freunde – das kann viele Leute zu Fall bringen. Einflussreiche Leute, mit Macht und Geld und Beziehungen. Sie werden das nicht verzeihen. Ist dir das eigentlich klar?«

»Ich weiß nicht. Ja, schon. Wir haben immer gewusst, dass das, was wir tun, gefährlich ist.«

»Mag sein. Aber es gibt viele Arten von Gefahr. Wusstet ihr auch, dass es tödlich sein kann?«

»Das ist uns wahrscheinlich erst mit der Zeit klar geworden.«

»Warum habt ihr da nicht aufgehört?«

Boubacar sieht Eric erstaunt an. »Wieso fragen Sie das? Tun Sie denn nicht das Gleiche?«

Eric erwidert seinen Blick. »Ja, natürlich«, sagt er und lächelt. »Natürlich tue ich das Gleiche.«

Den Rest des Weges legen sie schweigend zurück. Immer wieder erscheint vor ihnen die riesige Fläche des Victoriasees, die tief stehende Sonne spiegelt sich darauf. Schließlich – sie sind schon über eine Stunde unterwegs – erreichen sie das Ufer. Weit und breit ist kein Haus zu sehen. Eric lässt den Wagen vor einem Steg ausrollen, an dessen Ende ein Motorboot liegt.

Boubacar blickt sich um. Er will fragen, wo die Wohnung ist, von der Eric gesprochen hat, aber er kommt nicht mehr dazu, denn plötzlich springt die Beifahrertür auf. Bevor er sich rühren kann, zerrt ihn jemand nach draußen. Er fällt zu Boden, das Gesicht im Staub, seine Arme werden nach hinten gerissen, etwas Kaltes schließt sich um seine Handgelenke. Jemand greift in seine Haare und zieht ihn hoch, er stöhnt vor Schmerz. Dann kniet er da, die Hände hinter dem Rücken gefesselt, und sieht, wie Eric um den Wagen herumkommt und vor ihm stehen bleibt.

»Es tut mir leid für dich«, sagt er. »Wahrscheinlich bist du gar kein übler Kerl. Aber gewisse Dinge sollte man nicht tun. Und in deinem Alter muss man wissen, welche Dinge das sind.«

Boubacar blinzelt zu ihm hinauf. Er hat Tränen in den Augen, so schmerzhaft ist der Griff in seinen Haaren.

»Ich sagte dir doch, dass wir in der Stadt sind«, fährt Eric fort. »Es war nicht nur ein Gerücht.«

»Aber – ich verstehe es nicht. Woher kennen Sie Adam?«

»Wer sagt, dass ich ihn kenne? Du hast heute nicht mit Adam gesprochen. Du hast mit mir telefoniert.«

»Das kann nicht sein!«

»Wir beobachten ihn seit Langem. Vor etwa zwei Wochen ist es uns gelungen, sein Telefon zu hacken. Unsere Leute haben ein neues Programm. Wir brauchen nur dreißig Minuten Sprachmaterial, um die Eigenheiten einer Stimme zu erfassen. Dann kann ein anderer sprechen, in dem Fall ich, und das Programm macht aus meiner Stimme in Echtzeit die Stimme deines Freundes. Eine nette Spielerei. Aber, wie du gesehen hast, sehr wirkungsvoll. Vor allem«, er grinst kurz, »wenn die Verbindung schlecht ist.«

Nachdem er dem anderen ein Zeichen gegeben hat, lockert dieser seinen Griff. Boubacar sinkt in sich zusammen.

»Steh auf«, sagt Eric. »Wir nehmen das Boot da, auf dem See wartet ein Wasserflugzeug. Es bringt dich nach Kenia. Von da geht es in die USA. Ein paar Leute wollen sich mit dir unterhalten. Ich bin sicher, dass du ihnen viel zu erzählen hast.«

Als Boubacar sich nicht rührt, packt ihn der andere, dessen Gesicht er noch immer nicht kennt, reißt ihn hoch und stößt ihn auf den Steg. Er versucht nicht, sich zu wehren oder wegzulaufen, er weiß, dass es zwecklos wäre. Und dann ist ganz plötzlich die Müdigkeit wieder da. In den letzten Wochen hat er kaum geschlafen, erst aufgrund der Euphorie* über das, was ihm und den

---

* Große Freude.

anderen gelungen ist, dann aufgrund der Angst, dafür zur Rechenschaft gezogen zu werden. Jetzt fühlt er sich müde und erschöpft. Er wankt auf das Boot zu, das am Ende des Steges liegt. Er wünscht sich, hineinzusteigen, darin zu liegen und sich dem Schaukeln der Wellen hinzugeben.

Und dann will er einfach nur noch schlafen. Tief und fest. So wie er es früher einmal konnte. Vor sehr langer Zeit.

## II-1: Chatprotokolle der Zielpersonen (heruntergeladen aus dem Chatroom am 3. August 2020)

### 21. April

**m0$tw4nt3d**: Dann lasst mal hören, Kundschafter der Freedom Fighters. Was habt ihr erlebt im Land des Feindes?

**Shir@hoshi**: Ehrlich gesagt, nicht viel. Arrow hat mir ja die IPs von Hoboken geschickt. Ist ein echt großer Adressbereich, aber obwohl ich meinen Crawler immer wieder drübergeschickt habe, hat er nichts gefunden.

**~~Silver~~Surfer~~**: Kein Wunder. Ist ja auch nur ein Schlitzaugen-Crawler, der taugt nichts.

**<--arrow-->**: Wenn sie damit ein Botnet von 100 000 Rechnern zusammenstellen kann, wird er wohl eine Menge taugen. Alter Dummschwätzer! <kinnhaken>

**Shir@hoshi**: Ich habe ihn extra aktualisiert und mit den neuesten Sicherheitslücken gefüttert. Aber es hat nichts genützt. Anscheinend sind die Sysops* von Hoboken verdammt gut. Die halten das System immer auf dem neuesten Stand. Ist leider alles, was ich beitragen kann. Und du, Gödel?

**Gödel**: Ich schließe mich deiner Analyse an. Mit den mir verfügbaren Programmen konnte ich im gesamten IP-Bereich von Hoboken keinen offenen Proxy orten.

**▶BlackLumumba◀**: Und wie wir dich kennen, heißt das ja wohl, dass es auch keinen gibt.

**Gödel**: Davon müssen wir mit neunundneunzigprozentiger Wahrscheinlichkeit ausgehen.

**~~Silver~~Surfer~~**: Wenn ich Dödels und Schlitzauges Gestottere übersetzen darf: kompletter Fehlschlag, das Ganze!

---

* Hackerbegriff für Systemoperator bzw. Systemadministrator:innen. Sysops verwalten und überwachen Computersysteme und Netzwerke, sie sind die Gegenspieler:innen der Hacker:innen.

**►BlackLumumba◄**: Sehe ich anders. Ist doch klar, dass wir nicht gleich auf Anhieb was Sensationelles finden. Ich meine, die Firma ist einer der größten Konzerne der Welt und sie haben eine Menge schmutziges Zeug zu verstecken. Keiner kann erwarten, dass sie es uns leicht machen.

**m0$tw4nt3d**: Genau, Black. Im Prinzip ist es nicht anders als in Langloria. Je krasser ein Ort geschützt ist, desto höher ist die Wahrscheinlichkeit, dass es was Großes zu entdecken gibt. So gesehen sind die Ergebnisse von Shira und Gödel gar nicht mal so übel. Im Gegenteil: Eigentlich ist es eine gute Nachricht, dass wir nichts gefunden haben.

**Gödel**: Diese Logik überzeugt mich.

**~~Silver~~Surfer~~**: Mich aber nicht. Auf die Art könnt ihr euch alles schönreden. Aber gut, großer Wanted. Selbst wenn es so ist, bleibt die nebensächliche Frage: Was nun?

**<--arrow-->**: Oh! Höre ich da so etwas wie Interesse in deinen Worten?

**~~Silver~~Surfer~~**: Und ob! Wie ich bereits sagte, Pfeilgift: Ich bin sehr an eurem Scheitern interessiert.

**m0$tw4nt3d**: Ehrlich gesagt, ein bisschen hatte ich damit gerechnet, dass Shira und Gödel keinen Erfolg haben. Nichts gegen euch beide, aber: Wo nichts ist, kann man auch nichts finden. Deshalb habe ich mir über Surfers Frage schon mal ein paar Gedanken gemacht.

**Shir@hoshi**: Wir hängen an deinen Lippen.

**m0$tw4nt3d**: Die kalifornischen Hacker haben eine entzückende Methode, die sie gerne einsetzen, wenn sie auf technischem Weg nicht weiterkommen. Klingt zu dämlich, um wahr zu sein, ist aber oft erstaunlich wirkungsvoll. Heißt Dumpster Diving*.

**~~Silver~~Surfer~~**: Das meinst du jetzt nicht ernst.

**m0$tw4nt3d**: Doch.

---

* (Engl.) Tauchen in großen Abfalltonnen um noch brauchbare Dinge zu finden. Hier: Hackermethode = Durchsuchen des Mülls von Unternehmen nach nützlichen Dokumenten.

**~~Silver~~Surfer~~**: Ich habe nicht vor, zur Gilde der Müllschlucker zu wechseln.

**<--arrow-->**: Das heißt, man durchsucht den Müll der Firma, auf die man scharf ist, oder? In der Hoffnung, da was Interessantes zu finden?

**m0$tw4nt3d**: Ich sagte ja, es klingt dämlich. Aber bei einigen legendären Hacks war Dumpster Diving der Ausgangspunkt. Ihr glaubt gar nicht, was man im Müll so alles findet.

**<--arrow-->**: Gut, aber selbst wenn du die – Entschuldigung – Scheiße machen willst, musst du erst mal in ... Wie heißt die Stadt, wo Hoboken sitzt?

**Gödel**: Houston.

**<--arrow-->**: Genau. Musst du erst mal in Houston sein.

**m0$tw4nt3d**: Bin ich.

**<--arrow-->**: Wie jetzt?

**m0$tw4nt3d**: Ich bin in Houston.

**<--arrow-->**: Seit wann?

**m0$tw4nt3d**: Seit gestern.

**~~Silver~~Surfer~~**: Und wo wohnst du da? Im Müll?

**m0$tw4nt3d**: Ich bin bei einem Typen untergekommen, den ich aus San Francisco kenne und der jetzt in Houston lebt. Das Gelände von Hoboken habe ich mir auch schon angesehen. Von außen natürlich. Rein kommt da keiner so schnell.

**Shir@hoshi**: Wie sieht es aus?

**m0$tw4nt3d**: Groß.

**Shir@hoshi**: Geht's genauer?

**m0$tw4nt3d**: Stellt euch eine mittelalterliche Festung vor. Mit Graben und Zugbrücke und Schießscharten und allem, was dazugehört. Ungefähr so sieht's aus. Nur in modern natürlich. Betonbunker, Tore mit Security-Leuten, Überwachungskameras, Türen mit Kartenscannern. Alles vom Feinsten.

**▶BlackLumumba◀**: Du willst es wirklich wissen, oder?

**m0$tw4nt3d**: Bei mir gibt's keine halben Sachen, Black. Ich hab dir gesagt, ich bin dabei.

**▶BlackLumumba◀**: Sie werden dich aber nicht einfach reinspazieren lassen, um ihren Müll zu sortieren. Wie stellst du dir die Sache vor? ⁵

**m0$tw4nt3d**: Im Moment noch gar nicht, brauche erst ein bisschen Zeit. Irgendwann kommt dann die Idee, das ist immer so. Also, ich melde mich für heute ab. Keine Ahnung, wie lang es dauert, aber – wenn ich wieder da bin, habe ich einen Plan. ¹⁰

### 23. April

**m0$tw4nt3d**: Kennt ihr Barney?

**~~Silver~~Surfer~~**: Ich kenne nur Barney Geröllheimer*.

**m0$tw4nt3d**: Ja, aber den meine ich nicht. Ich meine Barney, den Pförtner von Hoboken. ¹⁵

**<--arrow-->**: Ich sehe dich richtig grinsen, Wanted. Dein Plan steht, oder?

**m0$tw4nt3d**: Könnte man so sagen.

**Shir@hoshi**: Lass hören, Gildenmeister.

**m0$tw4nt3d**: Also, die letzten Tage habe ich vor der Lieferanten- ²⁰ einfahrt von Hoboken auf der Lauer gelegen. Gestern Abend ist der Müllwagen gekommen, rein- und nach ungefähr zehn Minuten wieder rausgefahren. Der Fahrer hat noch kurz mit dem Pförtner gequatscht, dann ist der Wagen verschwunden. Das war's.

**~~Silver~~Surfer~~**: Wie, das ist alles? Dafür habe ich meinen Don- ²⁵ nerstags-Porno unterbrochen?

**<--arrow-->**: Halt die Klappe! Du wirst schon noch hören, was dahintersteckt. Mach weiter, Wanted.

---

\* Charakter der US-amerikanischen Zeichentrickserie „Familie Feuerstein", die in der Steinzeit spielt; Barney ist der Nachbar der Hauptperson und ein fröhlicher, netter Kerl.

**m0$tw4nt3d**: Ich habe die beiden belauscht. Deshalb weiß ich jetzt, dass der Pförtner Barney heißt und der Fahrer des Müllwagens Clint. Außerdem habe ich mir genau angesehen, wie der Müllwagen aussieht und welche Kleidung die Müllmänner tragen. Das ist alles, was ich brauche.

▶**BlackLumumba◀**: Hört sich an, als wolltest du selbst den Müllmann spielen. Aber wie soll das gehen?

**m0$tw4nt3d**: Passt auf. Die städtische Müllabfuhr in Houston nennt sich »Solid Waste Management«. Der Schriftzug steht zusammen mit dem Wappen der Stadt auf jedem Müllwagen und auf der Kleidung der Müllmänner, die haben alle die gleichen blauen Hosen und gelben Jacken an. Der Plan ist, mit einem Lieferwagen und in genau diesen Klamotten bei Hoboken aufzulaufen und an dem Pförtner vorbeizukommen.

**<--arrow-->**: Ja, aber wie willst du das machen? Erstens: Woher nimmst du den Lieferwagen, und dann auch noch mit der richtigen Aufschrift? Zweitens: Wie willst du an die Klamotten kommen? Drittens: Willst du selbst fahren? Du hast doch bestimmt noch keinen Führerschein.

**~~Silver~~Surfer~~**: Mit solchen Details belastet sich ein großer Geist nicht.

**Gödel**: Die Aufschrift kann man sich vermutlich von der Website der Stadt besorgen. Bei allem anderen weiß ich keine Antwort.

**m0$tw4nt3d**: Also, zu Frage 1: Der Typ, bei dem ich untergekrochen bin, ist ein paar Jahre älter. Er leiht einen Lieferwagen für mich aus. Das »Solid Waste Management«-Logo und das Wappen der Stadt lade ich, wie Gödel gesagt hat, aus dem Internet, vergrößere es, ziehe es in einem Copyshop auf Folie und klebe sie auf die Türen. Zu Frage 2: Blaue Hose und gelbe Jacke hole ich mir aus einem Laden für Arbeitskleidung. Logo und Wappen nähe ich auf die Ärmel. Zu Frage 3: Den Lieferwagen fährt mein Kumpel, er ist alt genug. Ich übernehme erst kurz vor Hoboken. Alles klar so weit?

**Shir@hoshi**: Gut, das sind die Vorbereitungen. Und dann? Du bist viel zu jung für einen Müllmann.

**m0$tw4nt3d**: Kommt drauf an. Wenn ich in dem Wagen vorfahre und in Arbeitskleidung bin, wirke ich schon mal älter.

▶**BlackLumumba**◀: Ich verstehe es trotzdem nicht. Wieso soll der Pförtner dich reinlassen, obwohl der Müll gerade erst geholt wurde?

**m0$tw4nt3d**: Keine Angst, dafür lasse ich mir eine nette kleine Geschichte einfallen.

**<--arrow-->**: Wisst ihr was? Ich wäre gern dabei.

**~~Silver~~Surfer~~**: Haltet bloß dieses Terrorgirl an der Leine! Ich habe keine Lust zu lesen, dass der arme alte Barney von Gewehrsalven durchbohrt wurde.

**m0$tw4nt3d**: Ihr könnt alle hören, wie die Sache gelaufen ist.

**~~Silver~~Surfer~~**: Wie soll denn das funktionieren?

**m0$tw4nt3d**: Ich nehme es auf. Es ist nicht das erste Mal, dass ich was in der Art mache. Ich habe ein schlechtes Gedächtnis und manchmal gibt es wichtige Informationen, die ich mir in dem Moment nicht merken kann, weil ich ganz damit beschäftigt bin, meine Rolle zu spielen. Deshalb habe ich so ein kleines Aufnahmegerät, das verstecke ich unter der Kleidung.

**~~Silver~~Surfer~~**: Du willst nicht nur als verkappter Müllmann da auflaufen, du willst dich auch noch verwanzen?

**m0$tw4nt3d**: Jep! Du hast es erfasst.

**~~Silver~~Surfer~~**: O Mann! Bisher hatte ich die Hoffnung, du wärest neben mir der einzig Normale hier. Jetzt muss ich erkennen, dass du auch nur ein Irrer bist.

▶**BlackLumumba**◀: Wann soll die Aktion starten?

**m0$tw4nt3d**: Morgen, Black. Da ist Freitag und Barney hat gute Laune, weil er sich aufs Wochenende freut. Morgen Abend ist unsere Zeit gekommen.

## II-2: Tonaufnahme Dylan St. Patricks (von seinem Computer heruntergeladen und verschriftlicht am 12. August 2020)

*Aufnahmegerät wird gestartet. Musik aus dem Radio des inzwischen sichergestellten Lieferwagens, verstummt nach einigen Sekunden. Ein Sicherheitsgurt wird gelöst. Von draußen Motorengeräusche, dumpfe Stimmen.*

*Zielperson Dylan St. Patrick (im Folgenden D), im Inneren des Liefer-wagens, flüsternd*: Okay, also, heute ist der 24. April, wir haben – Moment – Viertel nach sechs. Bin auf dem Parkplatz vor der Einfahrt von Hoboken angekommen und hab den Lieferwagen abgestellt. Zum Glück ohne einen Pfeiler zu rammen oder das Ding alle paar Meter abzuwürgen. Barney sieht schon rüber. Ich hab so geparkt, dass er die Folie auf der Beifahrertür sehen kann. Also: Mein Name ist Joe und ich bin vermutlich der jüngste Müllmann der Vereinigten Staaten. Hoffentlich klappt die Sache. Na, gehen wir's an!

*Wagentür wird geöffnet. D scheint auszusteigen. Tür wird wieder zuge-schlagen. Schritte. Pfeifgeräusche.*

*D (laut, anscheinend aus größerer Entfernung)*: Hey! Sie müssen Barney sein.

*Barnaby McNair (im Folgenden B), fest angestellter Pförtner bei Hobo-ken, 56*: Tja, vielleicht bin ich Barney, vielleicht bin ich es auch nicht. Wer will das wissen?

*D (jetzt in normaler Lautstärke)*: Mein Name ist Joe. Ich soll Sie von Clint grüßen.

*B*: Der war doch vorgestern noch hier.

*D*: Ja, ich weiß. Ich bin ja auch nicht gekommen, um den Müll abzuholen. Es geht um was anderes.

*B (brummend)*: Lass hören.

*D*: Also, um ehrlich zu sein, es ist so, dass mit dem Müll von Hoboken nicht immer alles in Ordnung ist. Das ist Mitarbeitern von uns schon ein paar-mal aufgefallen. Sie wissen ja, es gibt verschiedene Tonnen. Die eine ist die fürs Papier, dann gibt es welche für die Kaffeefilter und die Ziga-rettenkippen, welche für den Elektroschrott und dann noch für …

**B (unterbricht)**: Leere Flachmänner ... **(Rest nicht zu verstehen)**

**D (lachend)**: Hey, das haben Sie gesagt. Das kommt nicht von mir, ja?

**B**: Dafür bist du auch noch zu grün hinter den Ohren, Junge. Gerade angefangen mit dem Job, was?

**D**: Ja, ich bin der Jüngste im ganzen Laden. Deshalb muss ich auch immer die bescheuertsten Arbeiten machen.

**B (hämisch lachend)**: Das ist uns allen so gegangen. Da musst du durch. Lehrjahre sind keine ...

**D (hebt kurz die Stimme)**: Hey, warten Sie! Bitte nicht, ja? Den Spruch habe ich inzwischen so oft gehört, das muss ich nicht schon wieder haben.

**B**: Was glaubst du, wie oft ich mir den Spruch anhören musste, als ich in deinem Alter war! Aber gut, lassen wir das. Was ist denn jetzt mit dem Müll? Haben die hohen Herren da oben es mal wieder nicht geschafft, ihn ordentlich zu trennen?

**D**: Wer das war, weiß ich nicht, das geht uns auch nichts an, das müssen Sie intern klären. Es ist nur so, dass vor allem in den Papiertonnen von Hoboken zuletzt immer wieder Sachen gelandet sind, die da nicht reingehören. Und es ist echt mühsam für uns, das immer auszusortieren, wissen Sie. Na ja, zuletzt waren sogar öfter CDs und USB-Sticks und so was dabei. Wer weiß, was da noch alles drauf ist an wichtigen Sachen. Wir interessieren uns nicht dafür, aber wenn das in die falschen Hände gerät, kann es echt unangenehm werden für Hoboken.

**B**: Hm! Ja, das sehe ich ein, da hast du natürlich recht. Und warum bist du jetzt hier? Willst du dich beschweren? Dafür ist es nur ein bisschen spät, die wichtigen Leute sind schon weg.

**D**: Nein, das mit dem Beschweren übernehmen meine Chefs. Stellen Sie sich vor, ich würde da hochgehen zu Ihrem Herrn und Meister! Der würde mich doch überhaupt nicht ernst nehmen.

**B (amüsiert lachend)**: Wie ich ihn kenne, würde er dich mit einem Putzlappen verwechseln und anfangen, den Fußboden mit dir aufzuwischen.

**D**: Eben, und das muss ich nicht haben. Ich meine, wenn Sie wollen, können Sie die Sache natürlich auch gerne selbst nach oben weitergeben ...

*B (zögert kurz)*: Das hätte was, wenn man als dummer Pförtner den Ses-
selfurzern da oben mal die Meinung sagen könnte. Na, ich überleg's
mir. Aber – wenn du nicht hier bist, um dich zu beschweren, warum
dann?

5 *D*: Warten Sie, ich zeig's Ihnen.

*Reißverschlussgeräusch, offenbar öffnet D eine mitgeführte Tasche.*
*Rascheln von Papier.*

*D*: Sehen Sie die Aufkleber hier? Die sind für die Papiertonnen, die sind
für die Restetonne, die sind für den Elektroschrott und so weiter. Die

10 soll ich überall an den Tonnen anbringen.

*B*: Hm, verstehe. Es ist nur so, dass dich niemand angekündigt hat. Deshalb darf ich dich nicht aufs Gelände lassen. Wir haben da strenge
Vorschriften, verstehst du?

*D*: Nicht mal für die paar Minuten?

15 *B*: Nein, nicht mal das.

*D*: Sie können bei uns in der Abteilung anrufen. Das heißt – nein, können
Sie nicht, da ist jetzt keiner mehr. Oder, passen Sie auf, ich hab noch
eine bessere Idee. Sie bringen die Aufkleber einfach selbst an. Dann
kann ich mir den Weg sparen.

20 *B (laut lachend)*: Jetzt hältst du dich aber für einen besonders cleveren
Burschen, was?

*D*: Nein, im Ernst. Das ist eine Sache von fünf Minuten.

*B*: Vergiss es, Junge. Nicht mit mir. Mach deine Arbeit mal hübsch selbst,
anstatt einen alten Mann laufen zu lassen. Also: Wie ist dein voller

25 Name?

*D (langsam und deutlich)*: Josef – Carl – Engressia – Junior[*].

*B*: Gut, hier ist dein Besucherausweis. Aber sieh zu, dass du nicht zu
lange brauchst, und quatsch nicht mit irgendwelchen Leuten in der
Gegend rum. Ich will keinen Ärger kriegen.

30 *D*: Danke, das ist echt nett von Ihnen.

*B*: Auf den alten Barney kannst du dich eben verlassen.

---

[*] Josef Carl Engressia (1949–2007): sogenannter „Phreaker" (Vorläufer der Hacker in den
1970er-Jahren); blind, aber mit absolutem Gehör, manipulierte er das Telefonnetz durch
Pfeifen in bestimmten Frequenzen.

*D*: Ja, das ist gut zu wissen. Ach, sagen Sie, der Weg zu den Mülltonnen
– Clint hat es mir grob erklärt, aber ich weiß nicht mehr genau …
*B*: Du gehst hier entlang, dann da hinten links um die Ecke, dann siehst
du sie schon.
*D*: Ah, okay. Danke, Barney! Bis gleich.
*B*: Ja, ja. Lass dich nicht anquatschen, hörst du?
**Schritte. Leises Pfeifen. D grüßt, jemand grüßt zurück. Erneutes Pfeifen.
Wieder Schritte.**
*D (flüsternd, wohl während des Gehens)*: Gut, die größte Hürde ist schon
mal genommen. Ging am Ende leichter, als ich dachte. Da vorn sind
die Tonnen. Jetzt Daumen drücken, dass die Sache sich lohnt.
**Geräusche, über längere Zeit. Öffnen und Schließen der Mülltonnen. Stöh-
nen und Keuchen. Raschelndes Papier. Dinge, die zu Boden fallen. Ab und
zu anerkennendes Brummen. Rascheln steigert sich. Zuknallende Müll-
tonnendeckel. Geräusche wie vom Anbringen der Aufkleber. Eilige
Schritte.**
*D (erneut flüsternd)*: Kann die Sachen jetzt nicht durchsehen. Manches
wirkt ganz brauchbar. Keine Ahnung, ob es was taugt. Muss erst raus
hier. Brauche noch eine gute Geschichte für Barney, damit er nicht
merkt, wie dick meine Tasche auf einmal geworden ist.
**Schritte werden langsamer und enden. Kurze Stille. Räuspern. Schritte
setzen wieder ein.**
*D (laut, wohl noch aus der Entfernung)*: Hey Barney!
*B*: Joe! Alles klar?
*D (allmählich leiser werdend)*: Barney, die Mülltonnen sehen echt übel
aus. Überall liegt was auf dem Boden. Als ich kam, waren Ratten da.
Mindestens zwei, vielleicht noch mehr.
*B*: Ratten? Das ist gar nicht gut. Das muss ich melden.
*D*: Ja, tun Sie das.
*B*: Aber – du behältst das erst mal für dich, ja?
*D*: Kein Ding, Barney. Deswegen mach ich keinen Wirbel.
*B*: Ah, das ist gut. Bist echt ein netter Kerl, Joe. Sehen wir uns ab jetzt
öfter?

**D**: Kommt drauf an, wo sie mich hinschicken. Sie wissen ja, ich hab in dem Laden nichts zu melden. Na, ich muss los. Ist noch einiges zu erledigen. Machen Sie's gut, Barney.

**B**: Bis dann, Joe. Hat mich gefreut.

*Pfeifen. Schritte. Wagentür wird geöffnet. D scheint einzusteigen. Tür schnappt wieder zu.*

**D** *(flüsternd)*: So, jetzt bloß weg hier, bevor noch irgend so ein Security-Mensch um die Ecke biegt und aus lauter Langeweile anfängt, mich zu durchsuchen. Hoffentlich kriege ich den Scheißrückwärtsgang rein!

*Motor springt an. Musik aus dem Radio setzt ein. Aufnahmegerät wird gestoppt.*

## II-3: Chatprotokolle der Zielpersonen (heruntergeladen aus dem Chatroom am 3. August 2020)

### 26. April

**<--arrow-->**: Armer Barney. Er wird als Loser in die Weltgeschichte eingehen.

**m0$tw4nt3d**: Ehrlich gesagt, ich hoffe, er kriegt keinen Stress wegen der Sache. Eigentlich ist er ein netter Kerl. 5

**▶BlackLumumba◀**: Ich finde, es war eine starke Aktion, Wanted. Mir ist alleine vom Zuhören der Schweiß ausgebrochen.

**Shir@hoshi**: Ja, mir auch. Ich sage euch, ich könnte so was nicht.

**Gödel**: Ich möchte dir meinen Respekt aussprechen, Wanted. Ich habe versucht, die Details deiner Vorgehensweise zu analysieren, 10 aber ich fürchte, es ist mir nicht gelungen. Programmcode ist meine Sprache, das hier nicht. Es schmerzt. Aber ich muss meine Grenzen akzeptieren.

**Shir@hoshi**: Wie meinst du das?

**Gödel**: Nimm zum Beispiel die Stelle, an der er sagt, Barney solle die 15 Aufkleber selbst anbringen. Er schlägt ihm damit genau das vor, was er nicht will. Es erweist sich als effektiv, aber ich würde auf eine solche Idee niemals kommen.

**m0$tw4nt3d**: Macht kein Ding daraus. Jeder hier hat seine Stärken. Bei mir sind es eben solche Tricksereien, so was kann ich ganz gut. 20 Würdet ihr auch, wenn ihr von klein auf vor eurem eigenen Vater geflohen wärt.

**<--arrow-->**: Dann kommen wir mal zur entscheidenden Frage: Was hast du gefunden in den Sachen?

**m0$tw4nt3d**: Na ja, der Hauptgewinn ist nicht dabei. Also keine Beweise für die schmutzigen Geschäfte des Vereins, wäre ja auch zu schön gewesen. Ich hab einfach nur auf die Schnelle alles eingepackt, was mir in die Hände fiel: Papierstapel, CDs, Sticks und so weiter. Gestern hab ich den ganzen Tag gebraucht, um alles durchzusehen. Ein paar Sachen sind dabei, die vielleicht ganz nützlich sein könnten.

**▶BlackLumumba◀**: Zum Beispiel?

**m0$tw4nt3d**: Pläne der Gebäude von Hoboken. Ich kann euch jetzt sagen, wo jede einzelne Sprinkleranlage sitzt oder wie die elektrischen Schaltungen laufen. Ich hab Gehaltsabrechnungen gefunden und die Spielzeiten der Teams vom Betriebssport. Hunderte von Sachen, die man vielleicht mal brauchen kann, wahrscheinlich aber nie brauchen wird. Und dann, ganz am Ende, kam noch was richtig Interessantes.

**<--arrow-->**: Lass hören.

**m0$tw4nt3d**: Es ist ein Rundbrief der Sysops an alle Mitarbeiter. Darin schreiben sie, dass bald eine neue Version des Betriebssystems für das Hoboken-Netzwerk installiert wird, und sie erklären den Leuten, was sich dadurch alles ändert.

**Gödel**: Sprechen sie von einem Update oder von einer kompletten Neuinstallation?

**m0$tw4nt3d**: Warte, ich seh mal nach. Nein, es ist eindeutig die Rede von einer Neuinstallation. Und zwar soll sie stattfinden in der Nacht vom 29. auf den 30. April um 3 Uhr.

**Gödel**: Dann handelt es sich in der Tat um eine potenziell entscheidende Information. Wenn ich es ausführen darf …

**~~Silver~~Surfer~~**: Bitte, Herr Professor Dödel. Ich muss nur mein Horchrohr ans Ohr halten. So, fertig!

**Gödel**: Bei der Neuinstallation des Betriebssystems werden für einen gewissen Zeitraum, der in der Regel zwischen zehn und zwanzig Minuten beträgt, alle Systemeinstellungen vorübergehend auf die vorgegebenen Standardwerte zurückgesetzt, bevor die Administratoren ihre Passwörter und sonstigen Spezifikationen wieder neu eingerichtet haben. In diesem kurzen Zeitraum ist das System weitgehend ungesichert. Wenn sie es nicht vom Netz nehmen, was allerdings einen großen Zeitaufwand bedeuten würde, könnten Leute mit unseren Fähigkeiten in dieser Zeitspanne eindringen. 5

**Shir@hoshi**: Kann man die Standardwerte herausfinden? 10

**~~Silver~~Surfer~~**: Wenn man die genaue Versionsnummer des Betriebssystems kennt, ja.

**m0$tw4nt3d**: Die steht in dem Rundbrief drin.

**~~Silver~~Surfer~~**: Schick sie mir. Ich habe eine Datenbank aus dem Darknet, da stehen die Standardwerte aller Betriebssystemversionen drin. 15

**<--arrow-->**: Oh! Das Söhnchen macht sich nützlich.

**m0$tw4nt3d**: Gut, schon abgeschickt. Danke für die Infos, Gödel. Also, mein Vorschlag: In der Nacht, wenn sie das System neu installieren, greifen wir an. Aber nur einer von uns. 20

**▶BlackLumumba◀**: Warum nur einer?

**m0$tw4nt3d**: Wir sollten versuchen, jetzt noch kein Aufsehen zu erregen. Wenn nur einer von uns reingeht, ist die Chance größer, dass die Sysops es nicht merken.

**Shir@hoshi**: Klingt logisch. Ich schlage Gödel vor. 25

**<--arrow-->**: Ich auch.

**Gödel**: Ich erkläre mich bereit, diese Aufgabe zu übernehmen.

**m0$tw4nt3d**: Gut, pass auf. Surfer schickt dir die Standardwerte, mit denen du reinkommst. Du weißt, du hast nur ein paar Minuten. Du gehst rein, installierst eine Backdoor*, verwischst die Spuren und gehst wieder raus. Keine Experimente!

**Gödel**: Ich werde mich an diese Vorgehensweise halten.

**Shir@hoshi**: Sagt mal, ist euch eigentlich klar, was das bedeutet? Wenn die Sache klappt, haben wir einen echten, eigenen Zugang zum Netzwerk von Hoboken.

**▶BlackLumumba◀**: Ich kriege jetzt schon Herzklopfen.

**<--arrow-->**: Du darfst nur eins nicht vergessen, Gödel: 3 Uhr nachts heißt 3 Uhr nachts in Houston. Bei dir in Berlin ist es dann – keine Ahnung …

**Gödel**: 10 Uhr vormittags.

**<--arrow-->**: Ah! Na gut, dann – entschuldige, dass ich darauf hingewiesen habe.

**Gödel**: Schon gut, Arrow. Das macht doch nichts.


### 30. April

**<--arrow-->**: Gödel, bist du endlich da? Dass du dich sogar heute auf die Sekunde genau einloggst und nicht mal ein paar Minuten früher, um uns zu erlösen! Erzähl, was passiert ist.

**Gödel**: Um 3 Uhr 01 mitteltexanischer Zeit habe ich meinen ersten Versuch unternommen, in das System von Hoboken einzudringen. Der Versuch war nicht von Erfolg gekrönt.

**Shir@hoshi**: Shit!

**Gödel**: Um 3 Uhr 03 habe ich einen zweiten Versuch folgen lassen. Wieder war das Ergebnis negativ.

**▶BlackLumumba◀**: Ich halte das nicht aus!

**Gödel**: Um 3 Uhr 05 hielt ich die Zeit für gekommen, einen dritten Versuch zu wagen. Auch der war erfolglos.

---

* Programmcode, der es erlaubt – unter Umgehung der Zugriffssicherung – Zugang zu einem Computer zu bekommen.

**~~Silver~~Surfer~~**: Der Typ macht mich fertig.

**Gödel**: Um 3 Uhr 07 startete ich mit Surfers Standardwerten einen vierten Versuch. Diesmal erhielt ich den gewünschten Zugang zum System.

**Shir@hoshi**: Yes! Yees!! Yeees!!! 5

**Gödel**: Um 3 Uhr 08 bis 3 Uhr 09 installierte ich die Backdoor, die ich bereits vorbereitet hatte. Ich schicke gleich allen die Information, wie sie zu benutzen ist. Um 3 Uhr 10 bis 3 Uhr 11 löschte ich meine Spuren aus den Logdateien*. Um 3 Uhr 12 verließ ich das System. Damit war die Aktion beendet. 10

**<--arrow-->**: Ich könnte dich stundenlang küssen!

**~~Silver~~Surfer~~**: Allmählich mache ich mir ernsthafte Sorgen. Ich bin von komplett verdorbenen und kriminellen Subjekten umgeben. Was soll bloß aus mir werden?

**Shir@hoshi**: Gib doch zu, dass du es genießt, Süßer. 15

**~~Silver~~Surfer~~**: Hä?

**<--arrow-->**: Hey Shira, das war gut. Ihm fallen keine Bosheiten mehr ein. Ich nenne ihn ab jetzt auch Süßer.

**~~Silver~~Surfer~~**: Ich warne dich, Pfeilgift. Du nennst mich nicht Süßer! 20

**▶BlackLumumba◀**: Das heißt, wir haben ab jetzt Zugang zum System von Hoboken, wann immer wir wollen?

**Gödel**: Ja. Zumindest so lange, bis einer der Sysops unsere Spuren entdeckt und die Backdoor schließt.

**▶BlackLumumba◀**: Okay, dann sollten wir gut planen, wie wir weiter vorgehen. 25

---

* Dateien, die speichern, wer von wann bis wann an einem Rechner oder in einem Netzwerk eingeloggt war.

**<--arrow-->**: Im Prinzip gibt es zwei Möglichkeiten. Entweder wir versuchen, das System heimlich zu erkunden und dabei so wenige Spuren wie möglich zu hinterlassen. Allerdings haben wir schon gesehen, dass Hoboken echt fähige Sysops hat, die das Netz bestimmt 24/7* überwachen und garantiert ein grandioses IDS** installiert haben. Deshalb ist die Gefahr groß, dass sie uns auf frischer Tat ertappen.

**m0$tw4nt3d**: Stimmt, genau das ist das Problem. Aber welche zweite Möglichkeit siehst du?

**<--arrow-->**: Volles Rohr.

**m0$tw4nt3d**: Du meinst – Wall of Sound***?

**<--arrow-->**: Ja. Wir erzeugen so viele Spuren, dass die wichtigen, also unsere eigenen, in dem Wust versteckt bleiben.

**▶BlackLumumba◀**: Das Prinzip verstehe ich. Aber wo sollen die ganzen Spuren herkommen?

**~~Silver~~Surfer~~**: Ich hauche nur – Schlitzi!

**▶BlackLumumba◀**: Schlitzi? Ah! Du meinst Shiras Botnet?

**<--arrow-->**: Genau das. Wenn sie es auf Hoboken loslässt, sind zwar alle Sysops sofort alarmiert. Aber wenn wir es geschickt anstellen, haben sie mit dem Angriff so viel zu tun, dass sie auf uns gar nicht mehr achten.

**m0$tw4nt3d**: Die Idee ist cool, Arrow. Einer stellvertretenden Gildenmeisterin würdig.

**▶BlackLumumba◀**: Na schön, also – wie soll die Sache laufen? Hast du schon einen Plan, Wanted?

---

* 24 Stunden am Tag, 7 Tage in der Woche; immer.
** Intrusion Detection System; von Sysops genutzte Softwarepakete, die dazu dienen, Hackerangriffe durch Mustererkennung, statistische Verfahren und Honeypots zu identifizieren und zu bekämpfen.
*** Begriff für Popmusik mit intensiver Nutzung von Audioeffekten; hier: Methode des Hackings, bei der ein solch auffälliger Angriff stattfindet, dass die wichtigen Spuren nur schwer erkannt werden können.

**m0$tw4nt3d**: Er nimmt gerade Gestalt an. Zuerst müssen wir die richtige Zeit finden. Ich schlage vor, wir machen es in der Nacht von Samstag auf Sonntag, also – vom 2. auf den 3. Mai. Dann ist die Chance am größten, dass kaum ein Sysop arbeitet. Sagen wir, der Angriff startet um 2 Uhr nachts. Wer nicht weiß, wie viel Uhr es dann 5 bei ihm ist: einfach Gödel fragen.

**Gödel**: Ich schicke eine Liste mit den Zeiten. Dann weiß sie jeder von jedem.

**m0$tw4nt3d**: Gut, also um 2 Uhr greift Shira mit ihrem Botnet das System von Hoboken an. Sagen wir, eine Stunde lang. Aber der 10 Angriff darf nicht zu heftig sein. Das System soll nicht zusammenbrechen, sonst schießen wir uns selbst ins Knie.

**Shir@hoshi**: Keine Angst, Wanted. Es ist nicht der erste Angriff, den ich mache – auch wenn der letzte schon ein bisschen her ist. Ich weiß, wie ich ihn dosieren muss. 15

**m0$tw4nt3d**: Gut. Wir anderen spazieren über die Backdoor ins System. Dabei bekommt Gödel eine Spezialaufgabe. Er ist nur dafür zuständig, unsere Spuren aus möglichst allen Logdateien zu löschen. Was nicht so ganz ohne ist, wie ihr wisst.

**<--arrow-->**: Wenn das einer hinkriegt, dann Gödel. 20

**Gödel**: Ich werde vorher noch ein Programm schreiben, das mir die Arbeit erleichtert.

**m0$tw4nt3d**: Ja, mach das. Je mehr wir vorbereiten, desto besser. Wir anderen gehen so um fünf nach zwei rein. Wir sind der Suchtrupp.

**▶BlackLumumba◀**: Das heißt, wir haben eine knappe Stunde Zeit, 25 um das System von Hoboken zu durchsuchen?

**<--arrow-->**: Lieber nur eine Dreiviertelstunde. Sagen wir, bis zehn vor drei. Die Zeit braucht Gödel dann noch, bevor Shira den Angriff beendet.

**m0$tw4nt3d**: Wir gehen – noch zumindest – nach der alten Hacker-regel vor: nichts ändern, nichts zerstören, nur anschauen und kopieren, aber das so viel wie möglich. Alles, was ihr in die Hände kriegt und was irgendwie brauchbar aussieht. Wir haben also noch zwei Tage, uns vorzubereiten. Wie geht es dir, Black?

**▶BlackLumumba◀**: Ich werde euch das nie zurückgeben können, was ihr für mich tut.

**m0$tw4nt3d**: Du musst nichts zurückgeben. Ich glaube nicht, dass wir das nur für dich tun.

**<--arrow-->**: Nein. Hier hat jeder seine guten Gründe. Und keiner schuldet irgendwem etwas.

## II-4:  Rundbrief der IT-Abteilung von Hoboken (übergeben an die NSA am 9. Juni 2020)

**!!! Hackerangriff in der Nacht vom 2. auf den 3. Mai !!!**
*Infoschreiben der IT-Sicherheitsabteilung an alle Mitarbeiter*

Wie sich inzwischen herumgesprochen haben dürfte, ist das Netzwerk von Hoboken in der Nacht von Samstag auf Sonntag Ziel eines Hackerangriffs geworden. Es handelte sich um eine sogenannte DDoS-Attacke, bei der ein Heer von gekaperten »Zombierechnern« die angegriffenen Server mit Anfragen überschwemmt. Die eigentlichen Urheber der Attacke bleiben in diesen Fällen verborgen, sodass wir über deren Herkunft wie auch über die Zielsetzung des Angriffs nur spekulieren können.

Für gewöhnlich werden DDoS-Attacken eingesetzt, um Webseiten zum Absturz zu bringen und sie danach entweder selbst zu übernehmen (Hacktivisten) oder Lösegeld von den Betreibern zu erpressen (Cyberkriminelle). Dafür allerdings war der vorliegende Angriff zu schwach. Offenbar war es nicht beabsichtigt, unsere Server zum Absturz zu bringen. Unsere Ermittlungen haben uns zu der Erkenntnis geführt, dass die erwähnte DDoS-Attacke lediglich ein Täuschungsmanöver war, in dessen Schatten der eigentliche Angriff stattfand.

Von diesem eigentlichen Angriff sind jedoch kaum Spuren zurückgeblieben. Es ist uns nur in einem Fall gelungen, eine Spur zu verfolgen, die zu einem Austrittsknoten des zumeist von Kriminellen genutzten Verschleierungsnetzwerks Tor führte. Alle anderen Spuren wurden derart sorgfältig aus den Logdateien getilgt, dass wir davon ausgehen müssen, es mit Angreifern zu tun zu haben, die über ein hohes Maß an Professionalität verfügen.

Nach derzeitigem Stand wurden im System keine Daten gelöscht oder manipuliert. Mutwillige Zerstörung war also wohl nicht das Ziel der Angreifer. Allerdings erfolgten zahlreiche Zugriffe auf Dateien und es muss davon ausgegangen werden, dass die Eindringlinge beträchtliche Mengen an Datenmaterial aus dem Hoboken-Netzwerk heruntergeladen haben. Da innerhalb von weniger als einer Stunde eine hohe dreistellige Anzahl von Dateien betroffen war, muss es sich um den koordinierten Angriff mehrerer Eindringlinge gehandelt haben.

Derzeit spricht eine gewisse Wahrscheinlichkeit dafür, dass es sich um einen Spionageangriff ausländischer Konkurrenten handelt. Vor allem chinesische und russische Staatskonzerne greifen bekanntlich auf die Hackerabteilungen des Militärs und der Geheimdienste zurück, um Spionage im Ausland zu betreiben. Auch Hoboken war bereits Ziel solcher Angriffe. Deshalb haben wir dafür gesorgt, sensible Informationen zu entnetzen, sprich: nur noch auf isolierten Rechnern vorzuhalten.

Dennoch rufen wir alle Mitarbeiter zu erhöhter Vorsicht auf. Es ist nicht auszuschließen, dass Spähprogramme im System installiert wurden, auch wenn wir alles unternehmen, sie zu entdecken. Studieren Sie noch einmal aufmerksam das Kapitel zur Sicherheit in Ihrem IT-Handbuch und befolgen Sie alle darin verzeichneten Verhaltensmaßregeln! Lassen Sie nicht zu, dass unser Unternehmen und vielleicht auch Ihr Arbeitsplatz durch kriminelle Methoden gefährdet wird!

IT-Sicherheitsabteilung, 4. Mai 2020

## II-5: Chatprotokolle der Zielpersonen (heruntergeladen aus dem Chatroom am 3. August 2020)

*5. Mai*

**~~Silver~~Surfer~~**: Kommen wir nun zur endgültigen und unwiderruflichen Siegerehrung der am Suchtrupp beteiligten Helden. Auf Platz 4 und damit als Einziger nicht auf dem Podium landet unser verehrter Gildenmeister Wanted. Er hat die Speisepläne der Kantine heruntergeladen.

**m0$tw4nt3d**: Hey, das ist nicht fair, Surfer. Zugegeben, ich war nicht gerade mega erfolgreich. Aber ein bisschen mehr als die Speisepläne habe ich schon gefunden.

**~~Silver~~Surfer~~**: Einspruch ist zwecklos. Platz 3, verbunden mit der Bronzemedaille, erringt unser Minentaucher Blackie. Er beschenkte uns – Fanfare! – mit einem Organigramm* des gesamten Hoboken-Konzerns.

**▶BlackLumumba◀**: Ich war vor Aufregung fast gelähmt und bin in allen möglichen Sackgassen gelandet. Zum Glück habe ich dann doch noch in die Spur gefunden und am Ende dieses Teil rausgezogen. Ich weiß gar nicht mehr, von wo.

**~~Silver~~Surfer~~**: Platz 2 geht – auch wenn es mir in der Seele weh tut, es zugeben zu müssen – an unser Terrorgirl Arrow. Sie hat 44 der zur Verfügung stehenden 45 Minuten damit verbracht, die gesamte bescheuerte Personaldatenbank von Hoboken herunterzuladen.

**<--arrow-->**: Ich finde, dafür hätte ich Gold verdient.

**~~Silver~~Surfer~~**: Gold verdient immer nur einer und das ist in diesem Fall der berüchtigte Silver Surfer! Denn ihm, und nur ihm, gelang es, ein echtes Kronjuwel zu erbeuten: die Datei mit den Hashwerten** der Passwörter sämtlicher Mitarbeiter.

---

\* Ein Schaubild zur Darstellung des Aufbaus einer Organisation.
\*\* Zeichenkombinationen, die mit dem Hashverfahren aus einem Passwort errechnet und auf dem Rechner gespeichert werden.

**Shir@hoshi**: Als Schurke bist du bei solchen Aktionen einfach im Vorteil. Das liegt in der Natur der Sache.

**~~Silver~~Surfer~~**: Erklärt es euch, wie ihr wollt. Ich werde ab jetzt nur noch schweigen und genießen.

**m0$tw4nt3d**: Habt ihr eure Beute inzwischen eigentlich entschlüsselt und ausgewertet? Mich interessiert vor allem diese Datenbank, Arrow. Wie sieht die aus?

**<--arrow-->**: Es hat eine ganze Nacht gedauert, den Schlüssel zu knacken, aber dann hatte ich es. In der Datenbank sind tatsächlich alle 60 000 Mitarbeiter von Hoboken drin. Mit Namen, Geburtsdatum, Sozialversicherungsnummer, seit wann sie im Unternehmen sind und ein paar anderen Angaben.

**m0$tw4nt3d**: Kann man auch sehen, wofür sie zuständig sind? Also was ihre Aufgabe ist?

**<--arrow-->**: Warte mal. Es gibt eine Spalte, die ist mit »Abteilung« überschrieben. Darunter steht bei jedem Mitarbeiter so eine Art Code aus Zahlen und Buchstaben.

**▶BlackLumumba◀**: Das erinnert mich an das Organigramm, das ich gefunden habe. Da sind alle Abteilungen und Unterabteilungen aufgeführt, bis ins Kleinste. Und es steht auch immer so ein Code dabei.

**m0$tw4nt3d**: Gibt es in dem Teil vielleicht eine Abteilung, die so klingt, als hätte sie was mit dem Kongo zu tun?

**▶BlackLumumba◀**: Danach habe ich natürlich als Erstes gesucht. Es gibt die Einkaufsabteilung, das ist eine der größten. Sie ist nach Regionen unterteilt. Eine davon ist Zentralafrika.

**m0$tw4nt3d**: Wie lautet der Code?

**▶BlackLumumba◀**: G4c.

**m0$tw4nt3d**: Und, Arrow? Findest du den in der Datenbank?

**<--arrow-->**: Klar, den gibt's.

**m0$tw4nt3d**: Kannst du da auch sehen, wer von den Leuten direkt hier in der Zentrale in Houston arbeitet?

**<--arrow-->**: Ja, es gibt eine Spalte, die mit »Standort« überschrieben ist. Das Kürzel für Houston ist »Hou«.

**m0$tw4nt3d**: Dann versuch doch mal alle Mitarbeiter zu finden, die in der Abteilung G4c arbeiten und in Houston sitzen.

**<--arrow-->**: Okay, dauert aber kurz. Ich muss eine Suchanfrage schreiben und sie durch 60 000 Datensätze rattern lassen. Also: Abteilung Wie G4c Und Standort Wie Hou. Und ab damit! Da sind sie: Es sind acht. 5

**m0$tw4nt3d**: Na also. Gute Arbeit, Arrow. Und Black. Das sind dann die, die hier in der Zentrale für den Einkauf der Rohstoffe aus Zentralafrika zuständig sind. Und genau an die müssen wir ran. Genau aus denen müssen wir was von ihren dunklen Machenschaften rauskitzeln. Ihr wisst ja: Die größte Schwäche im System ist immer der Mensch. 10

**~~Silver~~Surfer~~**: Schick mir die Namen der acht, Pfeilgift. 15

**Shir@hoshi**: Ich dachte, du wolltest ab jetzt nur noch schweigen und genießen.

**~~Silver~~Surfer~~**: Ja, aber nur so lange, bis ich es für nötig halte, meine gewaltige Stimme wieder ertönen zu lassen.

**Shir@hoshi**: Was willst du mit den Namen? 20

**Gödel**: Er will die Hashwerte ihrer Passwörter entschlüsseln.

**Shir@hoshi**: Ach ja, du hast ja diese Datei.

**~~Silver~~Surfer~~**: Eben, Schlitzäuglein, die habe ich. Übrigens: Dein Botnet hat echt Power. Das erregt mich.

**<--arrow-->**: Gut, dass wir das wissen. Ohne diese Information wäre die Welt ärmer. Ich hab dir die Namen geschickt. 25

**m0$tw4nt3d**: Okay, dann ist jetzt Surfer an der Reihe. Wie sieht die Datei aus, die du hast?

**~~Silver~~Surfer~~**: Wie eine Hashdatei eben aussieht. Da stehen alle, die Zugriff aufs System haben. Mit ihren Usernamen. Und hinter den Namen stehen die Hashwerte der Passwörter. Damit die Maschine sie bei der Eingabe abgleichen kann. 30

**m0$tw4nt3d**: Und du versuchst jetzt, bei unseren acht aus den Hashwerten die echten Passwörter zu ermitteln?

**~~Silver~~Surfer~~**: Mit der mir eigenen Sorgfalt und Akribie.

**▶BlackLumumba◀**: Wie machst du es? Mit Rainbow Tables*?

**~~Silver~~Surfer~~**: Unter anderem. Ich habe ungefähr 50 Millionen Passwörter in meinen Tables.

**Gödel**: Das ist weniger, als es klingt. Wenn jemand ein zwölfstelliges oder längeres Passwort mit Großbuchstaben, Kleinbuchstaben, Ziffern und Sonderzeichen verwendet, kommst du nicht einmal mit 50 Millionen besonders weit.

**~~Silver~~Surfer~~**: Wart's ab, Dödel. Der Silver Surfer hat noch einige Tricks mehr auf Lager.

### 9. Mai

**<--arrow-->**: Sag mal, Surfer – wie viele Jahre ist es jetzt her, dass du angekündigt hast, die Passwörter zu knacken?

**~~Silver~~Surfer~~**: Das Schlimmste an meiner momentanen Situation ist, dass ich keine Möglichkeit mehr sehe, dein triumphierendes Grinsen zu verhindern.

**m0$tw4nt3d**: Das hört sich nicht gut an. Hast du etwa kein einziges der Teile rausbekommen?

**~~Silver~~Surfer~~**: Ganz so schlimm ist es nicht. Einen kompletten Fehlschlag konnte ich vermeiden. Aber nur, indem ich hart gearbeitet habe. Wirklich hart.

**<--arrow-->**: <höhnisches Gelächter>

**~~Silver~~Surfer~~**: In einem einzigartigen Kraftakt habe ich meine Tables auf 100 Millionen Passwörter erweitert.

**<--arrow-->**: Einzigartiger Kraftakt, wenn ich das schon höre! Aus dem Darknet zusammengeklaut hast du sie.

---

\* Passwörter werden als Hashwerte gespeichert und können daraus nicht rückübersetzt werden; Rainbow Tables listen Millionen gängiger Passwörter und ihre Hashwerte auf; Hacker:innen benutzen sie, um Passwörter zu knacken.

**~~Silver~~Surfer~~**: Trotzdem konnte ich nur eines der acht Passwörter damit knacken. Weil dieses dürftige Ergebnis mich quälte, habe ich in einer geradezu titanischen Anstrengung die anderen sieben Hashwerte noch auf hashkiller.co.uk gestellt.

**Shir@hoshi**: Was ist das?

5

**~~Silver~~Surfer~~**: Eine Website, auf die man Hashwerte stellt, die geknackt werden sollen. Da nehmen sich andere mit ihren Tables der Sache an. Die haben es geschafft, noch ein weiteres Passwort herauszukriegen.

**Gödel**: Ich finde, das ist angesichts der Umstände ein insgesamt durchaus bemerkenswertes Ergebnis.

10

**~~Silver~~Surfer~~**: Danke, Dödel. In dieser schweren Stunde der Niederlage bist du mein einziger Freund.

**<--arrow-->**: Kannst du vielleicht mit diesem ekelhaften Selbstmitleid aufhören? Das ist unerträglich.

15

**Shir@hoshi**: Ach komm, Arrow, du hast ihn genug getreten. Ich finde, wir schulden ihm Respekt für seine Arbeit.

**~~Silver~~Surfer~~**: Danke, Schlitzi.

**m0$tw4nt3d**: Wie heißen die beiden, deren Passwörter du hast?

**~~Silver~~Surfer~~**: Paul Starkey und William Hanson.

20

**m0$tw4nt3d**: Sieh doch mal in der Datenbank nach, Arrow, was da über die beiden steht.

**<--arrow-->**: Also, Starkey ist wohl so was wie der Chef der Abteilung und seit über 20 Jahren im Unternehmen. Hanson ist einfacher Mitarbeiter und noch nicht so lange dabei.

25

**m0$tw4nt3d**: Gut, das sind also die beiden, an die wir ranmüssen. Schätze, mit den Passwörtern kriegen wir Zugriff auf ihre interne Kommunikation. Da gibt es wahrscheinlich eine Menge zu entdecken.

**<--arrow-->**: Ich finde, das steht Black zu.

**Shir@hoshi**: Ja, Black!

30

**m0$tw4nt3d**: Stimmt, macht Sinn. Du hast die ganze Sache ins Rollen gebracht, Black. Und du kennst dich in dem Thema am besten aus. Wenn es um Afrika und den Kongo und diese Sachen geht, kannst du am ehesten einschätzen, was wichtig ist und was nicht.

▶**BlackLumumba**◀: Wisst ihr, woran ich gerade denken muss? Früher haben die Weißen Expeditionen nach Afrika gemacht, um den dummen Schwarzen die Kultur zu bringen und ihnen gleichzeitig ihre Bodenschätze zu rauben. Jetzt drehe ich den Spieß um und mache eine Expedition zu den Weißen.

**m0$tw4nt3d**: Ja, so kann man es sehen. Schick ihm doch mal die Passwörter, Surfer.

**~~Silver~~Surfer~~**: Es bereitet mir fast unerträgliche Schmerzen, mich von meinem Schatz zu trennen. Aber hier sind sie.

**m0$tw4nt3d**: Geh über unsere letzte Backdoor rein, Black. Ob du dich als Paul Starkey oder als William Hanson einloggen willst, kannst du dir aussuchen. Und dann – na ja, viel Glück. Ich hoffe, du findest die Sachen, die wir brauchen.

**<--arrow-->**: Wann machst du den Trip?

▶**BlackLumumba**◀: Ich denke, morgen. Gegen Mittag. Wenn es in Houston Nacht ist. Dann ist es so weit. Dann startet die erste schwarze Amerika-Expedition der Geschichte!

## II-6: Mailverkehr von Paul Starkey und William Hanson (übergeben an die NSA am 9. Juni 2020, Auszüge)

**Paul Starkey an alle Mitarbeiter der Abteilung G4c (2. April)**

Liebe Kolleginnen und Kollegen, heute ist ein Tag zum Feiern. Wie Sie alle wissen, lastete in den letzten Monaten erheblicher Druck auf unserer Abteilung. Die Nachfrage der heimischen Industrie nach Rohstoffen, vor allem nach gewissen seltenen Metallen, steigt trotz der schwierigen wirtschaftlichen Lage, in der wir uns aufgrund der Pandemie befinden, unaufhörlich. Falls Hoboken diese Nachfrage nicht in dem erforderlichen Umfang und in der gewünschten Qualität befriedigen kann, suchen die Kunden sich neue Geschäftspartner. Tatsächlich drohten wir in den letzten Monaten mehrere unserer wichtigsten Abnehmer zu verlieren.

Nun aber ist uns mit unseren Partnern in der Demokratischen Republik Kongo ein Geschäftsabschluss gelungen, der als echter Durchbruch bezeichnet werden kann. Der Arbeit unserer Abteilung ist es zu verdanken, dass wir einen neuen Vertrag mit den Lieferanten schließen konnten. Er läuft über drei Jahre, große Mengen des Materials werden geliefert. Das Abkommen kam nur zustande, weil wir zusichern konnten, die Sicherheitskräfte in der gewünschten Form mit Hilfsgütern zu beliefern. Auch bei unseren Partnern von der AKE konnten wir hervorragende Überzeugungsarbeit leisten.

Liebe Kolleginnen und Kollegen, dies ist ein Erfolg der ganzen Abteilung, der genau zur rechten Zeit kommt und, wie ich Ihnen versichern kann, auch bei der Unternehmensleitung für höchste Zufriedenheit sorgt. Ich möchte Ihnen daher ankündigen, dass Sie sich bereits jetzt auf den einen oder anderen Extrabonus und weitere Vergünstigungen freuen dürfen.

Ihr Paul Starkey

**William Hanson an Paul Starkey (3. April)**

Sehr geehrter Mr Starkey, wie bereits mündlich mitgeteilt, versichere ich Ihnen hiermit noch einmal, wie sehr unser Vertragsabschluss im

Kongo mich freut. Allerdings möchte ich nicht verschweigen, dass ich
in der Sache auch einige Bedenken hege. Ich habe lange überlegt, ob
ich Ihnen in der Angelegenheit gesondert schreiben soll, bin nun aber
zu dem Entschluss gekommen, dass es notwendig ist.
Wie Sie wissen, gibt es gewisse Berichte von Menschenrechtsorganisationen, die unsere Partner im Kongo, um es vorsichtig auszu-
drücken, in ein nicht sehr gutes Licht rücken. Es geht dabei um die
Arbeitsbedingungen in den Minen unserer Lieferanten wie auch um
gewisse Praktiken der Sicherheitskräfte, die ich nicht im Einzelnen
darlegen will. Der Gedanke, dass Hoboken hier eine Mitschuld treffen
könnte, treibt mich seit einiger Zeit um. Ich bitte daher um ein klärendes Gespräch.
Ihr William Hanson

**William Hanson an Paul Starkey (7. April)**
Hiermit möchte ich Sie noch einmal an mein Schreiben vom 3. April
erinnern, Mr Starkey. Die Angelegenheit lässt mir keine Ruhe, ich
halte sie für ausgesprochen dringlich. Wann ist Ihnen ein klärendes
Gespräch möglich?
Ihr William Hanson

**Paul Starkey an William Hanson (8. April)**
Lieber Will, entschuldigen Sie, dass ich Ihnen erst jetzt antworte,
aber Sie wissen ja, ein Termin jagt den nächsten. Ihr Anliegen ist voll-
auf berechtigt. Ich stimme Ihnen zu: Hoboken muss peinlich genau
auf die Korrektheit seiner Geschäftsbeziehungen achten. Ich war erst
im März noch persönlich im Kongo und konnte mich mit eigenen
Augen davon überzeugen, dass die von Ihnen erwähnten Berichte
heillos übertrieben sind.
Sehen Sie, Will, diese sogenannten Menschenrechtsorganisationen,
die solche Berichte veröffentlichen, sind auch nur Unternehmen.
Genau genommen, sind sie nur eine andere Art von Industrie. Unsere
Produkte sind Rohstoffe, deren Produkte sind Skandale. Und wenn es
keine echten Skandale gibt, machen sie sich welche. Sie können ganz
beruhigt sein, Will. Ich versichere Ihnen, dass unsere Aktivitäten im

126

Kongo von einem hohen ethischen Verantwortungsbewusstsein geleitet sind.

Ihr Paul Starkey

5

**William Hanson an Paul Starkey (8. April)**
Sehr geehrter Mr Starkey, ich danke Ihnen für Ihre klärenden Worte. Allerdings gebe ich zu bedenken, dass die Berichte etwa von Human Rights Guardian von einer großen Anzahl neutraler Beobachter bestätigt werden. Daher scheint es mir nicht angemessen, sie einfach abzutun. Ich möchte aus diesem Grund meine Bitte um ein klärendes Gespräch erneuern.

Ihr William Hanson

**Paul Starkey an William Hanson (15. April)**
Lieber Will, ich schätze kritische Mitarbeiter, sie bringen ein Unternehmen voran. Nur, sehen Sie, die Sache ist kompliziert. Unsere Geschäftspartner im Kongo sind sehr sensibel. Wenn wir ihnen mit zu drastischen Forderungen kommen, suchen sie sich einen neuen Abnehmer. Und Sie wissen genauso gut wie ich, dass es Wettbewerber in anderen Ländern gibt, die kein so hohes Verantwortungsbewusstsein an den Tag legen wie wir. Sollen wir denen das Feld einfach überlassen? Das wäre ökonomischer* Selbstmord und auch moralisch höchst fragwürdig.

Ihr Paul Starkey

**William Hanson an Paul Starkey (15. April)**
Sehr geehrter Mr Starkey, Ihre Argumente sind bis zu einem gewissen Grad nachvollziehbar. Ich habe mich allerdings über Ostern noch einmal mit der Angelegenheit befasst und muss sagen, dass ich nun – da ein Gespräch zwischen uns, aus welchen Gründen auch immer, nicht zustande kommen konnte – mit dem Gedanken spiele, die Ethikabteilung** des Unternehmens zu kontaktieren, die ja für solche

---

* Wirtschaftlich.
** Hier wird entschieden, welche Handlungen (eines Konzerns) mit der geltenden Moral vereinbar sind.

Fälle eingerichtet wurde. Ich gehe davon aus, Sie nehmen mir einen
solchen Schritt nicht übel.
Ihr William Hanson

......................................................................................

**William Hanson an Paul Starkey (21. April)**
Mr Starkey, ich möchte Sie hiermit dringend – und inzwischen, wie
ich sagen muss, doch mit einem gewissen Befremden – an mein
Schreiben vom 15. April erinnern. Mein Entschluss, an die Ethik-
abteilung heranzutreten, hat sich gefestigt. Gerne würde ich es mit
Ihrer Unterstützung tun. Sollte das nicht möglich sein, bin ich aber
auch zu einem Alleingang bereit.
Ihr William Hanson

......................................................................................

**Paul Starkey an William Hanson (22. April)**
Lieber Will, es ist selbstverständlich Ihr gutes Recht, den Kontakt zur
Ethikabteilung zu suchen. Ich habe großen Respekt vor der Arbeit
dieser Leute, sie machen einen hervorragenden Job. Nur sollten Sie
die Angelegenheit auch einmal so betrachten: Die Bezugsquelle im
Kongo zu verlieren würde für Hoboken eine Milliardeneinbuße
bedeuten. Vielleicht könnte der Konzern sich eine Ethikabteilung
dann gar nicht mehr leisten. Horchen Sie in sich hinein, Will: Ist das
wirklich das, was Sie wollen?
Ihr Paul Starkey

......................................................................................

**William Hanson an Paul Starkey (23. April)**
Sehr geehrter Mr Starkey, ich denke nicht, dass die Existenz der
Ethikabteilung von einem einzigen Vertragsabschluss abhängt. Wenn
doch, wäre das sehr traurig. Sehen Sie, ich habe in letzter Zeit und
auch jetzt wieder viele Gespräche mit meiner Tochter Kathy geführt.
Sie kennen sie ja und wissen sicher noch, dass sie sehr engagiert ist.
Ich muss sagen, das freut mich und macht mich auch ein wenig stolz.
Sie sollten bedenken, dass ich mich bei allem, was ich tue, auch ihr
verpflichtet fühle.
Ihr William Hanson

......................................................................................

**Paul Starkey an William Hanson (29. April)**

Lieber Will, das sollen Sie doch auch. Das sollen Sie unbedingt. Sie sollen sich Ihrer Tochter und überhaupt Ihrer ganzen Familie verpflichtet fühlen. Unsere Familien sind das Wichtigste, das wir haben, das dürfen wir nie vergessen. Und ich kenne ja Kathy. Wirklich, ich mag Ihre Tochter sehr. Sie wird es mit ihrer Art weit bringen, davon bin ich absolut überzeugt.

Aber, Will, sie braucht dafür auch ein finanzielles Fundament. Eine gewisse Sicherheit – Sie verstehen, wovon ich rede. Mein Gott, wenn man jung ist, denkt man noch, man könnte von Luft und Liebe leben. Wir waren doch auch so, Sie und ich! Aber inzwischen sind wir älter und klüger und wissen, dass es nicht so ist. Sie sind Kathys Vater, Will. Sie müssen ihr diese Sicherheit geben, das ist Ihre Verantwortung. Nur: Können Sie das auch, wenn Sie beruflich einmal nicht mehr auf so festen Füßen stehen wie jetzt? Das soll nur ein unverbindlicher Hinweis sein. Denken Sie in Ruhe darüber nach.

Will, wir beide, Sie und ich, wir dürfen uns keinen Illusionen hingeben. Bei dem Geschäft, mit dem wir es zu tun haben, geht es um Milliarden. Und leider Gottes gibt es Leute, die bei solchen Summen jede Rücksichtnahme und jede Menschlichkeit vergessen. Die keinen Gedanken an ihre Familie verschwenden und so etwas wie ethische Bedenken nicht kennen. Ich habe mit solchen Leuten zu tun, Will. Und ich möchte Sie vor ihnen schützen. Ihre Bedenken sind bei mir in den besten Händen. Vertrauen Sie mir einfach. Und unternehmen Sie keine Alleingänge, die Ihnen und Ihrer Familie schaden könnten. Sie sind mein bester Mann, Will. Und das ist nicht einfach so dahergesagt. Wenn ich in einigen Tagen bei der Unternehmensleitung einen Zwischenbericht über die Arbeit unserer Abteilung vorlege, dann werde ich diese Beurteilung Ihrer Person in besonderer Weise hervorheben. Das wird nicht zu Ihrem Schaden sein, wenn ich Ihnen diese Andeutung schon einmal unverbindlich zuspielen darf.

So, ich hoffe, Will, dass unser kleiner Schriftwechsel damit zu einem für beide Seiten befriedigenden Ende gekommen ist.

Ihr Paul Starkey

## II-7: Chatprotokolle der Zielpersonen (heruntergeladen aus dem Chatroom am 3. August 2020)

### 13. Mai

**<--arrow-->**: Diesem Starkey würde ich gerne mal unverbindlich in die Fresse hauen.

**Gödel**: Als ich die Sachen gelesen habe, die Black uns geschickt hat, habe ich gezittert vor Wut. Wenn ich etwas für ungerecht halte, kann ich sehr zornig werden.

**~~Silver~~Surfer~~**: Nehmt euch bloß vor Dödel in Acht! Der Heilige Geist spricht aus ihm.

**m0$tw4nt3d**: Wenn wir Starkey und den anderen, die mit der Sache zu tun haben, an den Kragen wollen, müssen wir einen kühlen Kopf bewahren, auch wenn's schwerfällt. Black, ich denke, wir haben alle irgendwie kapiert, worum es in den Mails von Hanson und Starkey geht. Aber kannst du zur Sicherheit noch mal erklären, was es zu bedeuten hat mit den Lieferanten und den Sicherheitskräften und diesem ganzen Zeug?

**▶BlackLumumba◀**: Ich habe alles, was ich von Starkey und Hanson finden konnte, runtergeladen und es mir dann zusammen mit Adam angesehen. Das, was ich euch geschickt habe, ist nur ein kleiner Teil, aber wohl das Wichtigste. Mit dem »Material« ist auf jeden Fall das Coltan aus den illegalen Minen im Kongo gemeint. Die »Lieferanten« sind die Händler, die das Coltan von den Rebellen kaufen und an Hoboken weiterverkaufen. Die »Sicherheitskräfte« sind die Rebellen selbst und die »Hilfsgüter« sind die Waffen, mit denen sie im Gegenzug beliefert werden.

**Shir@hoshi**: Wie übel ist das denn? Waffen als Hilfsgüter zu bezeichnen? Und Rebellen als Sicherheitskräfte?

**<--arrow-->**: Das zeigt eben, mit was für Typen wir es zu tun haben. Die schrecken vor gar nichts zurück.

**m0$tw4nt3d**: Über eine Sache bin ich noch gestolpert. Was ist mit AKE gemeint?

**▶BlackLumumba◀**: Das habe ich Adam auch gefragt. Er meinte, es heißt »Amerikanisch-Kongolesische Entwicklungshilfegesellschaft«.

**Shir@hoshi**: Geht's noch ein bisschen komplizierter?

**▶BlackLumumba◀**: Klar. Der Verein hat nämlich mit Entwicklungshilfe gar nichts zu tun.

**<--arrow-->**: Sondern?

**▶BlackLumumba◀**: Im Prinzip geht es um die Verteilung von Bestechungsgeldern. Wenn zum Beispiel Hoboken Regierungsbeamte im Kongo bestechen will, spenden sie Geld an die AKE – und können die Summe auch noch von der Steuer absetzen. Die AKE reicht das Geld heimlich an die Beamten weiter.

**Gödel**: Und die stellen Hoboken dann die Bescheinigungen aus, wonach mit dem Coltan alles in Ordnung ist?

**▶BlackLumumba◀**: Genau so läuft's.

**m0$tw4nt3d**: Das war gute Arbeit, Black. Echt gute Arbeit. Und eins ist ja wohl klar: Hanson ist unser Mann. An den müssen wir ran.

**Shir@hoshi**: Ob er inzwischen zu dieser Ethikabteilung gegangen ist?

**▶BlackLumumba◀**: Nein, ist er nicht. Die Andeutungen von Starkey, über Leute, die vor nichts zurückschrecken, und dass er auf seine Familie aufpassen soll und so, die haben ihn ziemlich fertiggemacht, glaube ich.Jedenfalls kommt es mir so vor, als hätte er seine Bedenken erst mal zurückgestellt.

**m0$tw4nt3d**: Trotzdem. Wie es aussieht, hat der Typ ein übelst schlechtes Gewissen. Und seine Tochter sitzt ihm im Nacken, die scheint ganz okay zu sein. Schätze, er würde liebend gern über gewisse Dinge auspacken, weiß aber nach den Drohungen von Starkey nicht, wie er es anstellen soll. Also?

**<--arrow-->**: Sollten wir ihm die Gelegenheit dazu geben.

**m0$tw4nt3d**: Sehe ich auch so. Aber erst müssen wir ihn näher kennenlernen. Ich schlage vor, wir schwärmen aus und tragen alles über ihn zusammen, was wir im Netz finden. Egal, was. Und wenn es noch so unwichtig scheint.

**Shir@hoshi**: Seine Lieblingszahnpastamarke.

**<--arrow-->**: Seine dunklen Geheimnisse.

**~~Silver~~Surfer~~**: Seine dreckigen Sexualpraktiken. Danke, Wanted! Endlich ein Auftrag nach meinem Geschmack.

### 16. Mai

**m0$tw4nt3d**: Gut, dann legen wir los. Ich fange mit dem Langweiligen an. William Hanson, 46 Jahre, wohnt in Houston, 85 Somerset Road. Seine Frau Sheila ist 43 und arbeitet in der Marketingabteilung einer Drogeriekette. Ihre Tochter Kathy ist 17 und im letzten Jahr auf der Highschool. Die Söhne Tim und Greg sind Zwillinge, 13 Jahre alt. Ich habe auch die Sozialversicherungsnummern[*] von allen.

**<--arrow-->**: Die habe ich auch. Außerdem haben sie einen Hund, er ist ein Labrador und heißt Laddie. Er frisst am liebsten die Marke »Fresh Nature«, Geschmacksrichtungen neuseeländisches Lamm und nordatlantischer Lachs.

**Gödel**: Sie haben zwei Autos. William Hanson fährt einen Ford F-150 Pick-up, 302 PS, 12,3 l auf 100 km, Kennzeichen TEXAS CY3 C38. Sheila Hanson fährt einen Honda Civic, 201 PS, 5,5 l auf 100 km, Kennzeichen TEXAS TJK 68K. Er hatte im letzten Jahr zwei Strafzettel wegen zu schnellen Fahrens, sie vier Strafzettel wegen Falschparkens.

**▶BlackLumumba◀**: Die Familie hat ein Lieblingsrestaurant. Es heißt »Aladdin« und liegt in der 912 Westheimer Road. Es ist spezialisiert auf mediterranes Essen. Sie gehen jeden Sonntagabend um sieben dahin, haben einen fest für sie reservierten Tisch. William Hanson isst am liebsten Hummus mit Salat und frisch gebackenem Pitabrot.

---

[*] Eine 12-stellige Nummer, die Personen der Sozialversicherung eindeutig zuordnet; wichtig für alle Arbeitnehmer:innen.

**Shir@hoshi**: Seine Lieblingsfilme sind »Der mit dem Wolf tanzt«, »Der englische Patient« und »Legenden der Leidenschaft«, alle schon ein bisschen älter, so wie er. Seine Frau guckt am liebsten Serien, zum Beispiel »Game of Thrones« und »Breaking Bad«. Kathy mag »House of Cards« und alles, was so polit- und ökothrillermäßig ist. Tim und Greg gucken vor allem »Avengers«, »Fantastic Four«, »Spiderman« und »X-Men«, also die ganzen Marvel-Sachen.

**~~Silver~~Surfer~~**: Hansons Frau hat Körbchengröße 75D, Kathy ist mit 70B noch entwicklungsfähig.

**<--arrow-->**: Ich habe mit allem gerechnet, aber nicht damit. Du unterbietest dich noch selbst, obwohl das eigentlich unmöglich ist.

**~~Silver~~Surfer~~**: Ich habe Tausende dieser entscheidenden Informationen in harter Arbeit zusammengetragen.

**<--arrow-->**: Verschone uns damit. Hör zu, Wanted, ich habe auch noch eine Menge anderer Sachen. Wollen wir die wirklich alle ausbreiten?

**m0$tw4nt3d**: Muss nicht sein. Schickt mir einfach alles, was ihr habt. Das Wichtigste habe ich sowieso schon gehört.

**Shir@hoshi**: Was soll das sein?

**m0$tw4nt3d**: Na, die Sache mit dem Restaurant. Danke, Black. Hast du gecheckt, ob es schon wieder geöffnet hat?

**▶BlackLumumba◀**: Ja, hat es.

**m0$tw4nt3d**: Gut, also – wenn mich nicht alles täuscht, kann man mich morgen Abend da antreffen.

**▶BlackLumumba◀**: Du willst direkt an Hanson ran?

**~~Silver~~Surfer~~**: Nein, will er nicht.

**<--arrow-->**: Was hast du denn schon wieder zu melden?

**~~Silver~~Surfer~~**: Er will an Hansons Tochter ran.

**<--arrow-->**: Wanted! Das stimmt doch nicht etwa?

**~~Silver~~Surfer~~**: Seht euch an, wie sie explodieren! Hat sich da auf Meldors Rücken etwa ein zartes Pflänzchen der Liebe entwickelt?

**<--arrow-->**: Ich kriege dich, Surfer. Vielleicht dauert es noch ein bisschen, aber ich weiß, dass ich dich kriege. Und dann mache ich dich fertig.

**m0$tw4nt3d**: Mein Plan steht noch nicht fest. Erst sehe ich mir alles an, was ihr mir schickt. Damit ich vorbereitet bin. Ich muss Hanson und seine Leute so gut kennen, als wäre es meine eigene Familie. Dann entscheide ich aus der Situation heraus, was ich mache. Nur bei einem bin ich mir schon sicher: Ein kleines, unscheinbares Programm namens »Secret Firesheep« wird bei der Aktion eine wichtige Rolle spielen.

**Shir@hoshi**: Firesheep? Ist das nicht dieses Plug-in von Firefox, mit dem man fremde Facebook-Konten übernehmen kann?

**Gödel**: Facebook hat die Sicherheitslücke schon vor einiger Zeit geschlossen.

**m0$tw4nt3d**: Deshalb benutze ich ja auch »Secret Firesheep«, eine Weiterentwicklung aus dem Darknet. Wenn du in einem öffentlichen WLAN-Netzwerk bist, zum Beispiel in einem Café oder einem Restaurant, kannst du damit jeden gerade geöffneten Facebook-Account übernehmen, die persönlichen Informationen einsehen, die Einstellungen ändern – alles.

**▶BlackLumumba◀**: Und das hast du mit Hanson vor?

**m0$tw4nt3d**: Dass er bei Facebook ist, dürften wir ja wohl alle herausgefunden haben. Und ich finde, das ist im Zweifel immer ein guter Einstieg. Nach dem Motto: Wer nicht davor zurückschreckt, bei Zuckerbergs Schweinereien mitzumachen, der hat's nicht besser verdient.

## II-8: Tonaufnahme Dylan St. Patricks (von seinem Computer heruntergeladen und verschriftlicht am 12. August 2020)

*Aufnahmegerät wird gestartet. Gedämpfte Stimmen, Inhalt der Gespräche nicht zu verstehen. Gläserklirren, klapperndes Besteck. Im Hintergrund Entspannungsmusik.*

*Zielperson Dylan St. Patrick (im Folgenden D), flüsternd*: Gut, heute ist der 17. Mai, wir haben jetzt – Viertel vor sieben. Ich bin im »Aladdin«. 5
Ganz gemütliches Lokal. Ein paar Meter weiter ist der Tisch mit dem Schild »Reserviert für Hanson«. Ich kann ihn gut sehen, sitze aber selbst so ein bisschen versteckt in einer Ecke. Wenn Blacks Infos stimmen, müssten die Hansons in ungefähr – Moment! Muss kurz die Bedienung abwimmeln. 10

*Bedienung des Restaurants »Aladdin«, identifiziert als Taylor Barnes, 34 (im Folgenden T)*: Möchten Sie vielleicht etwas bestellen, junger Mann?

*D*: Ja, bringen Sie mir eine Cola.

*T*: Möchten Sie auch etwas essen?

*D*: Jetzt noch nicht. Später vielleicht. Kann sein, dass noch jemand 15
kommt. *(nach kurzer Pause wieder flüsternd)* Okay, sie ist weg. Ich bin ihr eindeutig zu jung, um als Gast für voll genommen zu werden. Egal, wie gesagt: In ungefähr zehn Minuten sollten die Hansons kommen. Bis dahin muss ich dringend noch was vorbereiten auf dem Laptop. Für Kathy. Ich hoffe, ich schätze sie richtig ein. Sonst stehe ich da wie 20
der letzte Idiot.

*Hintergrundgeräusche aus dem Restaurant, mehrere Minuten. Gelegentliches Klappern einer Tastatur. Zwischendurch bringt T das Getränk.*

*D (flüsternd)*: Alles klar, jetzt wird's ernst. Die Hansons sind da. Hm, er sieht jünger aus, als ich ihn mir vorgestellt habe. Ich dachte, er wäre 25
so ein glatzköpfiger Bürokrat, ist er aber nicht. Seine Frau wirkt ganz nett. Kathy ist echt hübsch, soweit ich erkennen kann. Moment, sie setzt sich jetzt und nimmt ihre Maske ab. Ja, ist sie wirklich. Die Zwillinge maulen rum, sind genervt, wollen wahrscheinlich lieber was anderes machen. Der Hund ist auch da, verschwindet sofort unter 30
dem Tisch. Scheiße, hoffentlich klappt die Aktion!

*Erneut Hintergrundgeräusche mit gelegentlichem Klappern auf der Tastatur, etwa fünf Minuten andauernd.*

**D (flüsternd)**: Okay. Jetzt oder nie!

*Husten und Räuspern. Schritte. Stimmen, lauter werdend, anscheinend vom Tisch der Hansons.*

**D**: Kathy?

*Stimmen setzen aus. Einige Sekunden Stille.*

**D**: Kathy Hanson?

**Kathy Hanson (im Folgenden K)**: Ich, äh – ich weiß im Moment nicht genau, wer …

**D**: Na, ich bin's, Joe. Weißt du nicht mehr? Wir haben uns auf dieser Demo kennengelernt.

**K**: Meinst du die in Austin? Vor zwei Wochen?

**D**: Klar. Na gut, wir hatten alle die Masken auf, wegen Corona. Und ich hatte die Trump*-Perücke auf dem Kopf, übelst warm unter dem Ding, wahrscheinlich erkennst du mich deshalb nicht.

**K**: Ach, du warst einer von den Trump-Perücken-Typen. Aber – woher kennst du meinen Namen?

**D**: Na, wir haben doch gequatscht. Hast du das vergessen?

**K**: Nein, natürlich nicht! Ich meine, nimm's mir nicht übel, ich hab mit vielen Leuten gequatscht an dem Tag. Also, was soll ich sagen? Ich meine – das ist ja echt ein Zufall.

**D**: Ja, cool, oder? Ach, entschuldigen Sie bitte. Sir … Ma'am … *(D scheint Mr und Mrs Hanson zu begrüßen)*

**K**: Das sind meine Eltern. Und meine Brüder. Bist du alleine hier?

**D**: Eigentlich nicht. Ich warte auf jemanden. Ist aber überfällig. Ich wollte nur kurz zur Toilette. Wir sehen uns noch, ja?

**K**: Ja, ähm – bis später.

*Schritte. Lauter und leiser werdende Stimmen, offenbar geht D an mehreren Tischen vorbei. Eine Tür. Dann Stille.*

**D (flüsternd)**: So, ich bin auf der Toilette. Außer mir keiner da. Der Anfang hat geklappt. Danke, Shira, für die Info, dass Kathy auf dieser Demo war. Und für die Fotos, auf denen die Typen mit den Trump-Perücken

---

* Donald Trump (*1946): US-amerikanischer Unternehmer, TV-Entertainer und Politiker der Republikanischen Partei; war von 2017 bis 2021 der 45. Präsident der USA.

drauf sind. Wie sehe ich eigentlich aus? *(kurze Pause, anscheinend*
*betrachtet D sich im Spiegel)* Ach du Scheiße! Na egal, muss trotzdem
gehen. Jetzt bestürmen Kathys Eltern sie bestimmt mit Fragen, wer
ich bin. Ich gebe ihnen noch ein paar Minuten. Puh, das Herz schlägt
mir bis zum Hals. Ich muss irgendwie runterkommen.                     5

*Mehrere Minuten Stille. D lässt Wasser laufen, räuspert sich mehrmals.*
*Dann wieder die Tür. Hintergrundgeräusche aus dem Restaurant setzen*
*ein. Schritte.*

*D*: Hey Kathy! Hast du Lust, mit an meinen Tisch zu kommen? Ich habe
ein paar Artikel im Netz gefunden, die interessieren dich bestimmt.    10

*K*: Darf ich, Dad?

*William Hanson (im Folgenden W)*: Warum nicht? Wir haben dich und diesen jungen Mann ja im Blick. Und es dauert sicher noch, bis unser
Essen kommt. Aber nimm deine Maske mit!

*Scharrende Geräusche, anscheinend steht K auf. Schritte.*            15

*K*: Hier sitzt du also. Auf wen wartest du eigentlich?

*D*: Auf dich. *(verwundertes Schweigen)* Nein, Quatsch! Komm, sieh dir das
an. Ich habe es gerade erst gefunden. Ganz neue Sachen über Raub-
bau am Wald und Aktionen, ihn zu stoppen.

*Mehrere Minuten abwechselnd Schweigen, Klappern der Tastatur, kurze*  20
*Gespräche.*

*K*: Schickst du mir die Links?

*D*: Klar, mach ich. Übrigens: Deine Familie sieht nett aus.

*K*: Na ja, meine Brüder sind gerade in einer ziemlich nervigen Phase.
Meine Eltern sind ganz okay. Außer dass mein Vater einen echt komi-   25
schen Job hat. In so einem Scheißunternehmen.

*D*: Scheißunternehmen?

*K*: Ja.

*D*: Weißt du was? Wir spielen ihm einen Streich.

*K*: Wie denn?                                                        30

*D*: Du rufst ihn an.

*K*: Was, hier? Im Restaurant?

*D*: Ja. Aber du rufst ihn nicht von deinem Telefon an, sondern von meinem. Dann weiß er nicht, dass du dran bist, und ist total überrascht.

*K*: Und dann?                                                        35

*D*: Siehst du schon. Hier, nimm das Ding, das wird witzig.

*Geräusche vom Bedienen eines Mobiltelefons. Kurzes Handgemenge, anscheinend nimmt D K das Telefon weg.*

*D (mit verstellter Stimme)*: Hier spricht das Houston Police Department. Spreche ich mit Mr William Hanson?

*Pause.*

*D*: Gut. Ist es korrekt, Sir, dass Sie eine Tochter namens Kathy Hanson haben?

*Erneute Pause.*

*D*: Nun, es geht um Folgendes, Sir. Wir haben leider Grund zu der Annahme, dass Ihre Tochter an einer Sachbeschädigung, verbunden mit Hausfriedensbruch, beteiligt war. Der Vorfall ereignete sich vor drei Tagen und …

*Wieder kurzes Handgemenge, anscheinend nimmt K jetzt D das Telefon weg.*

*K*: Dad? Dad, ich bin's. Ich …

*Pause.*

*K*: Nein, es ist alles in Ordnung. Das war kein Polizist, es war nur Joe. Du musst dir keine Sorgen machen. Wir haben ein bisschen rumgealbert und dann hatten wir diese Idee und …

*Erneute Pause.*

*K*: Ja, eine blöde Idee, kann sein. Also bis gleich dann, ja? *(Ihre Stimme verändert sich)* Du bist total verrückt, weißt du das? Ich sollte mich mit einem wie dir überhaupt nicht abgeben.

*D*: Tust du aber.

*K*: Sollte ich aber nicht.

*D*: Tust du aber trotzdem. Sag mal, was ist das für ein Scheißunternehmen, bei dem dein Vater arbeitet?

*K*: Es heißt Hoboken.

*D*: Ist nicht dein Ernst!

*K*: Doch!

*D*: Na, dann sieh dir mal das hier an. Habe ich vor ein paar Tagen gefunden. Es ist ein Bericht von Human Rights Guardian, die kennst du doch? Über Sachen, die in Afrika passieren. Und sie denken, dass Hoboken was damit zu tun hat.

**K**: Zeig her.

**D**: Hier. Du musst deinem Vater den Link schicken, hörst du?

**K**: Ich schicke ihm ständig solche Sachen.

**D**: Ja, aber das hier ist der absolute Hammer. Das wird ihm die Augen öffnen. Komm, jetzt gleich. Am besten postest du den Link auf deiner Facebook-Seite.

**K**: Jetzt drängel doch nicht so. Du bist voll unverschämt.

**D**: Ich bin nur unverschämt zu Leuten, die ich so richtig mag, weißt du.

**K**: Ja, toll! Jetzt fängst du auch noch so an. *(Pause)* So, fertig. Ich hab's gemacht.

**D**: Gut. Und wenn du gleich bei euch am Tisch bist, dann soll er es sich ansehen. Aber nicht auf deinem Gerät, sondern über seinen eigenen Account, hörst du? Du darfst ihn nicht davonkommen lassen, Kathy. Denn – entschuldige, wenn ich es so krass sage, aber – du profitierst auch von dem schmutzigen Geld, das er verdient.

**K**: Weiß ich selbst! Meinst du, ich habe kein schlechtes Gewissen deswegen? Ich mach das schon. Siehst du, ich muss sowieso zurück. Unser Essen kommt.

**D**: Okay. Bis später dann.

***Stuhl wird zurückgeschoben. Schritte.***

**D (jetzt wieder flüsternd)**: Ich öffne schon mal Firesheep. Okay, wie viele Geräte sind eingeloggt? Acht, wie's scheint. Hansons Nummer hab ich seit dem Anruf ja in meinem Telefon. Kurz mit Firesheep abgleichen. Da ist sie. Öffnen. Jetzt kommt alles auf Kathy an. Sie spricht gerade mit ihm. Er wehrt ab. Wahrscheinlich sagt er, nicht jetzt, beim Essen muss das doch wirklich nicht sein. Aber sie bleibt hartnäckig. Ich glaube, sie hat ihn echt im Griff. Er rollt mit den Augen. Jetzt zieht er sein Telefon raus. Ich kann auf dem Laptop sehen, was er macht. Er öffnet seinen Facebook-Account. Nur noch hier klicken – und hier – und hier. Das sollte es sein. Hab dich, Mr Hanson. Nichts wie raus hier!

***Hektische Geräusche, Laptop wird zugeknallt, Münzen klirren, anscheinend legt D Geld auf den Tisch. Schritte.***

**D (laut)**: Hey Kathy! Tut mir leid, aber ich muss jetzt doch schon los. Rufst du mich an? Meine Nummer hast du ja. Auf dem Telefon deines Vaters.

**W**: Moment mal, junger Mann. Ich glaube, wir beide sollten uns bei Gelegenheit mal in Ruhe unterhalten.

**D**: Ja, Sir, machen wir. Entschuldigen Sie, dass ich so plötzlich wegmuss,
aber es ist echt dringend. Lassen Sie es sich schmecken, das Hummus
ist super. Ciao, Kathy! Ruf mich an, ja?

*Tür wird geöffnet und wieder zugeschlagen. Straßenlärm. Eilige Schritte.*

**D (unruhig, beim Gehen)**: Na schön, Operation gelungen. Wenn alles
geklappt hat, haben wir jetzt Zugriff auf Hansons Facebook-Account.
Mit Administratorrechten. Puh, mir zittern richtig die Finger. Aber die
Sache ist durch. Der Fisch ist an der Angel.

*Längere Zeit Schritte und Atemgeräusche. Dann Stille. Aufnahmegerät
wird gestoppt.*

## II-9:   Chatprotokolle der Zielpersonen (heruntergeladen aus dem Chatroom am 3. August 2020)

*18. Mai*

**Shir@hoshi**: Sag mal, Wanted: Wie siehst du eigentlich aus?

**m0$tw4nt3d**: Ich hab Segelohren, Hasenzähnchen und Pickel wie ein Schwein. Wieso?

**Shir@hoshi**: Na, Kathy scheinst du ziemlich beeindruckt zu haben. 5
Sie hat alles gemacht, was du wolltest. Und war bestimmt traurig, als du so schnell weg bist.

**m0$tw4nt3d**: Kann sein.

**~~Silver~~Surfer~~**: Du siehst bestimmt aus wie ein California Dream Boy. So wie ich. 10

**m0$tw4nt3d**: Ich sehe ganz normal aus. Aber als ich mich auf der Toilette im Spiegel gesehen habe, bin ich echt erschrocken.

**~~Silver~~Surfer~~**: Warum? Stand hinter dir so ein Typ im schwarzen Anzug und mit Sonnenbrille, und als du dich zu ihm umgedreht hast, war er weg? 15

**m0$tw4nt3d**: Nein. Aber ich war total blass und hatte voll die Ringe um die Augen.

**<--arrow-->**: Du wirst uns doch nicht etwa krank?

**m0$tw4nt3d**: Das ist es nicht. Aber ihr wisst ja, ich bin bei einem Kumpel von mir untergekommen. Ist eine ziemlich üble Absteige und 20
so langsam bricht Lagerkoller aus. Weiß gar nicht mehr, wann ich zuletzt richtig geschlafen habe.

**▶BlackLumumba◀**: Du musst nicht die ganze Zeit in Houston bleiben. Hau einfach mal ab.

**m0$tw4nt3d**: Nein, Black, so läuft das nicht. Wenn ich eine Sache anfange, ziehe ich sie auch durch. Ich kann jetzt nicht einfach woandershin, da hätte ich erst recht keine Ruhe. Ich bin hier und ich bleibe hier. Bis zum Ende. Sieg oder Tod.

**Shir@hoshi**: Red nicht so, das macht mir Angst.

**m0$tw4nt3d**: kc*, Shira. Ist nicht ernst gemeint.

**<--arrow-->**: Ist es doch.

**m0$tw4nt3d**: Keiner ist mit der Pumpgun hinter mir her.

**~~Silver~~Surfer~~**: Noch nicht, Golden Boy.

**m0$tw4nt3d**: Okay, hört zu. Streckt mir mal eure gierigen kleinen Fingerchen entgegen. Ich sende euch die Zugangsdaten für Hansons Facebook-Account. Treibt euch nach Herzenslust auf dem Teil rum. Und seht, was ihr so über ihn rausfindet. Dann können wir überlegen, wie wir weiter vorgehen.

**Gödel**: Was ist mit dem Telefon?

**▶BlackLumumba◀**: Welches Telefon?

**Gödel**: Wir tun alles, um unsere Spuren im Netz zu verwischen. Aber Wanted benutzt einfach sein Telefon. Und seine Nummer steht jetzt in Hansons Liste. Das scheint mir ein unangemessen hohes Risiko zu sein.

**<--arrow-->**: Es ist bestimmt kein normales Telefon, Gödel.

**m0$tw4nt3d**: Stimmt. Es ist eins von diesen Prepaid-Teilen aus dem Darknet. Hab's mir extra für die Aktion zugelegt. Keine Angst, meinen Namen bringt damit keiner in Verbindung. Wenn die Sache vorbei ist, schrotte ich es einfach.

**<--arrow-->**: Warte nicht zu lange damit. Und lass dich nicht mit Kathy ein! Sonst verlierst du die Kontrolle.

**m0$tw4nt3d**: Zu Befehl, Stellvertreterin. Und jetzt entschuldigt mich. Mein Kumpel ist ausgeflogen, ich hau mich hin. Bin echt müde in letzter Zeit.

---

* (engl.) Keep cool.

### 21. Mai

**<--arrow-->**: Alle da? Es gibt was zu verkünden. Ich hab's geschafft, den privaten E-Mail-Account von Hanson zu knacken.

**~~Silver~~Surfer~~**: Wie hast du das gemacht? Mit dem Maschinengewehr draufgehalten?

**<--arrow-->**: War gar nicht nötig, Surferchen. Die Mailadresse habe ich von seinem Facebook-Account, er hat sie da mal einem geschickt.

**Shir@hoshi**: Klar, die habe ich auch gefunden. Aber was ist mit dem Passwort?

**<--arrow-->**: Du darfst nie davon ausgehen, dass die Dummheit der Menschen Grenzen kennt. Ich hab einfach das ausprobiert, das er auch auf Facebook benutzt. Und: Es passte!

**Gödel**: Alles Geniale ist einfach.

**~~Silver~~Surfer~~**: Der Dödelsche Kalenderspruch des Tages. Ich sammle die übrigens alle.

**<--arrow-->**: Brav. Vielleicht wird ja doch noch was aus dir.

**Shir@hoshi**: Du bist ein Schatz, Arrow, weißt du das?

**▶BlackLumumba◀**: Hast du dir die Mails schon angesehen?

**<--arrow-->**: Angesehen ist gut. Ich habe alle Mails runtergeladen, die er in den letzten sechs Monaten geschrieben oder bekommen hat. War ein ganz schöner Wust, er leidet anscheinend unter der Nervösen Fingerkrankheit.

**~~Silver~~Surfer~~**: Gut, dass wir das nicht tun.

**Shir@hoshi**: Erzähl! Wie viele hast du schon gelesen?

**<--arrow-->**: Alle. Gestern Abend habe ich das Ding geknackt. Dann habe ich die ganze Nacht und den ganzen Vormittag gebraucht, um die Mails zu checken. Bin gerade noch rechtzeitig vor unserem Chat damit fertig geworden.

**Shir@hoshi**: Hast du nicht mal erzählt, dass du auf diese internationale Schule gehst? Oder ist die zu?

**<--arrow-->**: Nein, die ist wieder offen. Aber sie haben mich gerade für drei Tage vom Unterricht suspendiert.

**~~Silver~~Surfer~~**: Ha! Was hast du gemacht? Irgendwelche hilflosen Typen mit dem Kopf ins Klo getaucht?

**m0$tw4nt3d**: Ist doch egal, muss uns nicht interessieren. Was steht drin in den Mails?

**<--arrow-->**: Na ja, ich würde sagen, ich bin jetzt so etwas wie die führende William-Hanson-Expertin der Welt. Vieles in den Mails ist Schrott, aber mindestens zwei Sachen sind interessant. Erstens: Hanson hat einen neuen Job.

**m0$tw4nt3d**: Wie? Er ist nicht mehr bei Hoboken?

**<--arrow-->**: Doch. Die neue Stelle ist zum 1. Oktober, bei einer anderen Firma. Bis dahin bleibt er bei Hoboken. Aber die Leute da wissen nichts davon, auch Starkey nicht. Er hat keinem was erzählt. Und gekündigt hat er auch noch nicht.

**Shir@hoshi**: Das hat bestimmt mit dem Stress zu tun, den Starkey ihm macht. Und mit seinem schlechten Gewissen. Wisst ihr was? Eigentlich ist Hanson kein übler Kerl. Es tut mir fast leid, dass wir ihm so zusetzen.

**m0$tw4nt3d**: Du musst es so sehen, Shira: Vielleicht geben wir ihm nur noch den letzten Schubser in die richtige Richtung. Er ist ja nur der Türöffner, er ist nicht der, dem wir an den Kragen wollen. Die sitzen weiter oben. Starkey und aufwärts.

**▶BlackLumumba◀**: Was ist die zweite Sache, Arrow?

**<--arrow-->**: Etwas aus Hansons Privatleben. Anscheinend hat er eine Affäre, von der seine Familie nichts wissen soll.

**m0$tw4nt3d**: Du meinst: Er hat eine Geliebte?

**<--arrow-->**: Kann man so nennen, schätze ich.

**~~Silver~~Surfer~~**: Jetzt beginne ich ihn auch zu mögen.

**<--arrow-->**: Es gibt keinen Mailverkehr zwischen ihm und ihr, dafür ist er wohl zu vorsichtig. Nur ein paar Andeutungen gegenüber einem Typen, der so was wie sein bester Freund ist. Er nennt sie nie beim Namen, spricht nur von seiner »mexikanischen Freundin«, aber es ist klar, was gemeint ist. Er trifft sie anscheinend in einer Stadt namens Laredo.

**m0$tw4nt3d**: Liegt an der mexikanischen Grenze. Würde mich nicht wundern, wenn die Strafzettel wegen zu schnellem Fahren, die Gödel gefunden hat, vom Interstate 35 sind, das ist der Highway, der nach Laredo führt. Die Sachen sind Dynamit, Arrow. Genau das Richtige, um Hanson festzunageln.

**▶BlackLumumba◀**: Was hast du vor?

**m0$tw4nt3d**: Na, dass Hanson ein schlechtes Gewissen hat und gerne über einige Dinge plaudern würde, haben wir schon gesehen. Starkey macht ihn nach allen Regeln der Kunst fertig, deshalb hasst er den Typen wahrscheinlich. Außerdem wissen wir, dass er einen neuen Job hat, also keine übertriebene Rücksicht mehr auf Hoboken nehmen muss. Alles zusammen macht ihn zum idealen Whistle-blower*. Und wenn gutes Zureden nicht reicht, gibt ein kleiner Hinweis auf sein Mexican Girl ihm mit Sicherheit den Rest.

**Gödel**: Kurze Ergänzung. Die beiden Strafzettel sind wirklich vom Interstate 35.

**▶BlackLumumba◀**: Wie willst du es machen, Wanted? Per Telefon?

**m0$tw4nt3d**: Nein, lieber über Mail. Wirkt offizieller. Und wisst ihr, was das Schönste daran ist? Jeder von euch kann live alles mitlesen, jetzt, wo Arrow seinen E-Mail-Account geknackt hat. Und wir können auch lesen, was er sonst noch so alles schreibt. Ideale Voraussetzungen, würde ich sagen.

**▶BlackLumumba◀**: Wann startet die Sache?

**m0$tw4nt3d**: Ich leg mir heute alles zurecht. Morgen geht's los. Morgen ist Freitag. Immer ein guter Tag, um anzugreifen.

---

* Person, die geheime Informationen an die Öffentlichkeit bringt, oft Angestellte von Behörden oder Firmen.

## II-10: Mailverkehr Dylan St. Patricks mit William Hanson (von seinem Computer heruntergeladen am 12. August 2020)

**Dylan St. Patrick an William Hanson (22. Mai)**

Sehr geehrter Mr Hanson, bitte erlauben Sie mir, dass ich mich Ihnen vorstelle. Ich heiße Douglas McArthur und arbeite für die Menschenrechtsorganisation Human Rights Guardian, die Ihnen bekannt sein
5 dürfte. Wir recherchieren seit einigen Jahren zu den Hintergründen des Bürgerkriegs im Kongo und speziell zu den Verwicklungen westlicher Konzerne in diesen Krieg und die Ausbeutung der regionalen Rohstoffvorkommen.

Hoboken, die Firma, für die Sie arbeiten, spielt in diesem Zusammen-
10 hang eine zentrale Rolle. Wir haben umfangreiches Material gegen den Konzern gesammelt und treten damit bald an die Öffentlichkeit. Allerdings fehlen uns noch Insiderinformationen über die zuständigen Akteure im Konzern. Deshalb wende ich mich an Sie. Wir wissen, dass Sie Zweifel am Vorgehen Ihres Arbeitgebers haben. Sie spielten
15 bereits mit dem Gedanken, die Ethikabteilung der Firma einzuschalten. Ich rate Ihnen, einen konsequenteren Weg zu gehen und für uns als Whistleblower tätig zu sein. Wirken Sie nicht länger an kriminellen Machenschaften mit, sondern entlasten Sie Ihr Gewissen, indem Sie dazu beitragen, die Verantwortlichen zur Rechenschaft zu ziehen.
20 Selbstverständlich garantieren wir Ihnen volle Anonymität.

Douglas McArthur

........................................................................................................

**William Hanson an Dylan St. Patrick (22. Mai)**

Sehr geehrter Mr McArthur, ich versichere Ihnen, dass ich großen
25 Respekt vor Ihrer Organisation habe. Umso mehr hat mich Ihr Schreiben allerdings verwundert. Zunächst: Woher haben Sie meine private E-Mail-Adresse? Diese Art der Kontaktaufnahme ist höchst ungewöhnlich. Und dann: Wie kommen Sie zu der Annahme, ich hätte Zweifel oder wollte gar eine »Ethikabteilung« konsultieren? Dies
30 entbehrt jeglicher Grundlage. Selbst wenn es richtig wäre, würden solche Interna in meiner Firma niemals an die Öffentlichkeit dringen.

146

Ich darf Ihnen versichern, dass Hoboken sich prinzipiell nicht an
illegalen Aktivitäten beteiligt. Im Gegenteil: Unser Vorgehen ist stets
von einem hohen ethischen Verantwortungsbewusstsein geprägt.
Für eine Zusammenarbeit zwischen Ihnen und mir sehe ich daher
keinen Anlass. Mit freundlichen Grüßen
William Hanson

---

### Dylan St. Patrick an William Hanson (23. Mai)

Sehr geehrter Mr Hanson, lassen Sie uns wie erwachsene Menschen
miteinander reden. Sie wissen, dass alles, was ich geschrieben habe,
der Wahrheit entspricht. Wir sind eine seriöse Organisation und prü-
fen unsere Informationen genau. Weichen Sie nicht auf die gleichen
Phrasen aus, die Ihr Vorgesetzter Mr Starkey benutzt. Wir kennen
viele Interna aus Ihrem Unternehmen. Schon jetzt würden sie aus-
reichen, um Ermittlungen aufgrund des Verstoßes gegen den Dodd-
Frank-Act in Gang zu setzen. Auch Sie, Mr Hanson, würden dann
große Schwierigkeiten bekommen.
Sehen Sie, wir kennen den Schriftwechsel, den Sie mit Starkey
geführt haben. Ihre moralischen Bedenken werden da sehr deutlich.
Bisher haben Sie ihnen nicht nachgegeben, weil Sie Repressalien[*]
fürchteten, und zwar zu Recht. Aber jetzt ist es so, dass es Ihnen eher
helfen wird, über diese Dinge auszusagen. Falls Sie uns unterstützen,
wird sich dies bei den bevorstehenden Ermittlungen positiv für Sie
auswirken. Außerdem haben Sie bereits einen neuen Job gefunden,
Sie müssen sich um Repressalien seitens Hoboken also keine Sorgen
mehr machen.
Douglas McArthur

---

### William Hanson an Dylan St. Patrick (23. Mai)

Sehr geehrter Mr McArthur, ich muss zugeben, dass Ihr neuerliches
Schreiben mich tief getroffen hat. Die Fülle an eigentlich geheimen
Informationen, über die Sie verfügen, macht mich regelrecht sprach-
los. Weiteres Leugnen ergibt offensichtlich keinen Sinn. Ja, es hat

---

[*] Maßnahmen, die Druck auf jemanden ausüben.

diesen Schriftwechsel gegeben. Ja, ich bin unzufrieden mit meiner
Tätigkeit bei Hoboken. Aber – woher wissen Sie von meiner neuen
Anstellung? Davon habe ich nicht einmal meiner Familie erzählt, um
jede Verbreitung der Information zu verhindern. Bitte nennen Sie
mir Ihre Informanten, Mr McArthur. Sind es Personen aus meinem
Umfeld? Ich bin im Moment etwas verwirrt und weiß nicht recht,
was ich glauben soll. Bitte verstehen Sie, dass ich Bedenkzeit
brauche. Das Ganze bricht doch sehr plötzlich über mich herein.
William Hanson

........................................................................................................................

**Dylan St. Patrick an William Hanson (24. Mai)**
Sehr geehrter Mr Hanson, unsere Informanten geben wir grundsätzlich nicht preis, denn für sie gilt die Zusicherung der Anonymität
genauso, wie sie umgekehrt für Sie gelten würde, falls Sie sich dazu
entschließen, mit uns zusammenzuarbeiten. Dies sollte Sie also eher
beruhigen als verärgern.
Natürlich ist es eine Entscheidung von großer Tragweite für Sie. Ich
kann Ihnen nur raten, Ihrem Gewissen zu folgen. Und es gibt noch
einen weiteren Grund, warum ich Ihnen eine Zusammenarbeit mit
uns empfehle. Sie wissen ja, als Menschenrechtsorganisation haben
wir es mit Gegnern zu tun, die skrupellos sind und vor nichts zurückschrecken. Daher müssen auch wir zur Erreichung unserer Ziele ab
und zu Methoden anwenden, die wir eigentlich ablehnen. Sicher soll
Ihr neuer Arbeitgeber nicht erfahren, dass Sie bei Hoboken an straf-
rechtlich relevanten Aktionen beteiligt waren. Und sicher soll Ihre
Familie nichts von der Affäre erfahren, die Sie seit einiger Zeit unterhalten. Wir wissen von Ihren Fahrten nach Laredo, Mr Hanson. Es
gibt Fotos. Ich schreibe das nicht gern, aber, sehen Sie, der Kampf
gegen einen Konzern wie Hoboken wird mit harten Bandagen
geführt.
Wir würden uns sehr freuen, diese Informationen nach einer erfolg-
reichen Zusammenarbeit mit Ihnen zu vernichten.
Douglas McArthur

........................................................................................................................

**William Hanson an Dylan St. Patrick (24. Mai)**

Sehr geehrter Mr McArthur, nachdem ich Ihre Mail gelesen habe, bin
ich in meinen Wagen gestiegen und zunächst einfach nur eine Weile
ziellos durch die Gegend gefahren. Dass es ein Ford F-150 Pick-up ist,
wissen Sie sicher? Aber – ich bin nicht zu Scherzen aufgelegt. Ich
bin zu dem Schluss gekommen, dass ich schon längst mit gewissen
Dingen in meinem Leben, sowohl beruflich als auch privat, hätte aufräumen müssen. Ich habe nie die Kraft dazu gefunden. In gewisser
Weise bin ich Ihnen dankbar, dass Sie mir nun keine andere Wahl
mehr lassen.

Ihre Argumente für eine Zusammenarbeit, das muss ich sagen, sind
absolut überzeugend. Ihre Methoden sind fragwürdig, das räumen
Sie ja selbst ein. Aber wenn man, so wie ich, an Dingen beteiligt war,
wie sie bei Hoboken nun einmal geschehen, und dann auch noch
seine Familie verrät, hat man es vermutlich nicht anders verdient,
als mit derartigen Methoden konfrontiert zu werden. Ich kann Ihnen
nach reiflichem Überlegen keinen Vorwurf deswegen machen.
Ich habe mich entschieden, mit Ihnen zusammenzuarbeiten. Bitte
teilen Sie mir mit, auf welche Weise dies geschehen soll.
William Hanson

## II-11: Vernehmung von William Hanson (durchgeführt von Jacob O'Connor am 11. Juni 2020, Protokoll, Auszüge)

*Special Investigator Jacob O'Connor (im Folgenden J)*: Mr Hanson, im Zuge unserer Recherchen über die Vorgänge bei Hoboken sind wir auf einen Schriftwechsel gestoßen, den Sie mit Ihrem Vorgesetzten Mr Paul Starkey im April geführt haben. Daraufhin haben wir uns näher mit Ihnen beschäftigt. Ihr Provider* war so freundlich, uns Ihren privaten E-Mail-Verkehr der letzten Monate zur Verfügung zu stellen. Darin befinden sich mehrere Mails, die Sie im Mai mit einem angeblichen Aktivisten der Organisation Human Rights Guardian ausgetauscht haben. Erinnern Sie sich daran?

*William Hanson (im Folgenden W)*: Da Sie ja sowieso schon alles zu wissen scheinen, kann ich es auch zugeben. Ja, natürlich erinnere ich mich daran. Dieser Junge hat sich auf eine absolut perfide Art und Weise an mich herangeschlichen.

*J*: Sie sagen »Junge«?

*W*: Ja, er ist vielleicht – vielleicht siebzehn oder so.

*J*: Was meinen Sie mit »herangeschlichen«?

*W*: Es war in einem Restaurant. Vor einigen Wochen.

*J*: Genauer. Tag. Uhrzeit. Welches Restaurant?

*W*: Es war an einem Sonntag. Muss wohl der 17. Mai gewesen sein. Abends um sieben. Das Restaurant heißt »Aladdin«. Es ist in Houston.

*J*: Schildern Sie den Vorfall.

*W*: Ich war wie jeden Sonntagabend mit meiner Familie dort. Dieser Junge – ich weiß nicht – scheint uns erwartet zu haben.

*J*: Beschreiben Sie ihn.

*W*: Sein Äußeres war eher unauffällig. Er war etwas nachlässig gekleidet. Auch ein Haarschnitt hätte ihm gutgetan. Trotzdem wirkte er nicht verwahrlost. Im Gegenteil. Er hatte – ich muss es leider zugeben – etwas durchaus Gewinnendes an sich.

---

* Internetdienstanbieter.

J: Ein Spezialist von uns wird gleich mit Ihrer Hilfe am Computer ein Phantombild von ihm anfertigen. Ist er Amerikaner?

W: Zweifellos.

J: Hatte er einen Dialekt?

W: Texaner ist er nicht. Ich würde sagen, er stammt von der Westküste. Aus Kalifornien vielleicht.

J: Hat er seinen Namen genannt?

W: Er hat sich als Joe vorgestellt. Aber ich vermute, dass es nicht sein richtiger Name ist.

J: Die Vermutungen überlassen Sie uns. Beschreiben Sie seine Art der Kontaktaufnahme.

W: Er hat meine Tochter dazu benutzt. Er kannte ihren Namen. Er hat sie angesprochen und …

J: Stopp! Hatten Sie den Eindruck, dass die beiden sich vorher bereits begegnet waren?

W: Nein. Er hat es behauptet und sie hat es ihm geglaubt. Als ich sie einige Zeit später noch einmal darauf angesprochen habe, musste sie zugeben, dass sie ihn wahrscheinlich vorher noch nie gesehen hatte. Er wirkte so unglaublich überzeugend!

J: Als würde er so etwas nicht zum ersten Mal tun?

W: So kam es mir vor, ja.

J: Würden Sie sagen, er war geschult? Trainiert?

W: Das würde mich nicht wundern.

J: Wie ging es weiter?

W: Er hat meine Tochter unter einem Vorwand an seinen Tisch gelockt und sie dazu gebracht, mich von seinem Mobiltelefon aus anzurufen. Es wirkte wie ein Scherzanruf, aber heute weiß ich, dass er damit nur an meine Nummer kommen wollte.

J: Das heißt, seine Nummer ist auf Ihrem Telefon, das wir sichergestellt haben?

W: Ich denke schon. Ich habe nichts gelöscht.

J: Gut, weiter.

W: Er hat mich dann, noch im Restaurant und wieder über meine Tochter, dazu gebracht, meinen Facebook-Account zu öffnen und einen Link abzurufen, den Kathy gepostet hatte. Ich weiß nicht, wie, aber in dem Moment muss er …

*J*: Secret Firesheep.

*W*: Wie bitte?

*J*: Schon gut. Einige Zeit später hat dann ein gewisser Douglas McArthur per Mail Kontakt zu Ihnen aufgenommen. Haben Sie da eine Verbindung zu dem Vorfall im Restaurant gezogen?

*W*: Nein, überhaupt nicht. Ich habe nicht eine Sekunde daran gedacht. Ich war so geschockt davon, was dieser McArthur – oder wie immer er heißt – alles über mich wusste, dass ich gar keinen klaren Gedanken fassen konnte. Sie haben die Mails ja gelesen.

*J*: Allerdings. Sie haben sich zur Zusammenarbeit bereit erklärt. Wie ging es dann weiter?

*W*: Sehen Sie, es war nicht so, dass ich das gerne getan hätte. Aber ich hatte schon länger Bedenken wegen gewisser Dinge, die ich bei Hoboken gezwungen war zu tun. Jetzt kamen diese Anspielungen dazu, man würde meinen neuen Arbeitgeber informieren und meine Familie, und da …

*J*: Das interessiert mich nicht, Mr Hanson. Über Ihre Schuld werden andere urteilen.

*W*: Was – was könnte denn auf mich zukommen?

*J*: Eine Anklage wegen Geheimnisverrats. Vielleicht auch wegen Gefährdung der nationalen Sicherheit. Man wird sehen. Wie gesagt, mir ist das egal. Kommen Sie wieder zur Sache. Wie lief die Zusammenarbeit ab?

*W*: Dieser McArthur hat mich gefragt, wie lange ich brauchen würde, um genug belastende Informationen zu sammeln. Ich habe geantwortet, eine Woche vielleicht. Wir haben vereinbart, uns eine Woche später – am Pfingstsonntag – zur Übergabe des Materials zu treffen.

*J*: Wie haben Sie es gesammelt?

*W*: Auf ziemlich riskante Weise, wofür ich eigentlich nicht der Typ bin. Die brisantesten Dokumente über das, was Hoboken tut, sind nicht digitalisiert. Sie lagern in Aktenordnern in einem versteckten Bereich des Archivs, von wo sie im Fall einer polizeilichen Durchsuchung unbemerkt fortgeschafft werden können. Ich habe Teile davon heimlich fotografiert.

J: Und was geschah am Pfingstsonntag?

W: Ich habe mich mit McArthur getroffen und …

J: Genauer. Uhrzeit. Treffpunkt.

W: Gegen drei Uhr nachmittags. Im Zoo von Houston, genauer: im African Forest. Es war sein Vorschlag.

J: Sehr passend. Weiter?

W: Ich war natürlich völlig fassungslos, als plötzlich dieser Joe vor mir stand. Zuerst dachte ich, es wäre nur ein dummer Zufall. Dann fing er an zu reden und irgendwann wurde mir klar, dass er und dieser McArthur ein und dieselbe Person sind. Können Sie sich vorstellen, wie mir da zumute war?

J: Um Ihre Gefühlswelt geht es hier nicht. Wie ist die Übergabe verlaufen?

W: Er hat auf mich eingeredet und er war wieder – sehr überzeugend, muss ich sagen. Ich habe nicht daran gezweifelt, dass er wirklich zu Human Rights Guardian gehört. Zu dem Zeitpunkt bin ich ja immer noch davon ausgegangen, dass er meine Tochter von »Save the Forest« kennt. Und das passt doch: Umweltaktivisten, Menschenrechtsaktivisten. »Save the Forest« hat auch Projekte in Afrika, das weiß ich von meiner Tochter.

J: Sie haben den Lügen, die Ihnen dieser Joe alias Douglas McArthur aufgetischt hat, also noch immer geglaubt?

W: Ich denke schon, ja.

J: Wie naiv sind Sie eigentlich, Mr Hanson?

W: Ja, ich weiß. Anscheinend ziemlich naiv.

J: Das sehe ich auch so. Sie haben ihm also das gesamte Material, das Sie bei Hoboken fotografiert haben, übergeben?

W: Ehrlich gesagt, ich war froh, es loszuwerden.

J: Hat dieser Joe bei der Übergabe an irgendeiner Stelle seine Fingerabdrücke hinterlassen?

*W*: Nein. Ich glaube nicht.

*J*: Das ist schade, Mr Hanson. Sie sind uns keine so große Hilfe, wie wir gehofft hatten. Das wird sich auch in Zukunft nicht positiv für Sie auswirken.

*W*: Aber ich helfe Ihnen doch, so gut ich kann! Ich sage, was ich weiß, Sie haben mein Telefon, meine Mails, Sie können alles andere haben. Wenn ich das gewusst hätte, hätte ich doch nie …

*J*: Dafür ist es jetzt zu spät.

*W*: Was glauben Sie, wer der Junge wirklich ist?

*J*: Ein Hacker. Im Auftrag einer ausländischen Konkurrenzfirma. Vielleicht auch eines fremden Geheimdienstes.

*W*: Ich kann das nicht glauben. Aber gut – wenn Sie es sagen, muss ich es wohl so hinnehmen. Nur, bitte: Die Sache mit meiner Familie – das muss doch nicht bekannt werden, oder?

*J*: Von unserer Seite aus nicht. Wir gehen nie an die Öffentlichkeit. Was andere Ermittlungsbehörden tun, ist deren Angelegenheit. Das interessiert uns nicht.

*W*: Könnten Sie nicht …?

*J*: Nein. Halten Sie sich zur Verfügung, Mr Hanson. Und jetzt gehen Sie! Das Gespräch ist beendet.

## II-12: Chatprotokoll der Zielpersonen (heruntergeladen aus dem Chatroom am 3. August 2020)

### 2. Juni

**m0$tw4nt3d**: Melde: Auftrag ausgeführt. Hoboken ist endgültig sturmreif.

**<--arrow-->**: Erzähl! Wie ist die Sache gelaufen?

**m0$tw4nt3d**: Ich hatte euch ja gesagt, dass ich mich Sonntagnach- 5
mittag mit Hanson treffen wollte.

**Shir@hoshi**: War der Treffpunkt wirklich im Zoo oder war das ein Witz?

**m0$tw4nt3d**: Nein, kein Witz, es war wirklich da. Der Zoo in Hous-
ton ist riesig und seit ein paar Jahren haben sie eine neue Attraktion. 10
Nennt sich »African Forest«. Da gibt es Giraffen und Löwen und Zeb-
ras und Elefanten. Die ganzen Tiere aus Afrika eben. Da haben wir
uns getroffen.

**▶BlackLumumba◀**: Nimm's mir nicht übel, Wanted, aber für mich
klingt das wie Hohn. Ihr baut euch da drüben eine schöne heile 15
Afrika-Welt auf, während eure Konzerne gleichzeitig unser echtes
Afrika kaputt machen.

**m0$tw4nt3d**: Denkst du, ich weiß das nicht, Black? Ist doch genau
der Grund, warum ich da hingegangen bin. Es sollte so eine Art sym-
bolischer Treffpunkt sein. Na ja, keine Ahnung, ob Hanson das über- 20
haupt kapiert hat.

**<--arrow-->**: Ich versuche gerade, mir vorzustellen, was er wohl
gedacht hat, als du auf einmal vor ihm standest. Ich meine, er hat
doch bestimmt jemanden erwartet, der viel älter ist. Und total seriös.
Der eben wie ein »Douglas McArthur« aussieht. Und dann begegnet 25
er plötzlich dem Typen, der im Restaurant seine Tochter ange-
quatscht hat.

**m0$tw4nt3d**: Ja, er sah ziemlich verwirrt aus, was ich ihm nicht mal übelnehmen konnte. Ich hab schnell drauflosgequasselt, damit er nicht auf die Idee kommt, im letzten Moment noch abzuspringen. Anscheinend hat es gewirkt. Er hat mir die Sachen gegeben, die er hatte.

**▶BlackLumumba◀**: Bitte sag, dass es was taugt.

**m0$tw4nt3d**: Dass es was taugt? Das wäre eine echt harmlose Beschreibung, Black. Es ist viel mehr als das. Es ist der absolute Hauptgewinn.

**<--arrow-->**: Was heißt das? Komm, erzähl!

**m0$tw4nt3d**: Also: Von den ganzen Schweinereien, die Hoboken macht, gibt es in ihrem Netzwerk keine Aufzeichnungen. Wir hätten uns also die Finger wund suchen können und trotzdem nichts gefunden. Es gibt nicht mal einen Offline-Rechner dafür, schon das ist ihnen zu riskant. Sie vernichten alle digitalen Spuren, hat Hanson gesagt. Natürlich müssen sie trotzdem auf die Sachen zugreifen können. Also stehen sie wie in der guten alten Steinzeit in Aktenordnern im Archiv, und zwar in einem versteckten Raum. Nur die Mitarbeiter, die regelmäßig darauf zugreifen müssen, haben den Schlüssel. Zum Beispiel Hanson. Er hat heimlich alles Mögliche aus den Aktenordnern fotografiert. Das ist das Material, das er mir gegeben hat.

**▶BlackLumumba◀**: Also hast du so eine Art Speicherkarte mit den ganzen fotografierten Dokumenten?

**m0$tw4nt3d**: Genau. Ich bin gleich nach dem Treffen aus Houston weg und nach Kalifornien zurück. Auf der Fahrt habe ich mir die Sachen angesehen.

**<--arrow-->**: Das heißt, du bist jetzt schon wieder in San Francisco?

**m0$tw4nt3d**: Ja, bin ich.

**Gödel**: Was hast du mit dem Telefon gemacht?

**m0$tw4nt3d**: In Houston geschrottet.

**Shir@hoshi**: Gut, dass du da weg bist. Ich meine, stellt euch vor, sie kommen Hanson auf die Schliche. Er weiß, wie du aussiehst.

156

**m0$tw4nt3d**: Ja, aber sonst weiß er nichts. Nicht mal, wo ich her-komme. Das Risiko, dass da was passiert, ist ziemlich klein.

**▶BlackLumumba◀**: Was ist drauf auf der Speicherkarte?

**m0$tw4nt3d**: So viel, dass ich mir nicht mal auf der ewig langen Busfahrt alles ansehen konnte. Aber jedenfalls genug, um Hoboken in ernsthafte Schwierigkeiten zu bringen. Ich habe Sachen gesehen, die eindeutig beweisen, dass sie das Coltan absichtlich aus den Minen beziehen, die unter der Kontrolle der Rebellen stehen. Es gibt Belege, wie sie über die AKE Beamte im Kongo bestochen haben, um an diese Bescheinigungen zu kommen. Und man kann sehen, wer davon wusste und daran beteiligt war. Ich bin kein Anwalt oder so, aber ich denke, das Zeug reicht, um Hoboken vor Gericht zu bringen und ein paar Starkey-mäßigen Gestalten eine Menge schlafloser Nächte zu bereiten.

**Shir@hoshi**: Hey Black! Wie fühlst du dich?

**▶BlackLumumba◀**: Ich kann es noch gar nicht glauben. Mir zittern die Finger. Wie geht es jetzt weiter, Wanted?

**m0$tw4nt3d**: Es ist schon weitergegangen. Ich hab mich gestern mit einem Typen von WikiLeaks getroffen und ihm eine Kopie des Materials gegeben.

**<--arrow-->**: Und du bist sicher, dass du ihm trauen kannst?

**m0$tw4nt3d**: Ja, ich kenne ihn schon länger, er kommt aus der Szene hier. Er ist fast vom Stuhl gefallen, als er die Sachen gesehen hat. Er meinte, so was Heißes hätten sie seit Ewigkeiten nicht mehr gekriegt. Ein Dutzend Leute sitzen jetzt dran, das Material zu ordnen. Bis Frei-tag wollen sie fertig sein. Dann stellen sie es auf ihre Website und geben außerdem das Wichtigste an die Nachrichtenagenturen. Sodass am Wochenende alle Zeitungen und Fernsehsender und so weiter darüber berichten können.

**Shir@hoshi**: Dann können wir uns zurücklehnen und in aller Ruhe beobachten, wie der Perfect Storm des Jahrhunderts über Hoboken hereinbricht.

**Gödel**: Wir sollten es aber nicht WikiLeaks alleine überlassen.

**m0$tw4nt3d**: Sondern?

**<--arrow-->**: Ich denke, ich weiß, was er meint. Wir sollten zum krönenden Abschluss unsere eigene Duftmarke setzen.

**~~Silver~~Surfer~~**: Ich hauche nur – Schlitzi!

**Gödel**: Shirahoshi greift mit ihrem Botnet den Server von Hoboken an. Diesmal mit voller Kraft, sodass er zusammenbricht. Dann defacen* wir die Startseite mit einer Botschaft, die auf die illegalen Aktivitäten des Konzerns verweist.

**~~Silver~~Surfer~~**: Dödel, Dödel! Ich muss mich doch sehr über dich wundern. Du offenbarst eine kriminelle Energie, die ich dir nicht zugetraut hätte.

**Gödel**: Ich würde das nicht als kriminell bezeichnen.

**m0$tw4nt3d**: Nein, ich auch nicht. Die Idee hat Charme, Gödel. Passt auf, der Plan: Wir machen es am Donnerstag. Dann dürfen sich alle eine Nacht lang darüber wundern, was unser Defacement zu bedeuten hat. Und am Tag danach liefert WikiLeaks die Auflösung. Perfekte Inszenierung!

**Shir@hoshi**: Endlich findet mein kleines Botnet seine wahre Bestimmung. Jetzt müssen wir nur noch wissen, wie wir unser Defacement unterschreiben.

**Gödel**: LFF.

**Shir@hoshi**: Was meinst du damit?

**~~Silver~~Surfer~~**: Hey Pfeilgift. Du verstehst unseren Professor doch immer so gut. Was will er mit seinen kryptischen Andeutungen sagen?

**<--arrow-->**: Ich schätze, LFF soll die Abkürzung für Langloria Freedom Fighters sein.

---

* Ändern oder austauschen der Startseite einer gehackten Website, um eigene Botschaften zu platzieren.

**m0$tw4nt3d**: Na klar, logisch! Wie hast du gesagt, Gödel? Alles Geniale ist einfach. Die Leute werden sich den Kopf zerbrechen, was mit der Abkürzung gemeint ist. Aber keiner – ich sage euch, absolut keiner! – wird es rauskriegen. Wie sieht's aus, Black? Kriegst du das bis Donnerstag hin?

▶**BlackLumumba**◀: Die Frage ist überflüssig, Wanted. Das würde ich zu jedem Zeitpunkt hinkriegen.

**m0$tw4nt3d**: Gut, dann steht der Plan. Ich kann es gar nicht abwarten. Das werden Festtage!

~~**Silver**~~**Surfer**~~: Ja, fresst euch noch mal richtig satt. Vielleicht werdet ihr danach so schnell keine Gelegenheit mehr dazu haben. Denn eins ist ja wohl klar: Ab Freitag werden sie uns jagen.

<--**arrow**-->: Als Spielverderber bist du voll der Burner.

**Shir@hoshi**: Ich will überhaupt nicht daran denken, was danach ist. Jetzt kommt erst mal der Höhepunkt des Spiels. Und den sollten wir genießen.

~~**Silver**~~**Surfer**~~: Äh – sagtest du Höhepunkt?

# Hoboken unter schwerwiegendem Verdacht

*Unbekannte Organisation attackiert Rohstoffmulti aus Houston*

*5. Juni 2020 | 15:23 Uhr*
Wer am gestrigen Donnerstag die Webseite von Hoboken Industries aufrief, erlebte eine Überraschung. Nicht die gewohnt perfekte Selbstinszenierung des Unternehmens war zu sehen, sondern verwackelte, unscharfe und gerade dadurch authentisch wirkende Filmaufnahmen aus der Demokratischen Republik Kongo. Sie waren schwer zu ertragen. Die Bilder zeigten die Armut und die gefährlichen Arbeitsbedingungen der Minenarbeiter im Osten des Landes, schwer bewaffnete und offenbar unter Drogen stehende Kindersoldaten sowie die verstümmelten Leichen von Bürgerkriegsopfern, darunter Frauen, Kinder und Säuglinge. Im Anschluss an die etwa drei Minuten langen, mit erklärenden Texten unterlegten Amateurfilme erschienen die folgenden Sätze: »Der Profit von Hoboken beruht auf der Ausbeutung der Menschen und der Natur in Afrika. Wir verlangen, den Konzern vor internationalen Gerichten zur Rechenschaft zu ziehen. Und wir fordern alle dazu auf, keine Geschäfte mehr mit Hoboken zu machen, sondern das Unternehmen zu boykottieren.« Unterschrieben war der Aufruf mit den Buchstaben »LFF«.

Nachdem es Hoboken offensichtlich nicht gelang, seinen Internetauftritt wiederherzustellen, zog das Unternehmen nach etwa zwei Stunden den Stecker. Die Webseite ging vom Netz und ist auch heute noch nicht wieder online. Ein Unternehmenssprecher erklärte, man sei Opfer eines illegalen Hackerangriffs geworden. Die geäußerten Vorwürfe entbehrten jeglicher Grundlage.

Am heutigen Freitag gegen 9:30 Uhr veröffentlichte dann die Enthüllungsplattform WikiLeaks umfangreiches Material über die Aktivitäten Hobokens im Kongo. Sollte dieses Material echt sein, was zum jetzigen Zeitpunkt noch nicht abschließend bewertet werden kann, würde es den Konzern in ernste Schwierigkeiten bringen. Die Dokumente scheinen zu belegen, dass Hoboken die Vorschriften des 2010 erlassenen Dodd-Frank-Acts

unterläuft und mit Kriegspartei-
en im Kongo zusammenarbeitet,
die die Minenarbeiter ausbeuten
und die Menschenrechte mit Füßen treten. Auch die Namen der
verantwortlichen Personen werden genannt, bis hinauf in die Vor-
standsetage des Konzerns. Als Informanten gibt WikiLeaks – und
hier wird der Zusammenhang
zwischen den beiden Ereignissen
deutlich – eine Gruppierung mit
dem Namenskürzel »LFF« an.

In einer ersten schriftlichen
Stellungnahme distanziert Hoboken sich von den Vorwürfen. Die
Dokumente seien offensichtlich
gefälscht, heißt es seitens des Unternehmens. Dennoch sei man zur
Prüfung der Vorwürfe bereit. Sollte es Verfehlungen einzelner Mitarbeiter gegeben haben, werde
man dem nachgehen und erforder-
lichenfalls in aller Härte die not-
wendigen Konsequenzen ziehen.
Sollten wider Erwarten – und un-
beabsichtigt – Menschen im Kongo oder in anderen Ländern durch
die Aktivitäten des Unternehmens
geschädigt worden sein, werde
man sich ihnen gegenüber großzü-
gig und zeitnah um Wiedergutma-
chung bemühen. Man sei jedoch
überzeugt, dass dies nicht nötig
sein werde.

Die internationalen Kapital-
märkte haben auf die Vorgänge
bereits reagiert. Der Aktienkurs
von Hoboken weist sowohl an der
Wall Street als auch an den euro-
päischen und asiatischen Han-
delsplätzen schon nach wenigen
Stunden deutliche Verluste auf.
Mehrere Großkunden von Hoboken, vor allem aus der IT- und der
Automobilindustrie, haben angekündigt, die Geschäftsbeziehungen zu dem Houstoner Konzern bis
zur Klärung der Vorwürfe zunächst
einmal ruhen zu lassen.

Auch die zuständigen Ermittlungsbehörden sind inzwischen
auf den Fall aufmerksam geworden und scheinen die Enthüllungen von WikiLeaks ausgesprochen
ernst zu nehmen. Ein Sprecher der
Staatsanwaltschaft von Houston
kündigte an, die Behörde werde
sich intensiv mit den Dokumenten
und den auf ihrer Grundlage erhobenen Vorwürfen beschäftigen und
alle Aktivitäten von Hoboken Industries nicht nur im Kongo, sondern auch in anderen sensiblen Regionen genauestens untersuchen.

Auf den Konzern kommen also
schwere Zeiten zu. Und erneut
wird es eine Debatte geben über
die ethischen Grundlagen ökono-
mischen Handelns. In jüngster Zeit

war dies bekanntlich schon mehrfach der Fall. Da betraf es vor allem die IT-Konzerne aus dem Silicon Valley und die – vornehmlich deutsche – Automobilindustrie. Dass sich nun ausgerechnet die Vertreter dieser Branchen so schnell und entschieden von ihrem Partner Hoboken distanzieren, dürfte kein Zufall sein. Man möchte nicht schon wieder am Pranger der Öffentlichkeit stehen.

Alle Welt rätselt nun aber vor allem, wer sich hinter dem Kürzel »LFF« verbirgt. WikiLeaks macht dazu mit Verweis auf den Informantenschutz verständlicherweise keine Angaben.

Der Fall bleibt spannend.

## II-14:  Dienstbesprechung der Abteilung TAO
## (internes Protokoll)

*Datum*: Montag, 8. Juni 2020, 9:00 Uhr
*Ort*: NSA-Zentrale, San Antonio, Texas
*Anwesend*: Leiter Edwin Laughton, Special Investigators Martin
Brumble, Jacob O'Connor und John Turnbull sowie alle Network
Operators der Abteilung TAO
*Protokollführer*: Special Investigator John Turnbull
*Thema*: LFF / Hoboken Industries

Mr Laughton referiert einleitend die wesentlichen Fakten über
den Fall »LFF / Hoboken Industries«, soweit sie nicht bereits aus
den Medien bekannt sind. Er macht nachdrücklich darauf aufmerksam, dass der Fall nach seiner Einschätzung eine erhebliche,
auch die NSA betreffende Sicherheitsrelevanz aufweise. Es liege
im nationalen Interesse der USA, die hiesige Industrie in ausrei-
chendem Maß mit allen erforderlichen Rohstoffen zu versorgen.
Gerade Coltan sei für die IT-Industrie wie für die Automobilindustrie systemrelevant und Hoboken mit seinen weltweit etablier-
ten Geschäftsverbindungen müsse in diesem Zusammenhang als
unersetzlich bezeichnet werden.

Außerdem, führt Mr Laughton weiter aus, habe Hoboken in
den vergangenen Jahren intensive Kontakte zu oppositionellen
Kräften im Osten des Kongo aufgebaut, die von großem Nutzen
für die USA sein könnten. [Anmerkung: Mr Laughton bevorzugt
bewusst den Begriff »oppositionelle Kräfte« gegenüber dem von
den Medien meist gebrauchten Terminus »Rebellen«.] Die Regierung des Kongo tendiere leider seit einigen Jahren zu einer engen
Anbindung an China, was wirtschaftliche und infrastrukturelle
Projekte betreffe. Es liege daher im Interesse der USA, politische
Bewegungen zu unterstützen, die auf den Sturz der Regierung
und eine außenpolitische Neuorientierung abzielten.

Vor diesem Hintergrund könne die Bedeutung Hobokens nicht
hoch genug eingeschätzt werden. Das Unternehmen sei mit allen

zur Verfügung stehenden Mitteln zu schützen. Die Kräfte, die es angegriffen hätten – nach Mr Laughtons Auffassung eindeutig im Auftrag einer fremden Macht, vermutlich Chinas –, müssten enttarnt und bekämpft werden. Diesen Auftrag habe die Führung der NSA noch am Wochenende der Abteilung Tailored Access Operations übertragen.

Mr Laughton gibt bekannt, dass Special Investigator Jacob O'Connor die Leitung des Projektes übernehmen werde. Für diese Entscheidung seien drei Gründe ausschlaggebend. Erstens habe O'Connor schon vor seiner Tätigkeit für die NSA seine besonderen Kenntnisse im Bereich der Internet-Tiefenrecherche bewiesen. Zweitens verfüge er über Kontakte in der Hackerszene. Drittens weise er freie Kapazitäten auf.

Mr Laughton weist dem Projekt »LFF / Hoboken« die zweithöchste Prioritätsstufe zu, da es die nationale Sicherheit betreffe. Special Investigator O'Connor werde die Operationen leiten und berichte direkt und ausschließlich an ihn. Es sei sicherzustellen, dass er alle erforderlichen Mittel und alle erforderliche Unterstützung erhalte.

Mit diesen Anweisungen beendet Mr Laughton die Sitzung.

## II-15:  Interner Tätigkeitsbericht von Jacob O'Connor (angefertigt am 12. Juni 2020)

Sehr geehrter Mr Laughton,
mit diesem Tätigkeitsbericht gebe ich Ihnen eine erste Orientierung über die Erkenntnisse, die ich im Fall LFF gesammelt habe. Ich glaube sagen zu dürfen, dass es sich um beachtliche Erkenntnisse handelt.

Nach unserer Besprechung am Montag habe ich den Rest des Tages genutzt, um mir einen Überblick über die von WikiLeaks veröffentlichten Dokumente zu verschaffen. Außerdem habe ich die einschlägigen Medienpublikationen gesichtet.

Am Dienstag bin ich nach Houston in die Firmenzentrale von Hoboken gefahren, um näheren Einblick in das Netzwerk des Konzerns zu erhalten. Die Systemadministratoren haben mich darüber informiert, auf welche Weise die Hacker das System korrumpiert* haben (DDoS-Botnet-Attacke, Standard-Defacement, IP-Adressen der Urheber nicht nachweisbar, High-Level-Niveau). Sie haben mich außerdem darüber in Kenntnis gesetzt, dass schon Anfang Mai eine Hackerattacke auf das Netzwerk des Konzerns stattgefunden hat. Diese steht nach meiner Einschätzung in direkter Verbindung zu unserem Fall.

Ich habe mit den Verantwortlichen des Unternehmens über die sicherheitsrelevanten Mitarbeiter gesprochen und die Kommunikation der für Zentralafrika zuständigen Abteilung G4c gesichtet. Dabei ist mir der Mitarbeiter William Hanson als potenzieller Risikofaktor aufgefallen. Daraufhin habe ich Hoboken zur Herausgabe seiner privaten E-Mail-Adresse veranlasst.

Am Mittwoch hat der E-Mail-Provider Hansons mir auf dem Ihnen bekannten informellen Weg die Zugangsdaten zu seinem Account übermittelt. Ich habe den Mailverkehr Hansons der letzten Monate eingesehen und bin auf einen verdächtigen Schrift-

---

* Hier: manipulieren.

wechsel zwischen ihm und einem vermeintlichen Mitarbeiter der
Organisation Human Rights Guardian gestoßen.

Gestern habe ich Hanson verhört und bin zu dem Ergebnis
gekommen, dass er die Hacker als Whistleblower mit den von Wiki-
Leaks veröffentlichten Dokumenten versorgt hat. Zugleich habe
ich mehrere Network Operators der TAO darauf angesetzt, die IP-
Adresse des Rechners zu ermitteln, über den der angebliche
Human-Rights-Aktivist kommuniziert. Er benutzt das Verschleie-
rungsnetzwerk Tor. Normalerweise wären unsere Versuche damit
zum Scheitern verurteilt, aber wir haben das Glück, dass der Exit
Node*, über den die Zielperson mit Hanson Kontakt aufgenommen
hat, seit einiger Zeit in unseren Händen ist. So konnten wir den
Weg der Mails zurückverfolgen und über Rechenoperationen, für
die unser leistungsstärkster Server knapp 20 Stunden benötigte,
die IP-Adresse der Zielperson herausfinden.

Ich habe heute den Provider veranlasst, mir Namen und Adresse
dieser Person zu übermitteln. Wir wissen also nun, wer mit Hanson kommuniziert und schließlich auch die belastenden Dokumente in Houston entgegengenommen hat. Es handelt sich mit
ziemlicher Sicherheit um den Anführer oder zumindest eines der
führenden Mitglieder der Gruppierung, die sich »LFF« nennt.

Er wohnt in San Francisco.

Er ist 16 Jahre alt.

Sein Name ist Dylan St. Patrick.

Jacob O'Connor

---

* Server, der als Austrittsknoten im Tor-Netzwerk dient; muss besonders gut geschützt sein,
da die Kommunikation bis zu ihm zurückverfolgt werden kann.

## Mittwoch, 26. August 2020
## China Grove, USA

Wenn er die Innenstadt von San Antonio hinter sich gelassen hat, dann ist das der Moment, in dem Jacob aufatmet. Oft wird ihm erst hier klar, unter welchem Druck er den ganzen Tag gestanden hat. Der Fall, an dem er arbeitet, geht dem Ende entgegen und bald wird sich entscheiden, ob es ein Ende ist, wie er es sich erhofft, oder ob alles auf eine Katastrophe zuläuft, für die kein anderer verantwortlich sein wird als er.

Er fährt durch den Comanche Park, lässt die letzten Ausläufer der Stadt hinter sich und dann taucht China Grove vor ihm auf. Das kleine, stille, verträumte China Grove, in dem all die Boshaftigkeiten der Welt nicht zu existieren scheinen. Mit Häusern wie aus einem Werbefilm und mit Bewohnern, die aussehen, als hätte man sie irgendwann vor 60 Jahren eingeschläfert und erst gestern wieder aufgeweckt.

Als Jacob vor einem knappen Jahr nach San Antonio gekommen ist, um die Stelle bei der NSA anzutreten, hat er sich hier eine Wohnung gemietet. Sie ist recht klein und weit weg von seinem Arbeitsplatz, aber damals musste alles sehr schnell gehen, er hatte keine Zeit, wählerisch zu sein. Er nahm sich vor, bald etwas Passenderes zu suchen, doch vor lauter Arbeit ist er bisher nicht dazu gekommen. Inzwischen ist Bev bei ihm, seit etwa einer Woche, und vieles hat sich geändert. In der Zeit davor hatte er auf dem Heimweg von der Arbeit manchmal das Gefühl, erdrückt zu werden von der Schuld, die auf ihm lastet. Jetzt, da er weiß, dass Beverley auf ihn wartet, kann er sich damit beruhigen, wenigstens eine Sache ganz und gar richtig gemacht zu haben in seinem Leben.

Er parkt den Wagen vor dem Haus, in dessen Dachgeschoss seine Wohnung liegt. Im Treppenhaus weht ihm ein Geruch entgegen, den er nicht kennt, scharf und süß zugleich, aber keineswegs unangenehm. Dann fällt ihm ein, dass Bev heute Morgen versprochen hat, etwas Besonderes zu kochen. Als er die

Wohnung betritt, hört er aus der Küche bereits das leise Klappern von Besteck. Gleich darauf erscheint Beverleys Kopf im Türrahmen.

»Hey, du kommst gerade richtig«, sagt sie.

Er geht zu ihr und umarmt sie. Noch immer hat er sich nicht daran gewöhnt, sie hier zu sehen, wenn er nach Hause kommt. Wie um sich davon zu überzeugen, dass sie wirklich da ist, blickt er sie an. Sie ist sehr schlank, beinahe dünn, jede einzelne Ader an ihren Armen tritt hervor. Das Auffälligste an ihr sind ihre Augen. Sie sind von einem dunklen Braun, das – je nachdem, wie das Licht darauf fällt – manchmal fast schwarz wirkt.

»Was hast du gekocht?«, fragt er.

»Spareribs.«

»Ah! Du meinst die, die es mal gab, als ich bei euch in Colorado war? Die scharfen?«

»Ja, die mit Pfeffer und Paprika.«

Sie dreht sich um, stellt den Herd aus, auf dem ein Topf mit brodelndem Inhalt steht, und trägt ihn zum Tisch. Jacob füllt ihren Teller, dann nimmt er sich selbst. Der Duft ist jetzt noch intensiver, er hat etwas Verführerisches.

»Wie war es auf der Arbeit?«, fragt Bev.

Jacob winkt ab. »Ich hab dir ja erzählt, dass unter den Leuten, die ich suche, so ein neuer Typ aufgetaucht ist. Er macht uns ein paar Sorgen. Mehr darf ich nicht sagen.«

»Ja, ja. Schon klar, Mister Top Secret.«

»Ich muss ihn finden, und zwar so schnell wie möglich. Davon hängt einiges ab. Auch für uns beide.«

»Und?« Bev deutet mit ihrem Löffel auf ihn. »Kriegst du ihn?«

»Natürlich. Ich kriege jeden. Dich habe ich schließlich auch gekriegt. Ich wollte dich – und jetzt habe ich dich.«

»Pah! Ich hätte auch Nein sagen können.«

»Hast du aber nicht. Und jetzt ist es zu spät, jetzt gebe ich dich nicht mehr her. Übrigens, das schmeckt toll, weißt du das?«

»Sag bloß nicht: wie bei meiner Mutter. Dann tret ich dir vors Schienbein.«

»So was würde ich nie sagen. Es schmeckt tausendmal besser als bei deiner Mutter.«

Bev sieht ihn an. Für einen Moment ist ein trauriges Flackern in ihren Augen. Sie wendet sich ab.

»Na gut«, sagt sie. »Du kriegst ihn also. Und dann?«

»Dann ist Mr Laughton, mein Chef, den du am Samstag kennenlernst, wahrscheinlich sehr zufrieden mit mir. Ich bekomme mehr Geld, wir können uns eine schöne neue Wohnung leisten – und so weiter eben.«

»Okay, überzeugt. Ich bleibe bei dir.«

»Gut. Dann verrate ich dir auch, was mein Chef über die Mädchen aus Colorado gesagt hat.«

Bev sieht ihn erstaunt an. »Wie, über die Mädchen aus Colorado? Habt ihr über mich gesprochen?«

»Klar, wir reden ständig über dich. Wir haben gar kein anderes Thema mehr.« Jacob grinst. »Nein, im Ernst. Es ging um das Essen am Samstag. Dabei kam die Sprache auch auf dich.«

»Und da hast du ihm verraten, dass ich aus Colorado bin?«

»Warum nicht? Ist doch kein Geheimnis, oder? Also, er hat gesagt, die Mädchen aus Colorado könnten ganz schön wild sein. Und dann hat er noch gesagt: Aber wenn es darauf ankäme, wären sie zuverlässig und treu.«

Bev runzelt die Stirn. »Das hat er wirklich gesagt? Zuverlässig und treu?«

»Ja. Also streng dich mal ein bisschen mehr an.«

»Unglaublich.« Bev lässt die Gabel sinken. »Das sind also eure Männergespräche. Ich hätte nicht übel Lust, dich das Essen am Samstag selbst machen zu lassen.«

»Ich würde dir ja gerne dabei helfen. Im Ernst. Aber ich muss diese Arbeit, an der ich sitze, fertig kriegen und da ist noch eine Menge zu tun. Also, ich fürchte, du musst es alleine schaffen. Mach doch einfach wieder die Spareribs hier. Das Herz meines Chefs hast du damit schon gewonnen.«

»Na gut, wenn das so ist.« Bev taucht den Löffel in den Topf und häuft Jacob noch eine Portion auf den Teller. »Dann iss mal die letzten hier. Ich bin satt.«

»Ja, mach ich. Übrigens, das Gleiche gilt für unseren Urlaub nächste Woche. Da ist auch noch einiges zu tun. Glaubst du, du kriegst das hin?«

Bev zuckt mit den Schultern. »Hab ja sonst nichts zu tun.«

»Um die Unterkunft und die Fahrt kümmere ich mich, das ist kein Problem. Steht so weit auch schon. Ich hab eine süße kleine Pension gefunden, ganz ruhig, mitten in der Natur. Wo einen nichts stört und einem keiner auf die Nerven fällt.«

»Was haben wir für ein Zimmer?«

»Direkt unter unserem Fenster fließt ein Bach vorbei. Und es gibt einen Kamin mit einem Bärenfell davor.«

Bev lacht. »Ist nicht dein Ernst!«

»Doch, glaub's mir. Es ist mehr oder weniger in der Wildnis. Wie bei euch in den Bergen.«

»Okay, dann brauchen wir wirklich noch einiges. Warme Sachen und gute Schuhe.«

»Na, auf jeden Fall. Und was Spannendes für die langen Abende. Es gibt da nämlich kein Netz oder so was, ist viel zu abgelegen.«

»Oh! Das wird einem Nerd wie dir aber zu schaffen machen.«

Jacob winkt ab. »Kein Problem. Wir lernen bestimmt ein paar nette Leute kennen.«

»Meinst du? Da sind also nicht nur irgendwelche achtzigjährigen Wanderer? Oder Typen, die Vögel beobachten?«

»Blödsinn. Da sind vor allem junge Leute, so wie wir. Ich glaube, es ist sehr international.« Jacob beugt sich vor. »Und jetzt lass uns rausgehen, ja? Es ist ein schöner Abend. Wir machen einen Spaziergang.«

»Wieder den Weg, den wir gestern genommen haben?«

»Vielleicht. Vielleicht auch einen anderen. Es gibt viele Wege hier. Und alle sind ruhig. Keiner stört uns.«

Sie stehen auf, lassen die Teller auf dem Tisch zurück und verlassen die Wohnung. Draußen ist es noch warm, im Westen versinkt gerade die Sonne über den Dächern der Stadt. Sie folgen eine Weile der Straße, in der sie wohnen, dann biegen sie auf einen Fußweg ein, der nach Osten führt.

Da draußen, zwischen den Wiesen und Teichen, die dort liegen, ist ein stiller, besonderer Ort. Jacob hält Beverleys Hand, während sie die letzten Häuser von China Grove hinter sich lassen. Nirgends fühlt er sich frei, weder an seinem Arbeitsplatz noch in seinem Wagen noch in seiner Wohnung. Überall steht er unter Beobachtung und jedes Wort, das er spricht, hat eine doppelte Bedeutung. Nur hier draußen, in den letzten Stunden des Tages, wenn es dunkel wird, ist es anders.

Nur hier draußen ist er wirklich frei. Und jedes Wort, das sie sprechen, ist echt.

## Mittwoch, 26. August 2020
## Prenzlau, Deutschland

Berlin Hauptbahnhof, 6 Uhr 12, pünktlich losgefahren. Gesund-
brunnen, 6 Uhr 19, immer noch pünktlich. Lichtenberg, 6 Uhr 33,
kein freies Gleis, kurz vor dem Bahnhof gestanden, zwei Minuten
Verspätung. Bernau, 6 Uhr 53, auf entgegenkommenden Zug
gewartet, fünf Minuten Verspätung. Eberswalde, 7 Uhr 9, leicht
aufgeholt, nur noch vier Minuten. Britz, 7 Uhr 14, immer noch
vier Minuten. Chorin, 7 Uhr 18, dasselbe. Angermünde, 7 Uhr 33,
erneut aufgeholt, nur noch drei Minuten. Wilmersdorf, 7 Uhr 42,
Fahrgäste trödeln beim Einsteigen, wieder vier Minuten. Warnitz,
7 Uhr 48, immer noch vier.

    Während der Zug den Bahnhof Warnitz verlässt, rekapituliert
Felix noch einmal die wichtigsten Daten der Fahrt, das beruhigt
ihn. Nur zwei Stationen kommen jetzt noch: Seehausen, 7 Uhr 52,
dann Prenzlau, 8 Uhr 7, sein Ziel. Nach derzeitigem Stand und die
Erfahrungen der bisherigen Fahrt zugrunde gelegt, rechnet er
damit, dass sie dort zwischen 8 Uhr 10 und 8 Uhr 12 eintreffen
werden. Genauer lässt es sich momentan nicht sagen.

    Er blickt sich um. Außer ihm sind nicht viele Fahrgäste im Zug.
Die meisten nehmen um diese Zeit den umgekehrten Weg, in die
Stadt hinein und nicht aus ihr heraus. Am Fenster auf der anderen Seite sitzt eine Frau, die in Eberswalde zugestiegen ist. Sie liest
in einer Zeitschrift und bedient sich ab und zu aus einer Tüte mit
Bonbons, die vor ihr auf dem Tisch liegt. Immer wenn sie es tut,
lüftet sie mit einer eleganten Bewegung die Maske, die sie trägt.
Seit ihrem Zusteigen hat sie acht Bonbons gegessen, im Schnitt
also alle fünf Minuten eines. Felix schräg gegenüber sitzt ein
Mann, der, wie er selbst, schon in Berlin eingestiegen ist und seitdem, ohne ein einziges Mal aufzublicken, Sudoku-Rätsel löst.

    Felix wendet sich ab, sieht aus dem Fenster und denkt an die
letzten Tage zurück. Nachdem er zusammen mit den anderen
beschlossen hatte, auf Cincinnatus zu hören und vor ihren
Verfolgern zu fliehen, hat er lange überlegt, was er tun soll.

Schließlich kennt er sie nur zu gut, die quälende Angst vor allem, das ihm fremd ist: vor unbekannten Menschen, fernen Orten, neuartigen Situationen. Deshalb erschien ihm der Gedanke, sein Zuhause zu verlassen und sich ganz alleine irgendwo zu verstecken, unerträglich. Andererseits: Sie hatten es sich versprochen. Er und die einzigen Freunde, die er jemals gefunden hat.

Gestern dann fiel ihm der kleine Ort Prenzlau am Uckersee ein, in dem er mit seinen Eltern und Schwestern schon mehrmals den Sommer verbracht hat. Dort kennt er sich aus, er kennt die Straßen und Geschäfte und weiß, in welchem Rhythmus die Glocken der Kirchen schlagen und wie häufig der Ausflugsdampfer über den See fährt. Er erinnerte sich daran, dass er dort in dem Wald am See, in den er sich manchmal zurückzog, wenn ihm der Trubel am Ufer zu groß wurde, eine alte, verlassene Hütte entdeckt hatte. Dort – das ist seine Hoffnung – wird ihn niemand finden. Er hob alle Ersparnisse von seinem Konto ab und kaufte über das Netz ein Ticket, für den RE 2418 um 6 Uhr 12. Die Verbindung fiel ihm sofort auf, denn die 6, die 12, die 18 und die 24 sind alle ein Vielfaches der Sechs und diese Zahl schätzt er außerordentlich. Er begriff die Zahlenkombination als persönliche Einladung an ihn, genau diesen Zug zu nehmen und keinen anderen. Heute Morgen hat er sich in aller Frühe aus der Wohnung seiner Eltern geschlichen und nun sitzt er hier.

Inzwischen liegt der Bahnhof Seehausen hinter ihnen, die Verspätung ist wieder auf drei Minuten geschrumpft. Felix beobachtet den Mann, der ihm gegenübersitzt. Bisher hat er ausschließlich Rätsel mit dem Schwierigkeitsgrad »leicht« gelöst, und zwar insgesamt neun. Nun hat er sich erstmals einem Rätsel der mittleren Kategorie zugewendet, droht aber sogleich in eine ernsthafte Sackgasse zu geraten.

Felix räuspert sich und deutet auf das Rätsel. »Dieser Eintrag ist nicht korrekt«, sagt er.

Der Mann blickt auf. »Was redest du?«

»Sie haben gerade eine Sieben eingetragen. Aber die Sieben ist an dieser Stelle nicht korrekt.«

»Natürlich ist sie das. Es gibt bisher weder in der Spalte noch in der Zeile noch in dem Quadrat eine Sieben. Du scheinst die Spielregeln nicht zu kennen.«

»Das, was Sie sagen, trifft aber nicht nur auf die Sieben, sondern auch auf die Vier zu. Ich wollte Ihnen nur helfen. Sie haben bisher neun Rätsel der Kategorie ›leicht‹ gelöst. Dafür haben Sie im Durchschnitt elf Minuten gebraucht. Für ein Rätsel der Kategorie ›mittel‹ werden Sie vermutlich im Durchschnitt etwa zwanzig Minuten benötigen. Wenn Sie statt der Sieben die Vier eintragen, sparen Sie dadurch mehrere Minuten, die Sie für andere Aktivitäten …«

Felix verstummt, als er die Augen des Mannes sieht. Er kennt diesen Blick. Er hat ihn schon öfter gesehen, wenn er versuchte, hilfsbereit zu sein. Schnell schaut er aus dem Fenster, zieht seine Maske so hoch ins Gesicht, dass sie fast die Augen verdeckt, und versteckt seine Hände zwischen den Knien.

»Es gibt zwei Möglichkeiten«, hört er den Mann sagen. »Entweder du versuchst, auf meine Kosten komisch zu sein. Oder du hältst dich wirklich für schlauer als andere. Beides mag ich nicht besonders. Du solltest dich also zurückhalten, verstanden?«

Felix nickt, ohne den Mann noch einmal anzusehen. Üblicherweise passieren ihm diese Dinge nicht mehr. Aber die Situation, in der er sich befindet, ist doch um einiges verwirrender, als er es vorhergesehen hat. Er ist angespannt, seine Hände sind feucht. Anscheinend hat er einige seiner mühsam antrainierten Verhaltensmaßregeln schlicht vergessen.

»Lassen Sie doch den Jungen in Ruhe«, hört er die Frau von der anderen Seite sagen. »Er hat Ihnen nichts getan. Wenn Sie sich von ihm gestört fühlen, können Sie es ihm auch auf eine zivilisierte Weise mitteilen.«

»Gut, ich teile ihm also auf höchst zivilisierte Weise mit, dass er damit aufhören soll, mich zu beobachten und zu zählen, was ich tue.«

Der Mann wendet sich wieder seinem Rätsel zu. Felix blickt zu der Frau hinüber. Sie lächelt und zieht ein neues Bonbon aus ihrer Tüte. Es ist das elfte.

Wenig später erreicht der Zug den Bahnhof von Prenzlau. Es ist 8 Uhr 9, die Verspätung beträgt nur noch zwei Minuten, so wenig wie zuletzt in Lichtenberg. Die Frau steht auf, um den Zug zu verlassen, der Mann bleibt sitzen. Er hat inzwischen gemerkt, dass er mit der Sieben falschlag, den Eintrag aber nicht geändert, wohl um seinen Irrtum nicht eingestehen zu müssen. Stattdessen hat er ein neues Rätsel begonnen.

Felix wirft seinen Rucksack über und geht zur Tür. Die Frau mit den Bonbons versucht gerade, einen Koffer nach draußen zu wuchten, scheint es aber alleine nicht zu schaffen.

»Warten Sie, ich helfe Ihnen«, sagt Felix.

»Oh, das ist nett von dir. Aber sei vorsichtig, der Koffer ist schwerer, als er aussieht.«

Damit hat sie recht. Felix muss seine ganze Kraft aufbieten, um den Koffer auf den Bahnsteig zu heben. Als er ihn abstellt, zittern ihm die Knie und er ist fast ein wenig außer Atem.

»Danke«, sagt die Frau. »Was für ein Glück, dass du auch hier aussteigst. Sag, du kennst dich nicht zufällig aus in Prenzlau?«

»Ein bisschen.«

»Ich muss zum Hotel Uckermark in der – Moment – Friedrichstraße. Weißt du, wo das ist?«

»Die Friedrichstraße verbindet die Dr.-Wilhelm-Külz-Straße mit dem Marktberg und hat dreiundvierzig Hausnummern.«

Die Frau blickt ihn an und lächelt. »Du wohnst also hier?«

»Nein. Ich habe nur den Stadtplan studiert.«

»Oh! Das ist wirklich erstaunlich. Aber – dann weißt du sicher auch, wie weit es zu dem Hotel ist?«

Felix überlegt kurz. »Es müssten etwa eintausenddreihundert Meter sein.«

»Na, das ist mir mit dem schweren Koffer dann doch etwas zu weit. Ich denke, ich werde ein Taxi nehmen.«

»Es gibt hier am Bahnhof nur selten ein Taxi.«

»Vielleicht habe ich Glück. Und du? Du musst nicht zufällig in die gleiche Richtung?«

»Doch, aber dann muss ich noch weiter. Zum See und da noch ein ganzes Stück am Ufer entlang.«

»Pass auf, ich mache dir einen Vorschlag. Du ziehst mir den schweren Koffer zum Taxi und zur Belohnung nehme ich dich mit bis zum Seeufer. Wie hört sich das an?«

Felix willigt ein. Schwer bepackt mit seinem eigenen Rucksack und dem Koffer der Frau, folgt er ihr zum Ausgang des Bahnhofs. Zu seiner Überraschung wartet auf dem Vorplatz tatsächlich ein Taxi. Die Frau winkt es heran. Während der Fahrer das Gepäck verstaut, setzt sie sich auf die Rückbank und bedeutet Felix, ebenfalls einzusteigen.

»Nun – was hast du vor hier in Prenzlau?«, fragt sie, als er neben ihr sitzt.

Felix zögert. Eine ganze Weile überlegt er. »Das darf ich Ihnen leider nicht sagen«, antwortet er schließlich.

»Oh, du hast ein Geheimnis? Vielleicht eine Freundin, von der deine Eltern nichts wissen dürfen?«

»Nein. Ich habe keine Freundin.«

Inzwischen ist der Fahrer eingestiegen und losgefahren. Sie biegen auf die Straße ein, die ins Zentrum von Prenzlau führt.

»Das ist schade«, fährt die Frau fort. »So ein netter Junge wie du sollte eine Freundin haben. Wie lange bleibst du denn hier?«

»Das weiß ich noch nicht.«

»Wenigstens ungefähr. Einen Tag? Eine Woche?«

Felix blickt aus dem Fenster. Darüber hat er sich noch keine Gedanken gemacht. Plötzlich wird ihm klar, wie verrückt das alles ist, was er tut.

»Ich weiß es wirklich nicht«, sagt er.

»Hm, das ist seltsam. Müsstest du nicht eigentlich zur Schule gehen?«

»Ja. Das müsste ich.«

Die Häuser von Prenzlau ziehen vorbei. Auf der linken Seite sind die bekannten Türme der Stadt zu sehen: der Pulverturm, der Seilerturm und der Hexenturm.

»Zum Hotel hätten wir hier abbiegen müssen«, sagt Felix.

»Wir bringen dich erst zum Seeufer. Dann fahren wir zurück.«
Felix blickt sie an. »Sie haben dem Fahrer gar nicht gesagt, wo
er hinfahren soll.«

Die Frau lächelt. Sie gibt dem Fahrer, der sie im Rückspiegel
beobachtet, ein Zeichen, woraufhin dieser einen Schalter betätigt.
Ein Geräusch in den Türen ist zu hören.

»Ich muss ihm den Weg nicht beschreiben«, sagt die Frau. »Er
kennt ihn auch so.«

Sie zieht die Tüte mit den Bonbons aus der Tasche, nimmt sich
eines und bietet auch Felix davon an.

Er schüttelt den Kopf und lässt sich in das Polster der Rückbank
sinken. Mit einem Schlag begreift er. Sein Blick wandert zur Tür,
aber er weiß, dass jeder Versuch zu fliehen zwecklos wäre. Sie
dürfte jetzt verriegelt sein, und selbst wenn er sie öffnen könnte,
würde er vermutlich nicht weit kommen.

»Denk gar nicht erst daran«, sagt die Frau. »Wir machen das
nicht zum ersten Mal.«

Er nickt. »Ich wusste, dass ich so etwas nicht kann«, sagt er.
»Wanted hätte sofort gespürt, wer Sie sind.«

»Wovon redest du?«

»Von meinem besten Freund. Er lebt nicht mehr.«

»Das tut mir leid.«

»Wohin bringen Sie mich jetzt?«

»Wir fahren über die Grenze nach Polen. Kurz dahinter ist ein
Militärflughafen. Von da fliegen wir in die USA. Du weißt ja,
wohin. Bist ein kluger Junge.«

Felix beobachtet, wie sie sich noch ein Bonbon in den Mund
steckt. Er fühlt sich niedergeschlagen, aber in gewisser Weise auch
erleichtert. Er weiß nicht, welche Vorstellung ihm größere Angst
einjagt: sich hier verstecken zu müssen, auf unbestimmte Zeit und
ohne Ziel, oder in die Fänge des Geheimdienstes zu geraten.
Wenn er näher darüber nachdenkt, ist die erste der beiden Vor-
stellungen vielleicht sogar die schlimmere. Immerhin gibt es jetzt
Leute, die auf ihn aufpassen.

»Es ist das vierzehnte«, sagt er.

»Das vierzehnte was?«

»Das vierzehnte Bonbon. Seit Sie in Eberswalde in den Zug gestiegen sind.«

Die Frau lächelt. »Man hat mir anscheinend nicht zu viel über dich erzählt, Felix. Einige Leute bei uns werden sich sehr für dich interessieren. Ja! Ich glaube, sie werden ausgesprochen fasziniert von dir sein.«

## III-1: Quest der Langloria Freedom Fighters (aus den »Romantic Tales« der »Hall of Fame«, heruntergeladen am 24. Juli 2020)

Vor einigen Stunden, als die Dunkelheit hereinbrach, ist der Mond am Horizont erschienen. Jetzt, tief in der Nacht, steht er wie ein stummer Beobachter am Himmel und wirft sein Licht auf die Quelle Lindolan, die seit alter Zeit auf einem Plateau zwischen mächtigen Steinplatten entspringt.

Auf einer davon steht, hoch aufgerichtet, der Feuermagier Gödel. Ohne sich zu rühren, betrachtet er das Wasser der Quelle, wie es zwischen den Steinen hindurchfließt, eine schmale Rinne entlang, die es in Tausenden von Jahren gegraben hat.

Am Rand des Plateaus fällt es über einen Felsvorsprung in einen Teich hinab. Dort unten, hinter den wirbelnden Tropfen, sitzt die Wassernixe Shirahoshi. Nur ihr Kopf ragt aus den Fluten, der Rest ihrer schmalen Gestalt bleibt verborgen.

Ein Stück neben dem Wasserfall, in einer schlammigen Grube, öffnet sich ein finsterer Schacht. Dort ist das Gesicht des Untoten Black Lumumba mehr zu ahnen als zu sehen. Es flackert, als würde der Schein einer unsichtbaren Kerze darauf fallen.

Am Ufer des Teiches, auf einem Stein, hockt der Schurke Silver Surfer und beobachtet die Wellen, die der Wasserfall erzeugt. Ab und zu schleudert er ihnen einen Fluch entgegen, dann senkt er den Kopf und nur sein heiseres Kichern ist noch zu hören.

Plötzlich wird er aufmerksam und lauscht: Hufschläge ertönen. Gleich darauf sprengt Meldor heran, das Pferd des Raubritters Most Wanted. Als er es am Ufer des Teiches zügelt, bäumt es sich auf. Most Wanted klappt das Visier seines Helms nach oben, für einen Augenblick ist sein vernarbtes Gesicht zu sehen.

Hinter ihm sitzt die Waldelfe Arrow. Sie springt ab, legt einen Pfeil auf ihren Bogen und schießt ihn zum Himmel. Er leuchtet, steht am höchsten Punkt seiner Bahn für einen Moment still und fällt dann herab. Neben Silver Surfer, seinen Mantel durchbohrend, schlägt er in den Boden und bleibt zitternd darin stecken.

Das ist das Zeichen zusammenzukommen. Gödel schwebt von seinem Plateau herab, Shirahoshi taucht unter dem Wasserfall hindurch, Black Lumumba klettert aus seinem Versteck und Silver Surfer befreit sich von Arrows Pfeil. Most Wanted steigt ab und lässt Meldor am Ufer des Teiches grasen.

Wortlos, nur mit Blicken, begrüßen sich die sechs, dann brechen sie auf. Es geht den Bach entlang, der aus dem Teich entspringt und in vielen Windungen, an Wiesen und Felsen vorbei, die Hänge hinunterfließt. Schließlich mündet er in die Sümpfe von Duruk-Thar und dort, zwischen den morastigen Tümpeln, liegt ihr Ziel. Dort soll er verborgen sein: der Kristall der Freundschaft, ein Relikt aus uralten Zeiten, als die Herzen noch nicht vergiftet waren von der Gier nach Reichtum, einer der edelsten Gegenstände, die in Langloria zu finden sind.

Mit gezogenen Waffen dringen sie in die Sümpfe ein. Sie wissen, dass hier bei jedem ihrer Schritte der Tod lauert. Der Schrecken von Duruk-Thar ist namenlos. Viele Legenden werden darüber an den Feuern und in den Herbergen erzählt, aber niemand weiß, was sich in den Sümpfen tatsächlich verbirgt. Viele haben sie betreten, Krieger mit ruhmreichen Namen, aber keiner ist je zurückgekehrt, um davon zu berichten.

Die ersten Gegner, die sich ihnen entgegenstellen, noch in den Außenbezirken der Sümpfe, sind Moorwürmer. Sie schießen aus dem schlammigen Untergrund hervor und bespucken sie mit giftigem Schleim, der ihnen die Haut verätzt. Jeder der sechs bekämpft sie mit seinen eigenen Waffen. Most Wanted trennt ihnen mit schwungvollen Schwerthieben die Köpfe ab, Arrow beschießt sie mit Pfeilen, die in ihren Leibern zerplatzen, Gödel lässt sie mit Feuerbällen in Flammen aufgehen, Black Lumumba erschlägt sie mit seiner Keule, Shirahoshi bekämpft sie aus den Tümpeln, Silver Surfer meuchelt* sie aus dem Hinterhalt.

Es ist ein zäher und mühevoller Kampf. Als endlich die letzten Würmer vernichtet sind, können die sechs kaum noch stehen, so

---

* Heimtückisch ermorden.

erschöpft sind sie. Aber wie in den Höhlen von Elgoran treibt Most Wanted sie auch hier wieder erbarmungslos voran. Sie folgen einem Pfad, der von den tödlichen Stellen, an denen sie auf ewig im Morast versinken würden, kaum zu unterscheiden ist. Shirahoshi übernimmt die Führung. Während Gödel über ihr schwebt und sie sichert, prüft sie mit energischen Stichen ihres Dreizacks den Boden. Die anderen halten sich in ihrer Spur.

Aus den Tiefen des Moores steigen giftige Schwefeldämpfe auf, der Gestank raubt ihnen fast den Atem. Immer wieder müssen sie Pausen einlegen, weil ihnen schwarz vor Augen wird. Und genau dann, in den Momenten der größten Schwäche, werden sie von Feinden attackiert. Von den verdorrten Bäumen steigen Fledermäuse auf, um ihre Blutgier zu stillen. Meistens ist es Arrow, die sie bekämpft, indem sie ihnen Pfeile durch ihre durstigen Kehlen jagt. Aus den Tümpeln erheben sich Moorleichen und waten mit ausgestreckten Armen auf sie zu. Selbst wenn Most Wanted ihnen die Köpfe abschlägt, setzen sie ihren Weg fort. Nur Black Lumumbas Keule vermag sie zu töten.

Viele Stunden sind sie auf diese Weise unterwegs, ohne zu wissen, ob sie ihrem Ziel näher kommen oder endlos im Kreis laufen. Längst haben sie ihre Vorräte und ihr Wasser verbraucht. Aus den Tümpeln zu trinken wagen sie nicht, denn die sind brackig und verfault. So schleppen sie sich ausgehungert und halb verdurstet durch die Ödnis voran. Und dann plötzlich, als sie schon jedes Zeitgefühl verloren haben, hören sie, wie aus weiter Ferne, ein dumpfes Gelächter. Sie blicken sich an, weil sie fürchten, den Verstand verloren zu haben, aber jeder von ihnen hat es gehört. Noch vorsichtiger setzen sie ihren Weg fort. Das Geräusch wird deutlicher – und dann sehen sie, woher es stammt.

Ein Wesen erwartet sie, das aussieht wie eine der Moorleichen, blass und verwest, nur größer, durch eine Rüstung und einen Helm geschützt und mit einer gewaltigen Streitaxt bewaffnet. Das muss der »Sumpfkönig« sein, von dem die Legenden berichten. Er lacht über sie, spöttisch, wie über einen Gegner, den er nicht ernst nehmen muss.

Obwohl die sechs kaum noch einen klaren Gedanken fassen können, greifen sie an. Doch bald spüren sie, dass ihre Mühen umsonst sind. Gegen diesen Gegner haben sie mit ihren schwindenden Kräften keine Chance. Zu stark ist seine Rüstung, zu laut sein dröhnendes Lachen, zu gewaltig der Schlag seiner Axt.

Sie wehren sich, solange sie können, doch schließlich ist ihr Widerstand gebrochen. Das Schwert von Most Wanted ist schartig, sein Schild unter den Schlägen der Axt zerbrochen. Arrow hat ihren letzten Pfeil verschossen, Gödels Feuer droht zu erlöschen. Shirahoshi, die seit Stunden kein frisches Wasser mehr bekommen hat, stützt sich dem Tode nah auf ihren Dreizack. Nicht einmal Black Lumumbas Keule vermag etwas auszurichten. Silver Surfer ist verschwunden, er hat die Flucht ergriffen.

Erneut ist das dröhnende Lachen des Sumpfkönigs zu hören. Er holt aus, um seine unwürdigen Gegner zu vernichten. Aber er schlägt nicht zu. Stattdessen erstirbt plötzlich sein Gelächter. Die Axt fällt zu Boden und gleich darauf fällt auch er. In der einzigen ungeschützten Stelle seines Körpers, in der Ferse, steckt ein Dolch. Und da, wo er eben noch gestanden hat, ist eine gebückte Gestalt zu sehen. Sie atmet pfeifend – und sie kichert.

Mit letzter Kraft wanken die fünf an ihrem gefallenen Gegner vorbei und schließen Silver Surfer in die Arme. Dann sehen sie, dass vor ihnen, im Herzen des Sumpfes, bisher von ihrem Feind verdeckt, eine Lichtung liegt, wie eine Insel im Morast. Und genau dort, in der Mitte der Lichtung, wartet er auf sie, leuchtend und wunderschön: der Kristall der Freundschaft, für den sie die Gefahren auf sich genommen haben.

Langsam, Schritt für Schritt, gehen sie auf den Kristall zu und bleiben schwer atmend davor stehen. Von ihren Armen und Gesichtern tropft das Blut. Halb aus Erschöpfung und halb aus Ehrfurcht fallen sie auf die Knie und legen einander die Arme um die Schultern. Als sie es tun, hören sie ein klirrendes Geräusch. Die Ketten, mit denen der Kristall gesichert ist, öffnen sich.

Und so sei kundgetan und bekannt gemacht,
dass es den
»Langloria Freedom Fighters«
als bisher einziger Gilde gelungen ist,
die Sümpfe von Duruk-Thar zu bezwingen
und den seit Jahrhunderten verschollenen
»Kristall der Freundschaft«
nach hartem und schwerem Kampf
den Mächten der Finsternis zu entreißen.

(Gezeichnet:
Langloria Hall of Fame, 14. Juni 2020)

# III-2: Chatprotokoll der Zielpersonen (heruntergeladen aus dem Chatroom am 3. August 2020)

*18. Juni*

**Shir@hoshi**: Gibt es außer uns eigentlich noch eine andere Gilde in Langloria, die zwei Quests in der Hall of Fame hat?

**Gödel**: Eine. Aber sie besteht aus 22 Mitgliedern.

**<--arrow-->**: Das grenzt an Feigheit.

**m0$tw4nt3d**: Das grenzt nicht nur an Feigheit, das ist Feigheit. Ich würde sagen, wir sind einzigartig.

**Shir@hoshi**: Und der Kristall der Freundschaft ist auch einzigartig. Es gibt nur einen davon in ganz Langloria. Jetzt können wir unsere Kräfte untereinander austauschen, oder, Wanted?

**m0$tw4nt3d**: Ja. Ab jetzt kann sich jeder von jedem dessen Fähigkeiten ausleihen.

**<--arrow-->**: Ich glaube, ich probiere bei Gelegenheit mal deine Rüstung aus. Dann bin ich unverwundbar, das wollte ich schon immer.

**▶BlackLumumba◀**: Ich hätte gerne Gödels Fähigkeiten. Dann könnte ich als brennender Untoter durch die Luft fliegen und mit verwesten Feuerbällen um mich schießen.

**Shir@hoshi**: Ich nehme Surfers Giftarsenal. Dann jage ich diese Krakentypen mit einem Dreizack, bei dem jede Spitze mit einer anderen Schweinerei präpariert ist.

**<--arrow-->**: Wo treibt sich der surfende Giftpanscher eigentlich rum? Sonst quatscht er doch auch ständig dazwischen.

**m0$tw4nt3d**: Eingeloggt ist er auf jeden Fall, das kann ich sehen. Aber er rührt sich nicht.

**<--arrow-->**: Das macht mir Sorgen. Er hat heute noch keinen von uns beleidigt. Hey Surferboy: Bist du krank?

**~~Silver~~Surfer~~**: Pfeilgift! Wenn du noch einmal auf mich schießt …

**<--arrow-->**: Ach, das ist es! Und ich dachte schon, es wäre was Ernstes.

**~~Silver~~Surfer~~**: Du hast meinen Mantel kaputt gemacht.

**<--arrow-->**: Das versiffte Teil! Darum ist es doch nicht schade.

**~~Silver~~Surfer~~**: Das versiffte Teil ist aber rein zufällig ein *magisches* versifftes Teil. Es schützt mich vor allen möglichen Waffen, nur vor deinen elenden Leuchtpfeilen nicht.

**<--arrow-->**: Pech.

**Gödel**: Ich finde, du solltest dich bei ihm entschuldigen, Arrow.

**<--arrow-->**: Was? Nach den ganzen Beleidigungen, die er sich erlaubt hat, und seinen Machosprüchen gegen Shira und mich war es ja wohl die gerechte Strafe für ihn.

**Gödel**: In einer Gilde schießt man nicht aufeinander.

**<--arrow-->**: Ich habe nicht auf ihn geschossen, ich habe neben ihn geschossen. Mit ausreichend Sicherheitsabstand.

**Gödel**: Trotzdem.

**m0$tw4nt3d**: Als Gildenmeister schließe ich mich Gödel an.

**<--arrow-->**: O Mann, ihr versteht echt keinen Spaß. Aber gut! Da ich eine Frau des Friedens bin …

**~~Silver~~Surfer~~**: Har! Har! Har!

**<--arrow-->**: … entschuldige ich mich für meinen armen, kleinen, verirrten Pfeil. Und außerdem schlage ich vor, dass wir unser Gildenkonto plündern und Surferboy einen neuen versifften Mantel kaufen.

**~~Silver~~Surfer~~**: Danke, Pfeilgift. In meiner gewohnt großherzigen Art nehme ich deine Entschuldigung an.

**m0$tw4nt3d**: Dann wäre die Sache ja geklärt. Anderes Thema: Was gibt's Neues von Hoboken?

**~~Silver~~Surfer~~**: Die heißen nicht mehr Hoboken, sondern seit Neuestem Slowboken.

**m0$tw4nt3d:** Du meinst, weil sie noch immer nicht wieder online sind?

**Shir@hoshi:** Nicht nur deshalb. Im Netz nennen viele die inzwischen so, weil sie den Enthüllungen nur noch hinterherhecheln und sich mit jeder Erklärung aufs Neue blamieren.

▶**BlackLumumba**◀: Das heißt, bei euch in Japan spricht man auch darüber?

**Shir@hoshi:** Hier wird ständig darüber berichtet. Obwohl die Show jetzt schon fast zwei Wochen her ist.

**<--arrow-->:** Ist bei uns nicht anders. In Kolumbien gibt es auch viele Minen. Kein Coltan, aber andere Sachen. In den letzten Jahren sind da mehrmals Gewerkschafter* getötet worden, weil sie für bessere Arbeitsbedingungen gekämpft haben. Das wird jetzt alles wieder aufgerollt, um zu sehen, ob Hoboken auch hier was damit zu tun haben könnte.

**Gödel:** In Europa haben am letzten Wochenende viele Demonstrationen stattgefunden. In London, Paris, Madrid, Rom, Berlin.

**m0$tw4nt3d:** Na, dann kann ich auch was beisteuern, das euch gefallen wird. Seit gestern ist raus, dass der Kongress einen Untersuchungsausschuss zu Hoboken einsetzt. Also kommt die Sache jetzt richtig ins Rollen.

▶**BlackLumumba**◀: Ich schaffe es gar nicht mehr, an meinen Apps zu arbeiten, weil ich im Netz immer alles lese, was mit Hoboken zu tun hat. Ihr könnt euch nicht vorstellen, was hier los ist. So viele Leute haben auf einmal wieder Hoffnung. Manche sagen sogar, der Skandal könnte der Anfang vom Ende des Krieges im Kongo sein. Es ist einfach großartig, was gerade passiert. Nur – seid mir nicht böse, wenn ich es sage, aber: Ganz erfüllt ist unsere Aufgabe noch nicht.

**Shir@hoshi:** Wie meinst du das?

▶**BlackLumumba**◀: Bis jetzt haben wir nur ein Ziel erreicht. Der größere Brocken wartet noch.

---

* Mitglieder einer Gewerkschaft, die sich für Arbeitnehmer:innen und deren Interessen einsetzt.

**m0$tw4nt3d**: Liberty Bells?

**▶BlackLumumba◀**: Wenn es stimmt, was Adam erzählt, wird mit deren Waffen jeden Tag im Kongo gemordet. Sie wissen genau, dass es so ist, und trotzdem tun sie alles dafür, dass es so bleibt. Weil sie Millionen damit verdienen.

**Gödel**: Du hast doch zu Hoboken recherchiert, Wanted. Ich gehe davon aus, dass du das Gleiche mit Liberty Bells getan hast?

**m0$tw4nt3d**: Klar.

**Gödel**: Dann interessiert mich, was du herausgefunden hast.

**<--arrow-->**: m2

**m0$tw4nt3d**: Kein Problem, muss nur kurz die Datei öffnen. Okay, hier ist sie. Also: Liberty Bells Limited, Rüstungskonzern aus Seattle. Noch größer als Hoboken, 80 000 Mitarbeiter, über 100 Milliarden Dollar Umsatz. Ein großer Teil der Produkte geht an unser eigenes Militär, aber ein genauso großer Teil wird ins Ausland geliefert. Dabei muss das Unternehmen die Bestimmungen des sogenannten »Arms Export Control Act« einhalten.

**▶BlackLumumba◀**: Und was sagen die?

**m0$tw4nt3d**: Zuerst mal, dass Waffen nur an Staaten geliefert werden dürfen und nicht an andere Organisationen. Aber nicht etwa an alle Staaten, sondern nur an die, deren Regierungen völkerrechtlich anerkannt sind. Die wiederum dürfen sie nur zur Verteidigung einsetzen, nicht zum Angriff. Außerdem dürfen sie auf keinen Fall geliefert werden, wenn daraus Massenvernichtungswaffen hergestellt werden, wenn sie dem Terrorismus dienen oder wenn sie gegen die eigene Bevölkerung eingesetzt werden.

**▶BlackLumumba◀**: Das heißt, wenn Liberty Bells den Rebellen im Kongo Waffen liefert, verstoßen sie gegen das Gesetz?

**m0$tw4nt3d**: Auf jeden Fall. Es gab in den letzten Jahren auch öfter mal den Verdacht, sie würden es tun, aber man konnte es ihnen nie nachweisen. Wie bei Hoboken.

**<--arrow-->**: Aber wie schaffen die das? Wie kommen die damit durch? Wird nicht bei jeder Waffenlieferung kontrolliert, wohin sie geht?

**m0$tw4nt3d**: Deshalb gehen die Waffen zuerst an Länder, in die sie geliefert werden dürfen. Von da aus werden sie dann heimlich weitertransportiert, über irgendwelche dunklen Kanäle.

**<--arrow-->**: Das heißt, wenn wir sie drankriegen wollen, müssen wir ihnen das beweisen?

**m0$tw4nt3d**: Genau. Das ist der entscheidende Punkt.

**<--arrow-->**: Black! Glaubst du, du kannst rausfinden, aus welchen Ländern die Waffen in den Kongo kommen? Das ist dann ja wohl das Erste, das wir wissen müssen.

**▶BlackLumumba◀**: Ich spreche mit Adam darüber. Und mit ein paar anderen. Irgendwie komme ich schon dahinter.

**Shir@hoshi**: Ehrlich gesagt, mir geht die Sache zu schnell. Wir haben mit dem Hoboken-Hack mega Aufsehen erregt und jetzt sind Heerscharen von Leuten dabei, unsere Spuren zu verfolgen. Da ist es nicht gerade klug, sofort weiterzumachen, oder?

**m0$tw4nt3d**: Das Entscheidende hast du gesagt: Die Heerscharen sind schon hinter uns her. Und sie bleiben es, ob wir weitermachen oder nicht. Es macht keinen Unterschied.

**~~Silver~~Surfer~~**: Auch wenn es mir schwerfällt – ich muss mich auf Schlitzis Seite schlagen. Diese Freiheitsglocken sind ein anderes Kaliber als Slowboken. Die handeln jeden Tag mit dem Tod. Die schrecken vor nichts zurück. Vor gar nichts.

**Gödel**: Ich kann Shiras Bedenken ebenfalls nachvollziehen. Was unser weiteres Vorgehen betrifft, sind viele Aspekte zu berücksichtigen, die Entscheidung ist schwierig. Dennoch werde ich mich, was Liberty Bells betrifft, Black und Arrow und Wanted anschließen. Unsere Mission ist noch nicht beendet.

**Shir@hoshi**: Wieso bist du dir so scheiße sicher?

**Gödel**: Ungerechtigkeiten müssen bekämpft werden. Das, was Black erzählt hat, ist die schlimmste Ungerechtigkeit, von der ich jemals gehört habe. Also müssen wir etwas dagegen unternehmen, ohne Rücksicht auf uns selbst. Das hat nichts mit Sicherheit zu tun, Shira, sondern mit Ethik.

▶**BlackLumumba**◀: Danke, Gödel. Zwischen uns beiden liegen Welten, und zwar gleich im doppelten Sinn. Trotzdem sind wir manchmal wie Brüder. Das ist schön zu sehen.

**m0$tw4nt3d**: Ich finde, Gödel hat alles Wichtige gesagt, ich kann mich ihm nur anschließen. Wenn jemand von euch nicht mitmachen will, ist es absolut okay. Niemand wird es übelnehmen. Aber sagt es bitte jetzt – oder schweigt.

### III-3:  Telefonat von Jacob O'Connor mit Dylan St. Patrick (mitgeschnitten und verschriftlicht am 19. Juni 2020)

*Vorgeschichte des Telefonats*: Nachdem es gelungen war, eines der Mitglieder der Gruppierung LFF als Dylan St. Patrick aus San Francisco zu identifizieren, begann am Montag, 15. Juni, die Recherche über die Zielperson. Ich kontaktierte Alan Freedman alias »Sparrow«, inoffizielles Sprachrohr der kalifornischen Hacktivisten-Bewegung, und gab mich ihm gegenüber als Duncan O'Mallory aus, vermeintlicher Journalist. Am 17. Juni traf ich Freedman in San Francisco zum Interview. Anschließend fragte ich ihn nach weiteren Ansprechpartnern. Er gab mir zu verstehen, dass es in der Szene nicht üblich sei, Namen und Kontaktdaten anderer weiterzugeben. Ich äußerte Verständnis und gab ihm eine Mobilfunknummer, die ich für diesen Zweck eingerichtet hatte. Dort könne mich jeder erreichen, der an einem Gespräch interessiert sei. An den folgenden Tagen erhielt ich mehrere Anrufe auf diese Nummer. Heute um 15:08 Uhr meldete sich Dylan St. Patrick von einem öffentlichen Telefon. –
Jacob O'Connor

**Special Investigator Jacob O'Connor (im Folgenden J)**: Hier ist Duncan O'Mallory. Mit wem spreche ich?
**Dylan St. Patrick (im Folgenden D)**: Dylan.
*J*: Hm. Dylan und – wie weiter?
*D*: Einfach nur Dylan. Ich habe Ihre Nummer von Sparrow.
*J*: Ah, verstehe. Dann rufen Sie aus San Francisco an?
*D*: Sparrow sagte, Sie suchen Gesprächspartner. Er meinte, Sie wären ganz okay.
*J (lacht)*: Das freut mich. Hat er erzählt, worum es geht?
*D*: Er sagte, Sie schreiben ein Buch über die Internetszene.
*J*: Ja, das stimmt. Es soll vor allem über die Gefahren des Internets gehen, über die sich viele Leute gar nicht im Klaren sind. Die Enthüllungen von Snowden sind ja inzwischen fast vergessen, kaum einer spricht

noch darüber, aber in Wahrheit hat sich am Vorgehen der Geheimdienste nach allem, was man hört, nicht viel geändert. Das Gleiche gilt für die Praktiken der großen IT-Konzerne. Darüber will ich schreiben und auch über Leute, die versuchen, etwas dagegen zu tun. Leute wie Sie eben. Könnten Sie sich vorstellen, darüber mit mir zu reden?

*D*: Würden Sie in dem Buch meinen Namen nennen?

*J*: Wie Sie wollen. Sie können anonym bleiben oder nicht. Das liegt bei Ihnen.

*D*: Tja, vielleicht wäre es ganz interessant. Also gut, hören Sie: Wenn Sie noch mal in San Francisco sind, können wir uns von mir aus treffen.

*J*: Sagen Sie einfach, wann und wo es Ihnen am besten passt. Ich richte mich nach Ihnen. Es liegt mir viel an dem Gespräch.

*D*: Wie wäre es nächste Woche? Samstag vielleicht. 15 Uhr oder so. Im Farley's. Das ist ein Szenecafé. Wenn was dazwischenkommt, rufe ich Sie an.

*J*: Ich denke, das lässt sich einrichten. Kann ich Sie auch irgendwie erreichen?

*D (zögert kurz)*: Im Moment nicht.

*J*: Okay, Dylan. Das ist absolut in Ordnung, ich verstehe das. Also lassen wir es dabei: nächste Woche, Samstag um 15 Uhr. Wollen Sie noch etwas über mich wissen?

*D*: Nein. Können wir alles im Farley's bereden.

*J*: Gut, dann – bis nächste Woche.

*D*: Ja, bis dann. Wiederhören.

## III-4: Chatprotokolle der Zielpersonen (heruntergeladen aus dem Chatroom am 3. August 2020)

### 20. Juni

**m0$tw4nt3d**: Shira?

**Shir@hoshi**: Nichts. Absolute Festung. Wassergraben voll, Zugbrücke hochgezogen, Schießscharten besetzt. Nicht mal ein zufällig offen stehendes Klofenster.

**m0$tw4nt3d**: Gödel?

**Gödel**: Das System von Liberty Bells darf mit einigem Recht als Hochsicherheitstrakt bezeichnet werden.

**~~Silver~~Surfer~~**: Ich würde sagen, Schlitzaugen vergeblich angestrengt, Dödelzähnchen ausgebissen. War ja auch nicht anders zu erwarten.

**<--arrow-->**: Gut! Sie wollen es also auf die harte Tour.

**m0$tw4nt3d**: Irgendwelche Vorschläge?

**▶BlackLumumba◀**: Was ist mit Shiras Botnet?

**m0$tw4nt3d**: Wenn wir wollten, könnten wir die Server von Liberty Bells wahrscheinlich damit abschießen. Aber was bringt uns das? Sie wären nur gewarnt, dass es jemand auf sie abgesehen hat. Nein, wir müssen uns was anderes einfallen lassen.

**Gödel**: Wenn die Technik sich als zu stark erweist, sollte man ihren schwächeren Partner angreifen.

**Shir@hoshi**: Soll heißen?

**~~Silver~~Surfer~~**: Ich vermute, Dödel spielt auf die unvollkommene Kreatur namens Mensch an.

**<--arrow-->**: Hey Wanted! Merkst du, wo die Sache hinläuft?

**m0$tw4nt3d**: Ja, nach Seattle. In die Höhle des Löwen. War mir aber schon vorher klar, dass ich da hinmuss. Und jetzt fangt bloß nicht wieder an, mir zu erzählen, dass ich vorsichtig sein soll. Ich hasse solche Sprüche.

**~~Silver~~Surfer~~**: Ich finde, du solltest vorsichtig sein.

**▶BlackLumumba◀**: Warst du schon mal in der Stadt?

**m0$tw4nt3d**: Nicht dass ich wüsste. Ein paar gute Bands kommen da her. Ganz schlecht kann das Kaff also nicht sein.

**▶BlackLumumba◀**: Aber du kennst da keinen?

**m0$tw4nt3d**: Nein. Keinen, bei dem ich pennen kann. Weiß auch nicht. Muss irgendwie anders gehen.

**Gödel**: Wann begibst du dich dorthin?

**m0$tw4nt3d**: Morgen. Hab die Verbindung schon rausgesucht.

**Shir@hoshi**: Meld dich, wenn du da bist.

**m0$tw4nt3d**: Ja, Mama. Ich fahr erst mal rüber und erkunde das Feindesland. Wahrscheinlich kommen mir dann schon die ersten Ideen. Danach sehen wir weiter.

### 24. Juni

**m0$tw4nt3d**: Du hast recht gehabt, Shira.

**Shir@hoshi**: Du meinst, mit der Festung?

**m0$tw4nt3d**: Ja. Mit den Schießscharten und dem Klofenster und überhaupt allem.

**<--arrow-->**: Erzähl!

**m0$tw4nt3d**: Wie gesagt, ich bin am Sonntag nach Seattle gefahren. Über Airbnb habe ich ein Zimmer in so einem Hochhaus gemietet. Musste die traurigen Reste meines Kontos dafür plündern. Ist ein reichlich abgewracktes Teil, aber zumindest eins daran ist gut: Aus dem Fenster habe ich einen Blick auf das Firmengelände von Liberty Bells. Also sitze ich die eine Hälfte des Tages hier oben und beobachte alles durchs Fernglas, während ich mich in der anderen Hälfte unten in der Gegend herumtreibe, um irgendwelche Sachen zu entdecken, die wichtig sein könnten.

**~~Silver~~Surfer~~**: Ah! Und da bist du zu dem Ergebnis gekommen, dass es keine offenen Klofenster gibt, ja?

**m0$tw4nt3d**: Nicht nur das. Ich bin zu dem Ergebnis gekommen, dass Liberty Bells irl genauso aussieht wie im Netz. Vielleicht sogar schlimmer. Bewaffnetes Wachpersonal, Überwachungskameras, Mauern mit Stacheldraht und so weiter. Würde mich nicht wundern, wenn am Himmel noch ein paar Drohnen rumschwirren. Mit Dumpster Diving braucht man es auch nicht zu versuchen. Die Mülltonnen stehen in einem eigenen, umzäunten Teil des Geländes. Keine Chance, an sie ranzukommen, jedenfalls nicht unbeobachtet.

**<--arrow-->**: Und weiter?

**m0$tw4nt3d**: Nichts weiter. Das war's.

**~~Silver~~Surfer~~**: Wie? Du wagst es, uns mit einem solchen Ergebnis unter die Augen zu treten?

**<--arrow-->**: Halt die Klappe, Surfer! Fett am Strand sitzen, während andere Leute arbeiten, und dann das Maul aufreißen kann jeder.

**m0$tw4nt3d**: Allerdings, wenn ich näher darüber nachdenke, gibt es vielleicht doch eine Sache, die interessant sein könnte.

**Shir@hoshi**: Aha!

**▶BlackLumumba◀**: Ich hab's gewusst.

**m0$tw4nt3d**: Von meinem Zimmer aus habe ich gesehen, dass fast jeden Tag Handwerker bei Liberty Bells sind. Anscheinend führen sie einen größeren Auftrag durch. Sie sind von einer Firma namens Morrison & Hart Electrical Services.

**Gödel**: Woher weißt du das?

**m0$tw4nt3d**: Es steht auf ihren Lieferwagen, die immer vor dem Eingang parken. Ich kann es durchs Fernglas lesen.

**<--arrow-->**: Okay, dann sollten wir uns den Laden mal vorknöpfen. Wenn keiner was dagegen hat, übernehme ich es. Wanted muss ja nicht alles alleine machen.

**m0$tw4nt3d**: Gut, mach das. Ich halte hier vor Ort weiter die Stellung. Und die anderen: Spart schon mal eure Kräfte. Ich bin mir sicher, dass wir für die Sache jeden Einzelnen von uns brauchen werden.

**~~Silver~~Surfer~~**: Keine leeren Drohungen, ja? Ich genieße gerade gemütlich den Sonnenaufgang.

**Gödel**: Bei mir ist es der Sonnenuntergang, Surfer.

**~~Silver~~Surfer~~**: Tja, Dödelchen. So klein ist die Welt!

## 26. Juni

5

**Shir@hoshi**: Hey Arrow! Ich bin gespannt wie dein Bogen, kurz bevor du auf Surfer schießt. Hast du was rausgefunden bei dieser – wie heißt die Firma noch?

**<--arrow-->**: Morrison & Hart. Ja. War kein großes Ding, ihren Server zu knacken. Hab mich in Ruhe umgesehen. Es war mitten in der Nacht, außer mir war keiner eingeloggt. Die Spuren habe ich verwischt. Vielleicht nicht so, wie Gödel es könnte, aber gut genug. Sie werden es nicht entdecken. Das Netzwerk sah nicht so aus, als hätten sie einen besonders fähigen Sysop.

10

**~~Silver~~Surfer~~**: Macht wahrscheinlich der Sohn vom Chef.

15

**▶BlackLumumba◀**: Was hast du entdeckt? Sachen, die mit Liberty Bells zu tun haben?

**<--arrow-->**: Ich hab alles Mögliche aus dem Netzwerk runtergeladen, auch die Auftragspläne. Da sind alle Termine drin, an denen sie Aufträge bei Liberty Bells zu erledigen haben. Man kann Tag und Uhrzeit sehen, worum es sich handelt und welche Mitarbeiter dabei sind. Zieht sich über Wochen hin. Anscheinend überprüfen sie jedes Kabel und jede Steckdose.

20

**m0$tw4nt3d**: Hört sich an, als wäre es ganz brauchbar. Hast du die Liste da?

25

**<--arrow-->**: Hab sie vor mir auf dem Rechner.

**m0$tw4nt3d**: Was steht da zu den Mitarbeitern? Gibt's auch Lehrlinge?

**<--arrow-->**: Ja, die Lehrlinge sind immer besonders gekennzeichnet. Mit einem Sternchen.

30

**m0$tw4nt3d**: Gut. Dann sieh doch mal nach, ob es in nächster Zeit einen Auftrag gibt, bei dem ein Lehrling dabei ist, der zum ersten Mal bei Liberty Bells eingesetzt wird.

**<--arrow-->**: Wieso denn das?

**m0$tw4nt3d**: Mach einfach.

**<--arrow-->**: Na schön. Dauert aber ein bisschen. Muss die Liste von oben bis unten … Okay! Nächsten Mittwoch, abends um 19 Uhr. Das sieht gut aus. Da ist ein Lehrling namens Tim Ferguson dabei. Und der war, wenn ich's richtig sehe, davor noch nie bei Liberty Bells.

**m0$tw4nt3d**: Steht da auch, was sie tun sollen?

**<--arrow-->**: Ja. Da steht sogar, in welchen Räumen. Ich kann es dir schicken.

**m0$tw4nt3d**: Perfekt! Ich muss heute noch mal nach San Francisco zurück. Um ein paar Sachen zu erledigen und weil ich morgen so einen Journalisten treffe, der ein Buch über die Szene schreibt. Sonntag bin ich wieder in Seattle. Dann ist genug Zeit, alles vorzubereiten.

**Shir@hoshi**: Moment mal! Du hast doch nicht etwa das vor, was ich glaube, dass du vorhast?

**m0$tw4nt3d**: Doch. Schätze schon.

**Shir@hoshi**: Du willst so tun, als wärst du dieser Lehrling? Und glaubst, du kommst so bei Liberty Bells rein?

**▶BlackLumumba◀**: Was ist, wenn dir der echte Tim Ferguson über den Weg läuft?

**m0$tw4nt3d**: Wird er nicht.

**~~Silver~~Surfer~~**: Wanted! Liberty Bells ist keine Spielzeugfirma. Sie kriegen dich und machen Hackfleisch aus dir.

**Gödel**: Wenn es ein anderer versuchen würde, würde ich die Erfolgschancen auf weniger als zehn Prozent schätzen. Bei Wanted liegen sie deutlich höher. Denkt an Barney. Und an Kathy.

**▶BlackLumumba◀**: Kann sein. Aber trotzdem: Du solltest es nicht heute entscheiden, Wanted. Es ist echt riskant. Überleg es dir noch mal in Ruhe.

**m0$tw4nt3d**: Die Entscheidung ist schon gefallen. Ihr werdet sehen, was passiert. Oder nein, ich muss mich verbessern: Ihr werdet es hören.

## III-5: Treffen von Jacob O'Connor mit Dylan St. Patrick (internes Überwachungsprotokoll)

*Datum*: Samstag, 27. Juni 2020, 15:00 Uhr
*Ort*: Café Farley's, 1315 18th Street, San Francisco
*Zielperson*: Dylan St. Patrick
*Kontaktperson*: Special Investigator Jacob O'Connor
*Observatoren*: Agents Sean Flurry und Nathan Carmichael

*Rahmenbedingungen des Treffens*: Als Ort des geplanten Interviews hat die Zielperson das Café Farley's vorgeschlagen, das als beliebter Treffpunkt der linken Internetszene von San Francisco gilt. Ein Team der NSA ist bei einem Besuch einige Tage vor dem Treffen zu dem Ergebnis gekommen, dass das Café observationsfähig* ist. In Absprache mit dem Leiter der Abteilung TAO, Edwin Laughton, wird festgelegt, noch keinen Zugriff auf die Zielperson vorzunehmen, sondern sie nach dem Treffen weiter zu observieren, um Hintermänner zu ermitteln. Special Investigator Jacob O'Connor betritt das Café gegen 14:30 Uhr und wählt einen Platz in der Nähe der Fensterfront, wo er von der Kamera und dem Richtmikrofon im Überwachungswagen auf der gegenüberliegenden Straßenseite gut zu erfassen ist. Außer ihm sind 17 weitere Personen im Raum. Die Zielperson erscheint um 15:20 Uhr.

**Dylan St. Patrick (im Folgenden D) betritt das Café, bleibt in der Nähe der Tür stehen und blickt sich um. Special Investigator Jacob O'Connor (im Folgenden J) beobachtet ihn, steht auf und hebt die Hand.**

**J**: Dylan?

**D (tritt zögernd an den Tisch)**: Ich dachte, du wärest älter.

**J**: Hey, der Satz kommt mir bekannt vor. Hat das nicht auch Greenwald von Snowden gedacht?

**D (lacht)**: Ja, so ungefähr. Nur müsstest du es dann eigentlich zu mir sagen.

**J**: Komm, setz dich. Bestell, was du willst. Ich übernehme die Rechnung.

---

* Zur Überwachung geeignet.

*J hat die Plätze so gewählt, dass beide der Kamera das Profil zuwenden.*
*Nachdem sie sich gesetzt haben, nimmt D seine Maske ab und winkt*
*jemandem zu. Offenbar hat er Bekannte im Café entdeckt.*

**J**: Bist du oft hier?

**D**: Geht so. Alle paar Wochen.

**J**: Stammst du aus San Francisco?

**D**: Vielleicht. Vielleicht auch nicht.

**J** *(nickt kurz und lächelt)*: Über persönliche Dinge redest du wohl nicht gerne.

**D**: Nein. Wozu auch? Sie sind nicht wichtig. Ich will nicht, dass du über mich schreibst. Du sollst über die Sache schreiben.

**J**: Snowden. Fast wörtlich.

**D**: Er hatte ja auch recht damit.

*Eine Mitarbeiterin des Cafés tritt an den Tisch. D bestellt einen Kaffee*
*aus Nicaragua, fair gehandelt, J einen Cappuccino.*

**J**: Gut, dann also zur Sache. Du bist ein Internetaktivist. Wie groß ist die Szene hier in San Francisco?

**D**: Keine Ahnung. Ein paar Hundert Leute vielleicht. Aber du kriegst von mir keine Namen oder so. Wir reden in der Öffentlichkeit nicht übereinander.

**J**: Schon klar. Was fasziniert dich am Netz?

**D** *(beugt sich vor und stützt sich auf den Tisch)*: Das Internet ist eine der größten Chancen, die die Menschheit jemals gehabt hat. Eine Chance auf freien Zugang für jeden zu allen Informationen. Und auf freie Kommunikation, ohne Machtstrukturen und Herrschaftsverhältnisse. Es hätte eine echte Revolution werden können, auch gegen die ganzen Ungerechtigkeiten unseres Systems. Und so hat es ja auch angefangen.

**J**: Und dann? Was kam dazwischen?

**D** *(lacht bitter)*: Big Money und Big Brother. Was sonst?

**J**: Fangen wir mit Big Money an.

**D**: Ich glaube, es ist irgendwie schleichend passiert. Erst haben die Leute es gar nicht gemerkt. Und als sie dann kapiert haben, was läuft, war es schon fast zu spät.

**J**: Was war zu spät? Und was haben sie nicht kapiert?

199

**D**: Das Internet ist von den Dotcoms okkupiert[*] worden. Es war eine echte Eroberung, ungefähr seit der Jahrtausendwende. Bis dahin ging es um Kommunikation, Freiheit, Kreativität. Seitdem geht es nur noch um Daten und wie man möglichst viel Geld damit verdient. Sieh dir Facebook und all die anderen an! Kommunikation ist nur noch Mittel zum Zweck. Sie dient nur noch dazu, Daten zu produzieren und zu verkaufen.

*Die Getränke werden gebracht. D beachtet sie nicht.*

**D**: In den Anfängen ging es um ein Gemeinschaftsgefühl, heute geht es um Selbstvermarktung. Früher hat man die bewundert, die was in der Birne hatten. Heute bewundert man die, die was in der Brieftasche haben. Auf einmal sind die Oberdotcoms die großen Vorbilder. Aber was sind das für Typen? Asoziale! Irgendwelche Jungunternehmer, die behaupten, für die Freiheit zu sein und die Probleme der Menschheit zu lösen, in Wahrheit aber nur ans große Geld wollen. Sie verkaufen ihre Allmachtsfantasien als Freiheitsträume. Das ist widerlich.

**J**: Ist nicht unsere ganze Gesellschaft so? Das Internet spiegelt das einfach nur wider.

**D (gestikuliert)**: Das Internet soll aber nichts widerspiegeln, es soll etwas verändern. Das ist es, worauf es uns ankommt.

**J**: Euer Traum.

**D**: Ja, ich weiß, heute macht man sich über Leute lustig, die es noch wagen, einen Traum zu haben. Ist mir egal. Nenn es, wie du willst. Das Problem ist, dass die Dotcoms die Macht übernommen haben, und es ist keiner mehr da, der sie kontrolliert. Schon gar nicht Trump, dieser Idiot. Die IT-Konzerne haben das Internet privatisiert, es unter sich aufgeteilt. Ihr Ziel ist, die Privatsphäre komplett abzuschaffen. Dann haben sie alle Daten, die sie brauchen, um das Verhalten der Menschen zu analysieren und in ihrem Interesse zu steuern. Aber ohne Privatsphäre sind wir keine Menschen mehr! Ohne Privatsphäre leben wir in der Diktatur, in der Big-Data-Diktatur[**]. Und merken es nicht mal.

**J**: Okay, aber – was wäre die Alternative?

---

[*] In Besitz nehmen.
[**] Begriff für die Datenflut im Netz und ihre Bearbeitung mit Algorithmen; Befürchtung, die Daten könnten genutzt werden, um das Verhalten der Menschen vorherzusagen und zu manipulieren.

**D**: Alle Daten müssen der Allgemeinheit gehören, so wie es mit der Atemluft oder mit dem Trinkwasser ist. Sie müssen frei zugänglich sein, damit man etwas wirklich Sinnvolles damit anfangen kann. Was allen nützt und nicht nur ein paar Unternehmen. Die IT-Konzerne müssen die Daten herausrücken. Und wenn sie es nicht freiwillig tun, muss man sie dazu zwingen.

**J**: Das forderst du?

**D**: Ja. Genau das fordere ich.

**J**: Na gut, dann kommen wir zu dem zweiten Punkt. Big Brother. Ich nehme an, du meinst die Geheimdienste?

**D**: Was die tun, ist ungefähr genauso gefährlich wie das, was die Dotcoms machen. Und es hat auch ungefähr gleichzeitig angefangen. Vor allem nach 9/11*.

**J**: Findest du es falsch, den Terrorismus zu bekämpfen?

**D**: Natürlich nicht. Aber darum geht es doch gar nicht. Inzwischen speichern die Geheimdienste jedes Telefonat, das auf der Welt geführt wird, und jede E-Mail, die auf der Welt verschickt wird, zumindest die Metadaten**. Sie zapfen die Unterseekabel an, horten Sicherheitslücken, pflastern die Welt mit Überwachungskameras, infizieren Rechner mit Trojanern und spionieren jedes Smartphone aus. Und das alles, um Terroristen zu bekämpfen? Wer das glaubt, glaubt auch an den Weihnachtsmann.

**J**: Was ist denn deiner Meinung nach der wahre Grund?

**D**: Am Anfang ging es vielleicht noch gegen den Terrorismus, aber inzwischen hat sich der Apparat davon gelöst. Vor ein paar Jahren haben unsere Geheimdienste das »Goldene Zeitalter der Überwachung« ausgerufen. Das zeigt es doch. Wer nur Terroristen bekämpfen will, redet nicht vom »Goldenen Zeitalter«.

**J**: Na schön. Aber was ist damit gemeint?

**D**: Mit dem Internet haben diese Leute plötzlich eine Maschine in der Hand, mit der sie die eigene Bevölkerung überwachen und

---

* 11. September 2001; Terroranschläge auf das World Trade Center in New York und das Pentagon in Washington.
** Daten, die zu jeder Datei automatisch hinzugefügt werden, bei E-Mails etwa Absender, Empfänger, Tag und Uhrzeit, bei Telefonaten Anrufer, Angerufener, Tag, Uhrzeit und Dauer, bei Fotos Tag, Uhrzeit und GPS-Koordinaten.

ausforschen können wie nie zuvor. Sie können das Verhalten der Leute analysieren, ihr zukünftiges Verhalten vorhersagen und es dann manipulieren. Es geht um die Steuerung der Gesellschaft.

**J**: Klingt nach Verschwörungstheorie.

**D** *(winkt wütend ab)*: Ja, Totschlagargument! Damit kannst du jeden abwürgen. Weißt du, was Snowden geantwortet hat, als Greenwald ihn fragte, was seine größte Angst ist?

**J**: Ich glaube, er hat gesagt, seine größte Angst wäre, dass das, was er enthüllt, am Ende keinen interessiert.

**D**: Genau. Und? Er hat recht gehabt! Kein Schwein interessiert sich noch dafür. Alle machen bei ihrer eigenen Ausspähung begeistert mit. Datenschutz und Privatsphäre ist den Leuten völlig egal, solange es nur alles umsonst gibt. Konsum und Vergnügen, das ist das, was zählt. Man redet ihnen ein, das wäre Freiheit, aber in Wahrheit opfern sie ihre Freiheit damit.

**J**: Jetzt klingst du ziemlich ernüchtert. Glaubst du denn, dass der Übermacht der Konzerne und der Geheimdienste überhaupt noch etwas entgegengesetzt werden kann?

**D** *(verschränkt die Arme)*: Ich weiß es nicht. Vielleicht ist es längst zu spät. Aber man muss es wenigstens versuchen! Solange man noch als Mensch empfindet, ist man sich das schuldig.

**J**: Wie würdest du eure Bewegung beschreiben?

**D**: Wir lieben die Freiheit, das ist das Entscheidende. Deshalb wollen wir das Internet als Ort der freien Kommunikation wiederherstellen. So wie es früher war, bevor es korrumpiert wurde. Außerdem sind wir transnational. Grenzen gibt es für uns nicht, Nationalstaaten auch nicht. Das ist unwichtig, von gestern. Wir kennen auch nicht links oder rechts, wir sind keine Ideologen. Für uns gibt es nur ein entscheidendes Kriterium: freie Kommunikation – oder Überwachung.

**J**: Gehören auch Hacker zu eurer Szene?

**D**: Klar.

**J**: Wie stehst du zu denen?

**D** *(zögert, schaut aus dem Fenster, sein Blick streift den Überwachungswagen)*: Man muss unterscheiden. Leider denken alle nur an die Kriminellen, wenn sie das Wort Hacker hören. Man hat es geschafft, die ganze Szene zu kriminalisieren. Ihr von den Medien habt dabei kräftig mitgeholfen. Das ist ziemlich traurig.

*J*: Bist du selbst als Hacker tätig?

*D*: Nächste Frage.

*J (lächelt)*: Du bist sehr vorsichtig, oder?

*D*: Das habe ich schon als Kind gelernt.

*J*: Jetzt hast du doch etwas Persönliches gesagt.

*D*: Du musst es ja nicht schreiben.

*J*: Na gut. Ich danke dir, Dylan. Das war wirklich eine Menge. Mehr, als ich gehofft hatte. Ich denke, ich muss das alles erst mal ordnen. Wahrscheinlich habe ich dann noch ein paar Fragen an dich. Wie kann ich dich erreichen?

*D*: Ich melde mich lieber bei dir. Hast du eine Karte oder so was? Mit deiner Nummer und deiner Mailadresse?

*J (zieht eine vorbereitete Visitenkarte hervor und reicht sie D)*: Ich will dir auf jeden Fall vor der Veröffentlichung alles schicken, damit du es autorisieren kannst. Also melde dich. Es ist wichtig.

*D (steckt die Karte ein, steht auf)*: Ja, mache ich. Ich glaube, Sparrow hatte recht. Du bist tatsächlich okay. *(deutet aus dem Fenster)* Übrigens: Ist das dein Wagen auf der anderen Seite?

*J (kann ein kurzes Erschrecken nicht verbergen)*: Nein! Wie kommst du darauf?

*D*: Nur so ein Gedanke. Mein Vater ist Polizist. *(lächelt)* Siehst du: Das war jetzt noch etwas Persönliches.

*D nickt J zum Abschied zu und verlässt das Café.*

*Anmerkung*: Während des Gesprächs gelang es nicht, die Kleidung der Zielperson wie geplant mit einem Peilsender zu präparieren. D erwies sich als zu aufmerksam und suchte auch zwischenzeitlich nicht die Toilette auf. Daher verfolgten die Agents Flurry und Carmichael ihn nach dem Verlassen des Cafés. Nach einiger Zeit betrat D einen Park, wo die Agents ihm, um nicht aufzufallen, einen größeren Vorsprung lassen mussten. An einer unübersichtlichen Stelle verloren sie ihn aus den Augen.

# III-6: Tonaufnahme Dylan St. Patricks (von seinem Computer heruntergeladen und verschriftlicht am 12. August 2020)

*Aufnahmegerät wird gestartet. Verkehrsgeräusche, Musik aus einem vorbeifahrenden Auto. Schritte von Passanten, das Klingeln eines Telefons.*

*Dylan St. Patrick (im Folgenden D), offenbar auf der Straße vor dem Firmensitz von Liberty Bells, flüsternd*: Es ist der 1. Juli, sechs Uhr abends.

5 Ganz schön warm, über dreißig Grad. Ich habe mir Arbeitskleidung besorgt, wie die Leute von Morrison & Hart sie tragen, mit dem Logo der Firma und dem Namen Tim Ferguson drauf. Und einen kleinen Werkzeugkoffer. Dauert noch etwa eine Stunde, bis die echten Handwerker kommen. Sollte reichen. Also, noch mal tief Luft holen. Kann

10 losgehen.

*Verkehrsgeräusche nehmen zu, offenbar überquert D die Straße. Sein Atem ist zu hören, er scheint zu laufen. Verkehr wird schwächer. Stille, anscheinend hat D die Empfangshalle betreten. Räuspern, dann zögernde Schritte.*

15 *D*: Ach, entschuldigen Sie bitte, Ma'am. Ich habe da vorne am Eingang diesen Geldschein hier gefunden. Er lag am Boden, bestimmt hat ihn einer der Mitarbeiter verloren.

*Belinda Clark (im Folgenden B), eine der Empfangsdamen von Liberty Bells, 41*: Na, so etwas! Vielen Dank! Das ist wirklich aufmerksam von

20 dir. So ehrlichen Menschen begegnet man heutzutage selten.

*D*: Erzählen Sie es nicht weiter, aber ich hab kurz überlegt, ob ich den Schein einstecken soll. Hab's dann aber doch nicht getan. Liegt an meinen Eltern, die haben mich so erzogen.

*B*: Weißt du, ich sage immer: Eine gute Erziehung hält ein Leben lang,

25 eine schlechte nur bis zum Knast.

*D (lacht)*: Hey, der Spruch ist gut! Den muss ich mir merken.

*B*: Ja, tu das. Übrigens: Du musst hier eine Maske tragen. Das ist bei uns Vorschrift.

*D*: Oh, klar. Hatte ich vergessen. *(Pause)*

30 *B*: Weißt du, ich frage mich, was wir mit dem Schein jetzt anfangen sollen. Den Besitzer werden wir ja wohl kaum noch ermitteln können.

**D** *(Stimme jetzt dumpfer)*: Stimmt. Da könnte sich jeder melden. Aber vielleicht gibt es einen guten Zweck oder so etwas?

**B**: Ja, natürlich! Wir haben eine Spendenaktion. Wir sammeln für arme Kinder in Afrika. Siehst du, da steht die Büchse. Ich hatte sie schon fast vergessen. *(Knistern, vermutlich steckt B den Schein in die Spendenbüchse)* So, das ist doch eine wunderbare Sache. Da haben wir heute unsere gute Tat getan, wir beide.

**D**: Ja, da geht einem die Arbeit gleich leichter von der Hand.

**B**: Du kommst von Morrison & Hart, wie ich sehe. Bist sicher noch Lehrling, so jung, wie du bist?

**D**: Gerade angefangen. Erstes Lehrjahr. Ist alles noch neu für mich.

**B**: Ich habe auch einen Sohn, der ist ungefähr in deinem Alter. Er geht aber noch zur Schule.

**D**: Wie heißt er? Vielleicht kenne ich ihn.

**B**: Montgomery. Montgomery Clark.

**D**: Hm, ich habe mal einen Montgomery gekannt. Wir haben ein paarmal zusammen geskatet. Aber jetzt haben wir uns aus den Augen verloren.

**B**: Mein Sohn skatet wirklich gerne. Das wäre ja ein Zufall!

**D**: Ach, Sie wissen ja, Ma'am: Seattle ist ein Kaff.

**B**: Ja. Ich sehe nur gerade … *(Klappern einer Tastatur)* Ihr seid erst für sieben angemeldet. Du bist eine Stunde zu früh.

**D**: Ich weiß, Ma'am. Ich soll …

**B**: Jetzt nenn mich doch nicht immer Ma'am, das hört sich so furchtbar altmodisch an. Mein Name ist Belinda Clark. Hier, da steht es auch.

**D**: Ah, okay, Mrs Clark. Hat mein Chef Sie nicht darüber informiert, dass ich eine Stunde früher komme?

**B**: Nein, davon steht hier nichts. Wie ist denn dein Name?

**D**: Tim Ferguson.

**B**: Ja, du bist auf der Liste. Aber du stehst ganz normal unter denen, die um sieben kommen.

**D**: Nein, ich soll eine Stunde früher anfangen, um alles vorzubereiten. Die Verteilerdosen öffnen, die Steckdosen abschrauben, die Abdeckungen der Leuchten wegnehmen, solche Sachen halt. Wenn ich es nicht tue, dauert später alles doppelt so lang.

**B**: Ach, die Chefs, was? Erst vergessen sie die Hälfte von dem, was sie zu tun haben, und dann versuchen sie den Ärger ihren Mitarbeitern in die Schuhe zu schieben. Ich kann dir sagen, das ist überall das Gleiche.

5 **D**: Ja, so geht das bei uns auch. Wenn die gleich um sieben kommen und ich habe das nicht gemacht, was glauben Sie, was die mir dann für einen Stress machen. Dann bin ich wieder an allem schuld, obwohl ich gar nichts dafür kann.

**B (zögert)**: Hm! Weißt du denn, in welche Räume du musst?

10 **D**: Ich hab's mir aufgeschrieben. Warten Sie, hier steht's. Heute sind die Räume 315 bis 319 dran.

**B**: Ja, das stimmt, so steht es auch in meiner Liste. Also, Tim, eigentlich darf ich das nicht, aber – mein Gott, da du sowieso für sieben angekündigt bist, wird es auf die eine Stunde wohl nicht ankommen. Ich

15 mache dir mal einen Besucherausweis fertig.

**D (erleichtert)**: Mrs Clark, Sie retten mir wirklich den – also, Sie retten mich.

**B (lacht)**: Schon gut. Ich habe mir gerade vorgestellt, Montgomery wäre in einer solchen Situation. Dann würde ich auch wollen, dass ihm

20 jemand hilft. Also, hier ist dein Besucherausweis. Trag ihn so, dass man ihn gut sieht. Ich rufe den Hausmeister, damit er dir aufschließt.

**B telefoniert im Hintergrund. Stille, dann Schritte.**

**B**: Ah, P. J.! Das ging ja schnell. Bringst du den jungen Mann in die Dritte? Räume 315 bis 319, du weißt schon.

25 **Paul James Butterfield (im Folgenden P), einer der Hausmeister von Liberty Bells, 64**: Ja, ja! Muss wieder Überstunden schieben, um später alles abzuschließen. Warum passiert das eigentlich immer mir? Na, komm mal mit, Junge.

**Schritte. Geräusch einer Aufzugstür. Leises Summen.**

30 **D**: Hören Sie, Sir! Vielleicht müssen Sie gar keine Überstunden machen. Wenn ich jetzt alles vorbereite, geht es nachher schneller.

**P**: Du meinst, ihr braucht nicht wieder bis elf oder so?

**D**: Ach was! Wenn alles gut läuft, sind wir um neun fertig.

**P**: Hey! Damit machst du einem alten Mann eine große Freude. Dann ist

35 es mir eine Ehre, dir die Räume aufschließen zu dürfen.

*Erneut das Geräusch der Aufzugstür. Längere Zeit Schritte.*

*P*: So, hier ist die 315. *(schließt die Tür auf)* Da drin kannst du schon mal anfangen. Die anderen Räume sind den Gang runter, die mache ich dir auch auf. Wenn es ein Problem gibt oder du etwas brauchst, nimmst du eines der Telefone und wählst dreimal die Acht. Dann hast du mich an der Strippe.

*D*: Alles klar, Sir. Vielen Dank!

*D öffnet die Tür und schließt sie wieder. Längere Zeit Stille.*

*D (flüsternd)*: Gut, ich glaube, er ist weg. Erst mal nehme ich das Scheißding ab. *(Stimme wieder klarer)* Dann ist jetzt genau der richtige Zeitpunkt, ein Dankeswort an alle Empfangsdamen und Hausmeister dieser Welt zu richten. Ihr seid unschätzbar wertvolle Verbündete im Kampf gegen die Mächte des Bösen. Amen! So, jetzt an die Arbeit.

*Schepperndes Geräusch, anscheinend stellt D den mitgebrachten Werkzeugkoffer ab.*

*D (immer noch flüsternd)*: Mal schauen. Großraumbüro. Sechs Schreibtische mit Rechnern. Preisfrage: Welcher Tisch sieht aus, als säße da eine Führungskraft? Der hier gehört, nach den Fotos darauf zu urteilen, einer Frau. Die Wahrscheinlichkeit, dass es sich um eine Führungskraft handelt, ist bei einer Firma wie Liberty Bells eher gering. Hm! Der da hinten sieht gut aus. Ist der einzige, von dem man alle anderen im Blick hat. Den nehme ich.

*Schritte. Längere Zeit Arbeitsgeräusche, begleitet von Keuchen.*

*D (hustet)*: Könnten auch mal wieder sauber machen. Als wenn ich nichts Besseres zu tun hätte, als mir eine Staublunge zu holen! Aber egal, Keylogger* sitzt. Jetzt nichts wie weg. Bevor es zum Duell mit dem echten Tim Ferguson kommt.

*D verlässt das Büro. Hastige Schritte. Geräusch der Aufzugstür. Leises Summen, dann wieder die Tür. Erneute Schritte.*

*D*: Hey Mrs Clark!

*B*: Tim! Bist du etwa schon fertig?

---

* Werkzeug / Hackertool, das alle Tastatureingaben protokolliert; als Software meist mithilfe eines Trojaners verschickt; als Hardware auf das Tastaturkabel aufgesetzt.

*D*: Das wäre schön. Nein, ich hab was vergessen. Muss schnell los und es holen. Hier, der Besucherausweis. Halten Sie ihn für mich warm, ja? Bin gleich wieder da.

*B*: Moment! Wann …?

5 *D (laut, offenbar bereits aus der Entfernung)*: Sie haben mich gerettet, Mrs Clark. Sie haben echt was gut bei mir.

*Es wird lauter, anscheinend verlässt D das Gebäude. Verkehrslärm, anschwellend und wieder abebbend. Schnelle Schritte über längere Zeit.*

*D (leicht außer Atem)*: So, weit genug. Ich schätze, wenn gleich der echte
10 Tim Ferguson kommt, wird es hoch hergehen bei Liberty Bells. Wahrscheinlich durchsuchen sie dann die Räume. Na, der Keylogger ist der kleinste, den es gibt, den finden sie nicht. Puh! Gut, dass die Sache durch ist. Jetzt habe ich echt Hunger.

*Aufnahmegerät wird gestoppt.*

## III-7: Telefonat Jacob O'Connors mit Rosanna St. Patrick (mitgeschnitten und verschriftlicht am 2. Juli 2020)

*Rosanna St. Patrick (im Folgenden R)*: Ja, bitte? Mit wem spreche ich?

*Special Investigator Jacob O'Connor (im Folgenden J)*: Bitte entschuldigen Sie die Störung, Mrs St. Patrick. Sie kennen mich nicht. Mein Name ist Duncan O'Mallory, ich bin Journalist. Ich bin ein Bekannter von Dylan.

*R*: Von Dylan? Er ist leider nicht da. Er … 5

*J*: Das weiß ich. Ich weiß, dass er nicht da ist. Ich wollte auch nicht ihn sprechen. Ich rufe Sie an.

*R*: Was sagten Sie: Wie ist Ihr Name?

*J*: Duncan O'Mallory.

*R*: Es tut mir leid. Ich glaube, den Namen hat er nie erwähnt. 10

*J*: Nein, das kann er auch nicht. Wir kennen uns erst seit Kurzem. Ich schreibe über ihn.

*R*: Sie schreiben über Dylan? Worüber denn genau?

*J*: Oh, er ist eine bekannte Figur in der Internetszene von San Francisco. Wussten Sie das nicht? 15

*R*: Nein. Ich weiß, dass das Internet seine große Leidenschaft ist. Aber mir war nicht klar, dass er so bekannt ist.

*J*: Doch, das ist er. Ich habe ihn vor ein paar Tagen getroffen, um ihn zu interviewen.

*R*: Darf ich fragen, wo das war? 20

*J*: Natürlich. Im Farley's, einem Café in San Francisco.

*R*: Ja, das kenne ich. Dylan geht ab und zu dorthin, um seine Freunde zu treffen. Sagen Sie – die Frage mag etwas seltsam erscheinen, aber: Geht es ihm gut?

*J*: Haben Sie denn keinen Kontakt zu ihm? 25

*R*: Ach! Nicht mehr so oft, wissen Sie. Ab und zu ist er mal für ein paar Tage bei mir. Oh, das ist immer wunderschön, wir verstehen uns gut. Aber dann treibt es ihn wieder fort und er ist wochenlang verschwunden. Ich glaube, er hält es einfach nirgends länger aus. Daran ist sein Vater schuld. 30

*J*: Und – wenn er nicht bei Ihnen ist, wo lebt er dann?

*R*: Ich denke, bei irgendwelchen Freunden oder Freundinnen. Ich weiß
es nicht genau, ich hab's aufgegeben, ihn zu fragen. Ab und zu ruft er
mich an und sagt Sachen wie: »Hey Mom, wie geht es dir? Ich liebe
dich! Und tschüss.« *(lacht, bricht ab und schluckt)* Der verrückte Junge!
5   Ich sage immer zu ihm: »Wenn du mich lieben würdest, dann würdest
du mir nicht so viele Sorgen machen.« Aber das versteht er natürlich
nicht. Wahrscheinlich muss man erst selbst Kinder haben, um so
etwas zu verstehen.
*J*: Ruft er Sie von seinem Smartphone an oder …
10  *R*: Ach, da ist er ziemlich eigen. Meistens ruft er von einem öffentlichen
Telefon an. Er hat so einen – wie soll ich sagen – so eine Art Verfolgungswahn, wissen Sie. Daran ist auch sein Vater schuld. Er trägt zum
Beispiel seinen Laptop immer im Rucksack bei sich und würde ihn nie
alleine lassen, nicht für eine Sekunde. Auch sein Smartphone benutzt
15  er nicht gern. Es ist – nicht offiziell, ich weiß nicht genau. Jedenfalls
darf ich ihn da nur in absoluten Notfällen anrufen, das hat er mir ein-
geschärft.
*J (lacht)*: Das ist witzig, Mrs St. Patrick. Genau das Gleiche hat er zu mir
gesagt.
20  *R*: Dylan hat Ihnen seine Nummer gegeben?
*J*: Ja. Wieso?
*R*: Das tut er sonst nie. Dann muss er Ihnen sehr vertrauen.
*J*: Na ja, wir haben uns lange unterhalten und gut verstanden. Dylan ist
sehr interessiert an dem Buch, das ich schreibe. Deshalb hat er mir
25  seine Nummer gegeben, damit ich ihn zur Not erreichen kann. Und
auch Ihre Nummer. Es ist nur so, dass … Na ja, es ist mir wirklich
unangenehm. Ich muss seine Nummer irgendwie verlegt haben und
jetzt versuche ich schon seit Stunden, sie aus dem Gedächtnis zu
rekonstruieren. Es war die 0415 und dann zuerst die Sieben – und eine
30  Drei …
*R*: Nein, es ist die 0415-68473935.
*J*: Ah, natürlich. *(lacht)* Und wissen Sie was, Mrs St. Patrick? Jetzt, in dem
Augenblick, wo Sie es sagen, sehe ich es auch hier in meinen Kontak-
ten. Völlig falsch eingegeben. Also, es tut mir wirklich leid. Entschul-
35  digen Sie bitte.

*R*: Aber das muss Ihnen doch nicht leid tun.

*J*: Erzählen Sie Dylan nichts, ja? Es wäre mir peinlich, wenn er erfährt, wie sorglos ich mit seiner Nummer umgehe.

*R*: Nein, nein. Ich sage ihm nichts.

*J*: Sie haben eben zweimal erwähnt, sein Vater wäre an seinem Verhalten schuld. Wie meinen Sie das?

*R*: Ach, das ist eine lange Geschichte. Dylans Vater ist Polizist. Einer von denen, die glauben, man könnte Probleme dadurch lösen, dass man zuschlägt. Jedenfalls, nach der Scheidung hat er Dylan und mich regelrecht verfolgt. Wir mussten ständig vor ihm fliehen. Wie soll sich ein Junge normal entwickeln, wenn er immer wieder aus seiner Umgebung gerissen wird? Irgendwann hat Dylan sich nur noch für seinen Computer interessiert und alles andere vernachlässigt. Er hat zum Beispiel dieses Spiel entdeckt und nächtelang gespielt. Wie heißt es noch? Legoland? *(lacht)* Ach nein, das ist ja viel länger her. Lang …

*J*: Meinen Sie vielleicht »Legends of Langloria«?

*R*: Ja! So hieß es. Erst fand ich das schlimm, aber dann habe ich gemerkt, dass er Freunde gefunden hat im Internet. Und die blieben, egal wohin wir geflohen sind. Ich habe es einfach nicht übers Herz gebracht, ihm das zu nehmen. Jetzt mache ich mir natürlich Vorwürfe, dass ich nicht strenger zu ihm war.

*J*: Nein, Mrs St. Patrick, das sollten Sie nicht. Sie müssen sich keine Vorwürfe machen. Sehen Sie, ich hatte mal eine ähnliche Phase wie Dylan jetzt. Es ist gar nicht lange her. Und – ich rede eigentlich nicht gern darüber, aber Ihnen erzähle ich es. Ich habe nie einen Schulabschluss gemacht.

*R*: Tatsächlich? Und trotzdem haben Sie eine Arbeit gefunden? Was sagten Sie? Als Journalist?

*J*: Ja. So könnte man es bezeichnen.

*R*: Das kann ich mir für Dylan auch vorstellen. Er ist ein kluger Junge.

*J*: Er ist hochintelligent, Mrs St. Patrick. Sehen Sie, in dem Bereich, in dem er und ich, also, in dem wir uns auskennen, in der Welt der Computer und des Internets, ist ein Schulabschluss nicht das Entscheidende. Glauben Sie mir: Dylan stehen immer noch viele Türen offen. Bei mir war es genauso.

**R (schweigt länger)**: Hören Sie bitte, Mr O'Mallory …

**J**: Nein, sagen Sie Duncan. Ich bin erst neunzehn.

**R**: Ah! Gut, dann also Duncan. Wenn Sie Dylan wieder treffen, könnten Sie dann bitte versuchen, mit ihm darüber zu reden? Ich versuche es auch manchmal, aber auf mich hört er nicht, ich habe ja auch keine Ahnung von diesen Dingen. Ich glaube, auf Sie wird er hören. Sie werden schon wissen, was Sie ihm sagen müssen. Ja? Wollen Sie das tun?

**J**: Ich verspreche es Ihnen, Mrs St. Patrick.

**R**: Oh, das beruhigt mich. Wissen Sie was? Ich glaube, das Gespräch mit Ihnen hat mir gutgetan. Ich danke Ihnen.

**J**: Nein, bitte nicht. Das Gegenteil ist der Fall. Sie haben mir geholfen. Ich wünsche Ihnen einen schönen Independence Day. Auf Wiederhören, Mrs St. Patrick.

**R**: Auf Wiederhören, Duncan.

## III-8: Chatprotokolle der Zielpersonen (heruntergeladen aus dem Chatroom am 3. August 2020)

### 3. Juli

**Shir@hoshi**: Diese Mrs Clark, sie tut mir leid. Irgendwie hört sie sich nett an auf deiner Aufnahme, Wanted.

**m0$tw4nt3d**: Sie ist auch nett. Das ist das Uncoole daran: Es sind immer die netten Leute, die du bei solchen Aktionen aufs Kreuz legst. Weil es bei denen am einfachsten ist.

**Shir@hoshi**: Was glaubt ihr, was sie jetzt für einen Ärger kriegt! Vielleicht ist sie sogar ihren Job los.

**~~Silver~~Surfer~~**: Wer für so einen Scheißkonzern arbeitet, hat es nicht besser verdient. Du musst es so sehen, Schlitzi: Es ist Blinda Belindas einmalige Chance, sich eine vernünftige Arbeit zu suchen. Sie wird uns noch dankbar sein.

**▶BlackLumumba◀**: Hast du mit dem Keylogger schon was herausgefunden, Wanted?

**m0$tw4nt3d**: Ich hab gestern den ganzen Tag in meinem Zimmer in diesem elenden Hochhaus gesessen und die Protokolle ausgewertet, die das Ding mir schickt.

**Gödel**: Was für ein Modell ist es?

**m0$tw4nt3d**: Ein ganz neues. Es ist so klein, dass es nicht auf dem Tastaturstecker sitzt, sondern innen drin. War eine ziemliche Fummelei, aber jetzt ist es nicht mehr zu entdecken. Es zeichnet die Tastatureingaben auf und schickt mir alle 30 Minuten ein Protokoll mit den geloggten Daten.

**<--arrow-->**: Und? Was hast du? Die UI*?

---

\* User Identification; identifiziert Benutzer:innen in einem Rechner oder Netzwerk, stellt meistens eine Kombination aus Benutzername und Passwort dar.

**m0$tw4nt3d**: Die war zum Glück nicht schwer zu finden in dem Wust. So ziemlich das Erste, was der Typ eingegeben hat. Aber der Rest ist leider nicht so spannend. Ich glaube, er hat nicht viel zu sagen. Hab mich bei der Auswahl des Rechners wohl getäuscht. Na egal, mit der UI kommen wir ins System, das ist das Wichtigste. Hier, ich nagel sie euch rüber.

▶**BlackLumumba**◀: Danke, Wanted. Ich finde es Wahnsinn, was du tust. Aber irgendwie ist es auch unfair. Du bist von uns allen der Einzige, der seinen Hals riskiert.

**~~Silver~~Surfer~~**: Keine Sorge, schwarzer Bruder. Wenn wir so weitermachen, werden unsere Hälse noch alle dran glauben müssen. Einer nach dem anderen.

**Shir@hoshi**: UI ist angekommen. Und jetzt? Wie geht's weiter?

**m0$tw4nt3d**: Na, ist doch klar. Morgen ist der ideale Tag, um unser Raumschiff zu starten und die Geheimnisse des Planeten Liberty Bells zu erforschen.

▶**BlackLumumba**◀: Wieso gerade morgen?

**Gödel**: Der 4. Juli ist der höchste Feiertag der Vereinigten Staaten von Amerika.

**m0$tw4nt3d**: Independence Day[*]. Wenn es einen Tag gibt, an dem hier keiner arbeitet, dann ist es der.

**~~Silver~~Surfer~~**: Das gilt aber wahrscheinlich nicht für einen abgefuckten Rüstungskonzern.

**Shir@hoshi**: Trotzdem: Wanteds Vorschlag macht Sinn. Zumindest sind sie dann nicht voll besetzt.

**Gödel**: Ich erkläre mich dazu bereit, wieder die Säuberung der Logdateien zu übernehmen.

**m0$tw4nt3d**: Das hatte ich gehofft, Gödel. Ist nicht der aufregendste Job, aber im Moment der wichtigste. Wir machen es wie bei Hoboken: reingehen, umsehen, kopieren, Spuren verwischen, rausgehen. So wenig Aufsehen wie möglich.

---

[*] Nationalfeiertag in den USA; am 4. Juli 1776 wurden die USA unabhängig von Großbritannien.

## 5. Juli

**~~Silver~~Surfer~~**: Kann man das irgendwie anders bezeichnen als scheiße?

**Gödel**: Man könnte eine differenziertere Beschreibung finden. Man könnte auch seiner Bewunderung für ein gut geschütztes Unternehmensnetzwerk Ausdruck verleihen.

**m0$tw4nt3d**: Tatsache ist, dass sie anscheinend alle Daten, die wichtig sind, in irgendwelchen düsteren Kerkern gebunkert haben. Und ich für mein Teil habe nicht mal die Türen dazu gefunden, geschweige denn den Schlüssel, sie zu öffnen. Wie sieht's bei euch aus?

**Shir@hoshi** 😣

**<--arrow-->**: Kein Pfeil im Ziel.

**~~Silver~~Surfer~~**: Epic Fail.

**▶BlackLumumba◀**: Na ja, eine Kleinigkeit hätte ich.

**~~Silver~~Surfer~~**: Schau mal an, der Minentaucher!

**▶BlackLumumba◀**: Ob es was wert ist, müssen wir erst noch sehen. Jedenfalls, ich bin einen Verzeichnisbaum durchgegangen, der so öde aussah, wie es öder nicht mehr geht. Jede einzelne Verästelung, bis zu den winzigsten Zweigen. Und im hinterletzten Unterverzeichnis war die Sicherungskopie einer Datei, die wahrscheinlich irgendein Sysop vergessen hatte zu löschen. Sie beschreibt die Struktur des gesamten Netzwerks.

**m0$tw4nt3d**: Okay, vielleicht war die Expedition doch nicht umsonst. Erzähl mal genauer!

**▶BlackLumumba◀**: Also, das Teil ist angelegt wie so eine Art Zwiebel. Mit drei Schichten. Auf die äußere Schicht haben alle Mitarbeiter mit ihren UIs Zugriff.

**Shir@hoshi**: Mit anderen Worten – auch der Typ, dem Wanted seinen Keylogger untergeschoben hat.

**▶BlackLumumba◀**: Genau. Alle. Das ist die Ebene, auf der wir uns umgesehen haben. Und wie wir festgestellt haben, gibt es da nichts, das groß von Interesse ist. Nur irgendwelche allgemeinen Sachen, bei denen es nicht schlimm ist, wenn sie an die Öffentlichkeit kommen.

**<--arrow-->**: Gut, dann lass mal was zu den entscheidenden Dingen hören. Komm, raus mit der Sprache, Black!

**~~Silver~~Surfer~~**: Na, na, Baby. Solche Enthüllungen muss man langsam genießen. Schluck für Schluck.

**▶BlackLumumba◀**: Innerhalb der äußeren Schicht gibt es ein zweites, noch besser geschütztes Netzwerk, auf das – neben den Sysops – nur besonders berechtigte Abteilungsleiter zugreifen dürfen. Und darin wiederum, also im Kern der Zwiebel, ist ein drittes, extrem gut geschütztes System, zu dem nur die Führungskräfte Zugang haben.

**<--arrow-->**: Und? Was gibt es da zu entdecken?

**▶BlackLumumba◀**: Das verrät die Datei nicht. Sie beschreibt nur die Struktur des Netzwerks, nicht den Inhalt.

**m0$tw4nt3d**: Trotzdem gut, dass du sie gefunden hast. Denn jetzt wird klar, wo unser Ziel liegt: im Zentrum der Zwiebel. Nur den Weg dahin müssen wir finden.

**~~Silver~~Surfer~~**: Das sollte für Superhelden wie uns doch kein Problem sein.

**Shir@hoshi**: Irgendwelche Ideen?

**<--arrow-->**: Keine Idee, aber – ich finde, unser Gildenmeister sollte diesmal die Füße stillhalten. Hörst du, Wanted? Versuch bloß nicht noch mal, in den Bunker reinzukommen.

**m0$tw4nt3d**: Ja, Arrow! So klug bin ich auch.

**~~Silver~~Surfer~~**: Ich schlage vor, Professor Dödel mit dem weiteren Vorgehen in dieser Angelegenheit zu betrauen.

**m0$tw4nt3d**: Ist vielleicht keine üble Idee. Black, kannst du die Datei, die du gefunden hast, rumschicken?

**▶BlackLumumba◀**: Schon gemacht.

**m0$tw4nt3d**: Sieh dir das Teil doch mal an, Gödel. Vielleicht kannst du was damit anfangen.

**Gödel**: Ich werde mich damit beschäftigen. Morgen erstatte ich über meine Erkenntnisse Bericht.

### 6. Juli

5

**Shir@hoshi**: Wanted, du hast doch mal erzählt, dass du so einen Journalisten treffen willst, der über die Hackerszene schreibt. Was ist daraus eigentlich geworden?

**m0$tw4nt3d**: Wir haben uns getroffen. Vor einer Woche.

**Shir@hoshi**: Und?

10

**m0$tw4nt3d**: Ach, ich fand ihn eigentlich ganz okay. Und das Gespräch auch. Ich meine, wir waren auf einer Wellenlänge und so. Aber irgendwas an ihm hat mich gestört, ich kann gar nicht sagen, was. Nur so ein Gefühl.

**▶BlackLumumba◀**: Du hast doch nichts über uns erzählt?

15

**m0$tw4nt3d**: Natürlich nicht. Ich war vorsichtig.

**Shir@hoshi**: Hat er deine Nummer oder deine Mailadresse?

**m0$tw4nt3d**: Nein, hat er nicht. Jetzt hört auf, mich wie einen Anfänger auszufragen. Ich weiß schon, was ich tue. Viel wichtiger ist, was Gödel über Liberty Bells rausgefunden hat.

20

**<--arrow-->**: Ja, Gödel! Unsere Hoffnungen ruhen auf dir. Wir hängen an deinen Lippen.

**Gödel**: Ich habe die von Black gefundene Datei analysiert. Dann bin ich in der Nacht – nach mitteleuropäischer Zeit mittags – in das System von Liberty Bells eingedrungen, um Zugang zur mittleren Schicht zu bekommen. Bedauerlicherweise ist mir dies nicht gelungen. Ich bin sicher, dass keine der bekannten Sicherheitslücken existiert. Die Systemadministratoren leisten hervorragende Arbeit.

25

**~~Silver~~Surfer~~**: Na wunderbar! Nicht mal unser geheimer Dödel-Joker sticht. Sieht so aus, als wär's das gewesen.

30

**Shir@hoshi**: Ist ja auch nicht überraschend, oder? Vielleicht ist Liberty Bells einfach eine Nummer zu groß für uns.

**▶BlackLumumba◀**: Denkt daran, dass wir in Langloria auch immer einen Ausweg gefunden haben. Selbst in den hoffnungslosesten Situationen.

**<--arrow-->**: Ja, aber das ist ein Spiel und es ist so angelegt, dass es immer einen Ausweg gibt. Das hier ist die Realität. Da sieht es leider anders aus.

**Gödel**: Vielleicht gibt es doch eine Möglichkeit. Ich habe mir den Maschinencode* des Systems von Liberty Bells angesehen, und zwar in dem Bereich, der meiner Ansicht nach den Zugangsschutz zur mittleren Schicht des Netzwerks enthält.

**<--arrow-->**: Wir sind aber keine Maschinen. Wir können den Code nicht lesen. Nicht mal du, Gödel.

**Gödel**: Es gibt eine Methode, ihn für menschliche Augen lesbar zu machen: Reverse Engineering**.

**m0$tw4nt3d**: Reverse Engineering ist der Heilige Gral. Dafür musst du entweder ein übelster Crack sein, also einer, der weit über uns Normalsterblichen in den Wolken schwebt. Oder du brauchst einen Disassembler*** und den haben wir nicht.

**Gödel**: Ich beanspruche nicht, in den Wolken zu schweben. Aber ich habe euch ja erklärt, dass ich aufgrund meiner Veranlagung in manchen Bereichen unterlegen, in manchen überlegen bin. Vor diesem Hintergrund würde ich mich nicht ohne Weiteres als Normalsterblichen bezeichnen.

**m0$tw4nt3d**: Okay. Und was heißt das für Liberty Bells?

---

* Auch „Binärcode" genannt, da er nur aus den Zeichen 0 und 1 besteht; Computer können Programmcode erst verarbeiten, wenn er in diese Form übersetzt („kompiliert") ist.
** Rückübersetzung des Maschinencodes in Programmcode; nur so können dort Sicherheitslücken aufgespürt werden; sehr schwieriger und aufwändiger Prozess.
*** Programm zur Rückübersetzung des Maschinencodes in eine für Menschen lesbare Sprache.

**Gödel**: Im letzten Jahr habe ich ein Programm geschrieben, mit dem sich binärer* Maschinencode zumindest ansatzweise dekompilieren lässt. Es muss immer noch vieles manuell getan werden und es ist zeitaufwändig, aber es ist möglich, auf diese Weise ein Reverse Engineering durchzuführen. Zumindest für einen Binärcode in begrenztem Umfang.

**Shir@hoshi**: Hört sich abenteuerlich an, aber – wieso soll er es nicht versuchen? Wir stecken sowieso fest.

**m0\$tw4nt3d**: Ja, zu verlieren haben wir nichts. Wie lange würdest du brauchen, Gödel?

**Gödel**: Das kann ich nicht zuverlässig vorhersagen.

**m0\$tw4nt3d**: Okay, von mir aus geh die Sache an. Ich kann zwar immer noch nicht ganz glauben, was du da behauptest, aber – wenn es wirklich klappt …

**<--arrow-->**: Ich weiß, was du meinst. Dann sind wir auf einem Planeten, auf dem vor uns noch keiner gelandet ist.

---

* Zählsystem, mit dem Computer operieren; beruht auf den Zahlen 0 und 1.

### III-9: Observierung Dylan St. Patricks (interne Dokumentation von Jacob O'Connor, 9. Juli 2020)

Bei meinem Gespräch mit Dylan St. Patrick am 27. Juni in San Francisco gelang es nicht, die Kontaktdaten der Zielperson in Erfahrung zu bringen. Auch die angestrebte dauerhafte Überwachung scheiterte. Nach dem Treffen wartete ich einige Tage ab. Als sich St. Patrick in diesem Zeitraum nicht – wie eigentlich von ihm versprochen – bei mir meldete, kontaktierte ich am 2. Juli seine Mutter Rosanna St. Patrick. Von ihr erfuhr ich unter Einsatz der Methode der anteilnehmenden Gesprächsführung die Mobilfunknummer der Zielperson: 0415-68473935.

Die am gleichen Tag veranlasste Überwachung der Nummer ergab, dass das Mobiltelefon St. Patricks stillgelegt war. Es war nicht nur ausgeschaltet, sondern die SIM-Karte war daraus entfernt, sodass es für uns keine Möglichkeit gab, den Standort des Gerätes zu bestimmen. In der Woche zwischen dem 2. Juli und heute benutzte St. Patrick es nur zwei Mal:

Am 4. Juli (Independence Day) schaltete er es um 16:28 Uhr ein und telefonierte mit seiner Mutter. Das Gespräch bezog sich auf private und familiäre Angelegenheiten und lieferte keine Erkenntnisse im Zusammenhang des Falles LFF / Hoboken. Fragen seiner Mutter nach seinem Aufenthaltsort wehrte St. Patrick ab. Um 16:55 Uhr schaltete er das Gerät wieder aus.

Am 7. Juli um 14:07 Uhr aktivierte er es erneut und telefonierte mit Alan Freedman, genannt »Sparrow«, wichtiger Protagonist der Internetszene in San Francisco. Das Gespräch betraf Projekte der kalifornischen Netzaktivisten und erbrachte keine für uns verwertbaren Erkenntnisse. Um 14:26 Uhr schaltete St. Patrick das Gerät aus und aktivierte es seitdem nicht mehr.

In beiden Fällen gelang es, den Standort der Zielperson zu bestimmen. Am 4. Juli telefonierte St. Patrick in der Nähe des Lan Su Chinese Garden, 239 NW Everett Street in Portland, Oregon. Am

7. Juli führte er das Gespräch innerhalb des Riverfront Park, 507 N Howard Street in Spokane, Washington.

Wir ermittelten, dass sich in beiden Fällen eine Station der Greyhound-Buslinie in unmittelbarer Nähe befindet. Es ist daher davon auszugehen, dass St. Patrick die beiden Orte speziell für diese Telefonate aufsuchte, um seinen wahren Aufenthaltsort zu verschleiern. Er scheint demnach entweder mit einer Observierung zu rechnen oder – wie seine Mutter mir gegenüber andeutete – unter einer Form von Verfolgungswahn zu leiden.

Als wir die genannten geografischen Daten in unser Lokalisierungsprogramm eingaben, ermittelte der Algorithmus* die folgenden Städte als die wahrscheinlichsten Aufenthaltsorte St. Patricks: 1. Seattle, Washington; 2. Vancouver, Kanada; 3. Yakima, Washington.

Da St. Patrick beim Angriff der Gruppierung LFF auf Hoboken persönlich in Houston war, ist nicht auszuschließen, dass er auch jetzt in einer solchen Mission unterwegs ist. Als mögliche Ziele ermittelten wir die folgenden Firmen. Seattle: Microsoft, Amazon, Liberty Bells, Cray, UPS. Vancouver: Goldcorp, Electronic Arts, Canfor, Ballard Power Systems. Yakima: die Yakima Research Station unserer eigenen Organisation, der NSA.

Wir müssen mit der Möglichkeit rechnen, dass die Gruppierung LFF auf eines dieser Ziele einen Angriff plant.

Jacob O'Connor

---

* Abfolge von Rechenanweisungen, nach denen ein Computer vorgeht; wird hauptsächlich eingesetzt, um mit großen Datenmengen zu operieren.

## III-10: Chatprotokolle der Zielpersonen (heruntergeladen aus dem Chatroom am 3. August 2020)

### 11. Juli

**m0$tw4nt3d**: Hey! Ich kann sehen, dass Gödel sich gerade einge-loggt hat.

**<--arrow-->**: Na endlich. »Er« ist zurück!

**m0$tw4nt3d**: Wie sieht's aus, Gödel? Epic Fail oder Epic Win*?

**Gödel**: Ich möchte mit diesen Begriffen nicht operieren. Obwohl das, was ich erreicht habe, durchaus der Auftakt zu einer epischen Handlung sein könnte – deren Ausgang allerdings im Ungewissen liegt.

**~~Silver~~Surfer~~**: Okay, die Einleitung war schon mal ganz schick. Ich hoffe, der Hauptteil ist es auch.

**Gödel**: Ich habe in den letzten fünf Tagen und Nächten mit nur weni-gen Unterbrechungen, die sich aufgrund gewisser biologischer Bedürfnisse leider nicht völlig vermeiden ließen, an meinem Reverse Engineering gearbeitet.

**~~Silver~~Surfer~~**: Ich sehe dich vor mir. Wie du an deinem Rech-ner hockst, den Rücken gekrümmt wie eine Schildkröte, die Augen wenige Zentimeter vom Bildschirm entfernt, geschützt durch Brillen-gläser, dick wie Backsteine. Die einzigen Teile deines Körpers, die so etwas wie Muskeln enthalten, sind deine Finger. Du bist das Urbild eines Nerds!

---

\* Epic Fail / Epic Win: Begriffe auf 4chan für gelungene bzw. misslungene Aktionen; inzwischen im ganzen Netz verbreitet.

**Gödel**: Diese Beschreibung kann ich nur teilweise bestätigen, Surfer. Ich habe drei Tage und Nächte dafür gebraucht, aus Teilen des Maschinencodes den Programmcode zu dekompilieren. Einen weiteren Tag und eine weitere Nacht habe ich dafür aufgewendet, den Programmcode zu analysieren. Dabei gelang es mir, eine bisher noch unbekannte Sicherheitslücke darin zu entdecken. Die letzte Nacht und den heutigen Tag nutzte ich, um einen Exploit* für diese Sicherheitslücke zu schreiben. ⁵

**~~Silver~~Surfer~~**: Der Kerl ist nicht zu fassen. Sag mal, Dödel – Entschuldigung: Herr Professor Gödel –, ist dir eigentlich klar, dass du so ein Teil im Darknet für eine fünfstellige Summe verkaufen kannst? ¹⁰

**m0$tw4nt3d**: Wenn das mal reicht, Surfer. Manche Typen zahlen für einen solchen Leckerbissen inzwischen sechsstellig.

**Gödel**: Ich bin an derartigen Geldsummen nicht interessiert. ¹⁵

**▶BlackLumumba◀**: Bei jedem anderen würde ich das für üble Heuchelei halten. Nur bei dir nicht, Gödel. Ich verneige mich vor dir.

**Shir@hoshi**: Ich schließe mich an.

**<--arrow-->**: m2

**m0$tw4nt3d**: Ich würde sagen, dann lasst uns das Ding abfeuern. Am besten gleich kommende Nacht. ²⁰

**▶BlackLumumba◀**: Du meinst, weil es die Nacht von Samstag auf Sonntag ist?

**m0$tw4nt3d**: Ja, ist immer die beste Zeit für einen Angriff. Gödel, was glaubst du? Bist du bis dahin wieder fit? ²⁵

**Gödel**: Ich gehe mit großer Wahrscheinlichkeit davon aus. Für mich wird es ja erst morgen Mittag sein.

---

* Programmcode, mit dem Hacker Sicherheitslücken von Rechnern oder Netzwerken angreifen.

**m0$tw4nt3d**: Gut. Wir werden dich nämlich brauchen. Die äußere Ebene des Netzwerks ist den Sysops wahrscheinlich ziemlich egal, deswegen ist uns da auch keiner von ihnen über den Weg gelaufen. Aber da, wo wir jetzt hingehen, wird das anders sein. Da werden sie jede Bewegung registrieren und bestimmt eine Menge Fallen ausgelegt haben.

**<--arrow-->**: Honeypots*?

**m0$tw4nt3d**: Ja. Die werden garantiert keinen Spaß verstehen. Und wie das Netzwerk aussieht, sind es absolute Checker. Also auch wenn es euch nervt, das zu hören: Ihr müsst unbedingt alle Vorsichtsmaßnahmen einhalten. Noch schärfer als bisher. Wir dürfen keinen Fehler machen.

**▶BlackLumumba◀**: Was tun wir, wenn sie einen von uns rauswerfen? Draußen bleiben oder wieder reingehen?

**m0$tw4nt3d**: Lieber draußen bleiben. Wir schlüpfen unauffällig rein und greifen alles ab, was geht. Gödel verwischt die Spuren. Dann verschwinden wir wieder. Wir sollten die Typen auf keinen Fall unnötig reizen.

**~~Silver~~Surfer~~**: Hast du gehört, Pfeilgift? Das gilt auch für dich. Also baller nicht wieder blind in der Gegend herum.

**<--arrow-->**: Keine Angst. Ich warte, bis du vor mir stehst.

### 12. Juli

**m0$tw4nt3d**: Okay, alle sind da. Shit, waren die Typen scharf! Mich haben sie schon nach fünf Minuten erwischt.

**Gödel**: Es waren 11, um genau zu sein. Bei Arrow 14, bei Shira 18, bei Black 23. Surfer hat sich 26 Minuten gehalten.

**~~Silver~~Surfer~~**: Fanfare! Ganz schön lang, was? Also, raus mit der Sprache: Was haben eure gierigen kleinen Fingerchen gefunden? Ich als Letzter!

---

\* Simulierte Sicherheitslücke oder vermeintliches Ziel, um Schadprogramme und Exploits abzufangen; Falle, die Sysops gegen Hacker:innen aufbauen.

**m0$tw4nt3d**: Bei mir ist es nicht der Rede wert. War einfach nicht genug Zeit. Außerdem hatte ich ständig das Gefühl, in irgendwelchen Honigtöpfen zu kleben.

**<--arrow-->**: Ich hab versucht, Sachen zu finden, die mit der innersten Ebene des Netzwerks zu tun haben. Was sich da versteckt und wie man hinkommt. War aber nichts zu holen. Ein paar Dateien, die sich anhörten, als wären sie ganz spannend, aber in Wahrheit ging es dann doch um was anderes. Tut mir leid. Kann nichts beisteuern.

**Shir@hoshi**: Die Sicherheitsanleitungen und Notfallpläne der Sysops.

**m0$tw4nt3d**: Komplett?

**Shir@hoshi**: Ja. Ist ein ganzes Handbuch, mit über 300 Seiten.

**m0$tw4nt3d**: Nicht schlecht. Kann uns bei allem, was kommt, noch gute Dienste leisten. Wir behalten es in der Hinterhand. Schick's mal rum.

**▶BlackLumumba◀**: Ihr werdet es nicht glauben, aber ich habe wieder das Gleiche gefunden wie bei Hoboken.

**<--arrow-->**: War das nicht dieses Organigramm?

**▶BlackLumumba◀**: Es ist ähnlich, allerdings noch ausführlicher. Da stehen nicht nur die Abteilungen, sondern auch alle Mitarbeiter, immer mit Telefonnummer und E-Mail-Adresse.

**m0$tw4nt3d**: Dann ist es bestimmt nicht gerade klein.

**▶BlackLumumba◀**: Ungefähr so wie Shiras Sysop-Handbuch. Ich hatte Glück: Der Download war gerade fertig, als sie mich rausgeworfen haben.

**m0$tw4nt3d**: Mit dem Teil müssen wir uns auf jeden Fall näher beschäftigen. Und du, Surfer? Los, raus mit der Sprache. Ich weiß, dass du was hast.

~~**Silver**~~**Surfer**~~: Als ich entspannt durch das System von Liberty Bells schlenderte, in der beruhigenden Gewissheit, von meinem Freund Professor Dödel beschützt zu werden, fiel mir zufällig eine niedliche kleine Vertriebstabelle in die Hände, die alle Lieferungen von Liberty Bells ins Ausland in den Jahren 2018 bis 2020 enthält.

**m0$tw4nt3d**: Alle? Das muss ja eine gigantische Liste sein.

~~**Silver**~~**Surfer**~~: Ich konnte sie gerade so durch das System schleppen, ohne darunter zusammenzubrechen. Wie gesagt – alle Lieferungen, mit Datum, Zielflughafen, Auftragsnummer, Ansprechpartner bei Liberty Bells und im Zielland, Umfang der Lieferung und anderen Leckereien. Wer immer die Liste verwaltet, hat sie brav mit einem Passwort verschlüsselt, dabei aber nicht an die legendären Rainbow Tables des Silver Surfer gedacht.

**<--arrow-->**: <grummel>

~~**Silver**~~**Surfer**~~: Du vermutest richtig, Pfeilgift. Ich habe den Hashwert gefunden und geknackt.

**m0$tw4nt3d**: Warte mal, Surfer. Black! Hast du inzwischen herausgefunden, aus welchen Ländern die Waffen in den Kongo kommen?

▶**BlackLumumba**◀: Adam meinte, nach allem, was er weiß, würden die meisten von Waffenhändlern aus Usbekistan und Turkmenistan geliefert.

**m0$tw4nt3d**: Ich glaube, als ich zu Liberty Bells recherchiert habe, wurden die beiden Länder erwähnt. Die Lieferungen dahin sind irgendwie umstritten, weil es im Prinzip Diktaturen sind. Aber die Regierungen sind anerkannt und führen keinen Krieg, also verstößt es nicht gegen das Gesetz.

▶**BlackLumumba**◀: Es geht wohl vor allem um Gewehre und Raketenwerfer, Granaten, Munition und solche Sachen. Wenn die Waffen in den Ländern ankommen, werden sie umdeklariert. Das heißt, die Kisten kriegen neue Aufschriften und Lieferzettel. Dann werden sie als angebliche Hilfsgüter, also Medikamente, Milchpulver, Konserven und so weiter, nach Uganda und Ruanda gebracht. Da werden sie an die Rebellen aus dem Kongo weiterverkauft.

**Shir@hoshi**: Und Liberty Bells behauptet natürlich, sie hätten keine Ahnung von dem Ganzen.

**m0$tw4nt3d**: Klar tun sie das. Also müssen wir ihnen das Gegenteil beweisen. Nimm dir doch mal deine Liste vor, Surfer. Kannst du sie so ordnen, dass du alle Lieferungen siehst, die nach Usbekistan und Turkmenistan gegangen sind?

**~~Silver~~Surfer~~**: Kein Problem, ist eine Excel-Tabelle. Ich kann sie ordnen, wie ich will.

**m0$tw4nt3d**: Und?

**~~Silver~~Surfer~~**: Ist eine ganze Menge. Es geht immer entweder nach Taschkent oder nach Aschgabad. Was dann vermutlich die Hauptstädte sind.

**m0$tw4nt3d**: Wahrscheinlich. Kannst du auch sehen, was sie geliefert haben?

**~~Silver~~Surfer~~**: So wie Blackie gesagt hat: Gewehre, Munition, Granaten, Raketenwerfer. Alles, was wehtut und große Löcher macht. Ein paar Panzer sind auch dabei. Und ein paar Kampfflugzeuge.

**m0$tw4nt3d**: Kann sein, dass die dann wirklich für die beiden Länder gedacht sind und nicht nach Afrika weitertransportiert werden. Na egal, spielt keine Rolle. Black! Kannst du bei dir die Abteilungen finden, die mit Usbekistan und Turkmenistan zu tun haben?

**▶BlackLumumba◀**: Ich habe schon nach ihnen gesucht. Zum Glück gibt's ein Inhaltsverzeichnis, deswegen musste ich nicht alles durchsehen. Ja, ich hab sie gefunden.

**m0$tw4nt3d**: Und? Was steht da?

**▶BlackLumumba◀**: Die Namen der Mitarbeiter, die damit zu tun haben. Für jedes der beiden Länder ungefähr ein Dutzend. Und die Abteilungsleiter, die stehen auch dabei.

**m0$tw4nt3d**: Lass mal hören!

**▶BlackLumumba◀**: Der für Usbekistan heißt Paul Thomas Harvey. Und der für Turkmenistan Morton Cunningham.

**m0$tw4nt3d**: Na gut. Welcher der beiden ist zuerst fällig?

**<--arrow-->**: Du meinst, wir ziehen ihnen im Netz wieder die Maske vom Gesicht? Bis sie nackt und schutzlos vor uns stehen?

**m0$tw4nt3d**: Ja. Würde ich vorschlagen.

**Shir@hoshi**: Ich bin für diesen Harvey. Irgendwie gefällt mir sein Name.

**m0$tw4nt3d**: Spricht nichts dagegen. Also: Sucht alle Winkel des Netzes nach ihm ab. Mit welchen Tricks oder Programmen auch immer. Wir müssen alles über ihn wissen. Er ist unser Mann. Ihn greifen wir an.

## III-11: Interner Bericht der IT-Sicherheitsabteilung von Liberty Bells (übergeben an die NSA am 13. Juli 2020)

### Sicherheitswarnung der Alarmstufe II
*Nur für den Vorstand und die Abteilungsleiter*

Wie in unseren Notfallplänen festgelegt, informieren wir hiermit über einen sicherheitsrelevanten Vorfall der Stufe II, der sich in der Nacht vom 11. auf den 12. Juli ereignete. Um 3:28 Uhr drangen insgesamt sechs Akteure unbekannter Herkunft in den Bereich Beta III des Netzwerks von Liberty Bells ein. Wie ihnen dies gelungen ist, konnten wir bislang nicht abschließend klären. Vermutlich nutzten sie eine Sicherheitslücke, die uns noch unbekannt ist.

Der Verlauf des Angriffs lässt auf eine professionelle Organisation schließen. Einer der Akteure war ausschließlich mit der Aufgabe betraut, die Spuren des Eindringens aus den Logdateien zu entfernen. Wir benötigten etwa 30 Minuten, um den Angriff abzuwehren. Inzwischen sind wir sicher, dass die Angreifer weder Daten gelöscht noch Schadsoftware installiert haben. Allerdings wurden erhebliche Datenmengen kopiert. Wir stellen die betroffenen Dateien derzeit zusammen und werden die Liste schnellstmöglich übermitteln.

Solange die Sicherheitslücke, über die der Angriff erfolgte, nicht identifiziert ist, halten wir die Alarmstufe II aufrecht. Den Netzwerkbereich Beta III haben wir noch am Sonntag gesperrt. Alle betroffenen Abteilungen wurden informiert und noch einmal mit unseren Sicherheitsanleitungen vertraut gemacht. Mitarbeiter, die auf Daten in diesem Bereich zugreifen wollen, können dies bis auf Weiteres nur über uns tun.

Der Gamma-Sektor des Netzwerks war von dem Angriff nicht betroffen und wird von uns nach wie vor als im höchsten Grad sicher bewertet. Maßnahmen dort sind nicht erforderlich.

Struktur und Durchführung des Angriffs lassen keine Rückschlüsse auf die Herkunft der Täter zu. Zwar gelang es uns, die

IP-Adressen zu ermitteln, von denen sie auf unser System zugriffen. Da es sich dabei jedoch ausnahmslos um Server handelt, die als Exit Nodes des Verschleierungsnetzwerks Tor dienen, ist es mit den uns zur Verfügung stehenden Mitteln nicht möglich, die Identität der Täter aufzuklären.

Wir empfehlen, den Bericht an die zuständigen Ermittlungsbehörden weiterzuleiten. Es ist notwendig, entschieden gegen die Betreiber dieser Exit Nodes vorzugehen, indem ihre Server beschlagnahmt werden. Wir listen daher im Anhang des Berichts die IP-Adressen der Server auf, über die der Angriff erfolgte.

IT-Sicherheitsabteilung, 13. Juli 2020

## III-12: Ermittlungsergebnisse im Fall LFF (internes Memo von Jacob O'Connor, 15. Juli 2020)

Am Montag erreichte mich ein Bericht der IT-Abteilung des Unternehmens Liberty Bells Limited, der von der Geschäftsführung des Konzerns an uns weitergeleitet wurde. Darin schildern die Systemadministratoren den Angriff auf einen sensiblen, besonders geschützten Bereich des Netzwerks von Liberty Bells in der Nacht vom 11. auf den 12. Juli.

In meiner Dokumentation vom 9. Juli habe ich dargelegt, dass wir auf der Basis der Überwachung der Zielperson Dylan St. Patrick bereits zuvor das Unternehmen Liberty Bells als potenzielles Angriffsziel der Gruppierung LFF identifiziert hatten. Daher begab ich mich nach dem Lesen des Berichts sofort nach Seattle in die Firmenzentrale.

Zusammen mit den Systemadministratoren analysierte ich am Abend des 13. Juli bis tief in die Nacht das Vorgehen der Hacker. Aufgrund zahlreicher Parallelen kam ich zu dem Schluss, dass es sich um die gleiche Gruppierung handelt, die in das Netzwerk von Hoboken Industries eingedrungen ist und erheblichen Schaden für das Unternehmen verursachte.

In den frühen Morgenstunden des 14. Juli kehrte ich nach San Antonio zurück und veranlasste Untersuchungen bei den Betreibern der Tor-Austrittsknoten, über die der Angriff auf Liberty Bells erfolgte. Auf der Grundlage des Patriot Act* wurden die betreffenden Server durchsucht. Inzwischen liegen die Ergebnisse der Aktion vor.

Wir konnten zwar nicht, wie erhofft, die IP-Adressen der Zielpersonen ermitteln, denn dazu sind die Sicherheitsvorkehrungen im Tor-Netzwerk zu stark und noch ist es uns nicht gelungen, eine ausreichende Anzahl an Tor-Servern unter unsere Kontrolle zu bringen. Aber vieles deutet darauf hin, dass die Angriffe zeitgleich aus verschiedenen geografischen Regionen erfolgten. Nach unse-

---

\* US-amerikanisches Bundesgesetz von 2001, das als Reaktion auf die Anschläge von 9/11 erhebliche Einschränkungen der Bürgerrechte anordnete.

ren bisherigen Erkenntnissen kommt nur einer der Angreifer aus den USA. Es darf vermutet werden, dass es sich dabei um Dylan St. Patrick handelt, der sich aller Wahrscheinlichkeit nach derzeit in Seattle aufhält, möglicherweise in unmittelbarer Nähe der Konzernzentrale von Liberty Bells.

Die weiteren Urheber des Angriffs scheinen aus den folgenden Regionen zu stammen: nördliches Südamerika (Venezuela, Kolumbien oder Ecuador), Mitteleuropa (wahrscheinlich Deutschland, eventuell Österreich oder die Niederlande), Zentralafrika (nicht näher einzugrenzen), Ostasien (Japan oder Südkorea) sowie Australien oder Neuseeland.

Diese geografische Bandbreite deutet auf eine global agierende Hackervereinigung hin, die uns noch unbekannt ist. Möglicherweise werden die genannten Länder aber auch nur vorgetäuscht, um die wahren Urheber der Aktivitäten zu verschleiern. Auch das Kürzel LFF konnten unsere Experten bisher nicht entschlüsseln.

Angesichts dieser neuen Erkenntnisse empfehle ich, den Fall von der zweithöchsten auf die höchste Prioritätsstufe anzuheben. Es erscheint notwendig, ab jetzt alle Kapazitäten und Befugnisse, über die die NSA verfügt, gegen die Gruppierung LFF einzusetzen.

Jacob O'Connor

## Donnerstag, 27. August 2020
## San Francisco, USA

Als Jacob die Wagentür öffnet, zittern seine Hände. Erst jetzt merkt er, wie warm es geworden ist, auf der Fahrt im klimatisierten Wagen von San Antonio hierher hat er es nur ahnen können. Er steigt aus und blickt sich um. Längst hätte er diesen Ort aufsuchen müssen, er weiß es. Über zwei Wochen sind vergangen seit dem Tod von Dylan St. Patrick. Einige unangenehme, manchmal auch gefährliche Dinge hat er tun müssen in der Zwischenzeit, aber nichts davon hat ihm eine solche Angst eingejagt wie das, was hier auf ihn wartet.

Er schließt den Wagen ab und geht auf das Eingangstor des kleinen Friedhofs zu. Niemand weiß, dass er hier ist, um Dylans Grab zu besuchen, weder Mr Laughton noch ein anderer seiner Kollegen. Er hat ihnen erzählt, er wolle in einem Café, das in der Nähe des Friedhofs liegt, ein paar junge Internetaktivisten aus San Francisco treffen, um sie über die Identität des geheimnisvollen Cincinnatus auszuhorchen, aber das war eine Lüge. Nicht einmal Beverley hat er eingeweiht. Obwohl er sonst alles mit ihr teilt, ist das hier eine Sache, die er ganz mit sich ausmachen muss.

Als er die Reihe der Gräber entlanggeht und die Namen liest, die auf den Grabsteinen stehen, sind seine Schritte schwer. Er macht sich Vorwürfe wegen Dylans Tod. Auf den Tag genau zwei Monate ist es jetzt her, dass er ihn im Café Farley's getroffen hat. Er erinnert sich daran, als wäre es gestern gewesen, und der Gedanke, dass von diesem Treffen bis zu Dylans Tod eine gerade Linie führt, die er selbst gezogen hat, ist ihm unerträglich.

Er bleibt stehen. Vielleicht zwanzig Schritte vor ihm sitzt eine Frau auf einer Bank. Er erkennt sie sofort: Es ist Dylans Mutter. Zwar hat er ihr noch nie persönlich gegenübergestanden, nur einmal mit ihr telefoniert, aber im Zuge seiner Recherchen hat er Fotos von ihr gesehen. In ihrem schwarzen Kleid wirkt sie winzig auf der Bank. Er wendet sich ab und läuft fast davon.

Doch schon nach wenigen Schritten hält er inne und dreht sich wieder zu ihr um. Mit langsamen Schritten geht er auf sie zu. Sie sitzt verloren in der äußersten Ecke der Bank, so als versuche sie, an der Armlehne Halt zu finden. Er setzt sich in die andere Ecke. Als er nach vorn blickt, sieht er, dass Dylans Grab direkt vor ihnen liegt.

Jetzt müsste ich es sagen, denkt er. Jetzt müsste ich sagen, dass ich schuld bin. Schuld an seinem Tod. Denn ich war es, der ihn enttarnt hat. Ich habe mir einen falschen Namen zugelegt und ihn überredet, sich mit mir zu treffen, vor den Augen einer Kamera und den Ohren eines Richtmikrofons. Ich habe Sie, seine Mutter, mit einem üblen Trick dazu gebracht, mir seine Nummer zu verraten. Ich habe die Überwachung seines Telefons veranlasst. Ich habe verlangt, mit allen Mitteln gegen ihn und seine Freunde vorzugehen. Ich habe es getan, weil ich Karriere machen wollte. Ich bin schuld an seinem Tod.

»Es tut mir leid, Mrs St. Patrick«, sagt er.

Sie hebt den Kopf, als würde sie ihn erst jetzt bemerken, und sieht ihn erstaunt an. »Kennen wir uns?«

»Wir haben einmal telefoniert, vor einigen Wochen. Mein Name ist Duncan O'Mallory.«

»Oh! Sie sind der Journalist, der über Dylan schreiben wollte.«

»Ja. Hören Sie, Mrs St. Patrick, wenn Sie lieber allein sein möchten, kann ich …«

»Nein!« Sie rückt ein Stück auf ihn zu. »Bleiben Sie, Duncan. Es tut mir gut, mit jemandem zu sprechen, der Dylan gekannt hat. Es hat mir auch damals gutgetan, mit Ihnen zu sprechen.«

Jacob senkt den Kopf. Das ist zu viel, denkt er. Ich sitze neben der Frau, deren Sohn wegen mir gestorben ist, und sie sagt, es hätte ihr gutgetan, mit mir zu sprechen. Obwohl ich sie damals nur auf erbärmliche Weise ausgehorcht habe. Er schluckt und blickt zur Seite.

»Es geht mich vielleicht nichts an, Duncan, aber – es liegt Ihnen doch etwas auf dem Herzen?«

»Ich kann nicht darüber reden, Mrs St. Patrick. Ich würde es gerne, aber, glauben Sie mir – ich kann nicht.«

Er spürt, dass sie ihn von der Seite betrachtet. »Es ist erstaunlich, wie ähnlich Sie Dylan sind«, sagt sie nach einer Weile. »Sie sagten, Sie sind neunzehn?«

»Ja. Das stimmt.«

»Drei Jahre! Wenn Dylan drei Jahre älter geworden wäre, hätte er vielleicht so ausgesehen wie Sie.«

Jacob dreht sich wieder zu ihr hin. Er sieht, dass sie Tränen in den Augen hat. »Ich möchte nicht, dass Sie so etwas sagen, Mrs St. Patrick. Dylan war großartig. Ich bin das nicht.«

»Großartig, sagen Sie? Ja, das war er. Wussten Sie, dass ich ihn noch drei Tage vor seinem Tod gesehen habe? Er kam aus einer Stadt, die er nicht nennen wollte, und fuhr in eine Stadt, die auch geheim war. So war er! Wir durften uns auch nicht in San Francisco treffen. Ein Freund von ihm hat mir den Treffpunkt genannt. Ein kleiner Ort, nördlich von hier. Wir hatten einen schönen Tag, mit einem langen Spaziergang am Meer. Dylan erzählte mir, er hätte neue Freunde gefunden, es sei ihnen etwas Großes gelungen. Er wirkte gelöst, völlig mit sich im Reinen. Ich habe ihn noch nie so erlebt, Duncan. Er strahlte! Wie ein Stern. So werde ich ihn in Erinnerung behalten.«

»Ja. Ich glaube, ich weiß, warum er so glücklich war.«

»Hören Sie, Duncan!« Mrs St. Patrick reibt sich die Tränen aus den Augen und setzt sich auf. »Es gibt da etwas, das mich sehr beschäftigt. Vielleicht können Sie mir helfen.«

»Wenn ich kann, werde ich es tun.«

»Die Polizei sagt, Dylan sei von jemandem aus dem Drogenmilieu getötet worden. Als er etwas von ihm kaufen wollte. Ich kann das nicht glauben. Wissen Sie etwas darüber?«

»Mrs St. Patrick! Ich weiß mit absoluter Sicherheit, dass das nicht stimmt.« Jacob deutet auf das Grab vor ihnen. »Dylan hatte mit Drogen nichts zu tun, er hatte auch keine Kontakte in diese Szene. Das hat ihn gar nicht interessiert.«

»Aber wie kann die Polizei dann so etwas behaupten?«

»Das ist eine lange Geschichte.«

»Ist es die Geschichte, an der Sie arbeiten?«

»In gewisser Weise ja.«

»Duncan!« Mrs St. Patrick rückt noch näher an Jacob heran und legt ihm ihre Hand auf den Arm. »Ich möchte, dass Sie das aufklären. Für Dylan und für mich. Wollen Sie das tun?«

Jacob zögert, dann nickt er. »Ja, Mrs St. Patrick. Ich werde es versuchen. Ich meine, ich – werde tun, was ich kann.«

»Das beruhigt mich. Und jetzt erzählen Sie mir etwas über sich. Sie kommen nicht aus Kalifornien, oder?«

»Nein, ich stamme aus Youngstown.«

»Youngstown in Ohio?«

»Ja.«

»Es gibt ein Lied über Youngstown. Es geht um den Niedergang der Stahlindustrie und die Verzweiflung der Arbeiter. Kennen Sie es?«

»Nein, aber vielleicht sollte ich es mir mal anhören. Mein Vater war auch Stahlarbeiter, wissen Sie. Er hat seinen Job verloren, als ich noch klein war. Er – na ja – er ist damit nicht zurechtgekommen. Er hat sich das Leben genommen.«

»Duncan! Wie furchtbar!«

»Ach, wie gesagt, ich war noch ganz klein, vier oder fünf. Ich erinnere mich kaum daran.«

»Und von da an war Ihre Mutter mit Ihnen allein? So wie ich mit Dylan?«

»Wir sind aus Youngstown weggezogen, weil meine Mutter es dort nicht mehr aushielt. Eigentlich sind wir die ganze Zeit nur geflohen. Quer durchs Land, von der Ostküste zur Westküste und wieder zurück. Jedes Jahr an einen anderen Ort, manchmal auch mehrmals im Jahr. Immer wenn ich mich gerade irgendwo eingelebt hatte, ging es wieder weiter. Bis ich es aufgegeben und gar nicht mehr versucht habe, mich einzuleben. Das Einzige, das immer für mich da war und mich nie enttäuschte, war mein Computer. Irgendwann habe ich angefangen, mich tage- und nächtelang damit zu beschäftigen. Ich hatte für nichts anderes mehr Interesse.«

»Das ist erstaunlich.« Mrs St. Patrick blickt auf das Grab und schüttelt den Kopf. »Jetzt verstehe ich, warum Dylan Ihnen vertraut hat. Und warum Sie sich so gut mit ihm verstanden haben. Sie sind ihm wirklich ähnlich. Wie ging es dann weiter? Sie haben mir am Telefon erzählt, Sie hätten nie einen Schulabschluss gemacht.«

»Das stimmt. Mit dreizehn, vierzehn habe ich angefangen, mir ein paar Programmiersprachen beizubringen. Mehr aus Langeweile, weil ich nicht wusste, was ich sonst mit mir anfangen sollte. Irgendwann gab es an der Schule keinen mehr, der mir am Computer noch etwas zeigen konnte, deshalb fand ich es langweilig dort und bin nicht mehr hingegangen.. Da gab es für mich nichts Wichtiges zu entdecken. Ich habe lieber andere Entdeckungsreisen gemacht, habe gelernt, mit meinem Rechner in fremde Systeme einzudringen, Informationen zu sammeln und meine Spuren so zu verwischen, dass niemand in der Lage war, mich zu verfolgen.. Dann habe ich ein Programm geschrieben, das über jede beliebige Person alles herausfindet, was es im Netz zu finden gibt. Sie brauchen nur den Namen einzugeben, vielleicht noch das Geburtsdatum oder die Sozialversicherungsnummer. Dann liefert Ihnen das Programm – es heißt SpyC – den kompletten Lebenslauf.«

»Das ist beängstigend.« Mrs St. Patrick blickt ihn von der Seite an. »Ich wusste nicht, dass es so etwas gibt, Duncan.«

»Es gibt noch ganz andere Dinge. Wissen Sie, mit dem Internet ist es wie mit der Religion: Beide können das Beste im Menschen hervorbringen, aber auch das Schlechteste. Bei Dylan war es das Beste. Bei mir …« Jacob zögert. »Na egal. Jedenfalls sind über das Programm gewisse Leute auf mich aufmerksam geworden. So habe ich den Job bekommen, den ich jetzt mache.«

»Als Journalist?«

»Was heißt schon Journalist? Ich versuche, Dinge herauszufinden. Das ist meine Aufgabe.« Jacob unterbricht sich, dann winkt er ab. »Aber jetzt reden wir nur über mich, während Sie um Ihren Sohn trauern. Es tut mir leid.«

»Sie müssen sich nicht entschuldigen. Ich freue mich, dass Sie gekommen sind. Sie haben gewusst, dass ich hier bin, oder?«

»Nein, Mrs St. Patrick. Das gehört zu den Dingen, die ich nicht gewusst habe.«

»Aber Sie sind gekommen, weil es etwas gibt, das Sie sehr beschäftigt. Das spüre ich doch.«

»Na ja, wie soll ich sagen? Ich bin im Moment nicht sehr zufrieden mit mir. Ich suche jemanden, eine ziemlich geheimnisvolle Figur. Und ich komme mit der Suche nicht recht voran. Jedenfalls nicht so, wie ich gehofft hatte. Es ist eine sehr komplizierte Angelegenheit.«

»Darf ich Ihnen einen Ratschlag geben?«

»Natürlich.«

»Sehen Sie, wenn man etwas – oder jemanden – so sehr sucht, wie Sie es tun, sollte man mit der Suche immer bei sich selbst anfangen. Das ist meine Erfahrung, Duncan.«

Jacob blickt sie an. Plötzlich erscheint ihm die Frau, die da in ihrem schwarzen Kleid neben ihm sitzt, auf eine seltsame Art vertraut. »Ich danke Ihnen, Mrs St. Patrick. Ich muss jetzt leider los. Es gibt sehr viel zu tun.«

Er steht auf und nickt ihr zum Abschied zu. Dann wendet er sich zur Seite und will gehen. Aber schon nach wenigen Schritten zögert er und dreht sich noch einmal um.

»Ich halte mein Versprechen, Mrs St. Patrick. Das müssen Sie mir glauben. Sie werden von mir hören.«

Er wirft noch einen letzten Blick auf Dylans Grab, dann geht er wirklich. Es kommt ihm so vor, als hätte die Hitze nachgelassen, während sie miteinander gesprochen haben. Mit einem Mal fühlt er sich erleichtert, seine Schritte fallen ihm nicht mehr so schwer wie noch auf dem Hinweg.

Manchmal, denkt er, gibt es diese seltsamen Momente, in denen der Schleier von den Dingen fällt und man plötzlich den Sinn von allem zu erkennen glaubt. Er lächelt. Jetzt ist einer dieser Momente.

## Donnerstag, 27. August 2020
## Tokio, Japan

»Bei dir kommt die Farbe viel besser«, mault Kyoko. »Bei mir ist alles zu blass. Ich will, dass es richtig grell aussieht!«

»Das wird schon noch«, erwidert Yumiko. »Du darfst nicht immer so ungeduldig sein. Halt einfach die Luft an und wart's ab.«

Sie stehen Arm in Arm vor dem Spiegel. Die letzte Stunde haben sie damit zugebracht, sich gegenseitig die Haare zu färben. Kyoko hat sich für ein strahlendes Marineblau entschieden, Yumiko für Giftgrün. Dazu haben sie einige ihrer alten Klamotten angezogen, die Yumiko mitgebracht hat. Jetzt posieren sie vor dem Spiegel und betrachten sich.

»Außerdem«, fährt Yumiko fort und zieht eine Grimasse, »sieht dich in deinem Einsiedlerdasein heute sowieso keiner mehr. Und wenn du so weitermachst, an den nächsten Tagen auch nicht.«

»Darauf kommt es doch nicht an«, sagt Kyoko. »Machen wir das für uns oder für andere?«

Sie wendet sich vom Spiegel ab und wirft sich auf den Futon*, auf dem sie seit vier Nächten schläft – oder zu schlafen versucht. Die Wohnung, in der er liegt, gehört Yumikos Eltern. Es ist eine Art Zweitwohnung, die sie meistens vermieten oder Bekannten überlassen, aber jetzt steht sie gerade für ein paar Tage leer. Yumiko, Kyokos beste Freundin, der sie als Einziger erzählt hat, dass sie wegen gewisser »Dummheiten« für eine Weile von der Bildfläche verschwinden müsse, hat sie vor einigen Tagen kurzerhand hier einquartiert – heimlich natürlich. Nach Wanteds Tod und Arrows Verschwinden konnte Kyoko in ihrer Wohngemeinschaft nicht länger bleiben, und sich von ihren Eltern helfen zu lassen kam erst recht nicht in Frage. Also ist sie jetzt hier.

»Die Wohnung ist echt meine Rettung«, sagt sie.

Yumiko setzt sich zu ihr. »Was immer du ausgefressen hast, es muss krass sein«, sagt sie. »Erstens, weil du es außer komischen

---

* Eine Art niedriges Bett mit Matratze.

Andeutungen nicht mal mir verrätst, was ich dir eigentlich übel nehmen müsste. Und zweitens, weil du, seit du hier bist, keinen einzigen Fuß mehr vor die Tür setzt. Was glaubst du eigentlich, was da draußen auf dich wartet?«

Kyoko zuckt mit den Schultern. Das Schlimme ist, dass sie es selbst nicht weiß. Sie hatte schon immer die Neigung, etwas paranoid* zu sein, vor allem nachdem ihre Eltern sie an die Polizei verraten hatten, doch seit dieser rätselhafte Cincinnatus ihnen von Wanteds Tod erzählt hat und dann auch noch Arrow verschwand, ist es damit eindeutig schlimmer geworden. Sie lebt wieder fast so zurückgezogen wie zu ihren Hikikomori-Zeiten, aber der Unterschied ist, dass sie es diesmal nicht will, sondern dazu gezwungen wird. Ihr Smartphone hat sie weggeworfen und die Karte vernichtet. Auch die Chats mit den anderen, die ihr in den letzten Monaten das Wichtigste von allem waren, sind jetzt nicht mehr möglich. Sie fühlt sich ziemlich einsam, und wenn Yumiko nicht regelmäßig vorbeikommen würde, hätte sie wahrscheinlich schon damit angefangen, ihren Kopf gegen die Wand zu schlagen.

Yumiko beugt sich über sie und blickt ihr ins Gesicht. »Wow!«, sagt sie. »Die Sache scheint wirklich ernst zu sein.«

»Natürlich ist sie das. Oder glaubst du, ich mache alles nur aus Spaß?« Kyoko richtet sich auf. »Übrigens: Du hast gestern gesagt, die Wohnung wäre bald wieder vermietet. Ab wann eigentlich?«

»Ab Montag. Irgendwelche Airbnb-Leute. Dann musst du raus hier, sonst gibt's Ärger. Aber keine Angst, ich arbeite schon an was Neuem.«

Kyoko seufzt. Selbst wenn, denkt sie. Selbst wenn Yumiko ein neues Versteck für sie findet: Soll es dann immer so weitergehen? Soll sie ab jetzt ewig so leben?

»Weißt du, was ich brauche?«, sagt sie. »Eine neue Identität.«

»Du meinst, einen anderen Namen, ein anderes Aussehen, einen falschen Pass und so?«

---

* Krankhaft misstrauisch.

»Ja. Und dann muss ich raus aus Japan. Irgendwohin, wo mich keiner kennt. Keine Ahnung, nach – Australien oder so.«

»Was willst du ausgerechnet in Australien?«

»Weiß ich auch nicht, nur so eine Idee. Sag mal: Du hast doch wirklich keinem erzählt, dass ich hier bin? Und es ist sicher, dass dir keiner folgt und so?«

Yumiko verdreht die Augen. »Wie oft willst du mich das noch fragen? Also, zum tausendsten Mal: Keiner weiß etwas und das hier«, sie zieht ihr Smartphone heraus, hält es hoch und steckt es wieder ein, »ist immer aus, wenn ich bei dir bin. Also hör auf, deswegen Panikattacken zu kriegen.«

Sie steht auf. »So, und jetzt muss ich erst mal los, sonst haben meine Eltern wieder komische Gedanken. Vielleicht komme ich heute Abend noch mal vorbei. Soll ich dir was mitbringen?«

Kyoko beobachtet, wie sie zur Tür geht. »Ja«, sagt sie. »Was zum Zeichnen.« Dann muss sie lachen. »Weißt du, dass du echt schrill aussiehst? Hoffentlich quatscht dich keiner blöd an, wenn du gleich so über die Straße läufst.«

»Sollen sie doch. Dann quatsche ich eben blöd zurück.« Yumiko winkt ihr zu. »Bis heute Abend«, ruft sie, verschwindet nach draußen und knallt die Tür hinter sich zu.

Kyoko steht auf und geht zu dem Tisch, auf dem ihr Laptop liegt. Seit sie hier ist, hat sie es geschafft, das Gerät nicht zu benutzen, obwohl sie jeden Tag ungefähr hundertmal mit zuckenden Fingern und zitternden Knien davorsteht. Damit ins Netz zu gehen, könnte sie verraten, das ist ihr klar. Sie hat es mit Gegnern zu tun, die ihr ebenbürtig sind, vermutlich sogar überlegen. Aber ebenso gut weiß sie, dass früher oder später der Moment kommen wird, in dem sie der Versuchung nicht länger widerstehen kann. Warum also nicht gleich jetzt?

Mehrere Minuten steht sie da und kämpft mit sich, dann wird ihr Blick abgelenkt. Vor dem Spiegel liegt etwas auf dem Boden. Sie geht hin und hebt es auf: Es ist Yumikos Lieblingsohrring, anscheinend hat sie ihn bei ihrer Verkleidungsaktion verloren. Er ist leuchtend gelb und hat die Form einer zweidimensionalen

Sonne, aus der kleine Strahlen herausragen, die an die Zungen von Schlangen erinnern.

Für einen Moment überlegt Kyoko, ihrer Freundin nachzulaufen, aber dann lässt sie den Gedanken fallen. Erstens müsste sie dazu den Schutz der Wohnung verlassen und zweitens würde sie sie in der überfüllten U-Bahn-Station sowieso nicht finden. Sie denkt kurz nach, dann horcht sie auf. Jenseits der Tür sind Schritte zu hören und gleich darauf klopft es, dreimal kurz und dreimal lang, wie sie es mit Yumiko vereinbart hat.

Sie geht zur Tür, öffnet sie und hält dabei den Ohrring demonstrativ in die Höhe. Aber es ist nicht Yumiko, die da vor ihr steht. Es ist eine Frau, die sie noch nie gesehen hat. Kyoko zögert. Vielleicht hat sie sich in der Etage geirrt?, schießt es ihr durch den Kopf. Sie will danach fragen, als die Frau ihr plötzlich mit einer raschen Bewegung den Ohrring aus der Hand nimmt.

»Den brauchst du jetzt nicht mehr«, sagt sie.

Kyoko sieht ihr in die Augen, dann begreift sie. Sie versucht die Tür zuzuschlagen, aber die Frau blockiert sie mit dem Fuß. Kyoko weicht zurück. Während die Tür wieder aufschwingt, denkt sie fieberhaft nach. Dann läuft sie zum Fenster, öffnet es und steigt auf die Fensterbank.

»Ich springe!«, ruft sie drohend.

Die Frau, die inzwischen die Wohnung betreten hat, blickt ihr forschend ins Gesicht. »Nein, das wirst du nicht«, sagt sie und schließt die Tür. »Dazu fehlt dir der Mut. Du bist nur an deinem Rechner mutig.«

Kyoko setzt einen Fuß auf die äußere Fensterbank und zwängt sich durch den Rahmen nach draußen.

»Wenn Sie mich anrühren, tue ich es!«

Die Frau kommt auf das Fenster zu. »Na gut, dann tu es«, sagt sie. »Ein Problem weniger.«

Kyoko riskiert einen Blick hinab auf die Straße. Als sie in den Abgrund schaut, der sich unter ihr auftut, verschlägt es ihr den Atem. Vorsichtig weicht sie zurück. Aber darauf scheint die Frau nur gewartet zu haben. Kyoko spürt, wie sie sie packt und in die Wohnung zieht. Sie rutscht von der Fensterbank und fällt zu Boden. Gleich darauf liegt sie platt auf dem Bauch, die Frau kniet über ihr und dreht ihr die Arme auf den Rücken, ein stechender Schmerz zieht durch ihre Schultern.

»Ist ja gut!«, keucht sie. »Könnten Sie vielleicht aufhören, mich umzubringen?«

»Nur wenn du versprichst, ab jetzt keine Dummheiten mehr zu machen«, antwortet die Frau.

»Ja! Jaaa! Ich verspreche es. Und jetzt lassen Sie mich los!«

Die Frau lockert ihren Griff. Kyoko löst sich von ihr und kauert sich an die Wand. Ihre Arme brennen wie Feuer.

»Sie haben mir die Schulter ausgekugelt«, sagt sie.

»Nein, das habe ich nicht.« Die Frau steht auf und schließt das Fenster. »Dann würdest du nicht so ruhig dasitzen.«

»Ja, toll! Macht Ihnen das eigentlich Spaß?«

»Nicht besonders.«

Kyoko lässt vorsichtig die Schultern kreisen und stöhnt kurz auf. Dann wirft sie der Frau ihren bösesten Blick zu.

»Und jetzt?«, fragt sie. »Haben Sie mit mir das Gleiche vor wie mit Wanted und Arrow?«

»Tut mir leid«, sagt die Frau, wendet sich ab und geht zur Tür. »Ich weiß nicht, wovon du redest.«

Kyoko beobachtet, wie sie nach einer Tasche greift, die sie neben der Tür abgestellt hat, und damit zu ihr zurückkommt. Sie fühlt sich wütend und deprimiert zugleich.

»Sie sind von diesem Geheimdienst, oder? Wie haben Sie es geschafft, mich zu finden?«

Die Frau stellt die Tasche auf den Tisch. Alles, was sie tut, wirkt kühl und kontrolliert, fast gelangweilt, wie bei einem Beamten, der einen Aktenstapel abarbeitet.

»Wir haben dein Smartphone gehackt«, sagt sie. »Kurz bevor du es deaktiviert hast. Wir haben deine Kontakte heruntergeladen und ihre Telefone zu Sendern umfunktioniert. Dafür reicht ein winziger Anruf, den der Besitzer des Telefons nicht bemerkt. Wir haben uns auf deine Freundin Yumiko konzentriert. Das Bewegungsbild ihres Telefons hat uns zu dir geführt.«

»Sie lügen. Yumikos Telefon war immer aus, wenn sie bei mir war.«

»Wir können es auch orten, wenn es aus ist. Über die Karte. Sie hätte sie entfernen sollen. Übrigens: Wenn du etwas mitnehmen willst, solltest du es jetzt einpacken.«

»Was soll das heißen? Wohin bringen Sie mich?«

»Ich denke, das weißt du. Viele interessante Unterhaltungen warten auf dich.«

»Sie glauben doch nicht, dass ich einfach so mitgehe? Wenn wir auf der Straße sind, werde ich schreien. Ich werde sagen, dass Sie mich entführen wollen. Sie werden sich wundern, was mir alles einfällt.«

Die Frau öffnet die Tasche, sucht eine Weile darin herum und zieht schließlich eine Spritze hervor.

»Hey! Was tun Sie da?«

Ohne zu antworten, hält die Frau die Spritze gegen das Licht, klopft dagegen und presst etwas von der darin befindlichen Flüssigkeit heraus.

»Sind Sie taub? Ich habe gefragt, was Sie da tun.«

»Ich sorge dafür, dass du keine Schwierigkeiten machst«, sagt die Frau und tritt zu ihr.

»Hey, lassen Sie das, ja? Ich habe es mir überlegt. Ich schreie nicht. Ehrlich gesagt, kann ich das auch gar nicht so besonders.«

»Zu spät. Du hättest mir nicht damit drohen sollen.« Die Frau hockt sich neben sie. »Es gibt zwei Möglichkeiten: Wenn du dich wehrst, wird das hier ziemlich schmerzhaft. Wenn du brav bist, fühlst du dich gleich richtig gut.«

»Ich hasse Sie.«

»Ich weiß. Damit muss ich leben. Und jetzt halt still.«

Kyoko wendet den Kopf zur Seite und schließt die Augen. Sie spürt den Einstich. Eine wohlige Wärme dringt in ihren Arm und ihre Schulter ein und breitet sich von dort im ganzen Körper aus, wie eine tropische Brandung, die den Strand hinauffließt. Nach einer Weile dreht sie den Kopf und öffnet die Augen wieder. Sie kann die Frau jetzt nur noch verschwommen erkennen.

»Das ist gut«, murmelt sie. »Wo kann man das Zeug kaufen?«

## III-13: Chatprotokoll der Zielpersonen (heruntergeladen aus dem Chatroom am 3. August 2020)

### 16. Juli

**Shir@hoshi**: Schade, dass Harvey keine Tochter hat. Die Sache mit Kathy Hanson war zu schön.

**<--arrow-->**: Dafür hat er Fische. Im Aquarium. Er bestellt im Netz immer komische Sachen dafür. Irgendwelche Wasserpflegesets oder Miniaturschatztruhen und so kleine Amphoren, damit die Tierchen sich wohlfühlen.

**~~Silver~~Surfer~~**: Schön! Dann muss Wanted jetzt nur noch einen Tauchkurs belegen und sich als Fisch verkleiden.

**m0$tw4nt3d**: Vergiss es, Surfer. Fische sind nicht mein Ding.

**Gödel**: Harvey ist Mitglied im »Caesar's Golf Club« im Norden von Seattle. Der Club ist sehr elitär, was auf seiner Website unübersehbar zum Ausdruck kommt. Harvey scheint ein guter Spieler zu sein. Er hat ein Handicap von minus 13.

**m0$tw4nt3d**:. Golf ist auch nicht mein Ding.

**~~Silver~~Surfer~~**: Oh, der Herr ist wählerisch heute. Keine Fische, kein Golf. Da müssen wir wohl mit was ganz Ausgefallenem kommen. Vorschläge?

**▶BlackLumumba◀**: Schellack.

**Shir@hoshi**: Hä? Ich glaube, du hast dich vertippt.

**Gödel**: Nein, das Wort ist korrekt geschrieben. Es handelt sich um alte Schallplatten\*. Hier in Berlin existiert ein Museum, das ich einmal besucht habe. Da stehen einige davon. Sie sind aus den 20er- und 30er-Jahren des letzten Jahrhunderts.

**~~Silver~~Surfer~~**: Ich finde es erfrischend, dass ihr unseren Bildungslücken den Kampf angesagt habt. Aber was hat das mit Harvey zu tun?

---

\* (Alt) ein tellerförmiger Tonträger.

**▶BlackLumumba◀**: Harvey sammelt alte Schellackplatten. Es ist ein Hobby von ihm.

**<--arrow-->**: Wo hast du das rausgefunden?

**~~Silver~~Surfer~~**: Er ist in die schwärzesten Minen des Netzes getaucht, Pfeilgift. Darin ist er Experte.

**▶BlackLumumba◀**: Es gibt Foren, wo die Schellack-Fans sich treffen und austauschen. Da ist Harvey regelmäßig unterwegs. In einem der Foren hat er vor fünf Tagen zum letzten Mal etwas gepostet. Er schreibt, dass er schon seit einiger Zeit eine ganz besondere, anscheinend ziemlich seltene Platte sucht. Sie ist von einer Sängerin namens Bessie Smith und heißt »Bleeding Hearted Blues«.

**Shir@hoshi**: Nie gehört.

**▶BlackLumumba◀**: Kein Wunder. Die Platte ist von 1923.

**m0$tw4nt3d**: Hört sich interessant an, Black. Ich würde sagen: Schellack ist mein Ding.

**▶BlackLumumba◀**: In einem anderen Forum chattet Harvey mit einem Bekannten. Da ist auch ein Foto, auf dem sie beide auf einer Schallplattenbörse zu sehen sind.

**m0$tw4nt3d**: Steht dabei, wann und wo das gewesen ist?

**▶BlackLumumba◀**: Nein. Aber ich habe die Metadaten des Fotos ausgewertet, also den Zeitpunkt und die Koordinaten der Aufnahme. Danach ist es am 27. Juni in Vancouver gemacht worden.

**m0$tw4nt3d**: Das passt. Vancouver ist zwar in Kanada, aber nicht weit weg von Seattle. Schick das Foto mal rum, ja? Und: Weißt du, wie der Bekannte von Harvey heißt?

**▶BlackLumumba◀**: Harvey nennt ihn immer nur beim Vornamen – Eugene. Aber ich habe das Foto genommen, sein Gesicht rauskopiert, vergrößert und durch NameTag[*] gejagt. Ihr wisst schon, diese Gesichtserkennungs-App. Und die hat ihn erkannt. Er heißt Eugene Fowley.

---

[*] Gesichtserkennungsprogramm; extrahiert aus einem Foto den Namen der betreffenden Person, ihre Profile in sozialen Medien und weitere Identifikationsdetails.

**<--arrow-->**: Hey Black! Du läufst zu richtig großer Form auf. Nicht übel.

**~~Silver~~Surfer~~**: Streber.

**▶BlackLumumba◀**: Ich bin noch nicht fertig. Als ich den Namen hatte, habe ich versucht, so viel wie möglich über den Typen herauszufinden. Und das hat ganz gut geklappt. Vor allem habe ich seine E-Mail-Adresse.

**m0$tw4nt3d**: Wir sollten versuchen, über ihn an Harvey ranzukommen.

**<--arrow-->**: Wie stellst du dir die Sache vor?

**m0$tw4nt3d**: Na ja, es wird nicht ganz unkompliziert. Ich hab da was im Kopf, aber es ist einigermaßen aufwändig. Gibt zwei üble Jobs zu verteilen.

**~~Silver~~Surfer~~**: Ich wollte sowieso gerade gehen.

**<--arrow-->**: Du bleibst gefälligst hier!

**m0$tw4nt3d**: Also, erster Job: Wir brauchen eine fingierte Website, die aussieht wie ein Shop für alte Schellackplatten. Sie muss täuschend echt sein. Schließlich sind Fowley und Harvey Experten. Freiwillige?

**Shir@hoshi**: Okay, ich mach's.

**~~Silver~~Surfer~~**: Das trifft sich gut. Ich wollte dich gerade vorschlagen.

**m0$tw4nt3d**: Zweiter Job: Wenn Harvey seine Traumplatte in unserem Shop gefunden und angebissen hat, versuchen wir, ihm eine Mail unterzujubeln, in der ein RAT* versteckt ist. Irgendwer muss die Ratte programmieren.

**~~Silver~~Surfer~~**: Ich sitze gerade hier hinten auf der Toilette! Ich kann euch nicht hören!

**<--arrow-->**: Ja, schon gut. Her damit!

---

* Remote Access Trojan (Fernzugriffstrojaner), auch „Ratte" genannt; wird meistens als getarnter Mailanhang verschickt, installiert sich unbemerkt auf dem Zielrechner und ermöglicht von da an den Zugriff auf das System.

**m0$tw4nt3d**: Danke, Arrow. Und Shira. Super Einsatz!

**Shir@hoshi**: Hey Arrow! Frauenpower ☺

**Gödel**: Ich halte die Aufgaben von Arrow und Shira für durchaus anspruchsvoll. Wenn ihr Hilfe braucht, stehe ich euch mit Rat und Tat zur Seite.

▶**BlackLumumba**◀: Das Gleiche gilt für mich.

**m0$tw4nt3d**: Na, das hört sich doch gut an. Ich für meinen Teil schaffe mir schon mal alles über alte Schellackplatten drauf, was ich finden kann. Damit ich vorbereitet bin.

**~~Silver~~Surfer~~**: Großartig. Dann hat ja jeder seinen Job.

**<--arrow-->**: Äh – was war noch mal deiner?

**~~Silver~~Surfer~~**: Auf euch aufzupassen, Pfeilgift. Mit meiner Erfahrung und Lebensweisheit. Das war hier von Anfang an mein Job. Du hast es nur bisher noch nicht gemerkt.

## III-14: Krisensitzung des Führungsstabes der Division S (internes Protokoll)

*Datum*: Freitag, 17. Juli 2020, 8:00 Uhr
*Ort*: NSA-Zentrale, San Antonio, Texas
*Anwesend*: Carl Henley (Direktor der Division S), die Abteilungsleiter Mitch Murphy (S31), Edwin Laughton (S32), Cyrus Burns (S33), Ian Stewart (S34) und Caroline Sterling (S35) sowie Special Investigator Jacob O'Connor (S32)
*Protokollführer*: Abteilungsleiter Cyrus Burns
*Thema*: LFF / Hoboken Industries / Liberty Bells Limited

Zu Beginn der Sitzung betont Direktor Henley die außergewöhnliche Brisanz\* des Falles LFF. Der Skandal um Hoboken habe für beträchtliches Aufsehen gesorgt und der Druck auf die Geheimdienste, die Täter zu finden, sei enorm. Nun hätten die gleichen Hacker anscheinend das Unternehmen Liberty Bells ins Visier genommen. Henley führt aus, dass es für einige der im Raum versammelten Personen unerfreuliche Folgen haben würde, sollte es dort zu einem ähnlichen Desaster wie bei Hoboken kommen.

Im Folgenden berichtet Special Investigator O'Connor über den Stand seiner Ermittlungen. Offenbar sind die Angreifer Mitglieder einer global operierenden Organisation, die zuvor nicht in Erscheinung getreten ist. Einer der Akteure konnte identifiziert werden, es handelt sich um einen gewissen Dylan St. Patrick aus der Hackerszene von San Francisco. Eine erste Kontaktaufnahme zu ihm ist geglückt, der Kontakt brach aber ab. Derzeit arbeitet O'Connor daran, auch die anderen Hacker zu identifizieren. Er legt dar, dass ihm in dieser Hinsicht bereits erste Erfolge gelungen sind.

In der sich anschließenden Diskussion kritisiert Abteilungsleiterin Sterling, dass St. Patrick bei seinem Treffen mit O'Connor nicht verhaftet wurde. Ihn nach dem Treffen sogar ganz aus den

---

\* Von großer Bedeutung oder Gefährlichkeit.

Augen zu verlieren, so Sterling, sei nicht nur fahrlässig, sondern geradezu »stümperhaft«.

Abteilungsleiter Laughton entgegnet, die Verhaftung St. Patricks sei auf seine Anweisung unterlassen worden, denn man habe gehofft, über seine Observierung an die anderen Hacker und ihre Hintermänner heranzukommen. Ihn nach dem Treffen entkommen zu lassen sei in der Tat eine bedauerliche Ermittlungspanne, für die allerdings nicht O'Connor verantwortlich zu machen sei. Seine Gesprächsführung mit St. Patrick könne im Gegenteil als »vorbildlich« bezeichnet werden.

O'Connor erklärt dazu, er habe sich bei seinem Besuch in der Zentrale von Liberty Bells davon überzeugt, dass die sensibelsten Daten des Unternehmens in einem Netzwerkbereich geschützt seien, in den kein Hacker eindringen könne. Eine Wiederholung der Vorfälle, wie sie bei Hoboken stattgefunden hätten, sei daher selbst unter Zugrundelegung des negativsten Szenarios bei Liberty Bells ausgeschlossen.

Direktor Henley bittet O'Connor und Laughton um ihre Pläne für das weitere Vorgehen. O'Connor führt aus, er bleibe auch weiterhin Dylan St. Patrick auf der Spur. In Seattle werde bereits nach ihm gefahndet, außerdem habe er Kontakt zu seiner Mutter und versuche, über sie an ihn heranzukommen. Darüber hinaus nutze er alle verfügbaren Möglichkeiten, auch die anderen beteiligten Hacker zu identifizieren. Nach seiner Einschätzung sei ihre Enttarnung nur eine Frage der Zeit.

Laughton ergänzt, man arbeite mit den verbündeten Geheimdiensten und einer Vielzahl von Agenten im Ausland zusammen, um die Identität der Hacker aufzuklären. Sobald dies gelungen sei, werde man versuchen, sie in die USA zu holen, um ihre Auftraggeber in Erfahrung zu bringen. Seiner Meinung nach kämen dafür aus verschiedenen Gründen vor allem die chinesischen Geheimdienste infrage.

Direktor Henley entscheidet daraufhin, den Fall LFF mit sofortiger Wirkung von der zweithöchsten auf die höchste Prioritätsstufe anzuheben. Die Urheber der Angriffe seien unter allen

Umständen und so schnell wie möglich zu enttarnen. Dies dürfe und solle »mit allen Mitteln« geschehen.

O'Connor fragt, ob damit auch solche Mittel gemeint seien, die das Gesetz nicht abdecke.

Direktor Henley erwidert, wenn er die Formulierung »mit allen Mitteln« wähle, dann meine er auch »mit allen Mitteln«. Er fragt, ob dazu weitere Ausführungen vonnöten seien.

Special Investigator O'Connor verneint dies.

Direktor Henley gibt zu Protokoll, dass der Fall LFF bis auf Weiteres in der Verantwortung der Abteilung S32 »Tailored Access Operations« verbleibe. Er beobachte den Fortgang der Ermittlungen aber genau und werde die Angelegenheit, falls er es für notwendig halte, an erfahrene Kräfte aus anderen Abteilungen übergeben.

Mit diesem Ausblick beendet er die Sitzung.

## III-15: Chatprotokoll der Zielpersonen (heruntergeladen aus dem Chatroom am 3. August 2020)

*20. Juli*

**<--arrow-->**: Hey Shira, deine Website macht ganz schön was her. Wenn ich was für alte Platten übrighätte, würde ich dir glatt die Hälfte davon abkaufen.

**m0$tw4nt3d**: Wo hast du eigentlich die ganzen Infos her? Wie die Platten heißen, wie lang die Stücke sind, welche Firma sie veröffentlicht hat, wer darauf mitspielt und so? Und das bei über 500 Stück. Muss ja ewig gedauert haben.

**Shir@hoshi**: Ging so. Es gibt eine Website, die heißt rateyourmusic. Da ist alles drin, was jemals erschienen ist. Man kann es aber nur bewerten, nicht kaufen. Da habe ich die Infos her. Black hat mir geholfen, sie in eine Datenbank zu packen.

**m0$tw4nt3d**: Echt gute Arbeit von euch. Nur eins müssen wir noch ändern. Bei dieser Platte, die Harvey sucht, steht ja, wie bei allen anderen, ein Preis dabei.

**Shir@hoshi**: Ja, ich hab mir ein paar Shops angesehen und versucht, ähnliche Preise zu machen wie die. Das Teil, das Harvey sucht, gab's logischerweise nirgends. Also habe ich mir einen eigenen Preis einfallen lassen.

**m0$tw4nt3d**: In dem Fall sollte da aber kein Preis stehen, sondern so was wie, sagen wir, »Individuelles Angebot«. Und wenn das bei der Platte steht, muss es bei ein paar anderen auch stehen. Sonst wirkt es irgendwie verdächtig.

**Shir@hoshi**: Gut, ich ändere das. Und dann gehe ich mit dem Ding online. Den Link schicke ich euch.

**Gödel**: Ich finde das Design ausgesprochen gelungen. Und, wenn ich das hinzufügen darf, künstlerisch anspruchsvoll.

**Shir@hoshi**: Danke, Gödel. Übrigens: Wisst ihr, dass heute in Japan ein ganz besonderer Tag ist, der mir sehr viel bedeutet? Er heißt »Tag des Meeres«.

**~~Silver~~Surfer~~**: Auch das noch. Dann fühlst du dich heute wohl besonders stark, was?

**Shir@hoshi**: Ich kann ja zu dir schwimmen. In deine Bucht ☺.

**~~Silver~~Surfer~~**: Bleib bloß, wo du bist. Und da wir schon von Websites sprechen: Es gibt da eine, auf der die schärfsten Schlitzaugenwitze stehen. Sie sind wirklich unglaublich gemein. Ich schick dir den Link. Viel Spaß damit!

**m0$tw4nt3d**: Arrow! Ignorier es einfach, ja? Erzähl mal was zu der Ratte, die du programmiert hast. Du hast sie ja an alle geschickt, aber dazugeschrieben, dass wir das Teil auf gar keinen Fall öffnen sollen.

**<--arrow-->**: Ja, stimmt. Dann passieren nämlich üble Sachen. Die Ratte ist als Bestellformular getarnt. Wenn Harvey es öffnet, erscheint ein Fenster mit den Einzelheiten der Bestellung. Unten ist die Schaltfläche »Bestellung abschicken«. Das ist unsere Tretmine. Wenn Harvey darauf klickt, öffnet sich ein weiteres Fenster, in dem steht: »Ihre Bestellung wurde angenommen. In den nächsten Tagen erhalten Sie weitere Informationen.« In Wahrheit wird aber die Ratte aktiviert und installiert sich im Hintergrund auf Harveys Festplatte. Von da an haben wir Remote-Zugriff*. Das war's.

**m0$tw4nt3d**: Bin beeindruckt. Hast du das Teil schon getestet?

**<--arrow-->**: Ich hatte den besten Tester der Welt.

**▶BlackLumumba◀**: Lass mich raten. Bestimmt ein Professor aus Deutschland.

**<--arrow-->**: Ja. Gödel hat das Programm gecheckt. Und den Code noch ein bisschen optimiert.

---

* Fernzugriff auf einen fremden Rechner, etwa durch einen RAT.

▶**BlackLumumba**◀: Gut, dann können wir starten, oder? Zumindest sobald Shira mit ihrer Website online ist. Ich schätze, du übernimmst jetzt, Wanted?

**m0$tw4nt3d**: In den letzten Tagen habe ich mir schon ein paar Gedanken dazu gemacht, wie ich die Sache am besten angehe. Zuerst kriegt Fowley mal eine nette Mail von mir, in der ich den Köder auslege. Ich hoffe, er ist so zuvorkommend, Harvey mit ins Boot zu holen. Dann wird es schon irgendwie laufen.

**Gödel**: Meiner Einschätzung nach liegt das größte Problem darin, Harvey dazu zu bringen, die Bestellung nicht von seinem privaten Rechner, sondern von seinem Firmencomputer aufzugeben. Wie willst du das erreichen?

**m0$tw4nt3d**: Ich muss ihn dazu bringen, mir zu vertrauen. Und ihm gleichzeitig Angst machen. Vertrauen und Angst: Das ist immer eine tolle Kombination, wisst ihr.

### III-16: Mailverkehr Dylan St. Patricks mit Eugene Fowley und Paul Harvey (heruntergeladen von seinem Computer am 12. August 2020)

**Dylan St. Patrick an Eugene Fowley (21. Juli, 15:28 Uhr)**

Hallo Mr Fowley, ich hoffe, Sie erinnern sich an mich. Wir haben uns
Ende Juni auf der Schallplattenbörse in Vancouver kennengelernt.
Wir hatten ein nettes Gespräch an meinem Stand und haben ein paar
gemeinsame Vorlieben entdeckt. Dann haben Sie mir noch Ihre Karte
gegeben und mich ermuntert, Sie auf dem Laufenden zu halten, falls
es bei mir etwas Neues gibt.
Genau das tue ich hiermit. Seit gestern bin ich unter der Adresse
www.shellac-sheldon.com mit einem eigenen Online-Shop im Internet vertreten. Besuchen Sie mich dort doch einfach mal. Ich bin
sicher, dass Sie einige Angebote finden, die für Sie von Interesse sind.
Sheldon Swartz*

........................................................................................................

**Eugene Fowley an Dylan St. Patrick (21. Juli, 19:46 Uhr)**

Hallo Mr Swartz, ich danke Ihnen für Ihre nette Mail. Ehrlich gesagt,
kann ich mich an unsere Begegnung kaum noch erinnern, zumindest
habe ich kein Gesicht dazu vor Augen. Aber ich habe viele Leute
getroffen in Vancouver und einigen meine Karte gegeben. Entschuldigen Sie bitte, ich hatte noch nie ein besonders gutes Gedächtnis.
Ihren Online-Shop habe ich mir angesehen und muss sagen, Sie haben
dort in der Tat ein exquisites Angebot zusammengestellt. Manche Stü-
cke sind wirklich selten und die Preise liegen, verglichen mit anderen
Shops, in einem sehr akzeptablen Bereich. Ein wenig juckt es einen da
schon in den Fingern, das muss ich zugeben. Ich werde mir das noch
einmal in Ruhe durch den Kopf gehen lassen. Und Sie haben sicher
nichts dagegen, dass ich einen Freund auf Ihre Seite hinweise?
Eugene Fowley

........................................................................................................

---

* Anspielung auf Aaron Swartz (1986–2013): US-amerikanischer Hacktivist, der gegen jede Form von Internetzensur kämpfte; erhängte sich 2013, bevor die Gerichtsverhandlung gegen ihn begann.

**Dylan St. Patrick an Eugene Fowley (21. Juli, 19:51 Uhr)**
Lieber Mr Fowley, es freut mich, dass meine Auswahl Ihnen zusagt.
Melden Sie sich jederzeit gerne wieder bei mir. Und natürlich ist es
ganz in meinem Sinn, wenn Sie auch andere Interessenten auf meine
Seite aufmerksam machen.
Sheldon Swartz

---

**Paul Harvey an Dylan St. Patrick (22. Juli, 18:18 Uhr)**
Sehr geehrter Mr Swartz, über meinen Freund Eugene Fowley bin ich
auf Ihre Seite Shellac-Sheldon gestoßen und habe sie mir mit großem
Interesse angeschaut. Ihr Online-Shop macht einen guten Eindruck.
Ich möchte mir trotzdem erlauben, Ihnen einen Verbesserungsvor-
schlag zu unterbreiten. Die diskografischen Angaben zu den Platten
sind recht genau, aber über ihren Zustand erfährt man nichts.
Gerade das ist aber doch für einen Liebhaber, wie Sie wissen,
entscheidend. Es würde mich freuen, wenn Sie Ihre Seite in dieser
Hinsicht noch etwas optimieren könnten.
Paul Harvey

---

**Dylan St. Patrick an Paul Harvey (22. Juli, 18:25 Uhr)**
Hallo Mr Harvey, für Ihren Verbesserungsvorschlag bin ich Ihnen
dankbar. Ich habe die Angaben zum Zustand der Platten nicht
vergessen, der Shop befindet sich ja noch im Aufbau. Meine Pro-
grammiererin wird sie morgen ergänzen. Darf ich fragen: Gibt es
vielleicht ein Angebot auf meiner Seite, das Sie besonders interessiert?
Sheldon Swartz

---

**Paul Harvey an Dylan St. Patrick (22. Juli, 18:35 Uhr)**
Ja, Mr Swartz, das ist allerdings so. Schon seit geraumer Zeit bin ich
auf der Suche nach einem Exemplar der Platte »Bleeding Hearted
Blues« von Bessie Smith aus dem Jahr 1923. Sie ist, wie Sie wissen,
sehr selten, ich habe sie bisher noch auf keiner Börse und in keinem
Online-Shop gefunden. In Ihrem Angebot aber ist sie bemerkenswer-
terweise verzeichnet.

Erlauben Sie mir, einige Fragen dazu zu stellen. Erstens: In welchem
Zustand befindet sich die Platte? Zweitens: Wo haben Sie sie gefun-
den? Und drittens: Als Preis geben Sie »Individuelles Angebot« an.
Was habe ich darunter zu verstehen?

5 Paul Harvey

**Dylan St. Patrick an Paul Harvey (22. Juli, 18:43 Uhr)**
Lieber Mr Harvey, da haben Sie sich allerdings gleich eine Perle aus
meinem Angebot herausgesucht. Ich sehe, Sie kennen sich aus. Zu
10 Ihren Fragen: Die Platte befindet sich auch nach fast 100 Jahren noch
in einem bemerkenswert guten Zustand. Natürlich knistert sie, aber
darüber hinaus weist sie keine Mängel auf. Gefunden habe ich sie bei
einer Wohnungsauflösung. Eine alte Dame war gestorben und ich
konnte eine Sammlung von Platten aus ihrem Nachlass erwerben.
15 Und zum Preis: Bei derart seltenen Exemplaren ist die Summe schwer
zu kalkulieren. Ich muss mir noch einige Gedanken dazu machen und
werde Ihnen morgen früh mein Angebot zuschicken. Allerdings
möchte ich nicht verschweigen, dass es noch weitere Interessenten
für das Produkt gibt. Es wäre daher ganz in Ihrem Interesse, wenn Sie
20 sich möglichst zügig für eine Bestellung entscheiden könnten.
Sheldon Swartz

**Paul Harvey an Dylan St. Patrick (22. Juli, 18:45 Uhr)**
Was heißt in diesem Fall »zügig«, Mr Swartz? Ich bin morgen den
25 ganzen Tag in der Firma und komme erst abends heim.
Paul Harvey

**Dylan St. Patrick an Paul Harvey (22. Juli, 18:47 Uhr)**
Nun, Mr Harvey, am Abend könnte es leider bereits zu spät sein, ich
30 kann Ihnen da wirklich nichts versprechen. Ich schlage vor, Ihnen das
Angebot bis zum Mittag freizuhalten. Sagen wir, bis 12 Uhr. Länger
geht es wirklich nicht, aus Gründen der Fairness gegenüber den
anderen Interessenten. Was meinen Sie dazu? Wäre es Ihnen
möglich, sich bis dahin zu entscheiden?
35 Sheldon Swartz

**Paul Harvey an Dylan St. Patrick (22. Juli, 18:59 Uhr)**
Leider kann ich mir morgen nicht freinehmen, Mr Swartz. Gut, ich
werde mir das Angebot ausnahmsweise von meinem Firmenrechner
aus anschauen, ich denke, das sollte möglich sein.
Paul Harvey

5

..................................................................................................................

**Dylan St. Patrick an Paul Harvey (23. Juli, 9:05 Uhr)**
Guten Morgen, Mr Harvey, wie versprochen schicke ich das Angebot
für »Bleeding Hearted Blues« mit einem, wie ich finde, sehr attrak-
tiven Preis. Falls Sie sich dafür entscheiden sollten, klicken Sie einfach
auf die Schaltfläche »Bestellung abschicken«. Alles Weitere wird
dann in die Wege geleitet. Es würde mich freuen, wenn wir in Verbindung blieben. Mit herzlichen Grüßen
Sheldon Swartz

10

## III-17: Erkenntnisse zu den Mitgliedern der Organisation LFF (interner Bericht von Jacob O'Connor, 24. Juli 2020)

Sehr geehrter Mr Laughton, bei meinen Bemühungen, die Mitglieder der Organisation LFF zu enttarnen, bin ich auf eine neue Spur gestoßen, die ich für sehr erfolgversprechend halte. Da Sie sich momentan auf Dienstreise befinden, möchte ich Ihnen meine Erkenntnisse auf diesem Weg übermitteln, denn Sie sollten unverzüglich davon erfahren.

Trotz intensiver Bemühungen ist es unseren Spezialisten nicht gelungen, die IP-Adressen der beteiligten Hacker zu ermitteln. Keiner der benutzten Exit Nodes befindet sich in unserer Hand. Das Tor-Netzwerk erweist sich in diesem Fall erneut – und, aus unserer Sicht, leider – als sehr effektiv.

Diesen Fehlschlag habe ich zum Anlass genommen, noch einmal alle Hinweise durchzugehen, die ich im Lauf meiner Ermittlungen gesammelt habe, auch wenn sie zunächst noch so nebensächlich erschienen. In diesem Zusammenhang bin ich auf eine Bemerkung der Mutter Dylan St. Patricks während unseres Telefonats gestoßen. Sie erzählte mir damals, ihr Sohn spiele im Internet gerne das Rollenspiel »Legends of Langloria«.

Ich habe mich mit den Betreibern des Spiels in Verbindung gesetzt (das Unternehmen befindet sich in Atlanta, Georgia). Als ich ihnen den Namen Dylan St. Patrick nannte und sie aufforderte, mir mitzuteilen, unter welchem Pseudonym diese Person in ihrem Spiel aktiv sei und welche Aktivitäten sie innerhalb der letzten Monate entfaltet hätte, weigerten sie sich zunächst unter Verweis auf den Datenschutz, die Informationen zu übermitteln. Ich sah mich daher gezwungen, ihnen die erheblichen Probleme zu schildern, die auf das Unternehmen zukommen würden, sollte es tatsächlich versuchen, einen von der NSA gesuchten Kriminellen zu schützen.

Daraufhin gaben die Betreiber des Spiels die gewünschten Informationen preis. Sie schickten mir die Zugangsdaten St. Patricks, sodass ich mich mit seiner Identität in das Spiel einloggen konnte. In Langloria agiert er unter dem Pseudonym »Most Wanted« (geschrieben m0$tw4nt3d) und benutzt den Charakter eines »Raubritters«. Ich habe seine Aktivitäten zurückverfolgt und ermittelt, dass er im Januar dieses Jahres eine sogenannte Gilde gegründet hat.

Diese besteht aus insgesamt sechs Mitgliedern und trägt den Namen »Langloria Freedom Fighters«. Sie können sich denken, dass diese Entdeckung mich elektrisierte, denn die Anzahl der Gildenmitglieder entspricht der Anzahl der Hacker, die für die Angriffe auf Hoboken und Liberty Bells verantwortlich sind, und der Name der Gilde passt zu dem Kürzel »LFF«. Wir können mit hoher Wahrscheinlichkeit davon ausgehen, dass es sich bei den Gildenmitgliedern und den von uns gesuchten Hackern um dieselben Personen handelt.

Da ich die Pseudonyme der Gildenmitglieder kenne, sollte es möglich sein, über die Betreiber des Spiels ihre Klarnamen und IP-Adressen zu erfahren und in einem zweiten Schritt ihre realen Adressen zu ermitteln. Damit würden wir der Enttarnung und Zerschlagung der Organisation LFF einen entscheidenden Schritt näher kommen.

Mr Laughton, ich habe nicht vergessen, wie Sie sich auf der Krisensitzung vor einer Woche für mich eingesetzt haben. Es ist mir daher besonders wichtig, Ihnen von diesem Ermittlungserfolg berichten zu können.

Jacob O'Connor

## III-18: Chatprotokolle der Zielpersonen (heruntergeladen aus dem Chatroom am 3. August 2020)

### 25. Juli

**Shir@hoshi**: Ist die Vorstellung nicht schön, dass Harvey gestern in Vorfreude auf seinen »Bleeding Hearted Blues« wahrscheinlich ständig in Tränen ausgebrochen ist, während wir uns wie die Hyänen über seinen Rechner hergemacht haben?

**►BlackLumumba◄**: Arrows Trojaner war wirklich ein voller Erfolg. Aber, Wanted: Die Art, wie du Harvey dazu gebracht hast, das Ding auf seinem Firmenrechner zu starten, die hatte auch was. Als Trickbetrüger wärest du längst Millionär.

**Gödel**: Ich glaube eine gewisse Geistesverwandtschaft zwischen Harvey und mir entdeckt zu haben. Der einzige Rechner, den ich kenne, der genauso sorgfältig aufgeräumt ist wie seiner, ist mein eigener.

**Shir@hoshi**: Stimmt, da hat alles seinen Platz. Bestimmt richtet er auch seine Stifte immer parallel zur Tischkante aus.

**<--arrow-->**: Ja. Und er bügelt seine Taschentücher.

**~~Silver~~Surfer~~**: Und nummeriert seine Unterhosen.

**m0$tw4nt3d**: Mal im Ernst: Hat irgendwer von euch auf seinem klinisch sauberen Rechner was Verwertbares gefunden?

**<--arrow-->**: Drei – zwei – eins – Zeit abgelaufen. Scheint nicht so, Wanted.

**Shir@hoshi**: Wieso muss ausgerechnet der Typ, den wir uns im Schweiße unseres Angesichts als Opfer aussuchen, Mister Gewissenhaft sein? Ich finde das ungerecht, nachdem wir uns so viel Mühe gegeben haben! Es ist einfach nicht fair. Nach der ganzen Plackerei hätten wir was Besseres verdient.

**~~Silver~~Surfer~~**: <räusper>

**<--arrow-->**: Was hast du? Komm bloß nicht mit deinen dummen Sprüchen. Wir sind gerade schlecht drauf, falls es dir entgangen sein sollte.

**~~Silver~~Surfer~~**: Wie wäre es zur Abwechslung mit einem klugen Spruch? Zum Beispiel mit dem hier: Ich habe eine Liste mit Harveys Passwörtern gefunden.

**Shir@hoshi**: Ich verstehe das nicht. Wie findest du diese Sachen immer? Wir anderen haben doch auch stundenlang gesucht.

**~~Silver~~Surfer~~**: Ich würde sagen, es liegt daran, dass ich so ein cooler Typ bin. Das war schon immer so. Schon bei meiner Geburt. Als die Hebamme mich aus dem Bauch meiner Mutter zerrte, öffnete ich nur lässig die Augen, sah mich um und sprach mit tiefer, kräftiger Stimme: »Hey! Cool hier.«

**Shir@hoshi**: Kennt jemand einen Therapeuten für einen größenwahnsinnigen Surfer?

**<--arrow-->**: Ja, ich. Einen Weißen Hai.

**▶BlackLumumba◀**: Ich weiß, du gibst deine Tricks nicht gerne preis, Surfer. Aber ich finde, du solltest hier eine Ausnahme machen. Immerhin warst du der Einzige, der nichts dazu beigetragen hat, auf Harveys Rechner zu kommen.

**~~Silver~~Surfer~~**: Höre ich da einen leisen Vorwurf? Aber gut, da mein Freund Minentaucher mich darum bittet, möchte ich mich dazu herablassen, etwas von meiner Weisheit auf eure trüben Köpfe zu träufeln. Ich habe die Passwörter in dem Unterordner eines Installationsverzeichnisses gefunden, in einer Textdatei mit den Allgemeinen Geschäftsbedingungen des Herstellers der installierten Software.

**▶BlackLumumba◀**: Diese Dateien gibt es auf jedem Rechner zu Hunderten. Die kannst du nicht alle durchsehen.

**~~Silver~~Surfer~~**: Nicht alle, aber diese schon. Wie ihr wisst, tragen in den Installationsverzeichnissen normalerweise alle Dateien das gleiche Datum. Nämlich den Tag der Installation. Diese Datei aber war etwa ein halbes Jahr später noch mal geändert worden.

**▶BlackLumumba◀**: Von Harvey?

**~~Silver~~Surfer~~**: Genau. Er hat unter § 43 einen neuen Unterpunkt angelegt und da seine Passwörter eingetragen, falls er mal eins davon vergisst.

**m0$tw4nt3d**: Trotzdem, wie hast du sie gefunden? Das sind doch immer Hunderte von Seiten mit Kleingedrucktem.

**~~Silver~~Surfer~~**: Ich habe ein Programm, das die Dateien nach Schlüsselbegriffen absucht. Dazu gehören unter anderem »Facebook«, »Twitter« und »Instagram«. Die hat es alle drei gefunden. Und dahinter standen die Passwörter.

**Gödel**: Eine überraschend logische Vorgehensweise.

**<--arrow-->**: Hey Surfer, du solltest vorsichtig sein. Wenn du so weitermachst, verliebe ich mich noch in dich.

**~~Silver~~Surfer~~**: † † †

**<--arrow-->**: Was soll das heißen?

**~~Silver~~Surfer~~**: Das heißt: Komm mir bloß nicht zu nah! Wenn man dich küsst, ist danach bestimmt der halbe Kiefer weggesprengt.

**m0$tw4nt3d**: Es tut mir leid, euer Geturtel unterbrechen zu müssen, aber wir haben was zu tun. Welche Passwörter stehen da noch, Surfer?

**~~Silver~~Surfer~~**: Onlinebanking zum Beispiel. Nett, oder?

**m0$tw4nt3d**: Interessiert uns im Moment nicht, wir sind keine Black Hats*. Was noch?

**~~Silver~~Surfer~~**: Das für seinen E-Mail-Account. Und das fürs Intranet von Liberty Bells.

**m0$tw4nt3d**: Na also, darauf hatte ich gehofft. Das könnte der Schlüssel zur Schatztruhe sein. Schick die Passwörter mal rüber, Surfer.

**Shir@hoshi**: Und du musst nicht wieder betonen, wie schwer es dir fällt. Unser ewiger Dank ist dir sicher.

---

\* Kriminelle Hacker:innen; interessiert an finanzieller Bereicherung durch Datendiebstahl und Erpressung.

**~~Silver~~Surfer~~**: Oh, das fällt mir gar nicht schwer, Schlitzi. Ich liebe euch doch alle! Schon abgeschickt.

**Gödel**: Ich schlage vor, dass Black wieder die Analyse von Harveys Kommunikation übernimmt. Wie bei Hanson.

**▶BlackLumumba◀**: Es wird mir eine Ehre sein. Ich hab die Nacht schon dafür eingeplant.

**Shir@hoshi**: Ach ja, bei dir ist ja jetzt Abend. Wann hast du eigentlich zum letzten Mal geschlafen?

**▶BlackLumumba◀**: Ich schlafe immer sonntags. Außer wenn was dazwischenkommt. Nein, im Ernst: Ich halte schon durch. Hoffe, bis morgen habe ich alles zusammen.

## 26. Juli

**m0$tw4nt3d**: Hey, Black ist da! Er hat sich gerade eingeloggt.

**~~Silver~~Surfer~~**: Ich kann ihn vor mir sehen. Er schafft es kaum noch, sich auf den Beinen zu halten, obwohl er gar nicht steht, sondern sitzt, und seine Augenringe sind so dick wie Autoreifen.

**▶BlackLumumba◀**: Die Beschreibung ist nicht übel. Ich bin nur heute Mittag mal für zwei Stunden oder so eingeschlafen, mit dem Kopf auf der Tastatur. Ansonsten habe ich mich durch Tausende von Mails und Messages gewühlt, die Harvey in den letzten Wochen geschrieben hat.

**~~Silver~~Surfer~~**: Brav, Blackie. Mit Wühlen hast du ja Erfahrung.

**<--arrow-->**: Lass hören, was du gefunden hast.

**▶BlackLumumba◀**: Bei einer Sache muss ich euch leider gleich enttäuschen. Auf das Zentrum des Netzwerks – also den Kern der Zwiebel, ihr erinnert euch – kriegen wir über Harvey keinen Zugriff.

**m0$tw4nt3d**: War auch nicht ernsthaft zu erwarten. Du hattest ja gesagt, dass da nur die Führungskräfte Zugang haben. Und zu denen zählt Harvey nicht.

**▶BlackLumumba◀**: Der Typ ist bei allem, was er schreibt, extrem vorsichtig. Sogar im Intranet achtet er immer ganz genau darauf, bloß nicht zu verraten, was mit den nach Usbekistan gelieferten Waffen weiter passieren soll. Es ist nur ab und zu von der »Versendung der Hilfsgüter« die Rede oder von »Vergütungen«, die in dem Zusammenhang an Liberty Bells gezahlt werden sollen.

**<--arrow-->**: Na schön, wir wissen inzwischen, was damit gemeint ist. Aber es sind keine Beweise, mit denen wir die Firma festnageln können.

**m0$tw4nt3d**: Und in dem ganzen Schriftverkehr gibt es keine einzige Stelle, an der Harvey sich mal verplappert?

**▶BlackLumumba◀**: Nein. Hab keine gefunden.

**Shir@hoshi**: Die werden gedrillt. Wie beim Militär.

**~~Silver~~Surfer~~**: Kriegen wahrscheinlich nichts zu essen, wenn sie was falsch machen.

**▶BlackLumumba◀**: Eine Sache ist allerdings ganz spannend. Immer wenn Harvey eine wichtige Entscheidung treffen muss, holt er sich vorher das Okay von einem Typen ein, der, wie es scheint, bei Liberty Bells eine Menge zu sagen hat. Sein Account im Intranet läuft unter »HenrySMasterson«.

**m0$tw4nt3d**: Moment, ich schick mal eben die Suchfunktion über das Organigramm, das du gefunden hast. Ja, da ist er. Ganz schön hohes Tier. Henry Samuel Masterson, Vorstandsmitglied, zuständig für den Export nach Asien, Afrika und Lateinamerika.

**Gödel**: Als Vorstandsmitglied müsste er Zugriff auf das gesamte Netzwerk haben. Also auch auf den Kern.

**<--arrow-->**: Ja, aber er ist bestimmt ein scharfer Hund. Sonst wäre er nicht in so eine Position gekommen.

**~~Silver~~Surfer~~**: Also Vorsicht, Pfeilgift. Der Typ schießt zurück.

**Shir@hoshi**: Hat uns das jemals gestört?

**~~Silver~~Surfer~~**: Ich wollte nur untertänigst darauf hinweisen, dass er es uns nicht so leicht machen wird wie, sagen wir, Hanson. Da müssen schon andere Methoden her.

**Shir@hoshi**: In dem Organigramm steht doch seine interne Telefon-nummer. Wie wär's damit?

**<--arrow-->**: Na gut, Wanted könnte bei ihm anrufen und wir könn-ten es so aussehen lassen, als käme der Anruf von innerhalb des Unternehmens. Das würden wir schon hinkriegen. Aber was dann? Soll er versuchen, Harveys Stimme nachzuahmen? Die kennen wir ja nicht mal.

**m0$tw4nt3d**: Anrufen ist keine Option. Nicht bei einem Typen wie dem, der merkt sofort, dass was faul ist. Nein, es muss anders lau-fen. Über das Intranet, würde ich sagen.

**Gödel**: Dabei gibt es aber ein ernstes Problem. Wenn du Harveys Account benutzt, um Masterson anzuschreiben, ist es nur während der Bürozeiten möglich. Dann ist die Gefahr groß, dass Harvey an seinem Rechner sitzt, ebenfalls eingeloggt ist und alles mitliest. Er würde seinen Account sperren und wir ständen wieder ganz am Anfang.

**m0$tw4nt3d**: Ja, du hast recht. Das ist wirklich ein Problem.

**▶BlackLumumba◀**: Und es kommt noch eins dazu, Wanted. Wenn du mit Masterson Kontakt aufnehmen willst, musst du dich beeilen.

**m0$tw4nt3d**: Wieso denn das?

**▶BlackLumumba◀**: Weil er bald eine längere Dienstreise antritt.

**m0$tw4nt3d**: Wann? Und wohin?

**▶BlackLumumba◀**: In drei Tagen, am Mittwoch. Es geht nach Süd-amerika, in verschiedene Länder. Er hat Harvey im Intranet darüber informiert.

**m0$tw4nt3d**: Das könnte wichtig sein, Black. Schick mir alles, was du über die Reise hast, ja?

**<--arrow-->**: Ich verstehe nicht ganz. Was soll das werden?

**m0$tw4nt3d**: Bin noch nicht sicher, muss erst die Sachen lesen, die Black schickt. Aber ich hab das Gefühl, als könnte so etwas wie ein Plan daraus werden. Und das Gefühl täuscht mich selten. Treibt euch mal über Harveys Rechner bei Liberty Bells rum. Falls ihr was Interessantes findet, schickt es mir. Schätze, morgen weiß ich mehr.

### 27. Juli

**Shir@hoshi**: Hey Wanted! Du wolltest doch alles über die Reise von Masterson wissen. Ich hab rausgefunden, welchen Flug er nimmt. Mittwoch, 14 Uhr 20. Von Seattle nach Buenos Aires, Zwischenstopp in Houston. Donnerstag um zehn ist er da.

**m0$tw4nt3d**: Ja, das passt. Masterson hat Harvey vor ein paar Tagen so eine Art Zeitplan geschickt. Er schreibt, er wird am Mittwoch gar nicht mehr ins Unternehmen kommen. Morgens will er zu Hause alles für die Reise vorbereiten. Für 12 Uhr hat er einen Dienstwagen geordert, der ihn zum Flughafen bringt. Da wird er gegen 13 Uhr ankommen und gleich darauf einchecken. Für unsere Zwecke ziemlich perfekt.

**<--arrow-->**: Was soll das heißen, für unsere Zwecke? Hast du etwa vor, zu ihm ins Flugzeug zu steigen?

**m0$tw4nt3d**: Ich hab noch nie in einem Flugzeug gesessen. Und es gibt auch keinen Grund, das zu ändern. Nein, ich denke, ich werde mich zu ihm in seinen Dienstwagen begeben.

**~~Silver~~Surfer~~**: Verstehe. Du wirst den Fahrer von Liberty Bells überwältigen, dir seinen Wagen ausleihen, zu Masterson fahren, ihn kidnappen, in eine dunkle Hütte im Wald bringen und dann alles aus ihm rauspressen, was wir wissen wollen. Korrekt so weit?

**m0$tw4nt3d**: Guck weiter deine zweitklassigen Actionfilme. Ich meinte natürlich, ich werde mich über das Intranet in seinen Dienstwagen begeben. Und zwar unter dem Account »Paul Thomas Harvey <PaulThHarvey>«.

**Shir@hoshi**: Ja, aber das ist doch genau das, was wir nicht wollen. Weil Harvey alles mitlesen und Masterson warnen kann.

**Gödel**: Da ist ein h zu viel.

**m0$tw4nt3d**: Seht ihr? Der echte Account von Harvey läuft unter »Paul Thomas Harvey <PaulTHarvey>«. Den anderen werde ich erst direkt vor der Aktion anlegen und danach wieder löschen. Damit mir kein Sysop in die Quere kommt.

**▶BlackLumumba◀**: Und dann hoffst du, dass Masterson den Unterschied nicht merkt?

**m0$tw4nt3d**: Wer prüft schon bei jeder Mail, die er bekommt, so genau die Adresszeile? Von euch hat auch nur Gödel den Unterschied gesehen. Und, na ja, das ist eben Gödel, wenn ihr versteht, was ich meine.

**~~Silver~~Surfer~~**: O ja, das verstehen wir. Bei Gott!

**m0$tw4nt3d**: Außerdem werde ich versuchen, Masterson genau in der Zeit zu erwischen, wenn er sich dem Flughafen nähert. Er hat Harvey geschrieben, falls an dem Tag was Wichtiges anliegt, wäre es am besten, ihn noch vormittags zu kontaktieren, weil er danach, während des Fluges, stundenlang nicht mehr erreichbar ist.

**<--arrow-->**: Du hoffst, dass er unter Zeitdruck steht.

**▶BlackLumumba◀**: Und in Gedanken schon halb in Südamerika ist.

**m0$tw4nt3d**: Genau. Und wenn er noch nicht unter Zeitdruck steht, dann werde ich ihm ordentlich welchen machen, darauf könnt ihr euch verlassen.

**Shir@hoshi**: Hört sich so an, als wüsstest du schon, was du ihm schreiben willst.

**m0$tw4nt3d**: Na ja, sagen wir mal so, ich weiß, wie ich loslegen werde. Es wird große und unerwartete Schwierigkeiten geben. Dann muss ich Masterson davon überzeugen, dass die Probleme nur zu lösen sind, wenn ich Zugang zum inneren Kern des Netzwerks bekomme. Ich weiß noch nicht, wie. Muss einfach ins Blaue schießen und auf mein Glück hoffen.

**Gödel**: Wir sollten die Aktion alle live mitverfolgen. Vielleicht gibt es Informationen, auf die wir reagieren müssen.

**m0$tw4nt3d**: Kann sein. Also: Ich starte um 12 Uhr 30, würde ich sagen. Die Zugangsdaten zu dem Account, den ich anlege, schicke ich euch. Seht zu, dass ihr rechtzeitig da seid. Und dann haltet eure Finger still und betet – oder was immer ihr tut, wenn es ernst wird.

## III-19: Identifizierung der Mitglieder der Organisation LFF (interne Notiz von Jacob O'Connor, 28. Juli 2020)

Gestern führte ich mehrere Telefonate mit den Betreibern des Spiels »Legends of Langloria«, um die Identitäten der Spielteilnehmer zu erfahren, die sich in der Gilde »Langloria Freedom Fighters« zusammengeschlossen haben. Zunächst verweigerten die Betreiber unter Hinweis auf Datenschutzbestimmungen erneut die Herausgabe. Ich musste sie mehrfach daran erinnern, welche Möglichkeiten die NSA hat, einem privaten Unternehmen zu schaden, dann übermittelten sie mir die angeforderten Daten. Wir kennen nun also die Namen, Nationalitäten, Geburtsdaten und Meldeadressen der sechs an den Angriffen auf Hoboken und Liberty Bells beteiligten Personen:

Abe, Kyoko (Deckname »Shirahoshi«)
Japanerin, geboren am 21. Oktober 2004
Adresse: 1 Chome-22-6 Jinnan, Shibuya, Tokio

Corgan, Matthew (Deckname »Silver Surfer«)
Australier, geboren am 12. Januar 2005
Adresse: 18 Acacia Street, Byron Bay, NSW 2481

Dorfmeister, Felix (Deckname »Gödel«)
Deutscher, geboren am 1. April 2005
Adresse: Karl-Marx-Allee 93 a, Friedrichshain, 10243 Berlin

N'Demba, Boubacar (Deckname »Black Lumumba«)
Kongolese, geboren am 8. Juni 2004
Adresse: wird noch ermittelt (vermutlich in Kampala, Uganda)

Sánchez, Luisa (Deckname »Arrow«)
Kolumbianerin, geboren am 18. Februar 2004
Adresse: Calle 66 #13-65, Los Rosales, Bogotá

St. Patrick, Dylan (Deckname »Most Wanted«)
US-Amerikaner, geboren am 25. November 2003
Adresse: 982 Market Street, Tenderloin, 94102 San Francisco

Auch die IP-Adressen der Zielpersonen sind in dem übermittelten
Datensatz enthalten. Ich habe sie an eine eigens dafür gebildete
Task Force von Spezialisten weitergeleitet, die bereits heute damit
beginnen, die Rechner in konzentrierter Form anzugreifen.

Ich selbst werde in den kommenden Tagen mithilfe des Pro-
grammes SpyC 5.0 alle Informationen über die Zielpersonen
zusammentragen, die im Netz zu finden sind. Auf dieser Grundlage
werde ich Persönlichkeitsprofile erstellen, wie es im Fall von Dylan
St. Patrick, dem vermutlichen Anführer der Gruppierung, schon
vor einigen Wochen geschehen ist.

St. Patrick ist inzwischen in allen Bundesstaaten zur Fahndung
ausgeschrieben, vor allem in San Francisco und in Seattle wird
intensiv nach ihm gesucht. Bei den anderen Zielpersonen ist es,
auch angesichts ihres jugendlichen Alters, nach meiner Einschätzung derzeit noch nicht ratsam, sie in die Vereinigten Staaten zu
überführen. Für die Zukunft kann eine derartige Maßnahme zur
Gewinnung weiterer Informationen aber nicht ausgeschlossen werden.

Jacob O'Connor

# III-20: Intranet-Kommunikation Dylan St. Patricks mit Henry Masterson (heruntergeladen von seinem Computer am 12. August 2020)

**PaulThHarvey an HenrySMasterson (29. Juli, 12:30 Uhr)**
Sehr geehrter Mr Masterson, ich weiß, Sie hatten angeordnet, heute
nur in dringenden Fällen mit Angelegenheiten des operativen
Geschäftes behelligt zu werden. Ich fürchte jedoch, genau ein solcher
Fall ist eingetreten und duldet keinen Aufschub. Wie mir soeben per
Mail mitgeteilt wurde, sind unsere usbekischen Partner auf unerwar-
tete Schwierigkeiten gestoßen. Wenn ich es richtig verstanden habe,
gibt es bei der Versendung der Hilfsgüter Probleme mit den Ausfuhr-
genehmigungen, die Zollbehörden haben die Lieferung gestoppt. Die
Nachrichten sind besorgniserregend, offenbar ist die Sache auf dem
bewährten Weg nicht aus der Welt zu schaffen. Ich bitte um Anweisungen.

**HenrySMasterson an PaulThHarvey (29. Juli, 12:31 Uhr)**
Sie wissen doch, dass ich auf dem Weg zum Flughafen bin, Harvey.
Müssen Sie ausgerechnet jetzt damit kommen? Heute kann ich mich
um nichts mehr kümmern und mein Terminkalender in Südamerika
ist so eng, dass ich dort ebenfalls nicht dazu komme. Ich erledige die
Sache, wenn ich zurück bin.

**PaulThHarvey an HenrySMasterson (29. Juli, 12:33 Uhr)**
Dann könnte es aber zu spät sein. Nach den mir vorliegenden Infor-
mationen sind Ermittlungen gegen Liberty Bells geplant. Und die Ver-
gütungen, die noch an uns zu zahlen sind, wären ebenfalls gefährdet.
Die Angelegenheit erfordert daher eine rasche und entschiedene
Reaktion.

**HenrySMasterson an PaulThHarvey (29. Juli, 12:34 Uhr)**
Verschonen Sie mich mit derartigen Belehrungen, Harvey! Das ist
doch sonst auch nicht Ihr Stil. Wenn die Sache so dringend ist,
müssen Sie sie eben selbst in die Hand nehmen, Sie kennen sich

in der Materie doch aus. Sie sind erfahren genug, Sie brauchen nicht
ständig meine Rückendeckung.

**PaulThHarvey an HenrySMasterson (29. Juli, 12:36 Uhr)**
Ich möchte daran erinnern, dass Sie mich schriftlich angewiesen
haben, Sie – ich zitiere – »bei allen Vorfällen, die den Erfolg oder gar
die Existenz von Liberty Bells gefährden könnten, zu konsultieren und
die weitere Vorgehensweise abzustimmen«. Wie Sie sehen, folge ich
nur Ihrer Direktive*.

**HenrySMasterson an PaulThHarvey (29. Juli, 12:37 Uhr)**
Harvey, Sie können einen wirklich zur Weißglut treiben mit Ihrer
Paragrafenreiterei**! Dann setze ich die von Ihnen zitierte Anweisung
eben für die Zeit meiner Abwesenheit außer Kraft. Ich hoffe, das
genügt Ihnen. Und jetzt gehen Sie gefälligst an die Arbeit und
schaffen die Sache aus der Welt!

**PaulThHarvey an HenrySMasterson (29. Juli, 12:39 Uhr)**
Das würde ich ja gerne tun. Aber um die Angelegenheit bearbeiten
zu können, brauche ich, wie Sie wissen, Zugriff auf einige sehr
spezielle Informationen. Und zwar auf alle Dateien, die unsere
usbekischen Partner, die Versendung der Hilfsgüter, die Zahlung der
Vergütungen und vor allem unsere Kontakte zu den usbekischen
Behörden betreffen.

**HenrySMasterson an PaulThHarvey (29. Juli, 12:40 Uhr)**
Das geht nicht, Harvey. Diese Dateien liegen im Gamma-Sektor des
Netzwerks. Dort haben Sie keine Zugangsberechtigung, das dürfte
Ihnen bekannt sein.

**PaulThHarvey an HenrySMasterson (29. Juli, 12:40 Uhr)**
Nun, dann sind mir leider die Hände gebunden.

---

\* Anweisung; Befehl.
\*\* Eigenschaft, überhaupt nicht von Vorschriften abzuweichen.

**HenrySMasterson an PaulThHarvey (29. Juli, 12:41 Uhr)**
Himmel, das ist genau der Ärger, den man vor einem Interkontinen-
talflug braucht! Ich habe jetzt wirklich keine Zeit mehr, Harvey, wir
sind gleich da. Ich würde ja versuchen, die Dateien im Flughafen-
gebäude herunterzuladen und Ihnen zu schicken, aber es ist aus
Sicherheitsgründen verboten, von außerhalb des Unternehmens auf
den Gamma-Sektor zuzugreifen. Sie müssen irgendwie ohne diese
Informationen auskommen.

**PaulThHarvey an HenrySMasterson (29. Juli, 12:43 Uhr)**
Sie wissen, dass das nicht möglich ist. In diesem Fall muss ich die
Sache schweren Herzens laufen lassen. Aber ich kann Ihnen nicht
garantieren, dass sich noch etwas retten lässt, wenn Sie von Ihrer
Reise zurückkehren.

**HenrySMasterson an PaulThHarvey (29. Juli, 12:44 Uhr)**
Harvey, Sie bringen mich in eine ausgesprochen unerfreuliche Situation. Die Passwörter für den Zugang zum Gamma-Bereich unterliegen
dem höchsten Sicherheitsstandard. Es ist strengstens verboten, sie
weiterzugeben. Ausnahmen von dieser Regel sind nicht vorgesehen.

**PaulThHarvey an HenrySMasterson (29. Juli, 12:45 Uhr)**
Das ist mir bekannt und ich kann es nicht ändern. Es ist Ihre
Entscheidung, Mr Masterson.

**HenrySMasterson an PaulThHarvey (29. Juli, 12:46 Uhr)**
Na großartig, Harvey! Mir fehlen alle erforderlichen Informationen,
um die Sache einzuschätzen. Und die Zeit fehlt mir auch, der Flughafen ist schon fast in Sicht. Also gut, warten Sie.

**HenrySMasterson an PaulThHarvey (29. Juli, 12:48 Uhr)**
Harvey, ich gebe Ihnen nun das Passwort und vertraue auf Ihre
absolute Sorgfalt und Diskretion. Es lautet: w?D5s§8Kx/1gÖ#3q.
Dass ich es an Sie weitergegeben habe, ist vertraulich. Löschen Sie
das Gespräch von Ihrem Account, ich werde es ebenfalls tun. Und

sprechen Sie mit niemandem darüber. Das Passwort ist 24 Stunden
gültig und wird um Mitternacht geändert. Sie müssen sich also alle
Informationen, die Sie brauchen, noch heute besorgen. Und denken
Sie daran: Sie haben von mir nur die Erlaubnis, die von Ihnen benö-
tigten Dateien einzusehen, nichts anderes. Haben Sie das verstanden,
Harvey?

....................................................................................................

**PaulThHarvey an HenrySMasterson (29. Juli, 12:50 Uhr)**
Selbstverständlich.

....................................................................................................

**HenrySMasterson an PaulThHarvey (29. Juli, 12:51 Uhr)**
Ich bin jetzt am Flughafen und muss aussteigen. Ich erwarte Ihren
ausführlichen Bericht vorzufinden, wenn ich in Buenos Aires
ankomme.

....................................................................................................

**PaulThHarvey an HenrySMasterson (29. Juli, 12:52 Uhr)**
Dann wünsche ich Ihnen eine erfolgreiche Reise, Mr Masterson.
Glauben Sie mir: Ich werde unser Problem lösen.

## III-21:  Schreiben der IT-Sicherheitsabteilung von Liberty Bells (weitergeleitet an die NSA am 30. Juli 2020)

### Sicherheitswarnung der Alarmstufe III
*Nur für den Vorstand*

Am Abend des gestrigen Tages musste, erstmals in der Geschichte von Liberty Bells, ein Sicherheitsalarm der Stufe III ausgelöst werden. Ursache des Alarms war das Eindringen unternehmensfremder Personen in den Gamma-Sektor des Firmennetzwerks. Es soll ausdrücklich betont werden, dass dieses Eindringen nicht durch unserer Abteilung anzulastende Sicherheitslücken ermöglicht wurde. Stattdessen kannten die Eindringlinge offenbar das täglich zu ändernde Passwort, das, wie Sie wissen, nur den Vorstandsmitgliedern und ausgewählten Systemoperatoren zugänglich ist.

Wir müssen davon ausgehen, dass es in diesem überschaubaren Kreis eine undichte Stelle gibt. Es ist daher dringend erforderlich, so schnell wie möglich zu ermitteln, auf welche Weise beziehungsweise durch wen das Passwort an unbefugte Personen gelangen konnte.

Zum Hergang des Vorfalls: Der Angriff begann um 20:28 Uhr und wurde von sechs beteiligten Akteuren gleichzeitig durchgeführt. Dies erinnert an die Attacke in der Nacht vom 11. auf den 12. Juli, aufgrund derer wir damals ebenfalls eine Sicherheitswarnung herausgegeben haben. Unsere Analyse hat ergeben, dass es sich mit fast hundertprozentiger Sicherheit um die gleichen Eindringlinge handelt.

Wir entdeckten den Angriff um 20:32 Uhr und leiteten direkt die erforderlichen Gegenmaßnahmen ein. Obwohl wir dafür alle zu jenem Zeitpunkt verfügbaren Kräfte nutzten, gelang es uns nicht, die Angreifer aus dem System zu werfen. Ihre Methode, sich gegenseitig Rückendeckung zu geben und immer wieder von Neuem einzudringen, war so ausgeklügelt, dass es sich allem Anschein nach um ein seit Längerem eingespieltes Team handelt. Auch eine spontane Änderung des Passworts brachte nicht den gewünschten Effekt. Es ist zu vermuten, dass einer der Angreifer die Maßnahme beobachtete.

Schließlich sahen wir um 21:04 Uhr keine andere Möglichkeit mehr, als den Gamma-Sektor herunterzufahren und vom Netz zu nehmen. Diese Entnetzung werden wir auf absehbare Zeit aufrechterhalten, zumindest so lange, bis die Hintergründe des Angriffs geklärt sind.

Über das Ausmaß des Schadens können wir zum jetzigen Zeitpunkt kein abschließendes Urteil abgeben. Die Angreifer waren wie bei ihrer ersten Attacke nicht daran interessiert, Daten zu zerstören oder die Funktionsweise des Netzwerks zu beeinträchtigen. Es gelang ihnen jedoch, in der kurzen Zeit ihres Angriffs große Mengen an hochsensiblem Material zu kopieren. Daher liegt die Vermutung nahe, dass es sich um einen Akt der Industriespionage handelt, womöglich im Auftrag oder unter stillschweigender Duldung einer feindlichen Macht.

Trifft diese Vermutung zu, sind unsere Handlungsmöglichkeiten begrenzt. Wir wären dann in hohem Maß auf staatliche Unterstützung angewiesen. Daher sollte der vorliegende Bericht so schnell wie möglich den staatlichen Sicherheitsorganen zugänglich gemacht werden.

IT-Sicherheitsabteilung, 30. Juli 2020

## III-22: Chatprotokoll der Zielpersonen (heruntergeladen aus dem Chatroom am 3. August 2020)

*31. Juli*

**Shir@hoshi**: Irgendwie erinnerte das Ganze an den Kampf in den Sümpfen von Duruk-Thar. Findet ihr auch?

**Gödel**: Bei näherer Betrachtung lassen sich gewisse Ähnlichkeiten nicht leugnen.

▶**BlackLumumba**◀: Nur dass es keinen Sumpfkönig gab.

**<--arrow-->**: Ja, aber dafür jede Menge Moorwürmer, in diesem Fall als Sysops getarnt. Sie waren ziemlich gut, finde ich. Haben sich trotzdem blutige Nasen geholt.

**m0$tw4nt3d**: In gewisser Weise war es unser Glück, dass sie so gut sind. Oder, besser gesagt, sich für so gut halten.

▶**BlackLumumba**◀: Wie meinst du das?

**m0$tw4nt3d**: Na ja, wenn es irgendwelche hergelaufenen Wald-und-Wiesen-Sysops gewesen wären, hätten sie wahrscheinlich aus Panik nach ein paar Minuten das Netz runtergefahren und das wär's für uns gewesen. Aber die hier sind einfach zu arrogant, um sich so eine Blöße zu geben. Wollten beweisen, dass sie es auch anders schaffen. Nur das hat uns die Zeit gegeben, die wir brauchten.

**~~Silver~~Surfer~~**: Und die Tatsache, dass ich die Änderung des Passworts beobachtet habe, wenn ich das in der mir angeborenen Bescheidenheit hinzufügen darf.

**Shir@hoshi**: Ach, du warst das. Ich dachte, Gödel wäre es gewesen. Hab in der Aufregung gar nicht so darauf geachtet.

**~~Silver~~Surfer~~**: Ich werde mit Gödel verglichen! Das ist der größte Tag in meinem vermurksten Leben.

**Shir@hoshi**: Jedenfalls, ich war richtig im Rausch bei der Aktion. Besser als jede Droge, die ich jemals genommen habe.

**<--arrow-->**: Das stimmt. Ich hatte danach blutige Fingerkuppen, so habe ich meine Tasten gequält.

**m0$tw4nt3d**: Ich würde sagen, wir haben die Typen in angemessener Weise für ihre Arroganz bestraft. Aber jetzt lasst uns mal zur Sache kommen. Wie sieht's aus, Black? Hast du unsere Funde durchgesehen? Wir hatten dir ja alles geschickt.

**▶BlackLumumba◀**: Ich musste erst noch tausend Sachen entschlüsseln, war eine elende Arbeit. Surfer hat mir dabei geholfen. Aber jetzt bin ich durch damit.

**Shir@hoshi**: Und?

**▶BlackLumumba◀**: Epic Win. Wir haben so ziemlich alles zusammen, was wir brauchen, um Liberty Bells den Haien zum Fraß vorzuwerfen. In den Dateien sind Dokumente, die zeigen, dass sie ganz genau wissen, an wen die Waffen gehen, zum Teil stehen sogar die Namen der Rebellenführer dabei. Wir können beweisen, dass sie Millionen am Verkauf in den Kongo verdienen, mit international gesuchten Waffenhändlern zusammenarbeiten, Zollbeamte bestechen und so weiter und so weiter. Es ist so viel, ich kann's gar nicht aufzählen. Alles da, bis ins Kleinste. Ich hab's schon mal grob sortiert.

**Gödel**: Ich möchte meiner tiefsten Zufriedenheit über diesen Erfolg Ausdruck verleihen.

**Shir@hoshi**: Geht mir ähnlich. Mir zittern richtig die Finger, ich kann kaum schreiben. Wie fühlst du dich jetzt, Black?

**▶BlackLumumba◀**: Weiß nicht. Bin zu müde, mich zu freuen.

**m0$tw4nt3d**: Glaubst du, du kannst die Augen lange genug aufhalten, um mir das Zeug zu schicken?

**▶BlackLumumba◀**: Kein Problem, mach ich gleich. Was hast du vor? Gibst du es wieder an WikiLeaks?

**m0$tw4nt3d**: Spricht nichts dagegen. Schätze, ich gebe es noch heute an den Typen weiter, den ich da kenne.

**<--arrow-->**: Wo treibst du dich eigentlich inzwischen rum? Ich hoffe, nicht mehr in Seattle?

**m0$tw4nt3d**: Nein, da hab ich mich abgesetzt.

**<--arrow-->**: Gut. Mir ist eingefallen, dass es in der Eingangshalle und in den Fluren von Liberty Bells bestimmt Überwachungskameras gibt und dass du da überall drauf bist.

**m0$tw4nt3d**: Halt mich nicht für blöd. Als ich da war, habe ich nicht so ausgesehen, wie ich normalerweise aussehe.

**<--arrow-->**: Schon klar. Aber die Programme in den Kameras durchschauen auch alle möglichen Verkleidungen.

**m0$tw4nt3d**: Wie gesagt, ich bin nicht mehr in Seattle. Und, falls es dich beruhigt, nach San Francisco gehe ich auch nicht zurück. Die Sache mit diesem Journalisten war irgendwie seltsam. Ich bin in so einem kleinen Motel, irgendwo in der Wildnis. Weiß selbst nicht, wie das Kaff heißt.

**Shir@hoshi**: Hast du noch Kohle?

**m0$tw4nt3d**: Für ein paar Tage oder so. Muss mich irgendwie mit meiner Mutter treffen, damit sie mir was gibt. Aber, hört zu, das ist jetzt egal, darum geht es nicht. Wir müssen planen, wie wir weiter vorgehen, das ist wichtiger.

**<--arrow-->**: Du meinst, wir hinterlassen wieder unsere Duftmarke? Wie bei Hoboken?

**~~Silver~~Surfer~~**: Natürlich tun wir das, Pfeilgift. Die Welt muss schließlich erfahren, wer sie rettet.

**m0$tw4nt3d**: Ich werde dem Typen von WikiLeaks vorschlagen, sie sollen das Material nächste Woche veröffentlichen. Sagen wir, am Mittwoch, also in fünf Tagen. Dann haben wir genug Zeit, unsere finale Aktion vorzubereiten.

**▶BlackLumumba◀**: Fragt sich nur, wie die aussehen soll.

**Gödel**: Ich habe mir in den letzten Tagen bereits Gedanken darüber gemacht und möchte einen Wurm* anbieten.

---

* Programm, das sich selbst vervielfältigt und ausbreitet, meistens mit dem Ziel, die befallenen Systeme zu schädigen.

**~~Silver~~Surfer~~**: Danke, Dödel. Wir wollen dir dein Essen nicht wegnehmen, das brauchst du selbst.

**Gödel**: Schon in der Kindheit habe ich mich sehr für das Gebiet der Wurmprogrammierung interessiert. Ein Wurm ist, wenn man so will, eine digitale Lebensform. Wer ihn entwirft, ist wie ein Schöpfer. Man entlässt ihn in die Welt und schaut wohlwollend dabei zu, wie er sich ausbreitet und vermehrt.

**Shir@hoshi**: Und so einen Wurm hast du geschrieben?

**Gödel**: Ich habe mehrere programmiert. Auf einen bin ich besonders stolz. Wir könnten ihn gegen Liberty Bells verwenden. Da ich ihn noch nie eingesetzt habe, wird ihn keiner der gängigen Virenscanner entdecken. Ich werde ihn an die Gegebenheiten des Liberty-Bells-Netzwerks anpassen. Es wird nicht lange dauern, eine Nacht intensiver Arbeit sollte reichen.

**Shir@hoshi**: Entschuldige, wenn ich dir eine derart simple Frage stelle, Gödel, aber: Was macht dein Wurm?

**Gödel**: Das im Einzelnen zu erklären, würde sehr lange dauern. Ich möchte es so umschreiben: Er frisst das Netzwerk auf.

**▶BlackLumumba◀**: Komplett?

**Gödel**: Im Idealfall ja. Die Systemoperatoren werden versuchen, ihn zu stoppen, aber nach meiner Einschätzung wird es ihnen nicht gelingen. Also werden sie das System vom Netz nehmen. Nur: Wenn sie es wieder hochfahren, frisst der Wurm einfach weiter, als wäre nichts geschehen.

**Shir@hoshi**: Du bist ein Gott, Gödel!

**<--arrow-->**: Wahrscheinlich ist Gott auch ein Aspie. Sonst hätte er das alles hier nicht erschaffen können, oder?

**m0$tw4nt3d**: Wie ich die Sysops von Liberty Bells kenne, haben sie bestimmt Backups von allen wichtigen Daten. Aber egal, es wird ihnen eine Menge Ärger machen. Also, Gödel, der Vorschlag ist schon mal genehmigt. Sonst noch was?

**~~Silver~~Surfer~~**: Ich biete öffentliche Großbildschirme an.

**<--arrow-->**: Es kann nicht sein, dass du einfach irgendwas anbietest. Da muss was Schweinisches dahinterstecken.

**~~Silver~~Surfer~~**: Natürlich. Ihr kennt doch Shodan[*]?

**m0$tw4nt3d**: Die Hackersuchmaschine? Klar. Kennt jeder.

**~~Silver~~Surfer~~**: Dann wisst ihr auch, dass da alle möglichen 5 Ziele für Angriffe aufgelistet sind: Wasserwerke, Stromnetze und so weiter. Darunter sind auch Großbildschirme, also diese Riesenteile, die an Hochhäusern hängen und Werbefilme zeigen. Vor einigen Monaten konnte ich mich in einem Anflug von Gödelscher Genialität in drei davon einhacken. Das heißt, ich kann jetzt die ahnungslosen 10 kleinen Werbefilme – so der Sinn mir danach steht – durch eigene ersetzen.

**▶BlackLumumba◀**: Das eröffnet ungeahnte Möglichkeiten.

**m0$tw4nt3d**: Wo hängen die Teile?

**~~Silver~~Surfer~~**: In New York, in Sydney und – Achtung, Schlitzi! 15 – in Tokio.

**Shir@hoshi**: Das heißt, wir könnten einen Film machen mit einer Botschaft, die das Treiben von Liberty Bells enthüllt, und ihn auf diesen Werbevideowänden laufen lassen?

**m0$tw4nt3d**: Irgendwann kriegen die Betreiber es natürlich mit und 20 stoppen die Show. Aber wenn wir Glück haben, sind die Medien dann schon eingestiegen. Toller Vorschlag, Surfer. Wie ist es, Black? Kriegst du so einen Film hin?

**▶BlackLumumba◀**: Schätze schon. Muss nur ein paar Stunden auf der Tastatur schlafen, dann lege ich los. 25

**Shir@hoshi**: Ich helfe dir. Du machst den Text, ich die Gestaltung.

**m0$tw4nt3d**: Dann steht die Sache. Bis Dienstag müssen der Wurm und der Film fertig sein, dann schlagen wir los. Und vergesst nicht, die LFF zu erwähnen.

---

[*] Suchmaschine, die das Internet nach öffentlich zugänglichen Geräten mit offenen Ports durchsucht; darüber können Systeme wie Ampeln, Überwachungskameras, Kraftwerke oder Stromnetze gehackt und gesteuert werden.

**~~Silver~~Surfer~~**: Genau, unterschreibt immer schön. Damit die Killer von Liberty Bells auch wissen, wem sie den Hals umdrehen müssen. Denn eins ist ja wohl klar: Lange dauern wird es damit jetzt nicht mehr.

### III-23: Interner Tätigkeitsbericht von Jacob O'Connor (angefertigt am 3. August 2020)

Sehr geehrter Mr Laughton, in der vergangenen Woche hatte ich Ihnen berichtet, dass es uns gelungen ist, die an der Organisation LFF beteiligten Hacker zu identifizieren und die IP-Adressen ihrer Rechner zu ermitteln. Unsere Bemühungen, in diese Rechner einzudringen, haben heute zu einem Erfolg geführt, den ich als Durchbruch bezeichnen möchte.

Fünf der in Frage stehenden Rechner haben sich als gut geschützt erwiesen. Im sechsten Fall wird das Gerät nicht nur von der betreffenden Zielperson (Kyoko Abe, Tokio) benutzt, sondern von weiteren Personen, mit denen sie in einer Einrichtung des betreuten Wohnens lebt. Vermutlich aus diesem Grund weist der Rechner größere Sicherheitslücken auf. Es gelang uns, per Fernzugriff einen Software-Keylogger auf dem Gerät zu positionieren, der die Tastatureingaben protokolliert. Bei der Auswertung der Protokolle fiel uns auf, dass die Zielperson Kyoko Abe jede Nacht zur gleichen Zeit den Rechner nutzt, um eine Adresse im sogenannten Darknet aufzurufen. Aus den Tastatureingaben extrahierten wir ihre Zugangsdaten inklusive Passwort.

Mit diesen Angaben habe ich mich heute selbst eingeloggt und festgestellt, dass sich hinter der Adresse ein Chatroom verbirgt, der offenbar als zentrales Kommunikationsmedium der Gruppierung LFF dient. Ich habe alle Chatprotokolle der letzten Monate heruntergeladen und bereits damit begonnen, sie im Einzelnen zu analysieren.

Hier möchte ich eine erste Einschätzung abgeben, die auf der groben Durchsicht der Protokolle beruht. Anscheinend handelt es sich bei der Organisation LFF nicht, wie bisher von uns vermutet, um staatliche Hacker im Auftrag einer fremden Macht. Vielmehr haben wir von einer Gruppe junger Leute im Alter von 15 bzw. 16 Jahren auszugehen, die durch gemeinsame Aktivitäten im Netz zusammengefunden haben und durch die tragischen Erlebnisse eines von ihnen (Boubacar N'Demba, Kampala) zu ihren Aktivitäten veranlasst wurden.

Derzeit gehe ich davon aus, dass die Zielpersonen weder von politischen Akteuren gesteuert werden noch finanzielle Eigeninteressen verfolgen. Ihre Motivation scheint auf moralischer Empörung und einem naiven jugendlichen Gerechtigkeitsempfinden zu beruhen, ist also eher diffuser Art. Ob diese Einschätzung zutrifft, wird die genaue Analyse der Gesprächsprotokolle zeigen. Den Fortgang dieser Arbeit werde ich für Sie dokumentieren.

Über eines allerdings möchte ich Sie aufgrund der besonderen Dringlichkeit bereits vorab informieren. Offensichtlich planen die Zielpersonen eine Aktion gegen Liberty Bells, die ihrem Vorgehen gegen Hoboken Anfang Juni ähnelt. In Zusammenarbeit mit der Sicherheitsabteilung des Unternehmens werde ich alles daransetzen, die Aktion zu verhindern. Da sie bereits für den morgigen Tag geplant ist, müssen wir allerdings davon ausgehen, dass uns dies unter Umständen nicht vollständig gelingt.

Sollte die Gruppierung LFF ihre Aktion in der geplanten Weise durchführen, wäre es für Liberty Bells verheerend und würde Untersuchungen nach sich ziehen, die auch für uns peinlich sein könnten. Ich empfehle daher, auf dieses Szenario vorbereitet zu sein.

Jacob O'Connor

286

## III-24: Artikel aus der »New York Times« vom 6. August 2020

## Liberty Bells und die wahren Glocken der Freiheit
*»LFF« schlägt binnen kurzer Zeit zum zweiten Mal zu*

Am Dienstag drohte das Leben in New York fast zum Erliegen zu kommen. Die Hitze lag schwer und drückend wie ein Bleigewicht über der Stadt und jeder, der es sich leisten konnte, fuhr hinaus ans Meer oder versuchte wenigstens ein schattiges Plätzchen in einem der Parks zu finden. Wer aber um die Mittagszeit im Berufsverkehr unterwegs war und dabei den Times Square passierte, konnte leicht den Eindruck gewinnen, aufgrund von Dehydrierung an Halluzinationen zu leiden.

Denn was sich auf der erst im Jahr 2017 am Times Square 20 errichteten 28 mal 57 Meter großen LED-Videowand abspielte, war alles andere als normal. Wo sonst überdimensionale Werbeclips gezeigt oder die neuesten Blockbuster aus Hollywood angekündigt werden, lief plötzlich ein im japanischen Manga-Stil gehaltener Film, der dem in Seattle ansässigen Rüstungskonzern Liberty Bells Limited schwere Menschenrechtsverletzungen vorwarf. Etwa zwölf Minuten waren die Botschaften in immer neuen Durchläufen zu sehen, bevor die Videowand schwarz wurde und es für etwa eine halbe Stunde blieb, um dann mit dem gewöhnlichen Programm fortzufahren. Im Lauf des Tages wurden ähnliche Vorfälle aus Sydney und Tokio gemeldet.

Am frühen Nachmittag ging Liberty Bells mit einer Presseerklärung zum Gegenangriff über und sprach von einer »dreisten Lügenkampagne«, gegen die man sich entschieden zur Wehr setzen werde. Das Unternehmen verwies auf eine Dokumentation, die auf seiner Webseite zum Download bereitstehe und nicht nur die Gesetzestreue des Konzerns belege, sondern auch zeige, wie sehr er zur Sicherheit und Stabilität der Vereinigten Staaten beitrage. Seltsamerweise war aber genau diese Webseite seit dem Nachmittag nicht mehr online (und ist es bis heute nicht). In Seattle sickerte durch, dass das gesamte IT-System von Liberty Bells abgestürzt sei und das Unternehmen sich daher am Rande der Handlungsunfähigkeit bewege.

Der Vorfall erinnert stark an die Ereignisse, die den Rohstoffkonzern Hoboken Industries vor zwei Monaten in eine tiefe Krise stürzten (wir berichteten). Erneut hat sich die anonym agierende Organisation »LFF« zu den Enthüllungen bekannt und damals wie heute ist am Tag nach den spektakulären Aktionen, im aktuellen Fall also gestern, auf der Internetplattform WikiLeaks entsprechendes Material dazu erschienen – so umfangreich, dass wir es erst in Ansätzen sichten und auswerten konnten.

Soweit es sich zum jetzigen Zeitpunkt sagen lässt, hat Liberty Bells massiv gegen die Bestimmungen des »Arms Export Control Act« verstoßen und ist vor allem in beschämender Weise in den brutalen Bürgerkrieg im östlichen Kongo verstrickt. Die auf Wiki-Leaks veröffentlichten Dokumente legen nahe, dass der Konzern mit illegalen Waffenhändlern kooperiert und seit Jahren an den Menschenrechtsverletzungen in Zentralafrika Geldsummen in Millionen-, wenn nicht Milliardenhöhe verdient. Die Details der Vorgänge werden wir in den kommenden Wochen in einer eigenen Serie offenlegen.

Die Reaktionen von Liberty Bells auf die erhobenen Anschuldigungen sind von einer derart nichtssagenden Vorhersehbarkeit, dass es einen Akt von Papierverschwendung bedeuten würde, näher darauf einzugehen. Betrachten wir stattdessen die Affären um Hoboken und Liberty Bells im Zusammenhang, drängen sich zwei Überlegungen auf. Erstens werden hier moralische Abgründe sichtbar, die uns zu der Frage führen, ob es sich dabei wirklich nur um individuelle Verfehlungen handelt oder ob unser Wirtschaftssystem als solches ethisch fragwürdig ist. Zweitens ist denkbar, dass die Affären nur die Spitze eines Eisbergs sind. Inwieweit haben die Regierung und die Sicherheitsbehörden, die mit systemrelevanten Unternehmen wie Hoboken und Liberty Bells bekanntlich eng zusammenarbeiten, von diesen Machenschaften gewusst? Und mehr noch: Waren sie unter Umständen sogar daran beteiligt? Dies aufzuklären wird eine wichtige Aufgabe der kommenden Wochen sein.

Die Gruppierung »LFF« jedenfalls stellt für die Öffentlichkeit nach wie vor ein Rätsel dar. Nach dem Hoboken-Skandal haben sich verschiedene Regierungsvertreter, Behördensprecher, Militärs und Repräsentanten des konservativen Spektrums mit der Einschätzung hervorgetan, es handele sich um kriminelle Elemente, Gefährder der nationalen Sicherheit oder gar um Staatsfeinde, die mit allen Mitteln zu verfolgen und zu bestrafen seien.

Dieser Auffassung soll hier entschieden entgegengetreten werden. Auch wenn die Mitglieder der Gruppierung beschlossen haben, anonym zu bleiben (was ihr gutes Recht ist), lässt sich doch sagen, dass sie weder kriminell sind noch unsere Sicherheit gefährden. Das Gegenteil ist der Fall. In gewisser Weise sind sie mit investigativen[*] Journalisten zu vergleichen, sie arbeiten nur mit anderen Mitteln. Die »Times« jedenfalls unterstützt ihre Arbeit. Und eines steht fest: Selbst wenn uns ihre Identität bekannt wäre, würden wir sie unter keinen Umständen preisgeben.

---

[*] Fakten enthüllend.

289

## Freitag, 28. August 2020
## San Antonio, USA

Jacob zögert, schiebt den Ordner mit den Dokumenten vom rechten unter den linken Arm, streicht sich mit einer nervösen Bewegung die Haare zurück, holt noch einmal tief Luft und klopft. Auf dem Weg zu Mr Laughtons Büro musste er einen langen, schmalen Gang passieren, mit den Porträts verdienter Geheimdienstmitarbeiter an den Wänden. Jetzt fühlt er sich von ihren strengen Blicken fast ein wenig zu Boden gedrückt.

Er wartet kurz, dann tritt er ein. Laughton, der hinter seinem Schreibtisch thront, blickt von einem Schriftstück auf, das er gerade liest, und winkt ihm zu.

»Jacob! Auf die Minute pünktlich, das schätze ich an Ihnen. Kommen Sie, mein Lieber, setzen Sie sich.«

Jacob schließt die Tür und geht zu dem Ledersessel, der normalerweise in einer Ecke des Büros steht, nun aber – eigens für ihn, wie es scheint – dem Schreibtisch gegenüber platziert ist. Er hat sich kaum gesetzt, da streckt Laughton ihm bereits fordernd die Hand entgegen.

»Entschuldigen Sie, dass Sie das Dossier eigens noch einmal in gedruckter Form zusammenstellen mussten. Aber Sie wissen ja, ich entstamme einer anderen Generation, da liest man noch immer gerne auf Papier.«

Jacob reicht ihm den Ordner und versucht auf dem Sessel eine Sitzhaltung einzunehmen, die die richtige Mischung aus Respekt und Selbstbewusstsein ausdrückt. Dann beobachtet er, wie Laughton, schweigend, nur ab und zu ein anerkennendes Räuspern von sich gebend, durch die Dokumente blättert. Erst nach einer gefühlten Ewigkeit klappt er den Ordner wieder zu.

»Wissen Sie, Jacob«, sagt er, nimmt seine Brille ab und legt sie auf den Tisch, »dieses Dossier wird uns bei den kommenden Verhören eine unschätzbare Hilfe sein. Ich werde es an unsere Spezialisten weiterleiten, damit sie schon einmal Gelegenheit haben, sich damit vertraut zu machen.«

»Das heißt«, Jacob bemüht sich, nicht übertrieben interessiert zu klingen, »bei der Ergreifung der Zielpersonen ist alles wie geplant verlaufen?«

»Aber ja.« Laughton lehnt sich zufrieden zurück und schlägt die Beine übereinander. »Der Afrikaner, der Deutsche, die Japanerin und der Australier befinden sich bereits in unserem Gewahrsam. Die Teams vor Ort haben erstklassige Arbeit geleistet, und zwar – wie ich in besonderer Weise hervorheben möchte – auf der Grundlage der Personenbeschreibungen und psychologischen Profile, die Sie angefertigt haben, Jacob.«

»Das freut mich, Sir. Darf ich also davon ausgehen, dass die vier sich wie geplant auf dem Militärflughafen befinden, zu dem sie gebracht werden sollten?«

Laughton nickt. »Auf der Dyess Air Force Base in Abilene. In den dort befindlichen Zellen. Das ist korrekt, Jacob.«

»Gab es Komplikationen?«

»Erfreulicherweise nein. Auf der Basis Ihrer Angaben konnten unsere Teams maßgeschneiderte Zugriffspläne entwickeln. Die Aktionen waren geräuschlos. Für den Moment sind die vier einfach verschwunden. Wie vorgesehen.«

»Und«, Jacob unterbricht sich kurz und hustet, »die Kolumbianerin?«

»Oh, Señorita Sánchez.« Laughton faltet seine Beine wieder auseinander und setzt sich auf. »Sie haben wir leider noch nicht. Angesichts ihrer Vorgeschichte war uns klar, dass es mit ihr die größten Probleme geben würde. Aber wir bekommen sie noch. Die Sache wird erledigt.«

Laughton greift nach seiner Brille, setzt sie auf und positioniert sie sorgfältig vor seinen Augen. »Ich weiß, dass es eigentlich überflüssig ist«, fährt er dann fort, »aber der Vollständigkeit halber und weil es meine Pflicht als Vorgesetzter ist, weise ich Sie noch einmal darauf hin, dass die Namen der Zielpersonen und die Umstände ihrer Ergreifung unbedingt aus der Öffentlichkeit herauszuhalten sind. Auch unsere Aufsichtsbehörden sollten wir damit nicht belästigen. Das verstehen Sie doch?«

»Natürlich, Sir. Ich achte bei allem, was ich tue, auf größtmögliche Geheimhaltung.«

»Sehen Sie«, Laughton weist mit einer verächtlichen Bewegung in Richtung des Fensters, »die Politiker verlangen von uns immer, die Sicherheit des Landes zu garantieren. Wenn es aber um die Methoden geht, die wir anwenden müssen – leider anwenden müssen –, wollen sie nichts mehr davon hören.« Er schmunzelt. »Ich finde, dann sollten wir ihnen den Gefallen auch tun.«

Jacob quält sich ebenfalls ein Lächeln ab. »Was geschieht jetzt mit den Zielpersonen?«, fragt er dann.

»Wir lassen sie zuerst etwas schmoren. Sie werden sehen, das wirkt Wunder. Wenn wir dann, sobald Sie aus Ihrem kleinen Urlaub zurück sind, mit den Verhören beginnen, werden sie plappern wie Papageien. Glauben Sie mir, Jacob: Sie werden alles erzählen, was wir brauchen, um ihre Vorgehensweise nachzuvollziehen und derartige Vorfälle für die Zukunft auszuschließen.«

»Und wenn sie gesagt haben, was sie wissen: Was ist dann weiter mit ihnen geplant?«

Laughton zögert, dann wirft er Jacob einen strengen Blick zu. »Sie sollten sich mit diesen Leuten nicht zu sehr auf der emotionalen Ebene beschäftigen. Vielleicht müssen wir dazu gelegentlich noch ein ernstes Gespräch führen, Jacob. Ein wirklich ernstes Gespräch. Nun, zu Ihrer Frage: Das weitere Vorgehen können wir erst nach dem Abschluss der Verhöre festlegen. Das Verhalten der Zielpersonen wird dabei von großer Bedeutung sein. Es ist nicht auszuschließen, dass wir mit dem einen oder anderen von ihnen sogar eine Zusammenarbeit anstreben. Falls Sie in der Hinsicht Wünsche äußern möchten, habe ich jederzeit ein offenes Ohr für Sie.«

»Der Deutsche würde mich schon interessieren.«

»Sehen Sie, genau das dachte ich mir.« Laughton verschränkt die Arme. »Aber wie immer Sie sich in dieser Sache entscheiden: Grundsätzlich werden wir den Zielpersonen wohl erlauben, in ihre Heimatländer zurückzukehren. Jedenfalls planen wir nicht, sie dauerhaft verschwinden zu lassen. Solche Methoden passen nicht mehr in die heutige Zeit.«

Laughton greift nach dem Wasserglas, das vor ihm auf dem Tisch steht, und nimmt einen Schluck. Anscheinend hat er vom Reden einen trockenen Mund bekommen.

»Was mir nach wie vor die größten Sorgen bereitet«, fährt er dann fort und wischt sich mit dem Handrücken über die Lippen, »ist dieser Cincinnatus. Ich hoffe, in der Hinsicht haben sich inzwischen neue Erkenntnisse ergeben?«

»Allerdings, Sir. Ich bin dem Kerl auf der Spur. Vielleicht noch heute, spätestens morgen werden wir wissen, um wen es sich handelt.«

»Großartig, Jacob. Genau das hatte ich von Ihnen erwartet.«

Jacob beugt sich vor und zeigt auf das Dossier. »Vielleicht ist Ihnen aufgefallen, dass zwei Dokumente noch fehlen? Sie tragen die Ordnungsnummern IV-5 und IV-8.«

»Das ist mir allerdings aufgefallen. Ich hätte Sie ohnehin danach gefragt.«

»Es handelt sich um Unterlagen, die mit besagtem Cincinnatus zu tun haben. Sobald er endgültig enttarnt ist, werde ich die Dokumente aktualisieren und nachreichen.«

»Dann ist ja alles auf das Beste vorbereitet.« Laughton nickt bestätigend. Wie Jacob gehofft hatte, macht er den Eindruck, mit seiner Arbeit rundum zufrieden zu sein. »Von meiner Seite aus wäre es das, Jacob. Haben Sie noch Fragen?«

»Eine, Sir. Wann werden die Zielpersonen von Abilene hierher überstellt?«

»Morgen früh.«

»Alle gemeinsam?«

»So ist es geplant.«

»Wenn Sie nichts dagegen haben, würde ich den Transport gerne begleiten.«

Laughton senkt den Kopf und wirft Jacob über die Brillengläser hinweg einen erstaunten Blick zu. »Das wird nicht nötig sein, Jacob. Alle erforderlichen Sicherheitsvorkehrungen sind getroffen. Sie werden dort nicht gebraucht.«

»Das ist auch nicht der Grund, warum ich frage. Es ist nur so, dass – wie soll ich sagen – ich habe mich so lange mit dem Fall beschäftigt und jetzt …« Er hebt die Hände und lässt sie wieder sinken, in der Hoffnung, dass Laughton ihn auch so versteht.

»Jetzt möchten Sie bei jedem Detail die Kontrolle über die Angelegenheit behalten?«, setzt Laughton den Satz fort.

»Ja, Sir. Ich denke, so könnte man es sagen.«

»Nun, das ist verständlich, Jacob. Es ist nur allzu verständlich. Denn Kontrolle ist doch das, worum es in erster Linie geht. Es ist der Grund, warum wir diese Arbeit tun. Natürlich, wir wollen auch Geld damit verdienen. Aber wer hier Karriere machen will, dem muss Kontrolle über alles gehen.«

»Sie verstehen also mein Anliegen?«

»Ja, das tue ich. Gut, meinetwegen, Jacob, ich werde alles Erforderliche veranlassen. Sie können den Transport begleiten. Und – worauf es Ihnen sicher auch ankommt – die Zielpersonen schon einmal in Augenschein nehmen.«

»Es ist allerdings so, dass ich das kaum erwarten kann.«

Laughton lacht. »Manchmal wünsche ich mir, noch einmal in Ihrem begeisterungsfähigen Alter zu sein.« Er steht auf, kommt um den Tisch herum, geht zur Tür und öffnet sie. »Jetzt will ich Ihre Zeit nicht länger in Anspruch nehmen. Wir sehen uns dann ja morgen zum Abendessen. Ich freue mich darauf, endlich Ihre Freundin kennenzulernen.«

Jacob erhebt sich ebenfalls. »Beverley freut sich auch. Sie ist schon dabei, alles vorzubereiten.«

»Sie sollten ihr dabei zur Hand gehen, Jacob. Sie wissen, Frauen schätzen es, wenn man ihnen ab und zu etwas Aufmerksamkeit schenkt.«

Laughton nickt noch einmal gönnerhaft, dann schiebt er Jacob aus seinem Büro und schließt die Tür. Jacob atmet auf, bleibt kurz stehen, um sich zu sammeln, und macht sich dann auf den Rückweg durch den Gang mit den düsteren Porträts. Im Großen und Ganzen ist das Gespräch so verlaufen, wie er es erhofft hat. Er hat viel erreicht, in den letzten Tagen und auch jetzt gerade. Aber das Schwerste, darüber macht er sich keine Illusionen, das Schwerste von allem steht ihm noch bevor.

## Freitag, 28. August 2020
## Byron Bay, Australien

Wie üblich hat er eine knappe Stunde gebraucht, um hierherzu-
kommen. Zunächst ist er den Banksia Drive entlanggerollt, dann
auf die Ewingsdale Road eingebogen, an den Cafés und Läden
vorbei, hat die kleine Brücke über den Belongil Creek überquert,
den Sumpf mit seinen üblen Gerüchen rechts liegen lassen, ist mit
kräftigen Stößen die Shirley Street entlang durchs Zentrum gefahren, wo die Surfschulen und die Lokale der Backpacker sind, hat
die Abzweigung nach links in die Lawson Street genommen, die
schöne Strecke an den Restaurants vorbei, das Meer zu seiner Linken, ist dann, als die Straße begann, in steilen Serpentinen empor
zum Leuchtturm zu führen, rechts in die Tallow Beach Road
abgezweigt, hinauf durch den schattigen Wald, wo er den Hilfsmotor zuschalten musste, über den kleinen Parkplatz am Ende
der Straße hinweg und dann noch ein Stück weiter den sandigen
Pfad entlang bis zu jener Stelle hoch über dem Strand, die er jede
Woche um diese Zeit aufsucht, und wenn er sie erreicht, ist es, als
wäre er endlich wieder zurück in dem Leben, das er liebt.

Von hier, wo sich die grüne Wand des Regenwaldes vortastet,
bis sie direkt an die Steilküste grenzt, hat er einen weiten Blick
über den Strand und das Meer. Er kann die Schaumkronen der
Wellen sehen, kann alles beobachten, was sich unten auf dem
Wasser und dem Sand abspielt. Er schließt die Augen, riecht das
Salz in der Luft, hört das Rollen der Brandung und spürt die
Wärme der Sonne auf seiner Haut. Für einige kostbare Momente
scheint dann alles wie früher zu sein – bis ihm klar wird, dass er
nicht mehr dazugehört, sondern nur noch ein Beobachter ist.

Matthew seufzt und stellt die Bremsen seines Rollstuhls fest,
damit er nicht aus Versehen die Steilküste hinunterstürzt. Allerdings: Einen echten Schrecken jagt die Vorstellung ihm nicht ein.
Vielleicht wäre es sogar das Beste, denkt er. Und – wer weiß?
Wenn die anderen nicht wären, die anderen aus Langloria, und
all die abgefahrenen Sachen, die sie getan haben, dann hätte er

vielleicht schon bei einem seiner letzten Besuche hier oben die Bremsen gelockert und es einfach laufen lassen.

Er blickt sich um. Der Strand ist gut besucht, es ist ein warmer Tag für die Jahreszeit, keine Wolke steht am Himmel. Überall sitzen Leute, ein Jogger quält sich zwischen ihnen hindurch. Draußen auf dem Wasser, jenseits der Brandung, liegen ein paar Jachten vor Anker. Näher am Ufer paddeln einige Surfer auf ihren Brettern und warten auf die eine, die große Welle. Aber die wird nicht mehr kommen heute, der Wind ist zu schwach dafür.

Wie immer bei ihrem Anblick erinnert Matthew sich an früher, an den Kick in den Wellen und das unbeschreibliche Gefühl der Freiheit, das damit einherging, die völlige Losgelöstheit von allem. Und er erinnert sich an den Tag, an dem das alles endete. An den Unfall, als er zusammenprallte mit irgendeinem Typen, den es hierher verschlagen hatte, einer von denen, die nichts verstehen von Leichtigkeit und Losgelöstheit, sondern nur beweisen wollen, dass sie die Wellen bezwingen können, die sie in ihr Sieges-Tagebuch eintragen wollen, und bereit sind, jeden, der ihnen dabei in die Quere kommt, aus dem Weg zu räumen.

Er denkt an den Moment des Erwachens, als seine Ohnmacht vorbei war und ihm klar wurde, dass seine Beine ihm nicht mehr gehorchten. Er erinnert sich an den Gesichtsausdruck seiner Eltern, die auch nur einen Traum gelebt hatten und jetzt überfordert waren angesichts einer Realität, die härter war als alles, womit sie jemals gerechnet hatten. Er denkt an die Wochen danach, als es immer wieder Zeiten gab, in denen er nicht mehr weiterleben wollte, in denen er alles verfluchte, vor allem diesen unnützen, verkrüppelten Körper, der an ihm hing wie eine Klette, und diesen Rollstuhl, der so plump war im Vergleich zu dem eleganten Surfbrett, das ihn früher getragen hatte. Er erinnert sich daran, wie er anfing, all die Leute zu hassen, die, anders als er, immer noch an den Strand und auf die Wellen konnten, wie er sich zurückzog und irgendwann nichts anderes mehr als den Computer an sich heranließ, weil nur der ihm erlaubte, wieder einen Traum zu leben, wie es früher der Fall gewesen war.

Matthew schreckt auf, er ist fast ein wenig außer Atem von der Intensität seiner Gedanken. Draußen auf dem Wasser kann er noch immer die Jachten und die Surfer sehen, es wirkt, als hätten sie sich nicht bewegt. Aber unter ihm, an der Steilküste, ist es lebendig geworden. Der Jogger hat den Strand überquert und kommt nun heraufgeklettert, er ist nur noch ein kleines Stück von ihm entfernt. Matthew beugt sich vor und beobachtet, wie er, das Gesicht gerötet von der Anstrengung, die letzten Meter des Abhangs überwindet und die Kuppe erreicht.

»Warum kraxeln Sie hier herum?«, sagt er schnell, noch bevor der Mann ihn bemerkt, und versucht dabei so unfreundlich wie möglich zu klingen. »Haben Sie nichts Besseres zu tun?«

Der Mann zuckt zusammen und richtet sich auf. »Oh, entschuldige«, keucht er. »Ich hatte dich nicht gesehen. Warte, ich muss zu Atem kommen.«

Er wischt sich den Schweiß von der Stirn und stemmt die Hände in die Hüften. Dann blickt er sich um.

»Tja, ich weiß ja nicht, wie du das empfindest«, sagt er und nickt anerkennend, »aber ich glaube, das ist so ziemlich der schönste Flecken Erde, den ich jemals gesehen habe.«

Matthew schnauft. »Für Leute mit zwei gesunden Beinen vielleicht«, sagt er und überlegt, wie er den Mann am schnellsten wieder loswerden kann. »Sagen Sie, wo kommen Sie eigentlich her? Sind Sie einer von diesen Scheißtouristen, die hier einfallen wie Heuschrecken und sich wichtigmachen und dann zu Hause allen mit ihren Urlaubsfotos auf die Nerven gehen?«

Der Mann zögert. »Nein, eigentlich nicht«, sagt er und deutet auf das Wasser. »Ich komme von da draußen.«

»Was soll das heißen, von da draußen? Können Sie übers Wasser gehen? Oder sind Sie Mr Aquarius?«

»Mir gehört eine der Jachten, die da liegen. Du kannst sie erkennen. Die mit den roten Streifen.«

Matthew betrachtet ihn von der Seite. Der Mann ist noch jung, kaum über dreißig. Dem Akzent nach ist er Australier, aber nicht aus der Gegend. Wahrscheinlich aus Sydney oder

Melbourne, denkt Matthew, da kommen die meisten dieser Jacht-Typen her. Er beobachtet ihn weiter. Nach einer Weile dreht der Mann den Kopf und sieht ihn an. Und als ihre Blicke sich treffen, in diesem kurzen Moment, da weiß er plötzlich, mit wem er es zu tun hat.

»Nein«, sagt er. »Ihnen gehört keine der Jachten. Ich kann Ihnen sagen, was Ihnen gehört: der Wagen hinten auf dem Parkplatz. Ist mir aufgefallen, als ich daran vorbeigefahren bin. Der mit den abgedunkelten Scheiben. Vielleicht sind sie sogar kugelsicher.«

»So, glaubst du?« Der Mann lächelt. »Na, du scheinst mir ja eine lebhafte Fantasie zu haben.«

»Und wenn Sie doch von einer der Jachten kämen, würde sie garantiert nicht Ihnen gehören, sondern bestenfalls Ihrem Vater. Sie dürften nur damit rumfahren und angeben.«

»Aha. Tja, ich merke, du bist nicht besonders gut drauf.«

»Doch, bin ich. An Tagen, an denen ich nicht gut drauf bin, sollten Sie mich besser nicht erleben. Erzählen Sie doch mal, was Sie auf Ihrer angeblichen Jacht so alles treiben.«

»Wenn du es wissen willst, komm doch mit. Ich bin in einem Boot gekommen, es liegt am Strand. Irgendwie kriegen wir dich da schon rein und fahren rüber. Dann zeige ich dir alles.«

Matthew blickt zum Strand hinunter und atmet tief die warme, salzige Luft ein. Vielleicht ist es der letzte dieser Atemzüge, schießt es ihm durch den Kopf. Und der letzte dieser Blicke. Er spürt, dass ihm die Tränen kommen.

»Das ist wirklich die lächerlichste Vorstellung, die ich jemals gesehen habe«, sagt er und wischt sich über die Augen. »Ich weiß, warum Sie hier sind. Ich wusste es schon, als Sie wie ein Irrer durch den Sand gelaufen sind. Also hören Sie auf, mir so ein erbärmliches Theater vorzuspielen.«

»So, du weißt es also.« Der Mann kommt auf ihn zu und bleibt vor ihm stehen. »Und da versuchst du nicht, um Hilfe zu rufen? Oder dich in die Büsche zu schlagen?«

»Glückwunsch, das haben Sie scharf beobachtet. Wahrscheinlich muss man zehn Jahre Geheimdienstwissenschaften studieren, um so klug zu werden wie Sie. Was haben Sie jetzt mit mir vor? Wollen Sie mich umbringen, so wie Wanted?«

»Hier wird niemand umgebracht. Du hast zu viele schlechte Filme gesehen, Junge. Oder zu viele Computerspiele gezockt.«

»Kommen Sie mir bloß nicht auf die väterliche Tour.« Matthew lacht verächtlich. »Sie haben sich ja sicher über mich informiert. Also müssten Sie wissen, dass ich Heuchler wie Sie nicht ausstehen kann.«

»Hör zu, Junge«, sagt der Mann und greift nach seiner Schulter. »Die Tatsache, dass du im Rollstuhl sitzt, heißt nicht, dass du dir alles erlauben kannst. Benimm dich mal, ja?«

»Sie können mich ja den Abhang runterstoßen. Los, tun Sie es! Dann muss ich Ihnen wenigstens nicht mehr zuhören.«

»Ich stoße dich nirgendwo runter. Ich bringe dich nur an einen Ort, wo sich ein paar Leute mit dir unterhalten werden.«

»Ja, toller Job, den Sie haben. Minderjährige entführen, können Sie stolz drauf sein. Sagen Sie: Da, wo Sie mich hinbringen, sind da auch die anderen?«

»Welche anderen?«

»O Mann, Sie sind wirklich der schlechteste Lügner, den ich jemals gesehen habe. Ich hoffe, ihr habt Arrow nicht erwischt. Die wird euch alle erschießen. Einen nach dem anderen. Bisher habe ich immer versucht, mäßigend auf sie einzuwirken, aber das ist jetzt vorbei. Ab jetzt halte ich sie nicht mehr zurück.«

»Wenn du meinst, Junge.«

»Und Shira? Wird sie auch da sein?«

»Hör zu, es wird allmählich etwas ermüdend. Ich habe keine Ahnung, wovon du …«

»Wahrscheinlich hat sie sich versteckt. Aber wenn nicht, ist es auch gut. Können Sie sich vorstellen, dass ich Sehnsucht nach ihr habe? Obwohl ich sie gar nicht kenne. Und obwohl sie nur ein Schlitzauge ist. Witzig, oder? Warum lachen Sie nicht?«

»Weil daran nichts zum Lachen ist. Du solltest anfangen, das Leben ernst zu nehmen.«

»Pah! Das müssen Sie gerade sagen. Ein Kidnapper ist wirklich genau der Typ, der es nötig hat, anderen gute Ratschläge zu geben. Das ist der Witz des Jahrhunderts! Sie sind trostlos, wissen Sie das? Ich kenne viele trostlose Typen, aber Sie sind der schlimmste von allen.«

»Schön, dann weiß ich das jetzt. Bist du fertig?«

»Ich bin schon seit drei Jahren fertig.«

Der Mann seufzt. »Ich meine, ob du dich jetzt allmählich genug abreagiert hast.«

Matthew will zu einer letzten scharfen Antwort ansetzen, aber es fällt ihm keine mehr ein. Wenn die Worte so aus ihm hinausströmen, wie von selbst, ohne dass er nach ihnen suchen muss, dann ist es manchmal, als würde er einer fremden Person beim Reden zuhören. Aber jetzt ist sie weg, diese fremde Person, jetzt kommen keine Worte mehr. Er lässt den Kopf sinken.

»Es ist okay«, sagt er. »Von mir aus können wir los. Wie bringen Sie mich weg?«

»Mit dem Wagen, von dem du vorhin gesprochen hast. Bist ein kluger Bursche, aber das wusste ich ja. Alles Weitere wird sich finden, darüber brauchst du dir keine Gedanken zu machen.«

Der Mann umfasst die Griffe des Rollstuhls, dreht ihn vom Strand weg und schiebt ihn in Richtung des Pfades, der zum Parkplatz führt.

»Seien Sie vorsichtig, ja?«, sagt Matthew. »Lassen Sie mich nicht fallen.«

»Niemand lässt dich fallen. Glaub mir, ich habe mich nicht um den Job gerissen. Aber es muss nun mal sein. Du hast dir die Sache selbst eingebrockt.«

Während sie durch den Wald fahren, blickt Matthew sich ein letztes Mal um. Er weiß, dass er das satte Grün der Sträucher und den Duft der Blüten vermissen wird. Auch die Schreie der Tiere und das Rollen der Brandung wird er vermissen. Und doch ist es gut so, denkt er. Denn alles ist besser, als hierzubleiben und ewig von einem Leben zu träumen, das niemals wiederkehrt.

## IV-1: Chatprotokolle der Zielpersonen (heruntergeladen aus dem Chatroom am 7. und 9. August 2020)

### 7. August

**Shir@hoshi**: Hey Surfer! In den Nachrichten sind deine Großbildschirme Thema Nummer 1.

**~~Silver~~Surfer~~**: Das will ich ihnen auch geraten haben. Hier bei uns in Sydney ist euer Filmchen fast eine Viertelstunde gelaufen.　　　5

**Shir@hoshi**: In Tokio waren es acht Minuten.

**~~Silver~~Surfer~~**: Bei euch ist eben alles kürzer als im Rest der Welt.

**m0$tw4nt3d**: In New York waren es ungefähr zwölf Minuten. Aber der Bildschirm hängt direkt am Times Square, da sieht so ziemlich　　10 die ganze Welt zu.

**<--arrow-->**: Was glaubt ihr, was jetzt mit Harvey und Masterson passiert?

**m0$tw4nt3d**: Masterson hat das Passwort verraten und es wird nicht lange dauern, bis die Sysops rausfinden, dass er es war. Am　　15 besten bleibt er gleich in Südamerika.

**Shir@hoshi**: Das hilft ihm nichts, die finden ihn. Und dann wird er geteert und gefedert*.

**~~Silver~~Surfer~~**: Ja, aber erst, nachdem sie ihn vorher geviertellt haben. Ganz nach Vorschrift.　　　20

**m0$tw4nt3d**: Harvey werden sie feuern. Dann hat er endlich Zeit, seine ganzen alten Schellack-Platten zu hören.

**<--arrow-->**: Falls es bei Liberty Bells in Zukunft noch was zu feuern gibt. (Achtung, Wortspiel!)

---

\* Eine Methode der Bestrafung, die seit der Antike bekannt ist; der (vermeintliche oder tatsächliche) Verbrecher wurde mit heißem Teer bestrichen und dann mit Federn beworfen, um ihn zu demütigen.

**Shir@hoshi**: Ist Gödel eigentlich da? Sein Wurm hat nach allem, was man hört, einen prächtigen Appetit entwickelt.

**Gödel**: Er hat seine Aufgabe in zufriedenstellender Weise erfüllt und sich als durchsetzungsstarke digitale Lebensform erwiesen. Ich habe mir erlaubt, ihn über Harveys Intranet-Account, als Mitteilung über eine interne Gewinnspielaktion getarnt, an alle Mitarbeiter von Liberty Bells zu schicken. Vermutlich haben ihn mehrere der Empfänger parallel aktiviert, was seinen Siegeszug begünstigt haben dürfte. Er hat noch einige Tage friedlich geschlummert, bevor er am Dienstag um 13 Uhr Ortszeit sein zerstörerisches Werk in Angriff nahm.

**~~Silver~~Surfer~~**: Dödel, du zauberst ein Lächeln auf mein Gesicht. Dein schwarzer Humor ist von erfrischender Bosheit.

**Gödel**: Ich bin mir nicht bewusst, humorvoll gewesen zu sein, Surfer. Es war eine nüchterne Beschreibung der Tatsachen.

**▶BlackLumumba◀**: Wie auch immer, ich möchte euch danken. Einfach nur danken. Was wir in den letzten Monaten geschafft haben, hat alles übertroffen, das ich mir erhofft hatte. Es hat schon so viel bewegt und wird noch viel mehr bewegen, da bin ich mir sicher. Und was mich betrifft, habe ich irgendwie das Gefühl, dass ich wieder angefangen habe zu leben. Und das habe ich euch zu verdanken.

**~~Silver~~Surfer~~**: Moment, Blackie. Ich muss kurz los, eine neue Packung Taschentücher besorgen.

**Shir@hoshi**: Ehrlich gesagt, Black, ich glaube, wir haben viel mehr Grund, dir zu danken, als umgekehrt.

**▶BlackLumumba◀**: Wie meinst du das?

**Shir@hoshi**: Na ja, ich kann nur für mich sprechen, aber bevor wir mit der Sache angefangen haben, hatte ich keinen besonderen Plan, was ich mit mir und meinem komischen Leben anfangen soll. Das hat sich geändert. Du hast mir gezeigt, dass man auch was Sinnvolles tun kann.

**<--arrow-->**: Das ist zwar richtig, aber – eigentlich sind wir in die Sache mehr oder weniger reingeschlittert, oder?

**Shir@hoshi**: Macht doch nichts. Es ist was Sinnvolles daraus geworden, und das ist alles, was zählt.

**Gödel**: Dieser Meinung schließe ich mich an.

**m0$tw4nt3d**: m2. Aber ich will noch was anderes sagen, das mir mindestens genauso wichtig ist. Ich finde, wir sind mit unserer Aktion noch nicht am Ende.

**<--arrow-->**: Wir haben Hoboken fertiggemacht und wir haben Liberty Bells fertiggemacht. Was soll da noch kommen?

**m0$tw4nt3d**: Na ja, ich hänge nach wie vor in diesem alten Motel rum und weiß manchmal nicht so richtig, was ich mit mir anfangen soll. Also habe ich in den letzten Tagen noch mal die Dokumente durchgesehen, die wir uns bei Hoboken und Liberty Bells gekrallt haben und die jetzt bei WikiLeaks stehen. Da sind immer wieder so versteckte Hinweise darauf, dass es irgendwelche Leute geben muss, die bei den Machenschaften geholfen haben. Als ich mit dem Typen von WikiLeaks, den ich kenne, darüber gesprochen habe, meinte er, seiner Erfahrung nach wären bei so was immer die Geheimdienste dabei, in diesem Fall vermutlich die NSA. Die wären nur viel zu raffiniert, sie würden nie auffliegen.

**Shir@hoshi**: Gut, aber – was willst du damit sagen?

**m0$tw4nt3d** <😉>:

**<--arrow-->**: Wanted! Das ist nicht dein Ernst, oder?

**m0$tw4nt3d**: Wenn wir es schaffen aufzudecken, dass die NSA in dem Sumpf mit drinsteckt, geht es nicht mehr nur um zwei Unternehmen, sondern um eine Staatsaffäre. Wie bei Watergate. Oder bei Snowden.

**~~Silver~~Surfer~~**: Staatsaffäre? Gut, überzeugt. Bin dabei.

**<--arrow-->**: Was ist denn mit dir los? Keine Panikattacke?

**~~Silver~~Surfer~~**: Ich hab Blut geleckt, Arrowchen. Du als Terrorgirl kennst den Geschmack ja schon von Geburt an, aber für mich ist er neu. Und ich möchte ihn gerne noch ein bisschen auskosten, wenn du verstehst, was ich meine.

**Shir@hoshi**: Ich hab heute versucht, mir auszumalen, wie mein Leben ohne das, was wir gemacht haben, wohl sein würde. Die Vorstellung war grauenhaft. Ich glaube, ich bin inzwischen süchtig danach. Und irgendwie auch süchtig nach euch. Insgeheim habe ich darauf gehofft, dass es weitergeht.

**<--arrow-->**: Ehrlich gesagt, ein bisschen Bedenkzeit fände ich nicht übel. Auf der anderen Seite kann ich euch auch nicht alleine in euer Unglück laufen lassen.

**~~Silver~~Surfer~~**: Ach, Pfeilgift! Dass du keine Gelegenheit auslassen würdest, dich zu prügeln, war doch von vornherein klar. Und Black, der alte Holzkopf, ist sowieso immer dabei, den müssen wir gar nicht erst fragen.

**▶BlackLumumba◀**: Wanted hat recht. Wenn wir wirklich beweisen können, dass die NSA mit den Sachen zu tun hat, wird das Ganze zum Erdbeben. Ist zwar reichlich unwahrscheinlich, dass wir es schaffen, aber das war es bei Hoboken und Liberty Bells auch.

**m0$tw4nt3d**: Sehe ich genauso. Und du, Gödel? Nicht dass ich drängeln will, aber: Ohne dich schaffen wir es nicht. Bei den richtig schweren Sachen kann dich keiner ersetzen.

**Gödel**: Auch ohne diese lobende Bemerkung hätte ich mich der Herausforderung nicht verschlossen.

**~~Silver~~Surfer~~**: Ich habe mitgestoppt. Es ist ein neuer Rekord. Nie zuvor in der Weltgeschichte haben sich sechs hoffnungsvolle junge Menschen in so kurzer Zeit zum kollektiven Selbstmord entschlossen.

**m0$tw4nt3d**: Ja, stimmt, ging wirklich schnell. Ich hatte schon befürchtet, ich müsste stundenlang auf euch einquatschen.

**Shir@hoshi**: Und du willst wirklich vorschlagen, das Netzwerk der NSA zu hacken? Hat das vor uns schon mal jemand versucht?

**~~Silver~~Surfer~~**: Klar, einige. Sie leben nur nicht mehr, um darüber zu berichten.

**m0$tw4nt3d**: Wir legen los wie gehabt. DNS-Request, crawlen, offene Ports* suchen – alles, was nicht im Radar der Sysops ist. Dann schalten wir einen Gang nach dem anderen hoch.

**~~Silver~~Surfer~~**: Wisst ihr, ich sehe uns schon alle bei der Pute** in Moskau sitzen. Aber egal. Die Sache ist es wert.

### 9. August

**<--arrow-->**: Diese Typen von der NSA haben sich so ziemlich den größten IP-Bereich reservieren lassen, den ich je gesehen habe. Ungefähr so groß wie das Zentralmassiv von Langloria.

**Shir@hoshi**: Ja, ich hab mir ganz schön die Augen gerieben, als du die IP-Adressen geschickt hast. Mein Crawler hatte ordentlich was zu tun. Ist ganz erschöpft, der kleine Kerl.

**▶BlackLumumba◀**: Aber gefunden hat er nichts, oder?

**Shir@hoshi**: Hattest du das ernsthaft erwartet?

**Gödel**: Wir dürfen nicht vergessen, dass wir es mit dem vermutlich am besten geschützten Netzwerk der Welt zu tun haben.

**m0$tw4nt3d**: Ich hatte schon vermutet, dass wir nichts finden. Deshalb bin ich seit gestern in San Antonio.

**<--arrow-->**: Scheiße, so was hatte ich befürchtet. Oder, was heißt befürchtet? Irgendwie hatte ich gehofft, dass du es tust, weil wir ohne dich vor Ort sowieso chancenlos sind. Aber die Vorstellung, dass du jetzt ganz in der Nähe von genau den Typen bist, die seit Wochen wie die Geier nach uns suchen, ist ziemlich übel, oder?

**Shir@hoshi**: Finde ich auch. Und überhaupt: Warum eigentlich San Antonio? Ich hab irgendwo gelesen, das Hauptquartier der NSA wäre in einem Ort namens Fort Meade.

---

* Teil einer Netzwerkadresse, der den Datenaustausch ermöglicht; wichtige Angriffsziele für Hacker:innen sind offene Ports.
** Abwertend für Wladimir Putin (*1952): russischer Politiker; von 2000–2008 und seit 2012 erneut Präsident der Russischen Föderation

**m0$tw4nt3d**: Ist es auch. Aber in San Antonio sitzt die Abteilung TAO. Steht für Tailored Access Operations. Das sind die Hacker im Staatsauftrag.

**~~Silver~~Surfer~~**: Ah! Unsere lieben Kollegen von der anderen Seite.

**m0$tw4nt3d**: Du hast es erfasst. Und wir können mit ziemlicher Sicherheit davon ausgehen, dass die auf uns angesetzt sind, zumindest ein Teil davon.

**~~Silver~~Surfer~~**: Ich möchte hinzufügen: ein beträchtlicher Teil. Schließlich sind wir außerordentlich bedeutend.

**m0$tw4nt3d**: Ja, von mir aus, ein beträchtlicher Teil. Und weil wir Hoboken und Liberty Bells gehackt haben, sind da jetzt bestimmt auch alle zusammengezogen, die mit diesen Firmen zu tun haben. Also ist die Chance, dass wir was Interessantes finden, da am größten.

**▶BlackLumumba◀**: Das heißt, du hast dich aus diesem Motel, von dem du geschrieben hast, verdrückt?

**m0$tw4nt3d**: Ja, da bin ich weg. Hab mich gestern mit meiner Mutter getroffen. Aber nicht in San Francisco, das war mir zu heiß. Hab sie in so ein kleines Nest an der Küste gelotst, da haben wir uns ein paar Stunden unterhalten.

**<--arrow-->**: Sie weiß wahrscheinlich nie so richtig, wo du bist und was du machst, oder? Ist das nicht komisch für sie?

**m0$tw4nt3d**: Klar. Nicht nur für sie. Für mich auch. Manchmal habe ich ein schlechtes Gewissen deswegen. Aber was soll ich machen? Themenwechsel.

**Shir@hoshi**: Wo bist du genau?

**m0$tw4nt3d**: Ein Typ aus der Hackerszene von San Francisco hat einen Bruder in San Antonio, da bin ich untergekommen. Ist ein ziemlich übler Stadtteil, heißt East Terrace. Junkies, Dealer, Gangs, das ganze Programm. Unten in dem Haus, in dem er wohnt, sind nebeneinander ein Tattooladen, ein spackiger Burger-Grill und ein Ein-Dollar-Shop, dann wisst ihr ungefähr, wie die Gegend aussieht.

**~~Silver~~Surfer~~**: Reizend. Schick 'ne Ansichtskarte.

**m0$tw4nt3d**: Na ja, ich will ja nicht heimisch werden hier. Jedenfalls, die NSA sitzt im »Texas Cryptologic Center«. Ich bin heute Morgen schon mal hin, um aus der Ferne einen Blick zu riskieren. Ein Bunker vor dem Herrn. 5

**Gödel**: Ich kenne Fotos, Luftaufnahmen. Meiner Einschätzung nach ist es nicht möglich, dort Zugang zu bekommen.

**<--arrow-->**: Hörst du, Wanted? Vielleicht ist es Irrsinn, was wir vorhaben. Wenn es absolut nicht geht, pack bloß nicht die Brechstange aus. Dann überlegen wir uns lieber was anderes. 10

**m0$tw4nt3d**: Immer mit der Ruhe, so schnell geben wir nicht auf. Bei Hoboken und Liberty Bells hat es auch erst gedauert und dann haben wir doch einen Weg gefunden. Warum soll es hier anders sein? Ihr sucht weiter im Netz und ich suche weiter irl. Irgendwas finden wir schon. 15

**<--arrow-->**: Jetzt sag bloß nicht wieder »Sieg oder Tod«.

**m0$tw4nt3d**: Wollte ich nicht. Ich sag das eher selten. Aber ich glaube daran. Und ihr glaubt auch daran. Sonst wärt ihr nicht immer noch hier.

## IV-2:   San Antonio Police Department (SAPD), Ermittlungsbericht (übergeben an die NSA am 12. August 2020)

*Datum der Fertigstellung:* 11. August 2020, 16:03 Uhr
*Anlass der Ermittlungen:* Tötungsdelikt
*Name des Opfers:* Dylan St. Patrick

Heute Morgen um 8:48 Uhr ging in der Leitstelle des SAPD ein anonymer Anruf ein, der, wie später ermittelt wurde, von einem öffentlichen Telefon kam. Der Anrufer behauptete, in dem Haus 1418 Hedges Street in East Terrace Geräusche gehört zu haben, die auf ein Gewaltverbrechen hindeuten könnten. Die mehrmalige Aufforderung, seinen Namen zu nennen, ignorierte er.

Die Leitstelle informierte die Officer Mortensen und Grey, die sich mit einem Streifenwagen in der Gegend befanden. Sie verschafften sich kurz nach 9 Uhr Zutritt zu dem besagten Gebäude und fanden in einer Wohnung im 2. Stock, die einen leicht heruntergekommenen Eindruck machte, die Leiche von Dylan St. Patrick (US-amerikanischer Staatsbürger, geboren 25. November 2003, wohnhaft 982 Market Street, San Francisco). Den Mieter der Wohnung, einen gewissen Mark Asbury, trafen sie nicht an; er konnte bislang nicht ausfindig gemacht werden.

Ursächlich für den Tod des Opfers waren Stichverletzungen, die ihm mit einem sogenannten Butterflymesser zugefügt wurden, das sich noch neben der Leiche befand. Die Besichtigung vor Ort ergab, dass der Tat eine Auseinandersetzung vorangegangen sein muss. In der Wohnung fanden sich Überreste psychoaktiver* Substanzen. An der Tatwaffe und am Körper des Opfers entdeckten die Beamten DNA-Spuren, die sich einem gewissen Martino González zuordnen ließen, einem stadtbekannten Kleindealer, in der Szene auch »Speedy Gonzalez« genannt. Im Zuge einer sofort veranlassten Fahndung wurde er gegen Mittag festgenommen. In einer ers-

---

\* Die menschliche Psyche beeinflussend.

ten Vernehmung bestritt er die Tat, bleibt aber aufgrund der ihn belastenden Indizien in Haft.

Bei dem Opfer fanden die Beamten einen Schlüssel, der zu einem Schließfach am Bahnhof gehört. In dem Schließfach stellten sie einen Laptop, ein Smartphone mit herausgenommener SIM-Karte und einen Rucksack sicher, in dem sich verschiedene persönliche Gegenstände befanden, unter anderem ein Foto, welches das Opfer offenbar als Kind mit seiner Familie zeigt, und ein Notizbuch mit Zeichnungen. Die Eltern, Liam St. Patrick (Polizist) und Rosanna St. Patrick (Erzieherin), wurden informiert.

----------

*Anmerkung*: Aufgrund der laufenden Fahndung nach Dylan St. Patrick setzte die Polizei von San Antonio uns am Abend des 11. August über seinen Tod in Kenntnis. Ich forderte den Ermittlungsbericht an und ließ den Rechner, das Smartphone und die persönlichen Gegenstände St. Patricks sicherstellen. Heute, am 12. August, begann ich mit der Untersuchung des Rechners und fand mehrere Dokumente, die mit dem Fall »LFF« in Verbindung stehen, vor allem Tonaufnahmen vom 24. April (Eindringen bei Hoboken), 17. Mai (Vorfall im Restaurant »Aladdin«) und 1. Juli (Eindringen bei Liberty Bells) sowie elektronische Schriftwechsel vom 22. bis 24. Mai (mit William Hanson), 21. bis 23. Juli (mit Paul Harvey) und 29. Juli (mit Henry Masterson). Die Auswertung der Dokumente erfolgt in den kommenden Tagen.

Jacob O'Connor

## IV-3: Chatprotokolle der Zielpersonen (heruntergeladen aus dem Chatroom am 14. bis 16. August 2020)

### 14. August

**<--arrow-->**: Wo ist Wanted hin? Allmählich wird mir die Sache unheimlich. Das letzte Mal, dass er sich gemeldet hat, war vor fünf Tagen oder so.

**Shir@hoshi**: Ja, und das ist total ungewöhnlich, normalerweise lässt er keinen Chat aus.

**~~Silver~~Surfer~~**: Ich sage euch, die haben ihn.

**<--arrow-->**: Hör auf, so einen Scheiß zu reden! Du musst nicht immer gleich vom Schlimmsten ausgehen.

**▶BlackLumumba◀**: Vielleicht kann er gerade nicht ins Netz. Hat kein WLAN in der Wohnung, wo er ist.

**Gödel**: Diese Erklärungsvariante lässt sich ausschließen. Jemand wie Wanted findet immer einen Weg ins Netz.

**~~Silver~~Surfer~~**: Ich sage euch, er hat's übertrieben. Er ist so ziemlich der raffinierteste Typ, den ich kenne, aber Vorsicht gehört nicht zu seinen edelsten Eigenschaften, oder?

**Gödel**: Die Luftaufnahmen vom Gebäude der NSA in San Antonio zeigen, dass das Gelände weiträumig von Überwachungskameras erfasst wird.

**<--arrow-->**: Ich darf gar nicht daran denken! Stellt euch vor, die NSA hat ihre Spähprogramme mit den Fotos aus den Kameras von Liberty Bells gefüttert. Klar, dann haben sofort die Sirenen geklingelt, als Wanted auch nur die Nasenspitze vorgestreckt hat. Die erkennen ihn überall, allein an den Augen.

**▶BlackLumumba◀**: Vielleicht hat er versucht, mit einem seiner Tricks bei ihnen reinzukommen.

**~~Silver~~Surfer~~**: Und erinnert euch, mit wem er es bisher zu tun hatte. Mit Barney Geröllheimer, mit Sweet Kathy und mit Blinda Belinda vom Empfang. Auf solche Typen wird er bei der NSA mit Sicherheit nicht stoßen.

**Gödel**: Nehmen wir an, sie haben ihn wirklich gefasst. Ich vermute, 5 sie sind dann verpflichtet, seine Eltern zu informieren.

**<--arrow-->**: Das ist ein guter Hinweis, Gödel. Wenn es so ist, müssten seine Eltern es wissen. Aber wie sollen wir die finden? Wir kennen nicht mal seinen richtigen Namen.

**Shir@hoshi**: Wir könnten es in der Hackerszene von San Francisco 10 versuchen. Ein paar Dinge wissen wir über Wanted. Dass sein Vater Polizist ist und so. Vielleicht können die uns sagen, wie er heißt. Und dann versuchen wir irgendwie, seine Mutter zu erreichen.

**▶BlackLumumba◀**: Klingt zumindest nicht völlig unmöglich. Arrow, du bist Wanteds Stellvertreterin. Solange er nicht da ist, musst du 15 übernehmen. Was meinst du: Wie lange warten wir noch, ob er sich von selbst meldet?

**<--arrow-->**: Tja, weiß auch nicht. Drei Tage vielleicht?

**▶BlackLumumba◀**: Gut, drei Tage. Und dann machen wir es so, wie Shira sagt. 20

**Shir@hoshi**: Und wenn sie ihn wirklich haben? Was dann?

**~~Silver~~Surfer~~**: Dann hauen wir ihn raus. Selbst wenn wir alle dabei draufgehen. Das sind wir ihm schuldig.

### 15. August

**<--arrow-->**: Ich hab die ganze Nacht wach gelegen und nach- 25 gedacht. Wir haben noch eine Möglichkeit: Wir greifen an. Mit allem, was wir haben.

**▶BlackLumumba◀**: Das Netzwerk der NSA?

**<--arrow-->**: Ja.

**Shir@hoshi**: Ohne Wanted sind wir aber nur die Hälfte wert. 30

**<--arrow-->**: Dafür ist ein angeschlagener Boxer auch doppelt so gefährlich.

**Gödel**: Wir wären nicht chancenlos. Schließlich haben wir einige Kompetenzen zu bieten. Und im System der NSA könnten wir vielleicht herausfinden, was mit Wanted passiert ist.

**c1nc1nn4tu$**: Es würde euch mit Sicherheit nicht gefallen, was ihr dort findet.

**▶BlackLumumba◀**: Was? Wer redet da? Wer ist der Typ?

**<--arrow-->**: Bist du das, Surfer? Machst du wieder irgendwelchen Scheiß?

**~~Silver~~Surfer~~**: Nein, ich mache gar nichts. Wer zum Teufel mischt sich hier ein?

**c1nc1nn4tu$**: Ich bin ein Freund von Dylan. Ach, entschuldigt, ihr kennt ihn ja nur als »Most Wanted«.

**<--arrow-->**: Freund von wem? Hör zu, du solltest ganz schnell erklären, wer du bist und was du hier verloren hast, sonst wird es übelst ungemütlich für dich.

**c1nc1nn4tu$**: Ich kenne Wanted, wie ihr ihn nennt, aus San Francisco, wir sind seit ein paar Jahren befreundet. Er hat mir nie viel erzählt von dem, was ihr tut, was bedeutet, dass es ziemlich heiß sein muss. Nur eins hat er gesagt, nämlich dass ich mich bei euch melden und euch informieren soll, wenn ihm etwas zustößt. Dafür hat er mir die Zugangsdaten für seinen Account hier gegeben. Ich musste ihm hoch und heilig versprechen, sie keinem zu verraten und sie nie zu missbrauchen.

**Shir@hoshi**: Was meinst du damit: wenn ihm etwas zustößt? Weißt du, was mit ihm ist?

**c1nc1nn4tu$**: Ja, leider. Es tut mir leid, dass ihr es so erfahren müsst, aber – er lebt nicht mehr.

**<--arrow-->**: Blödsinn. Du laberst Scheiße!

**~~Silver~~Surfer~~**: Du bist ein Lügner, ich breche dir sämtliche Knochen!

**c1nc1nn4tu$**: Ich weiß, ich habe genauso reagiert, als ich davon erfahren habe. Aber es ändert nichts. Sie haben ihn in San Antonio umgelegt. Inzwischen hat es sich zu uns nach San Francisco herumgesprochen. Sie sagen, ein Dealer hätte ihn getötet, von dem er Stoff kaufen wollte, aber das ist natürlich gelogen. Dylan hat sich für Drogen nie interessiert, jedenfalls nicht für solche, ihr wisst schon. Ich schätze, es hat mit euren Hacks zu tun. Was immer ihr getan habt, anscheinend sind üble Leute auf euch aufmerksam geworden. Tut mir leid, aber – es ist die Wahrheit. <sub></sub>  ⁵

▶**BlackLumumba**◀: Das kann nicht sein. DAS KANN NICHT SEIN!  ¹⁰

**<--arrow-->**: Hör zu, Cincinnatus oder wie immer du heißt. Ich will, dass du gehst. Und zwar sofort, jetzt gleich. Wir müssen unter uns sein. Morgen kannst du wiederkommen. Aber erst eine Stunde nach uns anderen. Du kennst ja die Zeiten.

**c1nc1nn4tu$**: Gut, verstehe. Vielleicht ist es besser so. Versucht mit  ¹⁵
der Sache klarzukommen. Morgen reden wir weiter.

▶**BlackLumumba**◀: Und jetzt? Was ist jetzt los, Arrow? Ist er weg? Kannst du das sehen?

**<--arrow-->**: Wanted hat mir mal geschrieben, wie ich das machen muss. Falls er – falls er mal nicht da ist. Wartet kurz. Ich muss mich  ²⁰
aus- und wieder einloggen.

**<--arrow-->**: So, bin zurück. Jetzt als Administrator. Ich kann euch alle sehen. Ja, der Typ ist weg.

**Shir@hoshi**: Ich bin total verwirrt. Kann mir jemand von euch erklären, was hier gerade abgeht?  ²⁵

**Gödel**: Es gibt zwei Möglichkeiten.

**<--arrow-->**: Warum bist du so scheiße beherrscht, Mann?

**Gödel**: Ich bin so, Arrow. Aber du kannst davon ausgehen, dass es mir gerade nicht besser geht als dir.

**<--arrow-->**: Okay, entschuldige. Was wolltest du sagen?  ³⁰

**Gödel**: Es gibt zwei Möglichkeiten. Die erste Möglichkeit besteht darin, dass es sich bei der Person mit dem Decknamen»Cincinnatus« um einen Agenten der NSA handelt.

**~~Silver~~Surfer~~**: Ja, könnte sein. Sie haben Wanted geschnappt und dann erst seinen Rechner und anschließend unseren Account gehackt. Was bedeuten würde, dass sie alles hier heimlich mitlesen können. Und den Typen haben sie vorgeschickt, um sich in unser Vertrauen einzuschleichen.

**▶BlackLumumba◀**: Was immerhin den Vorteil hätte, dass Wanted noch lebt.

**Gödel**: Zweite Möglichkeit. Cincinnatus ist wirklich ein Freund von Wanted. Und alles, was er sagt, stimmt.

**<--arrow-->**: Ich hoffe, dass es das Erste ist, auch wenn sie uns dann belauschen können. Von mir aus können sie alles mit uns anstellen, solange nur das, was der Typ erzählt hat, nicht wahr ist.

**Shir@hoshi**: Vielleicht können wir es herausfinden.

**~~Silver~~Surfer~~**: Ich weiß auch schon, wie. Wir hacken uns bei der Polizei von San Antonio ein.

**▶BlackLumumba◀**: In den Lokalzeitungen und in den Blogs müsste auch was zu finden sein.

**<--arrow-->**: Gut, dann schwärmen wir aus. Und lasst uns ausnahmsweise beten, dass wir nichts finden.

### 16. August

**Shir@hoshi**: Sind alle da, Arrow?

**<--arrow-->**: Ja. Und ich schätze, ihr wisst inzwischen, was los ist, oder?

**Gödel**: Da es mir gelungen ist, einen Zugang zum Netzwerk der Polizei von San Antonio zu finden: ja. Ich habe die Ermittlungsberichte der letzten Tage durchgesehen. Einer davon beschreibt tatsächlich Wanteds Tod. Sein wahrer Name war Dylan St. Patrick. Er ist erstochen worden, in einer Wohnung im Stadtteil East Terrace.

**<--arrow-->**: Wisst ihr noch, wie er erzählt hat, dass er da untergekommen ist?

**Shir@hoshi**: Klar. In dieser heruntergekommenen Gegend.

**▶BlackLumumba◀**: Auf den Onlineseiten einer Zeitung aus San Antonio ist auch ein Bericht über den Fall. Da steht ungefähr das Gleiche. Allerdings nennen sie nicht den vollen Namen. Sie sprechen nur von Dylan S., 16 Jahre.

**<--arrow-->**: Schätze, den Bericht haben alle gefunden. Auch wenn es schwerfällt, aber – ich fürchte, wir müssen davon ausgehen, dass es stimmt.

**Shir@hoshi**: Ich kann das nicht. Ich will das auch nicht. Erstochen, einfach so!

**<--arrow-->**: Mir ist heute die ganze Zeit durch den Kopf gegangen, wie seltsam alles ist. Ich meine, ich hab Wanted nie kennengelernt. Nie vor ihm gestanden, mich mit ihm besoffen oder mit ihm Musik gehört. Ich weiß nicht mal, wie er aussieht. Und trotzdem: Als ich das über seinen Tod gelesen habe, da hab ich den Rest der Nacht nur noch durchgeheult.

**▶BlackLumumba◀**: Ich hätte euch in die Sache nicht reinziehen dürfen. Das war der größte Fehler meines Lebens.

**Shir@hoshi**: Das stimmt nicht, Black. Jeder von uns hat freiwillig mitgemacht. Und mit Begeisterung. Jeder hat gewusst, was passieren kann. Wir haben es alle in Kauf genommen. Und ich finde immer noch, dass es richtig war.

**Gödel**: Wanted hätte es genauso formuliert.

**▶BlackLumumba◀**: Aber als es darum ging, ob wir nach Hoboken und Liberty Bells auch noch mit der NSA weitermachen, da hätten wir länger darüber reden müssen. Das ging alles zu schnell, wir haben nicht genug nachgedacht.

**<--arrow-->**: Es hätte doch nichts geändert. Selbst wenn wir einen ganzen Tag darüber geredet hätten: Glaubst du, irgendetwas wäre anders gewesen? Wir hätten es trotzdem getan.

**~~Silver~~Surfer~~**: Und wir werden es auch in Zukunft tun. Jetzt erst recht.

**Shir@hoshi**: Wie meinst du das?

**~~Silver~~Surfer~~**: Mit Wanteds Tod ist die Sache nicht vorbei. Im Gegenteil, sie fängt erst richtig an. Diese Typen von der NSA oder von Liberty Bells oder wer immer es war, haben ihn umgebracht und wollen es auch noch so aussehen lassen, als hätten sie damit nichts zu tun und als wäre er nur ein kleiner Junkie. Sollen wir das vielleicht so stehen lassen?

**▶BlackLumumba◀**: Nein. Das tun wir mit Sicherheit nicht.

**~~Silver~~Surfer~~**: Wir müssen rausfinden, wer es gewesen ist und wie sie die Sache gemacht haben. Vielleicht dauert es. Vielleicht dauert es sogar sehr lange. Vielleicht hacken wir uns die Finger blutig. Vielleicht schnappen sie uns. Egal, wir müssen es rausfinden und dann müssen wir es veröffentlichen. Wie wir es bei Hoboken und Liberty Bells gemacht haben. Oder ist jemand anderer Meinung?

**Gödel**: Ich möchte das Ergebnis dieser Umfrage vorwegnehmen. Niemand hier ist anderer Meinung.

**<--arrow-->**: Klar ist das so. Aber trotzdem: Uns darauf zu einigen, was wir wollen, ist irgendwie der leichte Teil der Übung. Der schwere lautet: Wie stellen wir die Sache an? Wir brauchen auf jeden Fall Leute vor Ort, die uns helfen. Wie sollen wir die finden?

**Gödel**: Diese Frage zu beantworten würde heißen, den zweiten Schritt vor dem ersten zu tun, was selten eine gute Strategie ist. Zuvor haben wir eine andere Entscheidung zu fällen.

**Shir@hoshi**: Und die wäre?

**Gödel**: Vertrauen wir der Person mit dem Decknamen »Cincinnatus« oder vertrauen wir ihr nicht?

**▶BlackLumumba◀**: Stimmt, das ist das Problem, vor dem wir stehen. Ehrlich gesagt, ich weiß es nicht.

**Shir@hoshi**: Wir könnten ihm, wenn er gleich da ist, ein paar Fragen zu Wanted stellen. Sachen, die wir über ihn wissen, die die NSA aber nicht wissen kann. Dann sehen wir ja, ob er ein Freund von Wanted ist.

**Gödel**: Ich möchte darauf hinweisen, dass diese Vorgehensweise unlogisch wäre. Alles, was wir über Wanted wissen, wissen wir aus diesem Chat. Wenn die NSA für seine Ermordung verantwortlich ist, sind sie vielleicht im Besitz seines Rechners, haben seinen Account für unseren Chatroom gekapert und unsere Chatprotokolle heruntergeladen. Wir hätten in diesem Fall ihnen gegenüber keinen Wissensvorsprung.

**<--arrow-->**: Ich würde sagen, dann bleibt uns nichts anderes übrig, als es aus dem Bauch heraus zu entscheiden.

**Gödel**: Bei dieser Art der Entscheidungsfindung möchte ich mich zurückhalten.

**Shir@hoshi**: Bauchgefühl heißt, nicht groß nachdenken. Ich sage Ja. Wir vertrauen ihm.

**▶BlackLumumba◀**: Sagst du es, weil du es fühlst oder weil du denkst, wir haben keine andere Wahl?

**Shir@hoshi**: Weil ich es fühle.

**<--arrow-->**: Mir geht es genauso. Ich sage auch Ja.

**Shir@hoshi**: Und wie ist es mit dir, Surfer? Was sagst du?

**~~Silver~~Surfer~~**: Ich sage: Lasst uns die Sache mit diesem Cincinnatus angehen. Aber wir müssen auf jedes seiner Worte achten. Ich denke, wir wissen alle, wie man Typen erkennt, die zur Hackerszene gehören. Wenn er sich verrät, müssen wir es durchschauen.

# IV-4: Mitteilung von Jacob O'Connor an Edwin Laughton (interne Mail, geschrieben am 17. August 2020)

Sehr geehrter Mr Laughton, da Sie derzeit telefonisch nicht erreichbar sind, möchte ich diesen Weg nutzen, Sie darüber zu informieren, dass im Fall LFF eine Entwicklung eingetreten ist, die von großer Tragweite sein könnte.

In dem Chatroom, den die Mitglieder der Gruppierung nutzen und den wir, wie Sie wissen, inzwischen enttarnt haben, ist am Wochenende ein neuer Player aufgetaucht. Er nennt sich »Cincinnatus« und scheint nicht nur ein Freund des getöteten Dylan St. Patrick zu sein, sondern auch in dessen Auftrag zu handeln. Noch wissen wir nicht, wer sich hinter dem Namen verbirgt, entsprechende Nachforschungen sind in die Wege geleitet.

Offenbar sind die Mitglieder der Gruppierung überzeugt, dass die NSA für den Tod St. Patricks verantwortlich ist, und Cincinnatus scheint sie in diesem Irrtum zu bestärken. Sie haben daher den Plan gefasst, das Netzwerk der NSA zu attackieren, um den Tod St. Patricks zu rächen und uns genauso an den Pranger zu stellen, wie es ihnen mit Hoboken und Liberty Bells gelungen ist.

Angesichts der »Erfolge« der Gruppierung müssen wir die Bedrohung ernst nehmen. Die Zielpersonen sind hochgradig emotionalisiert und zu radikalem Vorgehen bereit. Ich werde in den kommenden Tagen alles unternehmen, um besagten Cincinnatus zu identifizieren und ihn sowie die Mitglieder von LFF mit allen uns zur Verfügung stehenden Mitteln zu bekämpfen.

Jacob O'Connor

## IV-5: Personenbeschreibung »Cincinnatus« (erstellt mit SpyC 5.0, ab 17. August 2020)

(Dokument wird nach der endgültigen Enttarnung der Zielperson aktualisiert und nachgereicht.)

## IV-6: Chatprotokoll der Zielpersonen (heruntergeladen aus dem Chatroom am 19. August 2020)

### 19. August

**<--arrow-->**: Ich weiß nicht, ob ich inzwischen Gespenster sehe, aber irgendwas ist komisch bei mir in Bogotá.

**Shir@hoshi**: Erzähl.

**<--arrow-->**: Als ich heute durch die Stadt nach Hause gelaufen bin, hatte ich so ein seltsames Gefühl, als ob mir jemand folgt oder mich beobachtet. Keine Ahnung, warum, ich hab eigentlich niemanden gesehen, aber trotzdem sind die Alarmsirenen angegangen. Irgendwas war anders als sonst.

**▶BlackLumumba◀**: Wo bist du jetzt?

**<--arrow-->**: Na, zu Hause. Meine Großeltern leben in so einem richtigen Bunker, wie die meisten reichen Leute hier. Auf allen Seiten Zäune, und zwar so, dass du nicht rüberklettern kannst. Außerdem überall Alarmanlagen und dieses Zeug.

**Gödel**: Angesichts deiner Schilderung halte ich es für ratsam, das Haus vorerst nicht zu verlassen.

**<--arrow-->**: Tu ich auch nicht. Jedenfalls nicht, solange es sich vermeiden lässt. Allmählich bin ich echt paranoid. Muss jede Zehntelsekunde nachsehen, ob draußen ein verdächtiges Auto auf der Straße steht oder irgendwelche Typen mit Sonnenbrille zu mir rüberstarren.

**c1nc1nn4tu$**: Das klingt übel. In San Francisco ist auch der Teufel los. Alle möglichen seltsamen Typen tauchen auf und schnüffeln in Dylans Umfeld rum. Bin mir sicher, dass sie vom Geheimdienst oder vom FBI sind. Dauert wahrscheinlich nicht mehr lange, dann stehen sie auch bei mir auf der Matte.

**~~Silver~~Surfer~~**: Hast du mal Sachen gemacht, die sie dir anhängen können?

**c1nc1nn4tu$**: Besser, nicht darüber zu reden. Jedenfalls, ich muss mich im Moment ziemlich vorsichtig bewegen, sowohl im Netz als auch irl. Aber mal was anderes: In den letzten Tagen habe ich viel darüber nachgedacht, wie sie Dylan auf die Schliche gekommen sein könnten. Normalerweise hat das nie einer geschafft, er war immer viel zu clever dafür. Hat er hier vielleicht mal erzählt, wo er in San Antonio untergekommen ist?

**<--arrow-->**: Er hat nur gemeint, bei einem Typen in East Terrace. In einer verfallenen Hütte, wo unten ein Tattooladen drin ist, ein Ein-Dollar-Shop und – was war das dritte?

**Gödel**: Ein Burger-Grill.

**<--arrow-->**: Ja genau, so ein Scheiß-Ami-Grill.

**c1nc1nn4tu$**: Das hat er geschrieben? Ich glaub's nicht.

**Shir@hoshi**: Es war mehr so in der Euphorie. Im Überschwang nach dem, was wir geschafft haben.

**▶BlackLumumba◀**: Denkst du etwa, darüber haben sie ihn gefunden? Mit den paar Angaben?

**c1nc1nn4tu$**: Ja. Das war sein Todesurteil.

**~~Silver~~Surfer~~**: Wisst ihr was? Wir halten uns für klug, aber in Wahrheit sind wir unglaublich dämlich.

**<--arrow-->**: Wenn das wirklich so gelaufen ist, dann heißt es, dass sie den Chat schon viel früher geknackt haben. Eigentlich dürften wir uns gar nicht mehr hier treffen.

**Gödel**: Falls wir uns für eine andere Kommunikationsform entscheiden, müssten wir es aber hier absprechen und dann würden sie es mitbekommen. Es handelt sich um ein Dilemma, das schwer lösbar ist.

**c1nc1nn4tu$**: Ich sage euch jetzt was, auch wenn es euch nicht gefallen wird. Die NSA hat Dylan mit Sicherheit nicht getötet, um euch fünf danach in Ruhe zu lassen.

**▶BlackLumumba◀**: Aber wie sollen sie uns finden? Wir haben unsere Namen und Adressen nie genannt, wir kennen sie nicht mal untereinander.

**c1nc1nn4tu$**: Ach, du glaubst, sie finden euch nicht? Da kennst du die Typen aber schlecht. Wie habt ihr sechs euch kennengelernt?

**Shir@hoshi**: Ich glaube, das können wir verraten, Arrow, oder? Wir haben es oft genug erwähnt. Über »Legends of Langloria«, da sind wir in einer Gilde.

**c1nc1nn4tu$**: Na, herzlichen Glückwunsch. Dann kann ich euch sagen, was passiert. Über Dylans Rechner haben die Typen das garantiert längst rausgefunden. Sie nehmen Kontakt zu den Betreibern des Spiels auf und setzen sie mit irgendwelchen Drohungen unter Druck. Die verraten ihnen daraufhin alles, was sie wissen wollen, auch mit wem Dylan in einer Gilde war. In der Datenbank von Langloria steht ihr drin, mit euren Namen, euren E-Mail-Adressen und allem, was ihr angegeben habt. Schon haben sie euch! Und wen nehmen sie sich zuerst vor? Natürlich Dylans Stellvertreter. Du hast keine Gespenster gesehen, Arrow. Sie sind schon da, du bist als Nächste dran. Und dann kommen die anderen.

**Shir@hoshi**: Hör bitte auf, ja? Du machst mir Angst.

**▶BlackLumumba◀**: Versteck dich, Arrow!

**<--arrow-->**: Nein. Wir müssen jetzt cool bleiben, auch wenn's schwerfällt. Was schlägst du vor, Cincinnatus?

**c1nc1nn4tu$**: Ihr müsst untertauchen. Sofort.

**Shir@hoshi**: Was soll das heißen?

**c1nc1nn4tu$**: Ihr müsst abhauen. Komplett von der Bildfläche verschwinden. Niemand darf wissen, wohin. Auch hier dürft ihr nichts darüber sagen. Ihr müsst alles zurücklassen, was euren Aufenthaltsort verraten könnte. Eure Rechner, eure Smartphones, eure Karten, alles. Geht an einen Ort, an dem euch niemand findet.

**<--arrow-->**: Du hast gut reden. Wie sollen wir das machen?

**c1nc1nn4tu$**: Tut mir leid, aber das müsst ihr euch selbst überlegen. Dabei kann euch keiner helfen.

**▶BlackLumumba◀**: Und – für wie lang?

**c1nc1nn4tu$**: So lang, wie es eben nötig ist. Genauer kann ich es nicht sagen.

**Shir@hoshi**: Aber wir müssen doch irgendwie in Kontakt bleiben. Wie soll das funktionieren?

**~~Silver~~Surfer~~**: Vielleicht findet Gödel einen Weg.

**Gödel**: Ich werde über dieses Problem nachdenken.

**c1nc1nn4tu$**: Gut. Und jetzt überlegt euch, was ihr tun wollt, und trefft eure Vorbereitungen. Aber heimlich. Und schnell. Ich fürchte, ihr habt nicht mehr viel Zeit.

## IV-7:  Vertrauliche Strategiebesprechung zum Fall LFF (internes Protokoll)

*Datum*: Donnerstag, 20. August 2020, 7:00 Uhr
*Ort*: NSA-Zentrale, San Antonio, Texas
*Anwesend*: Carl Henley (Direktor der Division S), die Abteilungs-
leiter Edwin Laughton (S32) und Leroy Sandberg (Spezialeinsätze
im Ausland) sowie Special Investigator Jacob O'Connor (S32)
*Protokollführer*: Special Investigator Jacob O'Connor
*Thema*: LFF / Hoboken Industries / Liberty Bells Limited

Direktor Henley eröffnet die Besprechung mit dem Appell, dass
alles, was im Folgenden erörtert werde, der höchsten Geheimhaltungsstufe unterliege. Dies sei erstens darauf zurückzuführen, dass
der Fall LFF inzwischen eine unangenehm starke Resonanz in der
Öffentlichkeit gefunden habe. Zweitens gelte es eine Vorgehensweise zu planen, die nicht in vollem Umfang den gesetzlichen
Vorgaben entspreche und außerdem eine gewisse außenpolitische
Brisanz aufweise.

Special Investigator Jacob O'Connor referiert über den aktuellen Stand der Ermittlungen im Fall LFF. Insbesondere geht er auf
den Tod der Zielperson Dylan St. Patrick ein, der am 11. August,
wenige Kilometer von der NSA-Zentrale entfernt, ermordet aufge-
funden wurde. Dieses Verbrechen, betont O'Connor, stehe allerdings
nach den ihm vorliegenden Informationen in keinem Zusammenhang mit dem Fall LFF.

Abteilungsleiter Laughton bestätigt dies. Er gibt sein Bedauern
über den Tod St. Patricks zu erkennen, denn dieser hätte seiner
Einschätzung nach wichtige Informationen über die Organisation
LFF liefern können.

Direktor Henley erklärt, er habe am gestrigen Tag Rücksprache
mit Mr Howard gehalten, denn er sei nicht befugt, eine Aktion
mit derart weitreichenden Folgen eigenständig anzuordnen. Mr
Howard habe ihm die Erlaubnis erteilt, die Personen Luisa Sánchez
(Kolumbien), Boubacar N'Demba (Uganda), Felix Dorfmeister

(Deutschland), Kyoko Abe (Japan) und Matthew Corgan (Australien) zur weiteren nachrichtendienstlichen Behandlung in die USA zu bringen.

Abteilungsleiter Sandberg berichtet, er habe von Special Investigator O'Connor bereits das erforderliche Informationsmaterial über die Zielpersonen erhalten. Auf der Basis dieses, wie er lobend anmerkt, sehr anschaulichen Materials habe er die für den Zugriff geeigneten Mitarbeiter ausgewählt und instruiert. Im Einzelnen handele es sich um die Agenten Scott Pherson (Uganda), Karin Dombrowski (Deutschland), Sakura Shimoto (Japan) und Anthony DiBlasio (Australien). In Kolumbien arbeite man mit ortsansässigen Kräften zusammen. Die Zielpersonen, so Sandberg, sollen zuerst zur Dyess Air Force Base in Abilene gebracht und dann nach San Antonio überstellt werden.

Direktor Henley erklärt sich mit diesem Vorgehen einverstanden. Nachdem er seinen besten Wünschen für die bevorstehende Kommandoaktion noch einmal in bewegenden Worten Ausdruck verliehen hat, beendet er die Besprechung.

## IV-8:    Fahndung nach der Zielperson »Cincinnatus« (interner Tätigkeitsbericht, erstellt ab 20. August 2020)

(Dokument wird nach der endgültigen Enttarnung der Zielperson aktualisiert und nachgereicht.)

## IV-9: Chatprotokoll der Zielpersonen (heruntergeladen aus dem Chatroom am 21. August 2020)

*21. August*

**Shir@hoshi**: Ich mache mir Sorgen um Arrow. Sie war gestern schon nicht da. Und heute anscheinend auch nicht, oder?

▶**BlackLumumba**◀: Vielleicht kommt sie noch. Aber wir sollten nicht darauf hoffen. Sie hat sich bisher noch nie verspätet. 5

**Shir@hoshi**: Was ist, wenn sie recht gehabt hat mit ihrem Gefühl? Und die Typen sie erwischt haben? Ich will gar nicht daran denken. Stellt euch vor, sie haben mit ihr das Gleiche angestellt wie mit Wanted.

**Gödel**: Es besteht auch die Möglichkeit, dass sie dem Ratschlag von 10 Cincinnatus gefolgt und untergetaucht ist.

**Shir@hoshi**: Einfach so? Ohne sich zu verabschieden?

**~~Silver~~Surfer~~**: Vielleicht hatte sie keine Zeit mehr dazu. Schätze, sie hat die Nacht genutzt, um abzuhauen. Dann kündigt sie es natürlich vorher nicht an. Sie will ja nicht, dass ein Empfangskom- 15 mando auf sie wartet.

**c1nc1nn4tu$**: Lasst uns hoffen, dass es so ist. Nach allem, was ich von ihr mitbekommen habe, ist sie ziemlich clever. Sie wird schon einen Weg gefunden haben.

**Shir@hoshi**: Ich vermisse sie schon jetzt. 20

**~~Silver~~Surfer~~**: Ich auch. Noch nie hat mich jemand so schön beleidigt wie sie. Komm zurück, Baby.

**c1nc1nn4tu$**: Ich verstehe euch ja. Aber ich denke, ihr werdet sie wiedersehen.

**Shir@hoshi**: Wie kommst du darauf? 25

**c1nc1nn4tu$**: Wie gesagt, ich glaube, sie ist sehr clever. Jedenfalls sollte die Sache euch klargemacht haben, wie ernst die Lage ist. Vielleicht schrecken sie bisher noch davor zurück, in Ländern wie Deutschland oder Japan zuzuschlagen. Aber falls Arrow ihnen entwischt ist, geben sie die Zurückhaltung bald auf, da könnt ihr sicher sein.

**Shir@hoshi**: Was mich betrifft, ich bin so gut wie weg. Hab mir überlegt, was ich tun werde. Ich glaube, es ist ganz okay.

**Gödel**: Ich habe ebenfalls einen Plan entwickelt. Es ist mir allerdings, wie ich zugeben muss, sehr schwergefallen. Und es sind noch viele Details vorzubereiten.

**~~Silver~~Surfer~~**: Bei mir geht die Sache klar. Ich schnappe mir mein Board und surfe in den Sonnenuntergang. Kein Problem für einen wie mich.

**▶BlackLumumba◀**: Dann hänge ich wohl ein bisschen hinterher. Ich habe noch keine richtige Idee, aber – na ja, wenn ihr es alle macht, werde ich auch einen Weg finden. Irgendwie.

**Shir@hoshi**: Fragt sich nur, wie es dann weitergeht. In einem Punkt bin ich mir sicher: Ich überstehe das alles nur, wenn ich mit euch in Verbindung bleiben kann. Gödel, du wolltest dir doch Gedanken dazu machen. Hast du eine Idee?

**Gödel**: Nach längerem Überlegen habe ich eine Lösung entwickelt, die ich als akzeptabel bezeichnen möchte. Erinnert ihr euch an die erste Quest, die wir in Langloria gemacht haben, noch vor den Tropfsteinhöhlen von Elgoran? Sagt nichts dazu! Ich möchte nur wissen, ob ihr euch erinnert.

**Shir@hoshi**: Klar.

**~~Silver~~Surfer~~**: Logisch.

**▶BlackLumumba◀**: Natürlich.

**Gödel**: Ich habe mich davon überzeugt, dass die Quest weder in der Hall of Fame noch an einem anderen Ort dokumentiert ist, sie existiert also nur in unseren Köpfen. Nach dem siegreichen Kampf haben wir unseren Erfolg an einem bestimmten Ort in Langloria gefeiert, der sehr versteckt liegt und den außer uns kaum jemand kennen dürfte. Findet ihr den Weg dorthin?

**Shir@hoshi**: Mit ein bisschen Suchen auf jeden Fall.

**~~Silver~~Surfer~~**: Mit verbundenen Augen.

**▶BlackLumumba◀**: Ja. Egal wie lang es dauert.

**Gödel**: Ich habe dort eine Schriftrolle versteckt. Ihr findet darauf die Zugangsdaten zu einem neuen Chatroom, den ich angelegt habe. Falls ihr die Möglichkeit habt, ein Internetcafé zu besuchen, loggt euch in Langloria ein – mit einer neuen Identität natürlich – und besorgt euch die Daten. Sie sind der Schlüssel zu unserem Wiedersehen.

**Shir@hoshi**: Du bist einfach genial, Gödel. Ohne dich wären wir verloren.

**c1nc1nn4tu$**: Ja, mein Respekt, auf die Lösung muss man erst mal kommen. Und es ist gut, dass ihr sie gefunden habt. Denn von dem Raum hier müsst ihr euch jetzt verabschieden, er ist zu gefährlich geworden.

**Shir@hoshi**: Ehrlich gesagt, ich hatte Panik vor dem Moment, wenn wir uns trennen müssen. Aber jetzt, wo ich dank Gödel weiß, dass wir uns wiedersehen, ist es nicht mehr so schlimm. Ich hoffe nur, Arrow liest das auch irgendwann.

**▶BlackLumumba◀**: Das wird sie, Shira, da bin ich mir sicher. Ich glaube, Arrow weiß immer ziemlich genau, was sie tut.

**Gödel**: Ich möchte zum Abschied bemerken, dass ihr die besten Freunde seid, die ich in meinem Leben gefunden habe.

**~~Silver~~Surfer~~**: Passt auf euch auf. Und denkt daran, was ich gesagt habe. Ich sage es noch mal: Die Sache, die wir gemacht haben, ist nicht vorbei. Sie fängt gerade erst an.

## Sonntag, 30. August 2020
## In den Bergen, irgendwo

Jacob hebt das Fernglas an die Augen und blickt sich um. In allen Richtungen erstrecken sich, von Kiefern- und Eichenwäldern durchsetzt, zerklüftete Höhenzüge bis zum Horizont. Nicht eine Menschenseele ist zu sehen, keine Ansiedlung, keine Straße, auf den ersten Blick nicht einmal eine Hütte. Das einzige Geräusch, das die Stille durchdringt, kommt von dem Bach, der die Felsen umspült und dann in endlosen Windungen weiter hinabfließt, bis er, viele Kilometer entfernt, den ersten Ort erreicht, der den Beginn der Zivilisation markiert.

Beruhigt steckt Jacob das Fernglas weg: Niemand scheint ihnen hier herauf in diese Wildnis gefolgt zu sein. Er geht zu dem Quad, das ihn auf den Felsen mit dem prächtigen Rundblick getragen hat, und steigt in den Sattel. Dann fährt er langsam hinunter, mehr stehend als sitzend, um die Schwankungen des Gefährts auszubalancieren, und biegt auf den Pfad ein, der sich am Ufer des Baches entlangzieht.

Es dauert nur wenige Minuten, da steigt ihm der Duft des Kiefernwaldes in die Nase, den er auf dem Hinweg durchquert hat, und gleich darauf tauchen die Bäume zu seiner Linken auf. Er verlässt den Bach und rumpelt über die Wurzeln, die den Waldboden durchziehen. Als er eine Lichtung erreicht, hält er an.

»Bev!«, ruft er. »Wo steckst du?«

Er wartet kurz, dann sieht er, wie sich eine Gestalt aus dem Schatten unter den Bäumen löst und auf ihn zukommt.

»Ach, entschuldige.« Jacob lacht. »Habe ich etwa schon wieder Bev gesagt? Arrow natürlich. Ich muss mich langsam mal daran gewöhnen, dass wir nicht mehr belauscht werden.«

»Ja, solltest du. Ich konnte den Namen, den du mir gegeben hast, noch nie besonders leiden. Okay, Beverley geht ja noch. Aber Fletcher fand ich schon immer zu riskant. Ich meine, mal im Ernst: Fletcher – La Flecha – Arrow. Sie hätten es durchschauen können, oder?«

»Haben sie aber nicht.«

»Und die Anspielung mit Colorado und Kolumbien musste auch nicht sein. Mädchen aus den Bergen und so. Manchmal spielst du ein bisschen zu sehr mit dem Feuer. Weißt du, was ich glaube? Im Grunde deines Herzens bist du wie Wanted.«

»Komisch. Hat seine Mutter auch gesagt.«

Arrow funkelt ihn für einen Moment aus ihren dunklen Augen an. »Und?«, fragt sie dann. »Alles ruhig?«

»Ja, keiner zu sehen.«

Arrow schwingt sich hinter ihm in den Sattel. »Na, dann los«, sagt sie. »Die anderen warten schon. Zeit fürs Mittagessen.«

Jacob lässt den Motor aufheulen und verlässt die Lichtung. Sie erreichen den Rand des Waldes und rollen auf einen felsigen Hang hinaus, der so stark geneigt ist, dass sie sich zur Seite beugen müssen, um das Gleichgewicht zu halten. Dabei schrecken sie ein paar wilde Ziegen auf, die polternd vor ihnen flüchten.

»Da oben ist Gödel!«, ruft Arrow und versucht den Lärm des Motors zu übertönen. »Komm, wir sammeln ihn ein.«

Jacob blickt auf. Tatsächlich, oben auf der Spitze eines Hügels steht er, schmal und kerzengerade, die Hände etwas steif hinter dem Rücken verschränkt: der Junge aus Deutschland. Als Jacob das Gefährt den Hang hinauflenkt, klammert Arrow sich an ihm fest, um nicht abgeworfen zu werden. Die letzten Meter sind so steil, dass sie Schlangenlinie fahren müssen, dann sind sie oben.

»Hey Gödel!«, ruft Arrow, als der Lärm des Motors nachlässt. »Was treibst du hier?«

Gödel holt seine Hände zögernd hinter dem Rücken hervor und reibt sie aneinander. »Ich beobachte die Wolken«, sagt er.

»Zählst du sie?«

»Nicht direkt. Ich versuche Gesetzmäßigkeiten in ihrem Formenreichtum zu erkennen.«

»Du magst sie, oder? Weil sie das Einzige sind, das dir hier ein bisschen vertraut ist?«

»Damit könntest du recht haben, Arrow.« Gödel tritt auf sie zu und hebt den Zeigefinger. »Ich möchte übrigens beantragen, dass wir feste Essenszeiten einführen. Außerdem sollten wir zu geregelten Zeiten aufstehen und zu Bett gehen. Und schließlich schlage ich vor, dass wir beim Frühstück jeweils einen genauen Tagesplan aufstellen.«

»Tja, weißt du«, Jacob räuspert sich, »wir sind hier nicht in einem Militärcamp oder so.«

»Na ja, das mit den Essenszeiten ist doch okay«, sagt Arrow. »Klar, Surfer und Shira werden maulen, aber wenn sie verstehen, warum wir es tun, machen sie mit.« Sie blickt Gödel an. »Sie mögen dich, weißt du.«

Gödel legt den Kopf schräg. »Das habe ich mit einiger Verwunderung bereits feststellen können«, sagt er.

Arrow lacht. »Komm, du kannst mit uns fahren. Auf den Trittbrettern ist noch Platz.«

Gödel folgt ihrer Aufforderung, allerdings nur zögernd. Seine Unsicherheit ist ihm anzumerken, seine Knie zittern, während er aufsteigt und mühsam einen Halt sucht. Endlich hat er einen Griff gefunden und klammert sich daran fest.

Jacob fährt los, vorsichtiger als bisher. Auf der anderen Seite der Kuppe ist der Hang flacher und mit Gras und Moos bewachsen, er muss nur darauf achten, mit den Rädern nicht in einem der vielen Kaninchenbauten zu landen. Langsam steuert er hinunter, ab und zu die Augen zukneifend, denn das Licht der Sonne wird von dem Berghang gegenüber fast schmerzhaft hell reflektiert. Unten im Tal ist eine Ansammlung von Felsbrocken, die irgendwann einmal von dem Berg herabgestürzt sein müssen. An einem der Felsen lehnt eine Gestalt, Jacob hält darauf zu.

Als sie näher kommen, erkennen sie, dass es Black ist. Wie schon gestern bei ihrer ersten Begegnung erschrickt Jacob: Black sieht krank aus, seine Augen liegen tief in den Höhlen und sein Gesicht wirkt um Jahre älter, als er tatsächlich ist.

»Mir ist eben etwas klar geworden«, sagt er, als die drei bei ihm sind. »Ich habe die ganze Zeit überlegt, was heute anders ist als sonst. Jetzt weiß ich es: Ich hatte keinen Albtraum letzte Nacht. Das ist mir schon lange nicht mehr passiert.«

»Vielleicht ist das hier genau das Richtige für dich, Black«, sagt Arrow. »So weit wie möglich weg von allem, was du erlebt hast.«

»Na ja, ich mache mir nichts vor. Die Träume werden zurückkommen. Aber letzte Nacht hatte ich keine. Ich glaube, es hat damit zu tun, dass ich ein Versprechen eingelöst habe.«

»Gegenüber deiner Mutter?«

»Gegenüber meinem Vater. Am Tag, als er beerdigt wurde, habe ich mit meiner Mutter lange an seinem Grab gesessen. Ich habe ihm bei allem, was mir heilig ist, geschworen, die Leute, die für seinen Tod verantwortlich sind, zur Rechenschaft zu ziehen. Meine Mutter war erschrocken. Ich glaube, damals hat sie den Entschluss gefasst, mich fortzuschicken. Aber ich habe mein Versprechen gehalten, oder?«

»Ja, das hast du«, sagt Jacob. »Und zwar auf eine Art, wie du es besser nicht hättest tun können.«

Black sieht ihn an. »Ich habe viele Fragen an dich«, sagt er.

»Ich weiß.« Jacob nickt. »Aber ich glaube, das gilt für die anderen auch. Weißt du, wo Shira und Surfer sind?«

»Vor einer halben Stunde waren sie an diesem Teich. Schätze, sie sind immer noch da.«

»Na, dann steig auf, wir fahren hin«, sagt Jacob.

Er wartet, bis Black seinen Platz auf dem Trittbrett Gödel gegenüber eingenommen hat, dann fährt er langsam weiter. Auf der anderen Seite der Felsbrocken fließt ein winziger Bach, nicht mehr als ein Rinnsal, den Hang hinunter. Sie folgen ihm durch ein Tal mit Sträuchern und Bäumen, bis ein kleiner See vor ihnen auftaucht, in den der Bach mündet. Am Ufer sitzt Surfer in seinem Rollstuhl. Neben ihm hockt Shira, sie hat die Schuhe ausgezogen und lässt ihre Beine ins Wasser baumeln. Jacob umkurvt eine letzte Wurzel und fährt auf die beiden zu.

»He, wo bleibt ihr so lange?« Surfer dreht den Kopf und winkt. »Hattet ihr vor, uns verhungern zu lassen?«

Jacob hält an und stellt den Motor ab. »Wir wollten euer romantisches Treffen am Seeufer nicht stören«, sagt er. »Ich muss schon sagen, ihr habt euch ja ziemlich schnell angefreundet.«

Shira bewegt die Beine auf und ab und blickt den Wellen hinterher, die über den Teich ziehen. »Wir lieben es, uns gegenseitig zu beleidigen«, sagt sie. »Das verbindet.«

»Ja, aber du könntest trotzdem mal deine Füße aus dem Eiswasser nehmen«, sagt Surfer. »Ich finde, du hast dich allmählich genug erkältet. Ich brauche dich noch als Kutscher.«

Er dreht sich zu den vieren um. »Sie ist im Beleidigen wirklich talentiert. Außerdem: Aus der Nähe betrachtet sind ihre Schlitzaugen gar nicht so hässlich, wie ich dachte. Findet ihr auch?«

»Was heißt hier nicht hässlich?«, erwidert Arrow. »Sie hat die schönsten Schlitzaugen der Welt. Alter Schwätzer!«

Surfer mustert sie. »Wieso darfst du eigentlich schon wieder auf Meldor mitfahren? Ich finde, es sollte ein Gesetz geben, wonach Terroristen aus Prinzip zu Fuß gehen müssen.«

Arrow grinst. »Ich habe gehört, du hättest nach meinem Verschwinden im Chat geschrieben, du würdest mich vermissen.«

»Pah! Um Himmels willen! Da kann es sich nur um eine üble Verleumdung handeln. So was würde ich nie schreiben.«

»Sag mal, Shira«, sagt Jacob. »Ich hatte gestern das Gefühl, du weißt schon länger, dass Surfer im Rollstuhl sitzt. Woher eigentlich?«

»Klar. Weiß ich schon lange.«

»Ja, aber woher? In eurem Chat hat er nie was davon gesagt.«

Shira nimmt ihre Füße aus dem Wasser und schüttelt sie. »Erinnert ihr euch, dass er uns mal einen Link geschickt hat zu einer Website mit den schärfsten Schlitzaugenwitzen?«

»Ja«, sagt Arrow. »Das war von seinen vielen dämlichen Aktionen eine der dämlichsten.«

»Es war aber nicht nur ein Spruch. Er hatte sich vorher in die Seite eingehackt …«

Surfer nickt. »Eine ganze beschissene Nacht habe ich dafür gebraucht.«

»… und einen Button reinprogrammiert, extra für mich. Den hat er auf Japanisch beschriftet, damit ihr ihn nicht lesen könnt, falls ihr euch zufällig auf die Seite verirrt. Darauf stand: ›Nur für Meerjungfrauen‹.«

»Ja, genau!« Surfer schlägt sich vor Vergnügen auf die Oberschenkel. »Genial, oder?«

»Jedenfalls, der Button führte zu einem Formular, wo man eine Mail schreiben konnte an eine Einmal-Wegwerfadresse, die er für vierundzwanzig Stunden eingerichtet hatte. Da hab ich ihm geschrieben. Seitdem sind wir in Kontakt.«

»Das heißt«, Black sieht die beiden verwundert an, »ihr habt neben unserem Chat heimlich noch zu zweit geschrieben? Ich weiß nicht, wie ich das finden soll.«

Arrow winkt ab. »Komm, lass gut sein, Black. Wir verzeihen es ihnen.«

Jacob startet den Motor wieder. »Gut, dass wir das geklärt haben«, sagt er. »Da wir jetzt vollständig sind, können wir ja nach Hause fahren und unsere Besprechung abhalten.«

»Gute Idee.« Surfer nickt zustimmend. »Kutscher! Ins Hotel!«

Shira, die ihre Füße inzwischen abgetrocknet und ihre klobigen Schuhe wieder angezogen hat, steht auf. »Fahrt schon vor«, sagt sie zu den anderen. »Wir kommen nach.«

Jacob wendet und setzt die Fahrt fort. Es ist jetzt nicht mehr weit, nur noch ein kleines Stück bis zu dem Steg, der unterhalb des Sees über den Bach führt, dann taucht die Hütte, die in der nächsten Zeit ihr Zuhause sein wird, schon am anderen Ufer auf. Es ist ein grob gezimmertes Holzhäuschen, das früher als Wanderhütte genutzt wurde, inzwischen aber, wie die Leute von Human Rights Guardian Jacob versichert haben, verlassen ist. Er fährt die letzten Meter hinüber und parkt vor dem Eingang.

Arrow springt ab. »Anscheinend brennt das Feuer im Kamin noch«, sagt sie und zeigt auf die Rauchsäule, die aus dem Schornstein steigt. »Gut gemacht, Gödel.«

Jacob sieht Arrow an. »Wie lange reichen eigentlich die Vorräte, die du besorgt hast? Was schätzt du?«

»Weiß nicht. Knappe Woche vielleicht.«

»Gut, dann fährst du am besten in ein paar Tagen mit dem Quad runter in den Ort, da gibt es ein Geschäft. Du sprichst ja die Sprache hier, du fällst am wenigsten auf.«

Er bricht ab, denn Shira und Surfer kommen auf sie zu. Shira hat die Griffe des Rollstuhls gepackt, als würde sie ihn schieben, aber in Wahrheit läuft sie nur mit, Surfer hat den Hilfsmotor zugeschaltet. Schon aus der Entfernung ist seine Stimme zu hören.

»Ist euch eigentlich klar, welche Qualen hier in dieser Einsamkeit auf uns warten? Ohne Netz! Das ist so, als würde man sechs Junkies ohne Stoff auf einer einsamen Insel aussetzen. Die Katastrophe ist vorprogrammiert.«

»Du solltest froh darüber sein«, sagt Jacob. »Im Moment versuchen Hunderte von Leuten, uns im Netz zu jagen, also …«

Surfer winkt ab. »Du neigst zu grotesken* Untertreibungen, Cincinnatus. Es sind nicht Hunderte, es sind Tausende.«

»Gut, wenn du meinst, dann sind es eben Tausende. Erst recht ein Grund, die Finger davon zu lassen. Außerdem haben wir ein paar Sachen besorgt, mit denen wir uns die Zeit vertreiben können. Es wird euch gefallen. Jetzt rein mit euch!«

In der Hütte riecht es nach Holz und dem Rauch des Feuers. Jacob wartet, bis alle drinnen sind, dann schließt er die Tür. Das Häuschen ist nicht groß, im Grunde besteht es aus einem einzigen Raum. Da ist der Kamin, vor dem Decken und Felle und Kissen ausgebreitet sind, gegenüber eine Küchenzeile und am Fenster, durch das der Blick auf den Bach und die Bäume fällt, ein Tisch mit einer Bank und ein paar Stühlen. Eine Leiter gibt es auch, sie führt zu den Verschlägen unter der Dachschräge, in denen einige ihrer Schlafplätze sind.

Während Gödel sich dem Feuer zuwendet, um Holz nachzulegen, gruppieren die anderen sich um ihn herum. Nur Jacob bleibt in einiger Entfernung stehen. Jetzt, wo ihr Ausflug in die

---

* Wunderlich; seltsam; übertrieben.

Umgebung vorbei ist, spürt er wieder die Anspannung des gestrigen Tages. Wenn etwas schiefgelaufen wäre, hätte es böse Folgen gehabt. Er kann sich nur langsam an den Gedanken gewöhnen, dass sie in Sicherheit sind – fürs Erste zumindest.

Surfer hat sich unterdessen den besten Platz am Kamin gesichert. »Hey Pfeilgift!«, ruft er. »Was gibt es eigentlich zu essen? Jetzt sitz nicht da rum, troll dich in die Küche!«

»Für dich gibt es eine Portion rostige Nägel«, sagt Arrow. »Für alle anderen meinen kolumbianischen Bohneneintopf.«

»Ich kann euch versichern, der ist wirklich gut«, sagt Jacob. »Sie hat ihn für uns beide schon mal gemacht. Ich musste nur die ganze Zeit so tun, als wären es Spareribs. Weil meine Wohnung verwanzt war.«

Shira seufzt. »Ihr hattet es gut, ihr wart zu zweit. Wir anderen mussten alles alleine durchstehen. Und uns auch noch von diesen Scheißagenten verhaften lassen. Meine hätte mir fast die Schulter ausgekugelt, es tut immer noch weh. Sie war ein echtes Biest. Immerhin hatte sie Drogen dabei, aber das ist auch das einzig Gute, das sich über sie sagen lässt.«

Surfer winkt ab. »Meiner war ein richtiger Idiot. Er war total stur und humorlos. Egal was ich zu ihm gesagt habe, er hat einfach nicht reagiert. Ich hätte ihn jederzeit die Klippen runterstoßen können. Aber ich wollte nicht. Ich wollte lieber zu euch, das ist die traurige Wahrheit.«

Black zieht seine Jacke aus. »Meiner sah aus wie ein Hippie«, sagt er. »Wie einer, den du eigentlich gerne zum Freund hättest. Ich frage mich noch immer, wie so einer zum Geheimdienst gehen kann. Ich finde, so etwas gehört sich nicht. Es bringt einem das ganze Weltbild durcheinander.«

Gödel hat seine Arbeit beendet und setzt sich zu den anderen. »Meine Agentin war sehr nett«, sagt er. »Sie offenbarte viel Verständnis für meine Situation.«

»Ach, Dödel!« Surfer lacht spöttisch. »Du würdest auch noch den Satan höchstpersönlich nett finden, während er gerade dabei ist, dich in seinen Kochtopf zu stoßen.«

»Wo wir gerade vom Kochen reden, Bev«, sagt Jacob. »Ach, entschuldige, Arrow: Ich kriege auch allmählich Hunger.«

Arrow stöhnt. »Ist ja schon gut«, sagt sie und steht auf. »Aber glaubt ja nicht, dass ich das hier immer mache. Ab jetzt ist jeden Tag ein anderer dran.«

»Ich wünschte, Wanted wäre hier«, sagt Black. »Ich würde ihm so gerne persönlich für alles danken, was er getan hat. Es macht mich traurig, dass das jetzt nicht mehr geht.«

Mit einem Schlag ist es still, nur das Prasseln des Feuers ist noch zu hören. Arrow, die inzwischen an der Küchenzeile steht und begonnen hat, einige der Vorräte auszupacken, dreht sich um und blickt Jacob an. Er senkt den Kopf. Jetzt ist er also da, der Moment, vor dem er sich schon seit einiger Zeit fürchtet. Der Moment, in dem er den anderen erklären muss, was er, Jacob O'Connor, getan hat, bevor er Cincinnatus wurde.

»Ich habe ihn kennengelernt«, sagt er und hebt den Kopf wieder.

»Du meinst – Wanted?« Black sieht ihn erstaunt an. »Du hast ihn getroffen? In echt?«

»Ja. In einem Café in San Francisco. Ich habe mich als Journalist ausgegeben.«

»Davon hat er erzählt«, sagt Shira. »Aber er hatte ein schlechtes Gefühl dabei. Er meinte, es wäre was faul an der Sache.«

»Wir hatten einen Überwachungswagen auf der anderen Straßenseite. Er muss ihn bemerkt haben.«

»Wie war er?«, fragt Black. »Beschreib ihn!«

Jacob tritt zu den anderen. Für einen Moment überlegt er, sich ebenfalls auf die Decken und Kissen vor dem Kamin zu hocken, aber dann erscheint es ihm unpassend. Er zieht sich einen der Stühle heran und setzt sich darauf.

»Es hat mich selten jemand so beeindruckt wie er«, sagt er. »Er wirkte unglaublich konsequent in allem, was er tat. Es kam mir so vor, als hätte er für sich selbst gar kein großes Interesse, es ging ihm nur um seine Überzeugungen. Und die waren völlig klar. Er war – wie soll ich sagen – großartig.«

»Ach ja?« Surfer blickt ihn finster an. »Und weil er so großartig war, hast du ihn ausspioniert und ans Messer geliefert. Ist es das, was du uns erzählen willst?«

»Ich versuche ja gar nicht, es zu entschuldigen. Ja, du hast recht: Ich war Jacob O'Connor, NSA-Agent. Ich habe euch gejagt. Aber das ist vorbei, Jacob O'Connor lebt nicht mehr. Er ist tot, Geschichte. Es gibt nur noch Cincinnatus.«

»Wenn das so ist, wie bist du dann überhaupt zu dem Verein gekommen?«, fragt Black.

»Zum Geheimdienst? Ich habe ein Programm geschrieben, es heißt SpyC. Du kannst damit im Netz alles rausfinden, was du über einzelne Leute wissen willst. Die NSA ist darauf aufmerksam geworden und hat mich angeheuert. Das ist alles.«

»Ja, aber das ist keine Erklärung.« Shira schüttelt den Kopf und fährt sich durch ihre grellblauen Haare. »Was Black meint, ist doch: Warum hast du es getan? Nur wegen der Kohle?«

»Nein, das war nicht das Entscheidende. Ich weiß auch nicht. Ich hatte auf einmal echt coole Spielzeuge, und zwar eine Menge davon, konnte alles damit anstellen, was ich wollte, und mir auch noch einreden, es wäre für eine gute Sache. Es kam vieles zusammen. Irgendwie fühlte ich mich geschmeichelt und die Typen waren echt geschickt. Es ist einfach passiert.«

»Und dann haben sie dich auf uns angesetzt?«

»Ja, das war die Idee von meinem Chef. Ich hab mich richtig in den Fall verbissen. Es war am Anfang mehr so eine Art Sport. Ich wollte zeigen, dass ich besser bin als ihr. Dass ich euch kriegen kann. Dass ich jeden kriegen kann.«

»Wir ähneln uns«, sagt Gödel. »Der Schritt vom Hacker zum Agenten ist nicht groß. Viele haben schon die Seiten gewechselt.«

»Du musst ihn nicht unbedingt auch noch verteidigen!«, fährt Surfer ihn an.

»Nein, es gibt keinen Grund für eine Verteidigung«, sagt Jacob. »Ich habe ja gesagt, ich will nichts entschuldigen. Jedenfalls, um zu Dylan zurückzukommen: Weil die NSA inzwischen ein paar Server bei Tor kontrolliert, habe ich es geschafft, ihn mit unserer

Maschinenpower zu finden, Kontakt zu ihm aufzunehmen und ihn in diesem Café zu treffen. Und die Begegnung hat mich echt ins Grübeln gebracht. Ich habe gedacht, vielleicht bin ich ja gar nicht der Held, sondern in Wahrheit das Arschloch.«

»Manchmal ist man auch beides«, sagt Black. »Ich fürchte, das schließt sich nicht immer aus.«

»Manchmal ist man auch einfach nur verwirrt. Ich hatte keine Ahnung, was ich tun sollte, also habe ich erst mal weitergemacht. Dann habt ihr euch ins Netzwerk von Liberty Bells gehackt und wir haben herausgefunden, dass der Angriff aus sechs Ländern gleichzeitig kam. Unsere Chefs sind panisch geworden und haben auf einer Krisensitzung angeordnet, ab jetzt mit allen legalen und illegalen Mitteln gegen euch vorzugehen. Ich habe extra nachgefragt, ob sie es wirklich so meinen, aber es war so.«

Surfer beugt sich vor. »Du willst uns aber nicht ernsthaft erzählen, dass du da immer noch weitergemacht hast?«

»Was wäre denn die Alternative gewesen? Wenn ich die Sache hingeworfen hätte, hätten sie mich kaltgestellt und einem anderen den Job gegeben. Dann hätte ich gar nichts mehr für euch tun können und alles wäre nur schlimmer geworden.«

»Wenn ich den Job nicht mache, macht ihn ein anderer«, murmelt Black. »Mit dem Argument kannst du alles rechtfertigen.«

»Ich weiß. Aber ich war viel zu tief in der Sache drin, um einfach aufzuhören. Ich musste mir was anderes einfallen lassen, wie ich den Karren wieder aus dem Dreck ziehe.«

»Wie hast du es eigentlich geschafft, unseren Chatroom zu finden?«, fragt Shira. »Er war so versteckt, wie es versteckter gar nicht mehr geht. Wie hast du ihn geknackt?«

»Ich hatte über Dylans Mutter erfahren, dass er bei Langloria ist. Also habe ich die Typen da so lange unter Druck gesetzt, bis ich eure Namen und IP-Adressen hatte. Unsere besten Leute waren auf euch angesetzt. In einen eurer Rechner konnten sie eindringen, er war nicht gut genug gesichert.«

»Bitte sag's nicht.« Shiras Gesicht verfärbt sich dunkel. »Das war bestimmt meiner.« Sie sieht die anderen an und hebt entschuldigend die Schultern. »Ich hab's euch nie erzählt, aber ich war die ganze Zeit in so einer Einrichtung für betreutes Wohnen und da gab es nur einen Rechner für alle. Ich war immer vorsichtig, aber die anderen natürlich nicht. Tut mir leid, ich wusste, dass es gefährlich ist, aber ich konnte es einfach nicht lassen, ich wollte unbedingt dabei sein. Es war mir so wichtig!«

»Ist schon gut, Shira«, sagt Black. »Wir sind nicht hier, um uns gegenseitig fertigzumachen.«

»Wir haben Shira einen Keylogger untergejubelt«, fährt Jacob fort. »Darüber haben wir die Adresse eures Chatrooms und ihre Zugangsdaten erfahren. Der Rest war einfach. Ich konnte alles nachlesen, was ihr in den letzten Monaten gepostet habt. Und da war mir endgültig klar, dass ich auf der falschen Seite des Spielfeldes stehe.«

»Und um auf die richtige Seite zu kommen, hast du die Figur des Cincinnatus erfunden«, sagt Gödel.

»Mir kam zugute, dass ich in San Antonio schon seit einiger Zeit so etwas wie eine konspirative* Wohnung hatte. Von da aus hatte ich ein paar Typen bei der NSA heimlich Audiorecorder auf ihre Rechner gespielt, sodass ich ...«

»Du hast die Rechner deiner Chefs verwanzt?« Surfers Gesicht hellt sich auf. »Du bist ein verdammter, ekelhafter Schweinehund«, sagt er anerkennend.

»... sodass ich alles mithören konnte, was in ihren Büros gesprochen wurde. Das war ziemlich aufschlussreich, wie ihr euch denken könnt. Ursprünglich hatte ich es getan, um meine Karriere voranzutreiben, denn es ist immer gut zu wissen, was andere über einen denken. Später habe ich es für unsere Sache genutzt. Und dann kam – na ja, ihr wisst schon – Dylans Tod.«

»Du hast gewusst, dass die Geschichte mit dem Dealer Unsinn ist, oder?«, fragt Black.

---

* Einer Verschwörung zugehörend.

»Natürlich. Ich war geschockt, denn mir war sofort klar, dass es die Rache war für das, was ihr getan habt. Aber ich hätte nie gedacht, dass sie so weit gehen würden.«

»Das heißt«, Shira richtet sich auf und blickt ihn ungläubig an, »es steckt wirklich die NSA dahinter? Sie haben ihn …«

»Nein, in erster Linie steckt Liberty Bells dahinter. Ihr habt sie ganz schön erledigt mit eurer Aktion. Ihre Umsätze sind eingebrochen, der Aktienkurs ist nach unten gerauscht und außerdem haben sie Heerscharen von Ermittlern am Hals. Sie wollten sich dafür rächen und ihr könnt mir glauben, sie kennen genug Leute, die wissen, wie man so was macht und anschließend die Spuren verwischt.«

»Wie haben sie Wanted gefunden?«, fragt Gödel. »Im Gegensatz zur NSA hatten sie keinen Zugang zu unserem Chat.«

»Liberty Bells beliefert die NSA mit Spionagetechnik. Man kennt sich und man hilft sich. So läuft das eben.«

»Dann warst du nicht der Einzige bei der NSA, der unseren Chat gelesen hat?«, sagt Black. »Es gab noch andere?«

»Klar. Laughton, mein Chef, hatte Zugriff auf alles. Und nicht nur er. Mein Rechner im Büro wurde rund um die Uhr überwacht. Mein Privatrechner auch.«

»Deshalb die Idee mit der geheimen Wohnung?«

»Genau. Zwei Tage nach Dylans Tod habe ich über eine meiner Wanzen ein Gespräch belauscht. Da wussten unsere Chefs schon, dass Liberty Bells hinter dem Mord steckt. Sie haben vereinbart, es zu vertuschen. Das war der endgültige Wendepunkt für mich, da ist die Idee entstanden, Cincinnatus zu werden. Kurz darauf war ich in eurem Chat, um euch zu warnen.«

»Deine Rolle bei der NSA musstest du aber weiterspielen«, sagt Gödel. »Du musstest Cincinnatus sein und gleichzeitig so tun, als würdest du ihn jagen. Ich stelle mir das als eine ausgesprochen komplizierte Situation vor.«

»Es wurde noch viel komplizierter, Gödel. Drei Tage nachdem ich Kontakt zu euch aufgenommen hatte, habe ich erneut ein Gespräch belauscht, zwischen Henley, dem Direktor unserer

Division, und den obersten Bossen. Da haben sie entschieden, euch vier in geheimen Aktionen in die USA zu holen. Arrow hielten sie für so gefährlich, dass sie sie ganz verschwinden lassen wollten. Das sollten die kolumbianischen Todesschwadronen übernehmen, zu denen es über die CIA enge Kontakte gibt.«

»Wie kann man so etwas anordnen?« Shira blickt ihn ungläubig an. »Was sind das für Menschen?«

»Ich weiß, es ist schwer zu verstehen, aber diese Typen glauben wirklich, das Richtige zu tun. Für ihr Land und für die Welt. Du kannst es erst begreifen, wenn du eine Zeit lang in dem Apparat drin warst.«

»Was hast du getan, um Arrow rauszuholen?«, fragt Black.

»Das Einzige, das mir einfiel, war, Kontakt zu Human Rights Guardian aufzunehmen, was zum Glück die richtige Entscheidung war. Ich habe ihnen einen Mitschnitt des Gesprächs geschickt, das ich belauscht hatte, und ein paar andere Informationen. Sie waren sofort bereit zu helfen. Sie haben Aktivisten in Kolumbien und zwei von denen haben Arrow rausgeholt. Gerade noch rechtzeitig. Es war ziemlich knapp, glaube ich.«

»Ich wusste zuerst nicht, ob ich denen trauen kann«, sagt Arrow, die ihre Arbeit unterbrochen hat und zu ihnen getreten ist. »Es war der Tag, an dem Cincinnatus im Chat gesagt hat, nach Wanted wäre ich als Nächste dran, und ein paar Stunden später tauchten diese Typen auf. Sie hätten auch von der falschen Seite sein können. Na, zum Glück habe ich ihnen geglaubt, sonst gäb's mich jetzt nicht mehr.«

»Sie haben Arrow heimlich in die USA gebracht und mir übergeben«, fährt Jacob fort. »Ich hab sie bei mir einquartiert, getarnt als Beverley Fletcher, meine Freundin aus Colorado. Es war höllisch riskant, weil die Wohnung verwanzt war, aber es schien mir von allen Möglichkeiten, die wir hatten, noch immer die sicherste. Ich wollte sie in meiner Nähe haben.«

»Wir mussten echt vorsichtig sein«, sagt Arrow. »Ich hab mein akzentfreiestes Englisch ausgepackt, was mir zum Glück nicht schwerfiel, weil es auf meiner bescheuerten Schule die Unterrichtssprache war. Und wir durften nie ein falsches Wort sagen. Immer wenn wir offen sprechen wollten, sind wir rausgegangen.«

Shira grinst. »Jedenfalls habt ihr euch ziemlich gut angefreundet, wie es scheint.«

»Ich würde sagen, Not schweißt eben zusammen«, erwidert Arrow. »Ich sollte ja seine Freundin spielen. Das musste sich dann auch halbwegs so anhören.«

»Gut, du hattest Arrow jetzt also bei dir«, sagt Black. »Und uns hattest du empfohlen unterzutauchen. Wie ging es dann weiter?«

»In der letzten Woche habe ich über den Fall ein Dossier zusammengestellt. Über alles, was passiert ist, von Anfang an. Offiziell für meinen Chef, inoffiziell für WikiLeaks. In der Version für meinen Chef habe ich zwei Dokumente weggelassen und gesagt, ich würde sie nachreichen. Da stand, es würde um Cincinnatus gehen, aber das war natürlich gelogen. In der Version für WikiLeaks sind an den Stellen die Dokumente eingefügt, die beweisen, dass die NSA in die Machenschaften von Hoboken und Liberty Bells verstrickt ist, dass sie versucht haben, die wahren Hintergründe des Todes von Dylan zu verschleiern, und dass sie den Todesschwadronen den Auftrag gegeben haben, Arrow verschwinden zu lassen.«

»Das können wir alles beweisen?«, fragt Black.

»Ja. Am Freitag bin ich zuerst zu meinem Chef gegangen, um ihm seine Version zu geben, und anschließend in meine geheime Wohnung, um die komplette Version an WikiLeaks zu schicken. Sie veröffentlichen sie heute auf ihrer Website und geben das Material an die Nachrichtenagenturen. Morgen steht es in jeder Zeitung und auf jedem Internetportal.«

»Wir haben also erreicht, wovon Wanted geträumt hat«, sagt Gödel. »Das ist ein sehr befriedigender Gedanke.«

»Ja, das ist es«, sagt Shira. »Übrigens, Cincinnatus, du hast gestern mal erwähnt, du hättest einen Kranz auf Wanteds Grab legen lassen.«

Jacob nickt. »Arrow hat ihn am Freitag bei einem Blumenladen in Auftrag gegeben, im Namen von uns allen. Und ich habe einen

Brief an Mrs St. Patrick geschrieben, um ihr zu erklären, was es mit dem Kranz auf sich hat. Vielleicht steht sie gerade an Dylans Grab.« Er blickt zu Boden. »Den Tod von Dylan werde ich mir nie verzeihen. Mein ganzes Leben lang nicht. Umso wichtiger, dass ich es wenigstens geschafft habe, euch zu befreien.«

»Wie hast du unsere Flucht eigentlich eingefädelt?«, fragt Shira. »Auch das mit der Hütte und so?«

»Mir war schnell klar, dass sie euch kriegen, selbst wenn ihr untertaucht. Ich konnte es nicht mehr verhindern. Also habe ich überlegt, wie ich euch am besten wieder rausehole. Dass wir in den USA nicht bleiben konnten, war logisch, deshalb hat Human Rights Guardian die Hütte hier organisiert. Arrow hat alles für den Aufenthalt vorbereitet. Und ich habe dafür gesorgt, dass ich den Transport begleiten durfte, der euch nach San Antonio bringt. Mein größtes Problem war, die beiden Typen loszuwerden, die euch bewacht haben.«

»Du meinst Godzilla und Frankenstein?«, sagt Surfer.

»Ja, genau die. Normalerweise sind solche Aktionen nicht mein Ding, weil ich mich eher mit dem Rechner auskenne, deshalb war ich ziemlich in Sorge, ob es klappt. Zum Glück war es elend heiß, ich konnte die beiden überreden, an dieser Raststätte zu halten, und einer ist reingegangen, um was zu trinken zu kaufen.«

»Das war Frankenstein«, ergänzt Surfer. »Wir saßen wie Massenmörder hinten in diesem Käfig, aber ich konnte ihn durchs Fenster beobachten.«

»Ich habe zu dem anderen gesagt, ich würde mal nachsehen, ob bei euch alles in Ordnung ist, und bin nach hinten gegangen. Dann habe ich ihn gerufen und gesagt, irgendwas wäre komisch mit dem Türschloss. Als er sich darübergebeugt hat, bin ich wieder nach vorne, ins Fahrerhaus gesprungen und losgefahren. Der Schlüssel steckte ja noch.«

»Godzilla hat gegen die Tür gehämmert«, sagt Surfer. »Und Frankenstein kam aus dem Laden. Was er getan hat, konnte ich nicht sehen, du bist gefahren wie der Teufel.«

»Er hat mit Sicherheit sofort eine Fahndung veranlasst. Aber zwei Kilometer weiter, auf dem nächsten Parkplatz, war ja der Lieferwagen, den wir schon am Abend vorher da abgestellt hatten. Da, wo auch Arrow auf uns gewartet hat.«

»Ich wusste gleich, dass sie es ist«, sagt Shira. »Schon in dem Moment, als ich sie zum ersten Mal durchs Fenster gesehen habe, hab ich gedacht: Das kann nur Arrow sein.«

»Na ja, den Rest kennt ihr. Wir haben euch von dem einen Wagen in den anderen gepackt und sind los. Über einen der offiziellen Grenzübergänge konnten wir natürlich nicht mehr, die waren längst alarmiert. Also mussten wir die Dunkelheit abwarten und über den Fluss setzen. Die beiden Typen, die uns da geholfen und hierhergebracht haben, waren von Human Rights Guardian. Tja, so sieht's aus. Und jetzt sind wir hier.«

»Und wenn es schiefgegangen wäre?«, sagt Black. »Wenn sie uns erwischt hätten? Was hätten sie mit uns gemacht?«

»Mit euch wahrscheinlich das, was sie sowieso vorhatten. Mich hätten sie entweder verschwinden lassen oder wegen Landesverrats vor Gericht gestellt.«

»Landesverrat?« Surfer pfeift durch die Zähne. »Das heißt, du kannst nie wieder in die USA zurück?«

»Nein. In diesem Leben nicht mehr.«

»Und sie werden versuchen, dich zu finden, oder?«

»Schätze, davon müssen wir ausgehen.«

»Wer weiß überhaupt, dass wir hier sind?«, fragt Shira. »Wie sicher ist die Hütte?«

»Außer uns wissen nur drei oder vier Leute bei Human Rights Guardian davon. Im Netz ist nie was darüber gesagt worden, in keiner Mail, nirgendwo. Wir haben nichts, das sie orten können, keinen Rechner, kein Smartphone, keine Karte. Also, ich würde sagen, wir sind so sicher, wie man heutzutage sicher sein kann.«

»Ich möchte dir eine wichtige Frage stellen.« Gödel reibt seine Hände wieder aneinander. »Wie lange müssen wir hierbleiben?«

»Ehrlich, Gödel, ich weiß es nicht. Ich hatte bisher noch keine Zeit, mir Gedanken darüber zu machen. Wie gesagt, heute veröffentlicht WikiLeaks alles. Auch eure Namen, wer ihr seid und wo ihr herkommt. Meinen natürlich auch.«

»Wir setzen die Welt mal wieder in Flammen, oder?«, sagt Surfer. »Wie es unsere Spezialität ist.«

»Ja, und diesmal werden die Flammen noch ein bisschen höher schlagen als bei Hoboken und Liberty Bells. Erstens, weil es um den Geheimdienst geht. Zweitens, weil sie jetzt Namen und Gesichter haben, auf die sie sich stürzen können. Und die Tatsache, dass wir alle spurlos verschwunden sind, wird die Sache erst so richtig anheizen. Es wird nicht nur Wellen schlagen, sondern einen richtigen Perfect Storm auslösen, da könnt ihr sicher sein.«

»Nur schade, dass wir nichts davon mitbekommen«, sagt Black. »Wir sind von der Welt abgeschnitten.«

»Na ja, nicht ganz. Schätze, ich werde alle paar Tage mit dem Quad in den Ort fahren. Von da geht ein Bus in die nächste Stadt, dort gibt's ein Internetcafé. Da kann ich sehen, was so alles passiert ist, und euch darüber informieren. Jedenfalls, wir haben dann genug Zeit, uns darüber klar zu werden, was wir tun wollen. Bei mir ist es wie gesagt so, dass ich nicht mehr zurückkann. Und Arrow …«

»… kann auch nicht mehr zurück«, sagt Arrow, die ihren Bohneneintopf inzwischen zum Brodeln gebracht hat und sich wieder zu ihnen setzt. »In Kolumbien ist es zu gefährlich für mich. Außerdem gibt es da sowieso nichts, das mich hält.«

»Geht mir ähnlich«, sagt Shira. »Okay, ich vermisse Yumiko, meine Freundin, und zwei oder drei andere. Aber sonst keinen. Eigentlich bin ich froh, dass ich jetzt hier bei euch bin.«

»Ich wollte schon seit Jahren aus Byron Bay weg«, sagt Surfer. »Und eins steht fest: Wo die beiden weltberühmten Superheldinnen Schlitzauge und Pfeilgift sind, darf der noch berühmtere Silver Surfer auf keinen Fall fehlen.«

»Ich muss zu meiner Mutter zurück«, sagt Black. »Sie hat niemanden mehr, nur noch mich. Es muss nicht morgen oder übermorgen sein. Aber zurück zu ihr muss ich, das ist sicher.«

»Ich habe in den letzten Tagen und Nächten feststellen müssen, dass ich meine Familie sehr vermisse«, sagt Gödel. »Und unser Haus. Und mein Zimmer.«

»Schon klar, dass es für dich am schwierigsten ist, Gödel«, sagt Jacob. »Trotzdem musst du es eine Zeit lang hier aushalten. Zumindest so lange, bis sich alles wieder ein bisschen beruhigt hat. Dann gehen wir – tja, ehrlich gesagt, ich weiß es auch nicht.«

»Und wovon sollen wir leben?«, fragt Shira. »Anscheinend hast du ja ein paar Kröten mitgebracht. Aber was ist, wenn die weg sind? Was machen wir dann?«

»Oh, ich glaube, das ist nicht das Problem. Viele Zeitungen und Fernsehsender sind scharf auf uns. Die würden ordentlich für unsere Geschichte zahlen.«

»Ja, kleb uns ruhig ein Preisschild an«, knurrt Surfer. »Damit sie uns kaufen und wir zu Arschlöchern werden.«

»Ich habe nicht gesagt, dass wir es tun sollen. Ich sagte nur, es wäre eine Möglichkeit. Es gibt auch andere. Human Rights Guardian zum Beispiel oder WikiLeaks hätten sicher nichts dagegen, mit uns zusammenzuarbeiten.«

»Wir müssen es ja nicht heute entscheiden«, sagt Black. »Jeder kann sich seine Gedanken dazu machen.«

»Bleibt trotzdem die Frage: Was tun wir hier oben in unserer einsamen Hütte?«, sagt Surfer. »Wir können uns nicht vierundzwanzig Stunden am Tag immer nur Gedanken machen, davon wird man ja krank. Und die Umgebung kennen wir auch irgendwann. Wie sollen wir die Zeit totschlagen?«

Jacob grinst. »Ich glaube, Arrow hat da was vorbereitet.«

Arrow steht auf und klettert die Leiter nach oben. Eine Weile ist zu hören, wie sie über ihren Köpfen herumkramt, dann kommt sie wieder herunter, ein Paket in den Händen, und reicht es Gödel. »Der Jüngste darf auspacken.«

»Woher weißt du, dass Gödel der Jüngste ist?«, fragt Black. »Ich dachte immer, Shira …«

»Vergiss nicht, dass ich Big Brother bin«, sagt Jacob. »Ich weiß alles über euch. Und Arrow inzwischen auch.«

Alle beobachten, wie Gödel das Paket auspackt. Er achtet penibel darauf, das Geschenkpapier nicht zu beschädigen. Dann zieht er einen großen, grell bedruckten Karton hervor. »Legends of Langloria«, liest er vor. »Ich vermute, es handelt sich um die Brettspielversion.«

»Das kann nicht euer Ernst sein!«, sagt Surfer. »Macht bitte die Tür auf, ich will fliehen.«

»Ich weiß gar nicht, was du hast.« Shira nimmt das Spiel und betrachtet es. »Ich finde, es ist eine tolle Idee.«

»Tolle Idee? Mir scheint, die blauen Haare haben deine Intelligenz nicht gerade gesteigert. Anscheinend ist dir nicht klar, was passieren wird: Gödel wird gewinnen und gewinnen und gewinnen. Und ich bin ein übelst schlechter Verlierer!«

»Ich habe mir das Spiel schon angesehen«, sagt Arrow. »Wir müssen nicht unbedingt gegeneinander spielen, wir können auch wieder eine Gilde sein.«

»Na also, Surfer«, sagt Black. »Stell dich nicht so an.«

»Schön, unter gewissen Bedingungen bin ich – vielleicht, hört ihr? – dazu bereit mitzumachen. Zum Beispiel, dass ich nicht kochen muss. Und dass ich immer …«

»Das gibt es hier nicht«, unterbricht Arrow ihn. »Entweder du machst ohne Bedingungen mit oder du verpisst dich.«

»Verpissen? Wohin denn? In den Bach?«

»Ist doch nicht mein Problem.«

Shira lacht. »Los, Surfer, gib zu, dass es dir auch gefällt.«

»Na ja, gestern Morgen waren wir noch in diesem Militärknast und Godzilla und Frankenstein kamen vorbei, um uns zum Verhör zu bringen. Verglichen damit hat sich unsere Lage geringfügig verbessert, da stimme ich dir zu, Blauhaar.«

Arrow nickt zufrieden. »Dann ist ja alles geklärt«, sagt sie. »Bereitet das Spiel schon mal vor, ich sehe nach dem Essen.«

Sie steht auf und wendet sich dem Eintopf zu, dessen scharfer, würziger Geruch inzwischen den ganzen Raum durchdringt. Jacob erhebt sich ebenfalls, stellt den Stuhl zum Tisch zurück und bleibt vor dem Fenster stehen. Misstrauisch lässt er seinen Blick durch das Halbdunkel unter den Bäumen wandern, kann aber keine verdächtige Bewegung entdecken. Dennoch, er traut dem Frieden nicht. Die Anspannung der letzten Wochen hätte ihn fast zerrissen und noch fällt es ihm schwer zu glauben, dass die Dinge wirklich so verlaufen sind, wie er es geplant hat.

Er dreht sich um. Die anderen haben sich bereits um das Spiel versammelt und natürlich sofort angefangen zu streiten, wer der neue Gildenmeister sein soll. Nachdenklich wendet er sich von ihnen ab, verschränkt die Arme und sieht wieder aus dem Fenster. Jetzt sind sie also hier und vielleicht wird keiner von ihnen jemals wieder ein normales Leben führen können, zumindest für lange Zeit nicht. Das gilt auch für ihn. Viele einflussreiche Leute werden das, was er getan hat, nicht verzeihen. Er ist jetzt heimatlos, vielleicht für immer. War es das wert?

Ich wusste ja, dass es so kommen würde, denkt er. Ich habe es von Anfang an gewusst und es ist von vielen denkbaren Ausgängen dieser Geschichte immer noch der beste. Ich habe es selbst so entschieden und es ist das Mindeste, das ich tun konnte. Er sieht zu den Bergen hinüber, die hinter dem Bach und den Bäumen aufragen, und dann denkt er an einen Jungen aus San Francisco, den er so gerne zum Freund gehabt hätte, den er aber leider nur ein einziges Mal treffen durfte.

Eine Woche ist nun vergangen, seit wir in die kleine Hütte in den Bergen geflohen sind, und noch immer sind wir hier, beobachtet nur von den Bäumen und den Vögeln und den Wolken, die über die Gipfel ziehen. Es ist, als wären wir auf einem anderen Planeten, so weit entfernt ist plötzlich alles, was in den letzten Monaten geschehen ist. Wenn ich, hinter einer Sonnenbrille verborgen, ins Tal hinunterfahre, die neuesten Meldungen lese und bald darauf zurückkehre, ist es fast unwirklich zu sehen, wie von dem Sturm, den wir draußen in der Welt entfacht haben, hier oben rein gar nichts mehr zu spüren ist, außer vielleicht ein schwacher, kühler Wind, der von den Bergen herabweht.

Die Enthüllungen von WikiLeaks beherrschen auch nach einer Woche noch die Schlagzeilen. Eine große Geschichte lässt sich daraus schreiben und jeder, der es tut, schreibt sie auf seine eigene Weise. Manche feiern uns, als hätten wir die Welt gerettet, andere sehen uns als Verräter und verlangen, uns so schnell wie möglich vor Gericht zu stellen.

Auch die NSA hat reagiert, und zwar so, wie man es erwarten durfte: Sie haben Laughton und einige andere entlassen und geben ihnen – neben mir natürlich – die Schuld an allem, was geschehen ist. Was Laughton betrifft, tut er mir fast ein wenig leid. Ich glaube, er mochte mich wirklich, vielleicht war ich für ihn so etwas wie der Sohn, den er sich gewünscht und nie bekommen hat. Aber es ist so, wie er immer sagte: Auf den Menschen kommt es nicht an, nur auf die Sache. So war es hier auch. Eigentlich sollte er es verstehen.

Überall gibt es Proteste und Demonstrationen, in den USA natürlich, aber auch in Deutschland und Japan und Australien und vielen anderen Ländern. Was daraus wird, lässt sich nicht sagen, aber manches gerät in Bewegung. Bei Hoboken und Liberty Bells sind die ersten Leute verhaftet worden und sollen bald angeklagt werden. Alle Politiker, die etwas auf sich halten, verleihen ihrer Empörung Ausdruck. Die einen empören sich über den Geheimdienst, die anderen über uns. Alle fordern schärfere Gesetze, die einen, damit das, was die Konzerne getan haben, sich nicht wiederholt, die anderen, damit das, was wir getan haben, sich nicht wiederholt. Große Worte werden bemüht, alle reden von Freiheit und Gerechtigkeit. Wir sind froh, in den Bergen zu sein, so weit wie möglich weg von der ganzen Heuchelei.

Als ich gestern im Internetcafé war, habe ich ein Foto von Dylans Grab gesehen. Es glich einem Blumenmeer. Anscheinend ist er zu einer Art Märtyrer geworden und sein Grab zu einer Pilgerstätte für die, denen Freiheit und Gerechtigkeit wirklich etwas bedeuten. Das ist einerseits schön, aber andererseits frage ich mich, wie seine Mutter mit dem Rummel zurechtkommt. Ich hoffe, dass ich sie irgendwann noch einmal wiedersehen kann. Um ihr zu erklären, wie es zu den Dingen gekommen ist, die ich getan habe. Und sie um Verzeihung zu bitten.

Ich mache mir keine Illusionen: Das, was wir aufgedeckt haben – oder, besser gesagt, was die anderen aufgedeckt haben –, passiert immer und überall. Hundertfach, tausendfach. Es hört nie auf, zumindest nicht, solange es Menschen gibt. Und der Versuch, etwas dagegen unternehmen zu wollen, erscheint fast naiv. Gut, sie stellen ein paar Leute vor Gericht. Na und? Hoboken und Liberty Bells werden andere an ihre Stelle setzen und die sind vielleicht noch schlimmer, man kann es nicht wissen. Nur: Soll man deswegen kapitulieren? Angenommen, der Kampf für Freiheit und Menschlichkeit wäre aussichtslos, ganz und gar sinnlos, und jeder wüsste es: Sollte man ihn dann aufgeben? Nein. Niemals sollte man das.

Ich weiß nicht, was wir tun werden. Wir sitzen jeden Tag zusammen und reden darüber, meistens abends, nachdem wir unser Abenteuer in Langloria erlebt haben. Arrow ist neue Gildenmeisterin, Black ihr Stellvertreter. Im Spiel übernimmt trotzdem meistens Gödel die Führung. Er hält sich gut, obwohl es hart für ihn ist in dieser ungewohnten Umgebung. Bei Shira und Surfer ist es anders, die blühen regelrecht auf, es ist, als hätte man sie aus einer jahrelangen Gefangenschaft befreit.

Ich weiß nicht, ob wir es schaffen, auf Dauer zusammenzubleiben. Arrow sagt, ja. Aber es liegt nicht nur an uns. Wir dürfen uns nichts vormachen: Der Arm der NSA und der CIA und der beiden Konzerne reicht weit. Irgendwann auch hier herauf, es ist nur eine Frage der Zeit. Vielleicht schaffen wir es ja, ein Land zu finden, das bereit ist, sechs so seltsame Typen wie uns aufzunehmen, das zu einer Art Heimat für uns werden kann. Ich glaube, wir hätten es verdient.

Wir haben eine Menge Ideen, was wir als Nächstes angehen wollen. Immer wenn wir zusammensitzen, kommen neue dazu und eine ist abenteuerlicher als die andere. Es soll wirklich keine Drohung sein, aber: Es gibt noch viel zu tun auf dieser Welt.

Cincinnatus

## Nachwort

Ein Fantasy-Onlinegame, Chatprotokolle und Hackersprache – das klingt zunächst nicht wie Elemente eines typischen Deutschunterrichts. Aber warum eigentlich nicht? Die Lesemotivationsforschung belegt, dass ein für Jugendliche ansprechendes Thema das Leseinteresse steigern kann.

Im Jahr 2021 ermittelte die JIM-Studie (Jugend, Information, Medien) des Medienpädagogischen Forschungsverbundes Südwest (mpfs), dass 88% der Jugendlichen täglich im Internet surfen. An einem durchschnittlichen Wochentag schätzten die Befragten die Zeit dafür auf 241 Minuten. Desweiteren wurde gezeigt, dass Jugendliche im Schnitt täglich 110 Minuten digital spielen. Nur neun Prozent gab an, solche Spiele nicht zu nutzen. Diese Ergebnisse belegen, dass sowohl das Internet an sich als auch das Onlinegaming im Speziellen Themen sind, die für unsere Schüler:innen von enormer Wichtigkeit sind.

Es lohnt sich also, diese Interessen der Jugendlichen zu nutzen, um vielleicht auch weniger Lesefreudige für den Literaturunterricht zu begeistern.

*„Ich habe versucht, direkt innerhalb der Szene zu recherchieren."*
*(Dirk Reinhardt)*

Reinhardts Roman ist unter anderem deswegen so authentisch, weil er sich für die Recherche tief in die Hackerszene begeben hat. Über legale Hacker:innen, die Netzwerke oder Behörden auf Sicherheitslücken durchsuchen, bekam er auch (meist) anonyme Kontakte im Darknet, wo er sich mit illegalen Hackern austauschen konnte. Dieses Wissen über die Szene verleiht dem Werk große Glaubwürdigkeit, ohne es dabei jedoch technisch zu überladen – auch weniger Technikbegeisterte können gut folgen.

Die Annotationen direkt im Text sowie auch das Glossar, welches registrierten Lehrkräften zum Download zur Verfügung steht, unterstützen das Verständnis. Zudem findet sich online eine Linkliste, die einige im Roman angesprochene Themen abdeckt.

So beinhaltet die Liste beispielsweise vertiefende Informationen zur Problematik des Coltanabbaus oder auch zur Geschichte Kolumbiens.

*„Ich habe das Gefühl, dass wir genug Probleme haben. Jeder von uns." (Shir@hoshi, Perfect Storm)*

Die jugendlichen Hauptcharaktere des Romans bieten viele Identifikationsmöglichkeiten. Jede Figur hat ihren eigenen Ton, ihre eigene Persönlichkeit, die sich darin widerspiegelt. Reinhardt zeichnet authentische Charaktere, die unterschiedlicher nicht sein könnten. Luisa aus Kolumbien, Dylan aus den USA, Felix aus Deutschland, Boubacar aus dem Kongo, Kyoko aus Japan und Matthew aus Australien sind alle Außenseiter:innen aus den unterschiedlichsten Gründen und auf verschiedenste Art und Weise. Luisa und Dylan kämpfen mit familiären Problemen, Felix wird durch das Asperger-Syndrom eingeschränkt und ausgegrenzt, Boubacar lebt unter lebensbedrohlichen Bedingungen und Kyoko hat sich von ihrer Umwelt abgewandt und Matthew hadert aufgrund einer Unfall bedingten Behinderung mit seinem Schicksal. All diese Erfahrungen beeinflussen ihre Identitätsbildung und bieten wiederum viele Anknüpfungspunkte für einen abwechslungsreichen Literaturunterricht.

Reinhardt hat sich eigenen Angaben zufolge bewusst für zwei weibliche Hackerinnen als Hauptfiguren entschieden, auch wenn Frauen in der Szene deutlich unterrepräsentiert sind. Dies soll auch den Schülerinnen Möglichkeiten der Identifikation erleichtern. Und selbst der zunächst offensichtliche Gegenspieler der Hacker:innen, Special Agent Jacob O´Connor, ist ein sehr junger Mann und den Schüler:innen dadurch näher.

*„Ich finde, wir ergänzen uns ziemlich gut. So als hätte einer von Anfang an die Gilde geplant. Obwohl wir in Wahrheit ganz zufällig zusammengekommen sind." (BlackLumumba, Perfect Storm)*

Im Roman lernen sich die Jugendlichen im Online-Rollenspiel „Legends of Langloria" kennen. Die Beschreibungen der Spielwelt erinnern an jene des real existierenden Spiels „World of Warcraft" (WoW), das bei vielen Jugendlichen sehr beliebt ist. Die genaue Anzahl an aktiven WoW-Spieler:innen ist nicht bekannt. In den ersten Jahren hat der Hersteller Blizzard noch Zahlen hierzu veröffentlicht. Den Höhepunkt erreichte die WoW-Welle im Jahr 2012 mit etwas über 12 Millionen Abonnent:innen. Diese Zahl ist in den letzten Jahren Schätzungen zufolge jedoch stark zurückgegangen, was vermutlich auch an der steigenden Zahl an vergleichbaren Multiplayer-Rollenspielen der Konkurrenz liegt. Dennoch ist es für viele Schüler:innen wichtig und der Lesemotivation zuträglich, wenn sie Bestandteile ihrer Lebenswelt in der Literatur wiederfinden.

Sowohl in WoW wie auch in „Legends of Langloria" können die Spieler:innen einen Avatar erschaffen, der durch Erfahrungspunkte in höhere Level aufsteigt. Diese Avatare können Menschen, Elfen, Zauberer und andere Geschöpfe sein, die sich in einer mittelalterlich anmutenden Fantasiewelt bewegen. Gilden bilden Zusammenschlüsse mehrerer Spieler:innen, die sich über Chat-Kanäle austauschen. Gemeinsam können verschiedene Abenteuer erlebt werden. Gerade dieses Gemeinschaftsgefühl ist vermutlich mit dafür verantwortlich, dass solche Rollenspiele ein großes Suchtpotenzial bergen.

Im Roman merken die Jugendlichen, dass ihre unterschiedlichen Fähigkeiten sich wunderbar ergänzen – zunächst im Spiel, später dann auch im realen Leben. In beiden Fällen haben sie nur mit vereinten Kräften eine Chance gegen ihre mächtigen Feinde, denen sie sich nach altem David-gegen-Goliath-Motiv gegenübersehen.

*„Ich möchte eine spannende Geschichte erzählen, die zugleich etwas über unsere Zeit aussagt." (Dirk Reinhardt)*

Die Aktualität der Themen des Romans und damit auch die Relevanz für jugendliche Leser:innen steht wohl außer Frage. Laut JIM-Studie 2021 besitzen 94% der Zwölf- bis 19-Jährigen ein eigenes Smartphone. Die damit im Zusammenhang stehende

Ausbeutung von Mensch und Natur in Afrika ist hingegen kaum im Bewusstsein.

Hier kann die Lektüre dazu beitragen, mehr Sensibilität zu schaffen für nachhaltige Rohstoffgewinnung und die Wahrung von Menschenrechten im Arbeitskontext. Die abstrakte Thematik globaler Zusammenhänge wird dadurch greifbarer.

Die Lektüre des Romans lässt sich auch gut mit Bildung für nachhaltige Entwicklung verknüpfen. Diesen Bildungskonzepten, die Menschen zu zukunftsfähigen Denken und Handeln befähigen, kommt immer größere Bedeutung und Beachtung zu. In der Agenda 2030 haben sich alle UNO-Mitgliedsstaaten verpflichtet, eine positive Entwicklung der Welt zu erreichen. Hierfür wurden 17 nachhaltige Entwicklungsziele (**S**ustainable **D**evelopment **G**oals) definiert – zwei davon kommen im Roman explizit vor: Weniger Ungleichheiten (SDG 10) sowie nachhaltiger Konsum und nachhaltige Produktion (SDG 12). Diese Aspekte können im Unterricht aufgegriffen und als Ausgangspunkte für Diskussionen genutzt werden.

Der Roman bietet noch weitere Themenfelder, die sich für eine Themeneinheit im Bereich Argumentieren und Diskutieren im Deutschunterricht eignen. So zum Beispiel die Anspielung auf die Hackervereinigung Anonymous, von der aufmerksame Schüler:innen bereits gehört haben könnten. So ist die Gruppe immer wieder in den Schlagzeilen, wie auch zu Beginn des Krieges im Februar 2022 in der Ukraine, als sie die russische Zentralbank hackten.

*„Datenschutz und Privatsphäre ist den Leuten völlig egal, solange es nur alles umsonst gibt." (Dylan St.Patrick, Perfect Storm)*

Ohne die moralische Keule zu schwingen, verdeutlicht Reinhardt in seinem Roman auch die Gefahren des Internets wie Umgang mit Privatsphäre oder Datenverlust. Die jugendlichen Hacker:innen werden bei ihren Recherchen zu den jeweiligen Zielpersonen sehr schnell fündig. Daten sollten im Internet nicht zu leichtfertig preisgegeben und Passwörter auf ihre Sicherheit überprüft werden.

Während die Mehrheit der Jugendlichen unterschiedliche Plattformen im Internet nutzt, zeigt die JIM-Studie 2021 zugleich, dass nur ein Drittel Bedenken bezüglich der Sicherheit ihrer persönlichen Daten hat. Hier sollte fächerübergreifend weiter sensibilisiert werden.

Nicht zuletzt zeigt der Roman, dass im Internet nicht alles ist, wie es scheint. So wählen auch die jugendlichen Hacker:innen das Mittel des Identitätsdiebstahls und geben sich als eine andere Person aus.

Matthew lässt die anderen bis zum Schluss im Glauben, er sei noch der strahlende Surferboy, der er vor seinem Unfall war. Seine Behinderung verschweigt er.

*„Es geht um die Kongruenz von Inhalt und Form." (Dirk Reinhardt)*

Neben zielgruppenspezifischen und aktuellen Themen und gut ausgearbeiteten Charakteren birgt auch die literarische Betrachtung interessante Anknüpfungspunkte für den Deutschunterricht. „Das Lebensgefühl in der Hackerszene ist schnell, unstet, sarkastisch, respektlos und geprägt von Misstrauen gegenüber Traditionen und vermeintlichen Gewissheiten." (Dirk Reinhardt) Dieses Gefühl will Reinhardt auch in seinem Roman zum Ausdruck bringen und hat diesem so eine besondere literarische Form gegeben. So wechseln Textsorten, Erzählperspektiven und Zeitebenen permanent. Damit ändert sich wie in der Welt des Internets ständig alles, nichts bleibt, wie es scheint.

Das Vorliegen der unterschiedlichen Textsorten von Zeitungsartikeln über E-Mails bis hin zu Verhörprotokollen sorgt für Spannung und Abwechslung und bietet die Möglichkeit, Sprachvarianten eingehender zu untersuchen. Während die Chatsprache in den Chat-Protokollen mit ihren Anglizismen und Abkürzungen den Jugendlichen sicher noch nahe ist, scheinen der sachliche Ton von Zeitungberichten oder dienstlichem Mailverkehr schon bedeutend fremder.

*„Das Schlimmste, was man tun kann, ist Jugendliche zu unterfordern und sie nicht ernst zu nehmen."* (Dirk Reinhardt)

Im Zentrum des Romans steht die zentrale Frage, ob der Zweck die Mittel heilt. Sind die jugendlichen Hacker nun Helden oder Verbrecher? Wie weit darf man im Kampf gegen Unrecht gehen? Hier knüpft Reinhardt an seine anderen Jugendromane an. Alle haben den Widerstand junger Menschen gegen verschiedene Formen des Unrechts im Fokus, sind jedoch un unterschiedliche historische Kontexte eingebettet. Mit „Edelweißpiraten" (2015) liegt beispielsweise ein Roman über eine Widerstandsgruppe im Nationalsozialismus vor.

Fragt man Reinhardt nun, ob diese großen ethischen Fragen nach moralischen Grundsätzen nicht zu schwierig für Schüler:innen seien, so ist er sich sicher, dass die Jugendlichen herausgefordert werden dürfen und müssen, um sie damit ernst zu nehmen.

Lassen wir also einmal ein Fantasy-Onlinegame, Chatprotokolle und Hackersprache Elemente unseres Literaturunterrichts werden und nutzen die damit einhergehende Motivation auf die Schüler:innen, um mit diesem politischen Jugendbuch auf wichtige Themen der Zeit aufmerksam zu machen und den Deutschunterricht so lebendiger zu gestalten.

*(Barbara Sum)*